湛庐CHEERS

与最聪明的人共同进化

HERE COMES EVERYBODY

NOISE

噪声

人类判断的缺陷
A Flaw in Human Judgment

[以色列]丹尼尔·卡尼曼 Daniel Kahneman
[法]奥利维耶·西博尼 Olivier Sibony 著
[美]卡斯·R.桑斯坦 Cass R. Sunstein

李纾 汪祚军 魏子晗 等 译

浙江教育出版社·杭州

献给诺加、奥里和吉利

——丹尼尔·卡尼曼

献给范丁和莱莉亚

——奥利维耶·西博尼

献给萨曼莎

——卡斯·R. 桑斯坦

重磅赞誉 Recommendation

从“偏差”到“噪声”，作为心理学家的卡尼曼，挑战的是经济学的“理性人”假设，并因开启了行为经济学的大门而获得诺贝尔经济学奖。他一直关注的是人类在决策中是如何犯错的，在这本书中，他深入分析了噪声的影响，但也乐观地预期，可以通过发掘埋没在大数据中的信息来减少决策中的噪声，这可以说是大数据渗透到行为经济学领域的新趋势。

巴曙松

北京大学汇丰金融研究院执行院长，中国银行业协会首席经济学家

继《思考，快与慢》之后，湛庐又推出了卡尼曼（与西博尼和桑斯坦合著）的新作《噪声》。本书开篇就对噪声（noise）与偏差（bias）做了区分。简单来说，噪声是无规律的错误，偏差是系统性的错误。你一旦听到这个区别，立刻就能知道它十分重要。《噪声》通过司法判决、医学诊断等多个领域的实际案例，探讨了噪声的成因以及减少

噪声的策略。值得一提的是，三位作者最后还讨论了克服噪声的努力也可能带来负面后果。又一本读着不累且能时时受益的好书。

陈嘉映

首都师范大学哲学系教授

阅读卡尼曼等人的新作让我兴致盎然、心潮澎湃。可以肯定地说，通过理解并实践卡尼曼等人的思想与建议，我们能知道如何减少可能会困扰组织和个人的系统噪声，知道“决策信息的简约化”居然也如此意义重大！并且，更为重要的是，我们能够学习在噪声中运用科学知识、深刻的见解和坚实的原则，做出更为人道、更为公平的决策，减少时间、金钱和人才的浪费，拯救生命，传递善意，分享意义。而这些，都是一个真实而积极的生命所追求的高级境界。

彭凯平

清华大学社会科学学院院长

人类判断的错误源于偏差和噪声。当人们表现出不同的偏差时，噪声就产生了。卡尼曼因在心理偏差研究方面做出的突破性贡献而获得诺贝尔奖，如今又开始对噪声进行探索。本书对于噪声的分析充满超凡的见解，并更新了我们对已有众多决策研究发现的认知。《噪声》一书中关于减少噪声的方法，既有助于让人变得聪慧，又有助于那些自命不凡的“专家”纠正无知。

张志学

北京大学光华管理学院教授

在判断与决策问题上，管理者和专业人士往往都非常自信。卡尼曼与两位合作者的这部新书《噪声》再次告诉我们：人类远远不如我们想象的那么理性，人类的判断也远远不如我们想象的那么完美。对于决策者来说，“认识你自己”是一个永恒的主题；警惕认知中的缺陷，比什么都重要。如果 2021 年只能推荐一本书，那我推荐《噪声》。

宫玉振

北京大学国家发展研究院管理学教授、

BiMBA 商学院副院长兼 EMBA 学术主任

《噪声》提供了一个正确的认知体系，对于日益富足且对未来颇有期待的大众和企业家而言，在后金融危机时代以及后疫情时代的大变局下，在全球政治经济形势高速变化的新环境面前，在决策过程所面临的噪声越来越多的现实之中，一个新的认知体系显得尤为重要。

朱　宁

上海交通大学上海高级金融学院金融学教授，副院长

现代经济学中的一个重要假设是“人是理性的，可以有效地判断信息”。但丹尼尔·卡尼曼和他的合作者指出，这个假设在很多情况下和事实并不相符，因此众多的理论结果都需要重新审视。这是对社会科学的重大贡献。人的判断错误包括两个部分：偏差和噪声。卡尼曼对偏差的分析已经广为人知，而本书对噪声的分析完成了对错误的全方位阐述。任何希望获得更高程度理性的个人或机构，都应该仔细阅读卡尼曼的这本新书。

刘　劲

长江商学院副院长

人生经历就是所有抉择的总和，我们无时无刻不在抉择，工作与生活在一次次的抉择中潜移默化地发生了变化。没有人可以永远做出正确的抉择，总有噪声在影响判断力。

噪声是不可消除的，但我们必须尽量将噪声的影响降至最低。《噪声》一书所提供的就是一套对于人生抉择大有裨益的减少噪声的方法论。

我要将《噪声》推荐给热爱生活的朋友。

毛大庆

博士，优客工场创始人

决策无处不在，而“噪声”与“信号”在其中穿插交错，互相影响。《噪声》一书道出了长久以来为人们所忽视的主观判断缺陷，人工智能虽然成了当今业界对高效率解决方案的新共识，但人工智能背后的“人”却依旧是无法回避的最大“噪声场景”。我们需要将个体复杂性充分融入组织决策考量之中，去探索商业与人的更合理关系。我们都期待一个噪声更少的清朗世界。

吴　声

场景实验室创始人

自然界存在着尚未被感知的法则，而它们无形中影响着人们的决策。《噪声》这本书将“人类大脑”与“测量工具”同类对比，指出噪声的存在。这一重大发现将为企业的正确决策提供新的方法论，也将为企业家带来更深层次的思考。企业长期“与噪声共舞”，因此我们对本书中三位作者提出的新概念感到惊喜，并为作者对

“噪声的形成”和“决策卫生”的一系列科学分析所折服。反观漫步者走过的25载，我们自上而下秉持着“敬畏、尊重、谦卑和良善”的管理理念，居然无形中用到了《噪声》提及的方法论，因而在极大限度上降低了噪声带来的内耗，为企业的持续发展赋能。相信这本由诺贝尔经济学奖得主创作的、直指“人类判断缺陷”的科学论著是普遍适用的，也必然能启迪你的智慧，为“人与世界的交互”注入新的创造力。

张文东

漫步者董事长、总裁

知识精英往往能在智力选拔中建立起优越感，斡旋于名利场中而获得成就感，但他们能否因此逼近理性呢？我们先贤提出的“君子时中”，可能是对信息决策中的偏差和噪声的一种敬畏吧。

归　江

信璞投资合伙人

很多大型企业和大型机构都强调，各个基层单位、各个员工的判断和决策，都要跟核心管理层制定的原则和准则保持高度一致。它们以为这样就可以做出好的判断和决策，但往往事与愿违。这就如同一支演奏水平低劣的交响乐团，面对指挥，各个乐手演奏出来的声音杂乱无章，很不一致，很不和谐。对这种很不一致的错杂，应如何定义、如何测量、如何系统性地减少？卡尼曼的新书《噪声》第一次清晰系统地论述了这些问题。深入领会，学习应用，则基层与高层能更为一致。这样做会大大提高企业乃至整个社会的公平和效率。对于企业管理层而言，此书必备，此书必读，此书必用。

刘建位

央视十集《学习巴菲特》节目主讲人，《巴菲特选股 10 招》等书作者

人们担忧“算法统治世界”，其实是担忧暗藏在庞杂算法背后的“噪声污染”，但这种想法其实是倒因为果，因为这些噪声恰恰源于人的认知局限和判断缺陷。如何创造一个噪声更少的世界，是卡尼曼这本书关注的焦点。《噪声》是一本值得从头细读到尾的著作，对那些想提升认知水平、决策品质的组织与个人来说，“决策卫生”这个词一定会击中你的心灵。

段永朝

财讯传媒集团首席战略官，苇草智酷创始合伙人

面对环境、信息等多重不确定条件，如何审慎分析判断并做出恰当决策？卡尼曼教授的新作《噪声》提供了全新的方法论，让我们在警惕主观偏差的同时，学会发现并剔除系统噪声。

何　刚

《财经》杂志主编，《哈佛商业评论》中文版主编

《巴伦周刊》中文版联合创始人

人生是由大大小小的判断组成的。判断即人生。判断不仅会受偏差的影响，还会受噪声的影响。如果说偏差造成了“决策的不全面性”，那么噪声则造成了“决策的不一致性”。噪声和人的个性、偏好以及外部环境的变化都有关系，它往往随机出现，但影响巨大。《噪声》的启示是，我们会和噪声相伴，但也有方法重塑决策框架，让自

己做出更好的决策。

秦 朔

中国商业文明研究中心发起人

《噪声》是一本很特别的书，作者从心理学的角度出发，通过各种生动的案例和实验，把“噪声”这一不同于“偏差”的概念完整清晰地呈现给我们。三位作者抽丝剥茧地分析了当我们在各个领域做出判断时噪声可能带来的影响，以及如何减少其中的不利影响。希望自己做出正确决策的人都应该读一读这本书。

张 延

FT 中文网出版人

《噪声》是一本将心理学研究应用于提升科学决策的跨界之书。噪声之所以存在，是因为人是情绪动物：决策者对洞见未来过度自信，不同人对同一情况的感知大相径庭，外部环境对心境的影响也会给决策者带来潜移默化的作用。关于如何减少噪声，书中给出了一系列操作性很强的决策卫生策略，同时敦促决策者保持开放的心态。当然，噪声也不是一无是处，在一些决策中，留下一定的自由裁量空间既能鼓励人们的创造性，也能使其更好地应对涌现出的新情况。

吴 晨

《经济学人·商论》执行总编辑

《噪声》的影响是震撼性的，因为它探究了人类判断中的一种具有根本性影响但被严重低估的危险。《噪声》是一本必读书，它提供了减少决策错误的可行方法。

罗伯特·西奥迪尼（Robert Cialdini）

畅销书《影响力》作者

地球已经被充分地探索过，科学家们不可能再发现一种以前未知的与大象体型相当的哺乳动物。而在决策领域，卡尼曼、西博尼和桑斯坦却发现了一个和“大象”一样大的问题：噪声。在这本重要的书中，他们向我们展示了为什么噪声很重要，为什么噪声比我们意识到的要多得多，以及如何减少噪声。遵照他们的建议将给我们带来能获得更多利润的企业、更健康的公民、更公平的法律体系和更幸福的生活。

乔纳森·海特（Jonathan Haidt）

坦普尔顿积极心理学奖获得者

积极心理学先锋派领袖，畅销书《正义之心》作者

在《噪声》一书中，三位作者巧妙地将他们关于人类判断缺陷的新颖见解，运用到人类在各个领域的判断问题中。做出判断和决策的人范围甚广，从点球教练到央行行长、军事指挥官，乃至国家元首，均在此列。《噪声》是心理学领域的一项了不起的成就，也是一座里程碑。

菲利普·E. 泰特洛克（Philip E. Tetlock）

畅销书《超预测》作者

《思考，快与慢》《助推》《噪声》可以看成是“决策三部曲”。它们共同强调了所有领导者需要知道的东西，以帮助改善他们的决

策，更重要的是改善整个组织的决策。《噪声》揭示了一种改善决策的关键杠杆，这在许多现有的行为经济学图书与文献中都未被提及。在噪声破坏你组织中的更多决策之前，我建议你尽快阅读《噪声》一书。

马克斯·巴泽曼（Max Bazerman）
畅销书《信息背后的信息》作者

杰作！卡尼曼、西博尼和桑斯坦将《噪声》引入生活，令人信服地解释了为什么我们应该像对待偏差一样对待人类判断中的随机变化，并为减少判断中的噪声（和偏差）提供了实用的解决方案。

安妮·杜克（Annie Duke）
畅销书《对赌》作者

决策很关键。可惜，人们做出的许多决策都因噪声的存在而存在根本缺陷。因此，本书探讨的主题绝对是引人注目且必要的。本书以深入研究为基础，深思熟虑，而且易于理解。我带着好奇打开这本书，看完的时候觉得非常庆幸。因为这本书可以帮助我们在商业、政治和个人生活中做出更好的选择，照亮我们前行的道路。

丽塔·麦克格兰斯（Rita McGrath）
畅销书《瞬时竞争力》作者

《噪声》可能是十多年来我读过的最重要的一本书。它代表了一个真正的新想法，它很重要，而且你应该立即付诸实践。真是一本杰作！

安杰拉·达克沃思（Angela Duckworth）
麦克阿瑟天才奖获得者，畅销书《坚毅》作者行为科学书籍的四个黄金标准是：见解新颖、证据严谨、引人入胜、能实际应用。很少有一本书能同时达到其中两个标准，但《噪声》却集这四个标准于一身。准备好接受世界上最伟大的思想家们带来的震撼吧，他们将帮助你重新思考如何评价他人、如何做决定，以及如何解决问题。

亚当·格兰特（Adam Grant）

《重新思考》作者

如何做一个聪明的决策者?

想知道你的判断
是怎么掉入噪声陷阱的吗?
扫码测一测,
立即获取答案及解析,
看看你的“降噪等级”。

1. 卡尼曼是世界上第一个凭借心理学研究获得诺贝尔经济学奖的人。这个说法对吗?

   A. 对　　B. 不对

2. 卡尼曼指出:人类判断出错的原因有两种。一种是偏差,另一种是什么呢?

   A. 误差　　B. 噪声　　C. 系统认知

3. 在做一个判断时,以下哪种方法出错的可能性最小?

   A. 使用算法模型
   B. 进行头脑风暴
   C. 追随明智判断者

4. 假设一位法官对于大部分案件都判得比较轻,但是对于某类案件,比如诈骗案,却总是判得很重。那么,下次他审理诈骗类案件的时候,你能准确预测判决结果吗?

   A. 能　　B. 不能

5. 假设你看好一只股票，但是不确定现在的股价是不是太高了，想要知道在哪个价位买入更好。那么，以下哪种做法更有可能提高你的收益？

A. 自己先做一个判断，然后假设这个判断是错的，试着考虑更多因素，重新判断，然后取两次的平均值

B. 问几个你信任的专业投资人，对他们的独立判断取平均值

C. 自己先做一个判断，过 3 个星期之后再判断一次，然后取两次的平均值

6. 企业在做员工绩效考核的时候，以下哪种做法不仅不能产生好效果，反而会引起巨大的问题？

A. 强制性末位淘汰

B. 360 度反馈制度

C. 结构化指标考核

推荐序 1 Preface

在无法回避噪声的世界，更好地追求高级境界与极致效益

彭凯平 清华大学社会科学学院院长

每年七八月份，我都会参加清华大学的本科生招生工作，由此而目睹了一个问题：高考揭榜之后，高中毕业生及其家长应如何做好志愿填报？学校和专业的选择非常重要，很有可能会决定一个学生一辈子的命运，其中牵涉的问题就与我们心理学中一个重要的研究领域紧密相关，那就是决策与判断心理学。而这一领域的集大成者，就是我要推荐的这本书的作者之一、著名心理学家和诺贝尔经济学奖得主丹尼尔·卡尼曼。

卡尼曼教授曾经是我在加州大学伯克利分校心理学系任教时的同事，他与斯坦福大学心理学系教授阿莫斯·特沃斯基（Amos Tversky）因“发现人在判断和决策上的系统性误差”而获得 2002 年诺贝尔经济学奖。1961 年，卡尼曼教授毕业于美国加州大学伯克利分校，获得心理学博士学位。他曾任教于希伯来大学、不列颠哥伦比

亚大学和加州大学伯克利分校，退休后去了普林斯顿大学，荣获伍德罗·威尔逊公众及国际事务学院荣誉教授称号。他的合作伙伴特沃斯基于 1965 年获得美国密歇根大学心理学博士学位，后在斯坦福大学任心理学教授。从 20 世纪 60 年代末开始，他们开创了一个心理学与经济学结合的领域——行为经济学，促使大批心理学家和行为经济学家（包括本书的另外两位作者西博尼和桑斯坦）开始研究人类判断出现错误的原因和补救措施，包括为什么人会过度自信，为什么人会有成见和确认性偏差（为什么我们总是寻求、记住和过分强调支持我们信念的信息，而不接受反对我们但实则正确的信息）。

人类决策的心理动因一直是心理学界最为关注且开展过最多研究的核心领域之一。理性与非理性、主观意愿与客观影响，哪些才是影响决策品质的关键因素，这是心理学家们颇感兴趣的话题。从习惯上说，特别是在亚当·斯密的“看不见的手”这一理论大行其道的情况下，人们更愿意接受决策的理性效能，即“理性人假设”这个观念。然而，以卡尼曼为代表的行为经济学派的大量研究直接挑战了“人类决策是理性的”这种“正统经济学”的观念。2011 年，卡尼曼教授出版了《思考，快与慢》，总结了这方面的大量卓有成效的研究成果。《思考，快与慢》一经上市，立即引起了全球广大读者的阅读热潮，也奠定了他在人类决策与判断领域以及行为经济学领域的开创者地位。

而我要推荐的这本新书《噪声》，与我刚开始提到的高考之后的志愿填报问题密切相关。学生们在选择学校和专业时，面对的是越来越多的可选项与决策建议。诚然，每一个提供建议的人的出发点都是好的，也都是本着负责任的态度，这无可厚非；但问题是，当把这些建议放在一起的时候，你会发现，这些建议本身就不一致，真应了那句老百姓常说的话“萝卜白菜，各有所爱”。比如，张老师建议你学计算机科学，李阿姨建议你学财经，王老师建议你学心理学。假设你最终听从了王老师的建议，选择了学习心理学，但你还是会不停地想其他人的建议是不是更好，并因此感到困扰。

无须多言，我们在日常生活中也经常会遇到类似的情况：选哪只股票，打不打疫苗，选择哪一位追求者作为人生伴侣……在选择过程中，你会面对很多你并不想要或者令你判断不清的信息、建议、想法、观点等，现在我们知道了，所有那些不同的信息、建议、想法和观点，都有可能成为噪声。噪声极大地影响了我们决策的品质，也打破了我们内心的平静。它无时无刻不存在于我们身边，充满诱惑，甚至造成致命危害。

很多时候，这些噪声看上去像是无关紧要的背景信息，于是被我们自己，乃至大量专业学者所忽视。但它没有逃过心理学家丹尼尔·卡尼曼、前麦肯锡合伙人和管理学教授奥利维耶·西博尼，以及法学家和行为经济学家卡斯·R. 桑斯坦的眼睛。他们决定将噪声作为影响人类判断的一个重大问题来认真讨论。于是，我们有幸看到他们的讨论成果，即《噪声》一书的问世。这本书就是对噪声这一人类判断陷阱进行的一次系统而深入的剖析。在这本书中，作者融合了故事、研究和统计数据，提出了一个令人信服的观点，即噪声也会造成与偏差同等严重的损害，例如，破坏公平和正义，浪费时间和金钱，损害身心健康，造成生命价值与意义等方面的缺陷等。

在《噪声》这本新书中，作者探讨的是一个不同于偏差的判断错误问题。他们首先提出，错误是一种系统误差，通常出现在个人判断中。通过比较一个人的反应与理性标准的差异，我们可以发现他的判断中的错误有多严重。但是，我们不能以特定的判断来识别噪声。噪声是随机分布的，我们必须在研究一系列判断后通过统计的方法才能确定。

卡尼曼在书中介绍了商业、医学和司法领域中的几个令人信服的案例，其中的指纹鉴定案例让我印象深刻。同一个鉴定人员在不同时间居然对同一枚指纹给出了不同的鉴定结果。如果鉴定人员只有指纹可以查看，没有关于该案例的其他信息，那他每一次判断基本是一致的。但研究发现，如果不仅有指纹，还有其他信息，那么每一次鉴定结果就可能有所不同。这个案例的启发是：我们在制定决策时，维护至关重要的信息、排除非关键信息非常必要。

同时，卡尼曼的书还讨论了许多不同类型的噪声，不过最重要的讨论还是关于系统噪声的。卡尼曼认为：在很多情况下，在一个系统里，意见的多样性非常有必要，但噪声是你不希望存在的不一致和变异。卡尼曼和他的同事展示了评估和选择中不必要的分歧是如何形成“充满噪声的系统”的。它们困扰着包括刑事法官、理赔员、司法鉴定专家、未来学家和医生在内的专业人士，他们经常对同一案例做出截然不同的判断和决定。

系统产生噪声的部分原因是，不同专业人员应用的标准不同。例如，有令人不安的证据表明，当多个医生评估同一位患者患心脏病、结核病、子宫内膜异位症、皮肤癌和乳腺癌的风险时，他们的诊断的不一致程度很高。可见，在如此嘈杂的系统中，错误只会累加而不会相互抵消。正如书中所说："如果两个罪犯都应被判处 5 年监禁，但一个被判 3 年，另一个被判 7 年，虽然平均刑期是 5 年，但正义并没有得到伸张。"

系统之所以产生噪声，还因为随着时间的推移，相同的专业人员在不同的时间有可能应用不一致的标准。为了说明这一点，一项针对 22 名医生的研究发现，他们与自己原有意见不一致的可能性为 63% ～ 92%。他们每人在相隔几个月的时间里检查了同样的 13 张血管造影图。为了解释这种波动，作者使用"情境噪声"（occasion noise）来阐述研究结果，比如，天气与大学的录取决定理应是无关的，但是研究发现，情况并非如此。有心理学家研究了大学招生办公室的工作人员的 682 例录取决定，就发现：在阴天，他们更看重申请人的学术潜能；在阳光灿烂的日子，他们更看重申请人的非学术潜能。

《噪声》一书还进一步挖掘了噪声的其他特性，包括其原因和成分、如何测量，以及它和偏差之间的相互作用。作者解释了为什么讨论小组（与单一决策者相比）可能放大噪声，以及指南、规则和算法如何减少噪声。他们提供了一套工具，以帮助决策者识别和减少系统噪声。3 位作者用 28 章的篇幅来阐述关于噪声的研究成果，外加 3 个附录，帮助读者进行噪声审查并通过制定清单来改进小组决策和预测。特别令我高兴的是，书中谈到了那些能够抑制系统噪声的人具有的特征：他们往往思维更加积极开放，会不断寻找和学习新的信息，并不断更新自己的信念和看法。这恰恰就是我经常提到的具有积极开放性思维的人。

在《噪声》一书中，三位作者还特别建议，为了减少决策过程中的噪声，最好先要求多人做出独立判断，然后再把他们聚集在一起解决分歧。另外，他们还解释了对直觉和特殊偏好进行限制的指导准则，并强调，长期以来人们都知道如何用这些准则减少偏差，因此也足够睿智，能够知道如何用这些准则减少噪声。为此，他们提供了一个关于招聘的有趣案例，来敦促组织使用结构化而不是非结构化的方式来面试员工。事实上，大多数面试官都喜欢随意地向求职者提出他们本身最喜欢的问题。但强有力的证据表明，当多个面试官每人按相同的顺序提出相同的问题时，他们所选定的应聘者的工作绩效会更好。

综合各项研究，卡尼曼在书中建议：组织可以通过任命一名“决策观察者”来解决噪声和偏差问题。这个观察员的职责是负责跟踪和指导互动的领导者或专家。但卡尼曼不建议决策观察者用冗长的问题清单的方式不厌其烦地进行问卷调查，而建议以观察与记录为主，因为调查问卷并不足以帮助这位决策观察者或其他任何人诊断出组织是否因噪声而破坏了自身的决策。引入决策观察者这种解决方案在认知失调的群体中是行不通的，因为在那里，直言不讳是不安全的；但它可以帮助那些决心做出正确判断的健康团队做出更加正确的决策。

由此看来，知道得越多，未必越好；想法越多，未必越好；选择越多，也未必越好。因为，在噪声的影响下，它们反而可能成为人们做出正确判断和决策的障碍。所以“听人劝，吃饱饭”有可能是错的！

总之，阅读卡尼曼等人的新作让我兴致盎然、心潮澎湃。可以肯定地说，通过理解并实践卡尼曼等人的思想与建议，我们能知道如何减少可能会困扰组织和个人的系统噪声，知道“决策信息的简约化”居然也如此意义重大！并且，更为重要的是，我们能够学习在噪声中运用科学知识、深刻的见解和坚实的原则，做出更为人道、更为公平的决策，减少时间、金钱和人才的浪费，拯救生命，传递善意，分享意义。而这些，都是一个真实而积极的生命所追求的高级境界。我也期待着《噪声》这本行为决策领域的新作能够像《思考，快与慢》一样让你爱不释手，并且持续为你的美好生活提供力量。

推荐序 2 Preface

穿越噪声的决策

朱宁 上海交通大学上海高级金融学院金融学教授，副院长

我抱着浓厚的兴趣读完了诺贝尔经济学奖得主丹尼尔·卡尼曼教授等的新作《噪声》一书，这本书汇集了卡尼曼教授近十年的最新发现。对于我所从事的行为金融学研究领域而言，《噪声》算得上是一本"专业书"，但是读完之后，我认为它很可能是卡尼曼教授继《思考，快与慢》后，又一次成功将大量、全新、重大的研究成果，以平实通俗的语言向广大读者分享。在此，我要向大家强烈推荐《噪声》一书。

噪声，"地下室漏水"的大问题

说来有趣，在我所研究的金融领域，也曾有一篇非常著名的论文《噪声》。这一论文的作者，是著名金融经济学家费希尔·布莱克（Fisher Black）。布莱克教授的论文讨论的是，股票市场中大量的个人

投资者，也就是国内统称的“散户”，没有意识到自己的错误决定可能会对金融市场产生的影响。这篇论文对金融学研究，特别是行为金融学的发展做出了重要贡献。

无独有偶，我本人也曾发表过一篇名为《系统性的噪声》的论文，该论文讨论了个人在投资中所犯的错误，虽然这些错误数量众多、类型各异，但是如果进行系统性的分析，还是能发现其中的规律。

其实，无论是布莱克教授的《噪声》，还是我的《系统性的噪声》，这两篇论文想传递的信息，都与卡尼曼在《噪声》一书中想要传递的信息高度一致：希望不管是投资界还是管理界的决策者，都能时刻记住决策过程是复杂和困难的，做决策的人应该紧绷这根弦。但卡尼曼教授的贡献在于，他将“噪声”这一重大发现系统性、结构化地呈现了出来，让这个影响决策的“地下室漏水”问题真正暴露在公众的视野中。正如他在书中所说：“噪声就像地下室漏水，它之所以能被容忍，不是因为人们认为它是可接受的，而是因为它一直未被发现。”在行文中，我们能感受到卡尼曼希望帮助投资者和管理者清醒地意识到，决策过程中存在着很多由不确定性和信息不完备导致的噪声，而这些噪声有可能引发致命的错误。而《噪声》一书的独特贡献，可能恰恰就在于——它不仅提出了关于人类判断错误的一个堪比“黑洞”的大问题“噪声”，而且系统性地研究了企业管理、医疗卫生、教育文化、刑事司法等领域，得出了噪声无处不在且影响巨大的重要结论。当然，这个问题并不是无解的，人们可以通过有意识地关注这些噪声背后的规律，以及调整自身的决策行为，有效地改善决策品质和提升管理水平。

噪声既然会产生系统问题，就需要系统解决

很多人读过卡尼曼的前作《思考，快与慢》，我也是他的忠实读者。时隔 10 年，卡尼曼再出新作。通篇阅读下来，我发现《噪声》这部作品不仅是前一本书的延续，而且实践性更强。这其实也体现了卡尼曼对于解决决策问题的不懈探寻以及雄心壮志。

《思考，快与慢》一书汇集了卡尼曼教授之前三四十年行为经济学研究之大成，堪称行为决策领域的百科全书。与此不同的是，《噪声》一书是卡尼曼教授与另外两位分别来自管理学、法学领域的教授通力合作的成果。他们三位共同探讨了行为科学将如何帮助决策者意识到并尽可能规避决策过程中的随机因素（噪声），也就是决策中不必要的变异，最终做出更为准确和科学的决策。

《思考，快与慢》立足于心理学和行为科学的学术研究，更多关注的是人类在决策过程中普遍存在的一些行为倾向，以及这些倾向背后深层次的生理和心理因素。而《噪声》一书，则更多立足于管理科学和组织行为学，针对管理者在管理决策，特别是企业管理决策过程中，面对信息不完备和环境不确定的情况，在决策中可能产生的偏差和噪声。

从某种意义上说，《噪声》一书比《思考，快与慢》更加雄心勃勃。如果说《思考，快与慢》的主要目标是展现和揭示人类行为决策中普遍存在的大量非理性行为及其产生原因的话，那么《噪声》一书则是希望帮助读者意识、识别、分析和减少噪声，从而削弱噪声对完整系统的影响。

穿越噪声，让决策更快击中“靶心”

《噪声》这本书的核心内容，首先是希望帮助读者对噪声或者说决策过程中的随机因素，有一个清晰的认识和完整的了解。其次，它分析了这种决策过程中噪声的来源，及其可能对决策过程和品质产生的影响。但如果要说这本书最核心的价值，我觉得还是它帮助大家在意识到噪声存在的基础上，在熟悉和了解噪声的成因之后，能够有意识地克服和纠正自己在决策过程中会犯的错误，以改善和提升决策品质。

与《思考，快与慢》以及其他众多讨论管理决策过程中的问题的作品不同，《噪声》关注的是在环境不确定和信息不完备的情况下，所有人，特别是管理者在做决策时可能犯的错误和这些错误的来源。书中特别把“模式噪声”分解为“稳定的模式噪声”以及“情境噪声”这两种成分，并且讨论在面临诱发噪声的不同情境时，人怎样才能更好地避免在决策过程中犯各种各样的错误。卡尼曼指出：有一部分行为的错误，可能是由内在人格所驱动的，但有一部分错误，很可能是受外部环境影响所致。因而，决策者必须清醒地意识到自己可能会受到哪些方面因素的影响，并且有针对性地调整和纠正，力图达到减少噪声的目标。

《噪声》的三位作者希望能够帮助人们更好地超越人在认知过程中所犯的错误，能够更加准确地了解事实、了解这个世界，继而做出更加科学和准确的抉择。

在上述意义上，《噪声》看似和一些著作殊途同归，但是从另一个层面上讲,《噪声》又是一种超越，因为《噪声》提供了一个正确的认知体系。对于日益富足且对未来颇有期待的大众和企业家而言，在后金融危机时代以及后疫情时代的大变局下，在全球政治经济形势高速变化的新环境面前，在决策过程所面临的噪声越来越多的现实之中，一个新的认知体系显得尤为重要。

这，可能也是《噪声》一书最大的价值所在。

是为序。

哪里有判断，哪里就有噪声

我们非常荣幸，也非常感激，能够在中国出版这本书。《噪声》重点关注人类的判断，关注它是如何出错的，以及如何让它变得更好。无论是医学、法律、公共政策、商业，还是日常生活领域中，我们做出判断的过程中存在的问题，是偏好根据经验做判断的人类的共性问题。

数十年来，偏差问题备受瞩目。在《思考，快与慢》一书中，本书的作者之一卡尼曼，讲述了人类思维所能取得的惊人成就，同时也讲述了思维有时会产生的错误——系统性误差，它被称为偏差。如果人们过度乐观，他们的判断会有偏差（也就是乐观偏差）。同理，如果他们过度关注短期而忽视长期目标，他们的判断也会有偏差（也就是即刻偏差）。许多人都会表现出乐观偏差和即刻偏差，尽管这些偏差可能是有益的（如果你很乐观，你可能更愿意努力尝试），但它们也可能造成严重的错误，进而导致严重的问题。

我们在本书中讲述了许多有关偏差以及如何减少偏差的内容，但本书的主要议题是另一种错误成分：噪声。我们将噪声定义为：**判断中不必要存在的变异。**偏差是平均的、共有的误差，噪声则是这些误差的变异。如果一位医生说某位病人有心脏病，而另一位医生说该病人只是压力过大，那么噪声就产生了。如果一位安检员说某一车间是安全的，而另一位安检员说该车间有危险，那么噪声也会出现。如果一位法官说被告应被判 2 周监禁，而另一位法官认为被告应被判 2 年监禁，那么噪声就非常显而易见了。

当然，噪声的存在本身并不令人惊讶。如果我们说某个问题涉及判断，就意味着我们允许存在分歧，甚至期望分歧的存在。与事实性问题不同，对于需要做出判断的问题，理性的人可以存在不一致。激励我们写下本书的原因并不是噪声的存在令人惊讶，而是噪声之大令人惊讶。无论考察哪个领域——司法、商业、医学、法医学、公共政策等，我们都发现，噪声比我们想象的要大。更重要的是，噪声比这些领域的决策者所认为的还要大，而且往往大到超出他们所能容忍的范围。

噪声无处不在，这是我们写下本书的原因之一。一位心理学家、一位商学院教授和一位法学学者为一个图书项目在一起合作数年之久，这是很少见的。但是，完成如此庞大而又包罗万象的图书项目所需要的综合技能，超出了我们任何一个人的能力。我们的互补，为《噪声》的故事提供了广阔的视角，我们希望你能从中受益。

在许多方面，噪声仍是一个“未知的国度”，一个“有待探索的世界”。如果未受到重视，它将产生严重的问题，会导致严重的不公平。在某些情境中，它甚至应该被视作一种暴行或丑闻。而在大多数情境中，噪声会造成高昂的代价，损害企业、员工、消费者、投资者和许多其他人的利益。

不过也有好消息。一旦意识到了噪声的存在，你就可以减少噪声，并减小其危害。此外，你为“降噪”所做的工作往往能同时从根源上消除一些偏差问题。我们呈现了一系列案例研究的结果，展示了如何通过实施一系列技术性措施来测量和减少噪声，我们称这些措施为决策卫生策略。我们还重点介绍了“降噪”中你可能面临的挑战，以及有时需要做出的利弊权衡。

噪声是一个普遍性问题，任何做专业判断的人都应该关注它。我们撰写的《噪声》这本书，是为了献给所有参与决策并希望决策变得更好、更公平、更准确的人，包括企业领导者、政策制定者、法官、医生、人力资源主管、咨询顾问、研究人员和各个领域的专业人士。判断是人生阅历的核心组成部分，也是所有组织运作的中枢要点。

就全世界范围而言，在通过减少噪声降低成本、提高公平性方面，我们可以做很多工作。无论你身在何处，无论你使用何种语言，情况皆是如此。

目 录 Contents

第二部分 你的大脑是一种测量工具

第三部分 预测性判断中的噪声

第四部分 噪声是如何产生的

引 言 Introduction

偏差与噪声，人类判断的两类错误

试想一下，你的朋友组成了 A、B、C、D 共 4 支队伍，来到一个射击场。每队中有 5 个人，他们共用一支来复枪，且每人只开了一枪。图 0-1 显示了他们的射击结果。

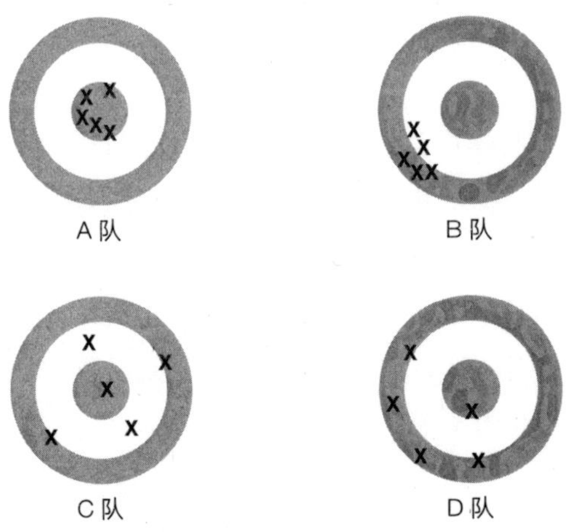

图 0-1　4 支队伍的射击结果

理想情况是，每一枪都能正中靶心。

A 队几乎达到了理想情况，他们的每一发子弹都紧紧围绕着靶心，接近完美模式。

B 队的每一发子弹都偏离了靶心，我们可以称其为偏差队。在图 0-1 中，我们可以根据 B 队偏差的一致性进行这样的预测：如果该队中的某位成员再开一枪，我们敢说子弹的落点也会与前 5 次落点的区域相同。偏差的一致性也许有原因可循：B 队使用的来复枪的瞄准器歪了。

C 队的子弹落点很分散，我们可以称其为噪声队。子弹的落点大致都在靶心四周，因而没有明显的偏差。如果该队的某位成员再开一枪，我们很难准确预测他可能击中的位置，而且我们也无法从 C 队的结果想出任何有趣的假设。我们只知道 C 队的成员不太擅长射击，但确实不知道为什么子弹的落点如此分散，会充斥着如此多的噪声。

D 队是偏差与噪声共存队。与 B 队类似，D 队的落点基本上都偏离了靶心；与 C 队的相似之处在于，D 队的落点也很分散。

当然，这不是一本教射击的书，我们的主题是人类判断的错误。偏差和噪声，即系统性偏差和随机分散，是错误的不同组成成分，举射击的例子，只是为了阐明两者的差异。

射击场只是一种隐喻，用来说明人们在做判断时会出现什么样的错误，尤其是在代表组织成员做出各种判断时。在这些情境中，我们会发现图 0-1 展示的两类错误。有些判断存在偏差，它们整体偏离了目标；有些判断存在噪声，我们期望人们就某个目标达成一致，到头来他们却产生了严重的分歧。很遗憾，很多组织同时受到了偏差和噪声的困扰。

图 0-2 说明的是偏差和噪声之间的重要区别。如果隐去靶子看各队的子弹落点情况，那么最后每个队的射击结果就会如图 0-2 所示。

此时，你无法分辨是 A 队还是 B 队的子弹落点更接近靶心，但你能一眼看出，相比于这两队，C 队和 D 队存在更多的噪声。事实上，你对各队射击结果分散程度的了解与你观察图 0-1 时一样多。噪声的一个普遍特性是：**你可以在对目标或偏差一无所知的情况下，识别噪声，并对它进行测量。**

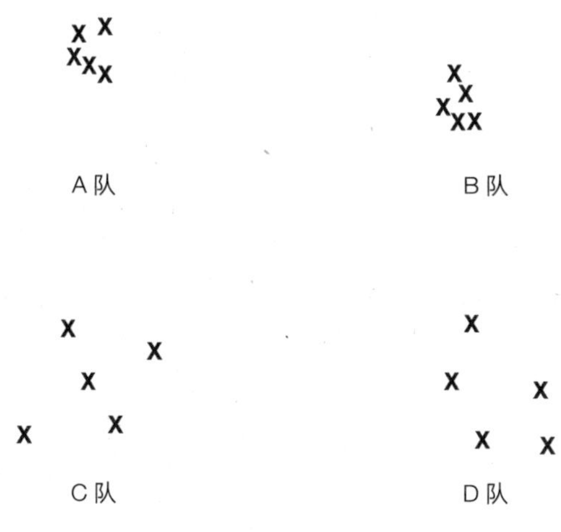

图 0-2　隐去靶子后的子弹落点情况

方才提到的噪声的普遍特性，对本书意义重大，因为在本书中，我们的很多结论，也都是通过研究人们在“真实答案”未知甚至永远无法获知的情况下做出的判断而得出的。当不同医生为同一位患者做出了不同的诊断时，我们可以仅研究他们的分歧点，而无须知道患者的病情；当电影公司主管评估一部电影的市场效益时，我们可以仅研究他们意见的差异性，而不必知道这部电影最终的票房，甚至不必知道它有没有拍摄完。也就是说，在衡量这些差异时，我们无须知晓谁对谁错。要测量噪声，我们只需看“靶子的背面”。

要想理解判断中的错误，我们必须同时理解偏差和噪声。有时候，噪声甚至是更为重要的问题。然而，在有关人类错误的公开讨论，以及世界各地的组织中，很少有人认识到噪声的重要性。偏差是台上的主角，而噪声只是幕后的一个不起眼的参与者。已经有成千上万篇科研文章和数十本畅销书讨论过偏差的话题，但讨论噪声问题的作品却少得可怜。本书的写作目的就是修正这一失衡的状态。

在现实的决策中，噪声的数量往往令人触目惊心。下面几个例子展示了在准确性非常重要的场景中，噪声存在的数量有多大：

- **医学诊断中存在噪声。**不同医生对同一患者是否患有皮肤癌、乳腺癌、心脏病、肺结核、肺炎、抑郁症等疾病，会做出不同的判断。精神科诊断中的噪声尤其多，显然是因为精神科医生的主观判断对诊断结果起决定性作用。然而，在一些并不应该存在噪声的领域，例如在对 X 线片报告的解读中，也存在着大量噪声。

- **儿童监护权判定中存在噪声。**儿童保护机构中的案件负责人需要评估儿童是否存在受虐待的风险，如果存在，则需要进一步评估是否需要将他们送去寄养。鉴于有些案例的负责人比其他负责人更有可能做出将儿童送去寄养的决策，所以该系统存在噪声。多年后，被某些过于严格的负责人送去寄养的不幸儿童，境遇大多很糟糕：犯罪率更高，青少年时期怀孕率更高，收入更低。

- **预测中存在噪声。**专业的预测人员对新产品的可能销量、失业率的可能增长、经营不善的公司破产的可能性，以及其他各类问题，都会做出分歧非常大的预测。他们不仅意见不一，而且各自的预测也前后矛盾。例如，当同一批软件开发人员被要求在不同的两天中分别评估完成同一任务所需的时间时，他们前后两次估计出的时间平均相差 71%。

- **庇护权决策中存在噪声。**寻求庇护者能否被允许进入某个国家，就和买彩票差不多。一项研究发现，在将庇护申请随机指派给不同的法官后，一位法官批准了 5% 的申请，而另一位法官却批准了 88% 的申请。该研究的标题说明了一切：《难民轮盘赌》（*Refugee Roulette*）。（在后文中，我们将会看到许多“轮盘赌”。）

- **人事决策中存在噪声。**不同面试官对相同应聘者的评估常常大相径庭。类似地，对相同员工的绩效评估，管理者之间也存在着很大差异。结果更多取决于评估者不同，而非被评估者的表现。

- **保释决策中存在噪声。**被告是获准保释，还是移送监狱候审，部分取决于审理该案件的法官。有些法官更为宽容，有些则更为严格。法官们对于哪些被告最可能逃逸或再犯的评估，也存在着显著的差异。

- **司法鉴定科学中存在噪声。**在我们的认知范围内，指纹鉴定是绝对可靠的。然而，在判定犯罪现场的指纹与犯罪嫌疑人的指纹是否匹配时，指纹鉴定师们的意见有时也会不一致。不仅不同专家之间会产生分歧，即使是相同的专家，在不同场合看到相同的指纹时，也可能做出不同的判断。类似的差异性，在其他司法鉴定领域，甚至是 DNA 分析中也同样存在。

- **专利权授予决策中存在噪声。**关于专利申请的一篇重要研究论文的作者强调了专利申请涉及的噪声："专利局是授予还是拒绝一项专利申请，很大程度上取决于该项专利申请被分配给了哪一位审查员。"从公平的角度来看，这种差异性显然是有问题的。

上述所有存在噪声的例子不过是冰山一角。无论你观察哪个领域中人类的判断情况，都有可能发现噪声的身影。为了提高判断品质，我们不仅需要克服决策中的偏差，还必须克服噪声。

本书共分为 6 个部分。在第一部分中，我们探讨了噪声和偏差的区别，并展示了无论是在公共部门，还是在私人机构，噪声都可能存在，其数量甚至达到大得惊人的地步。为了理解这个问题，我们从两个领域的判断着手，第一个领域涉及刑事判决（公共部门），第二个领域涉及保险（私人机构）。乍一看，这两个领域差异巨大，但它们在噪声方面却有很多共同点。为了证明这一点，我们引入了"噪声审查"（noise audit）的概念，目的是衡量一个组织中不同的专业人员对相同的事件在处理意见上存在多大分歧。

在第二部分中，我们研究了人类判断的本质，并探索了如何衡量其准确性和错误数量。判断容易受偏差和噪声的影响。我们将介绍，这两类错误在造成的影响方面具有惊人的一致性。“情境噪声”是指同一个人或同一群体在不同场合中对同一事件做出判断而产生的差异性。我们还发现，群体讨论中存在很多看似无关的因素，比如发言次序，它们却导致了数量极其庞大的噪声。

在第三部分中，我们将深入探讨一种已得到广泛研究的判断类型——预测性判断（predictive judgment）。我们探索了规则、公式和算法在人类做出预测时的关键优势：与大众看法不同的是，与其说规则具有卓越的洞察力，还不如说规则是没有噪声的。我们讨论了影响预测性判断品质的终极局限，即对未来的“客观无知”（objective ignorance），以及这种客观无知如何与噪声一起对预测的品质产生了影响。最后，我们会探讨一个你肯定会问自己的问题：如果噪声无处不在，那为什么我之前没有注意到呢?

在第四部分中，我们转向人类心理学领域。我们解释了噪声产生的根本原因。这些原因既包括由各种因素引起的不同个体之间的差异，也包括个性和认知风格的差异、对不同因素进行加权时思考角度的差异，以及人们在使用相同的量表时出现的理解差异。我们探究了为什么人们会对噪声视而不见，以及他们为什么对不可能预测到的事件常常并不感到意外。

第五部分探讨了如何改进判断并防止出错这一实际问题。如果你主要对如何在实践中减少噪声感兴趣，那么你可以跳过第三部分和第四部分，直接阅读第五部分。我们调查了人们为降低医学、商业、教育、政府治理和其他领域中的噪声所做出的努力。我们介绍了利用

“决策卫生”（decision hygiene）减少噪声的几种做法。我们展示了来自不同领域的 5 个案例研究。在这些领域中，关于噪声的记录已经有很多，人们为了减少噪声也做出了不懈的努力，并且取得了一定的成效。这些案例研究包括不太可靠的医学诊断、绩效评估、司法鉴定、招聘决策以及一般性预测。最后，我们介绍了中介评估法（mediating assessments protocol，MAP）——一种用于评估选项的通用方法，该方法融合了决策卫生在实践中的几种关键做法，目的是让噪声更少，从而得到更可靠的判断。

正常的噪声水平应该是多少呢？第六部分会回答这一问题。正常的噪声水平并不是零，这或许有点违反直觉。在一些领域中，噪声不可能被完全消除；在另外一些领域中，消除噪声的成本太高；还有一些领域中，消除噪声的努力会损害重要的竞争价值。例如，消除噪声的努力可能会影响士气，会让人觉得自己很像机器中的齿轮。当试图用算法解决问题时，人们会提出各种各样的反对意见，我们会对其中一些反对意见做出回应。尽管如此，当前的噪声水平还是令人难以接受。我们敦促私人机构和公共组织进行噪声审查，并以前所未有的严肃态度，付出更多的努力来尽力减少噪声。这样做可以减少很多组织中普遍存在的不公平现象，并降低诸多成本。

怀揣着这一愿景，我们在每一章的结尾都会提出一些简短的建议。你可以采用这些建议，也可以根据你的实际情况加以调整，无论这些问题是涉及健康、安全、教育、金钱、就业、娱乐，还是其他方面。了解因噪声而存在的问题，并试图解决这些问题，是一项需要持续去做的工作，也是一项需要我们共同努力的工作。我们所有人都有机会为这项工作做出贡献。这也正是我们写这本书的初衷。

NOISE

第一部分

寻找噪声

哪里有判断，哪里就有噪声

“同罪不同罚”令人难以接受。同样的罪行，有人被判处 5 年有期徒刑，有人却被判处缓刑。在许多地方，类似的事情正在发生。可以肯定的是，刑事司法制度中弥漫着偏差，但本书第 1 章关注的重点是噪声。一位著名的法官注意到了噪声的存在，他发现这种噪声是不道德的，并由此发起了一场在某种意义上改变世界（但还不够彻底）的运动。我们接下来要讲的故事发生在美国，但我们相信，类似的故事在其他国家也存在，甚至情况更为严重，并且它将来依然会出现。我们使用刑事判决的例子，也是想说明噪声会导致极大的不公平。

刑事判决过程充满了戏剧性，但我们也关注私人机构，因为私人机构也可能因噪声的存在而背负很大的隐形风险。为了阐明这一点，我们在第 2 章介绍了一家大型保险公司。在该公司，核保员的任务是为客户确定保费，而理赔员必须判定理赔的额度。你可能会猜想，这些任务简单而又机械，不同的专业人员会得出大致相同的数额。为了对这一猜想进行验证，我们精心设计了一个关于噪声审查的实验，实验结果不仅令我们惊讶，也让该公司的领导层惊讶和沮丧。据我们了解，数量众多的噪声使该公司损失了大量资金。我们使用这一案例是为了说明，噪声会造成巨大的经济损失。

这两个例子所涉及的研究都是大样本研究，也就是说，在此过程中，有很多人做出了大量判断。但是，许多重要的判断是单一的而非重复的，比方说：如何处理一个看上去独一无二的商机；是否发布一款全新产品；如何应对一场流行病；是否雇用一个不太符合标准的人……这类独特情境中的决策是否存在噪声？我们很容易认为，此类特殊情境中不存在噪声。毕竟，噪声是不必要的变异，单一决策怎么会有变异呢？在第 3 章中，我们会回答这个问题。我们做出的判断，即使在看似独一无二的情境中，也充满了各种各样的可能性，也存在着大量噪声。

这三章的主题可以用一句话来概括，这就是：**哪里有判断，哪里就有噪声**，而且它比你想象的还要多。一起来看看噪声有多少吧。

第 1 章

犯罪和充满噪声的判罚

假设某人被指控犯了罪，例如到商店行窃、私藏海洛因、袭击他人或持枪抢劫，该案件可能的判决结果是什么？

答案不应取决于该案件恰巧被指派给哪位法官、天气是冷是热，以及当地球队在前一天是输是赢。如果 3 个背景类似的人被指控犯有同一罪行，最后却得到截然不同的处罚，例如第一个人被判缓刑，第二个人被判 2 年有期徒刑，最后一个人被判 10 年有期徒刑，这样的结果显然会引起公愤。然而，在很多国家，这种不合理的情况时有发生——不仅在过去发生过，现在也依然可见。

长久以来，世界各地的法官对于案件的判决大都拥有自由裁量权。在许多国家，专家们对这种自由裁量权表示赞赏，认为它既公正又人道。他们坚持认为：刑事判决应基于多种因素，不仅要考虑罪行本身，还要考虑被告的性格及其所处的环境，“刑罚个别化”已成为当下主流；

如果法官受到规章制度的约束，罪犯就可能受到不人道的对待，就不会被视为一个独特的个体，特殊情况也就无法被充分考量。在许多人看来，正当法律程序的理念似乎要求开放的司法自由裁量权。

20 世纪 70 年代，大众对司法自由裁量权的热情开始瓦解，原因很简单：大量的证据表明，噪声无处不在。1973 年，著名法官马文·弗兰克尔（Marvin Frankel）引发了公众对这一问题的关注。在成为法官之前，弗兰克尔不仅是言论自由的捍卫者，还是热情的人权倡导者，他帮助创立了人权律师委员会——一个号称“人权至上”（Human Rights First）的组织。

在人权捍卫方面，弗兰克尔有些激进，也因此他对刑事司法制度中的噪声深感愤怒。以下是他对自己帮助创立该组织的初衷的描述：

> 如果美国联邦银行抢劫案的一个被告被定罪，最高会被判处 25 年有期徒刑，这意味着刑期是 0 至 25 年不等。我很快意识到，这个数字与其说取决于案件或被告本人，不如说取决于法官，即受到不同法官的观点、偏好和偏差的影响。因此，同一起案件、同一个被告，可能会因为审理法官的不同而导致判决结果截然不同。

弗兰克尔没有提供任何统计分析来支持他的论点，但他提供了一系列强有力的事例，来证明处境相似的人受到的对待存在严重不合理的差异。比如，两名男子均无犯罪记录，都因兑现假支票触犯法律，他们兑现的金额分别为 58.4 美元和 35.2 美元，第一个人被判处 15 年有期徒刑，而第二个人仅被判处 30 天监禁。对于两起类似的挪用公款案件，一名被告被判处 117 天监禁，而另一名被告被判处 20 年有期徒刑。因此，弗兰克尔对美国联邦法官“几乎完全不受制衡的权力”表示谴责，并认为这导致美国每天都在发生着残酷专断的行为。他认为，在法治而非人治的社会存在这种现象是令人难以接受的。

弗兰克尔呼吁美国国会结束这种残酷专断的“歧视”。他所说的歧视主要所指就是噪声，即量刑中存在的难以解释的差异性；同时，他也关注由种族和社会经济地位的差异所导致的偏差。为了消除噪声和偏差，弗兰克尔敦促改革，主张不应允许存在对刑事被告人量刑上的差异，除非这种差异可以“通过足够客观的测试来说明其合理性，以确保该结果不是特定官员、法官或其他人独断专行的产物”。不仅如此，弗兰克尔还主张通过制定“详细的影响因素清单”来减少噪声，这些清单“应尽可能包括某种形式的数字，或其他客观的评分”。

弗兰克尔在 20 世纪 70 年代初就写下了这样的话，因此不是在提倡“用机器取代人”这个主张。但当时他已经很接近这一目标了，这真令人难以置信。他认为“法治需要一套在多种情况下都适用的客观的规则，从而可以对法官和其他人进行约束”。他明确主张使用计算机作为量刑时有序思考的辅助工具，此外，他还主张成立一个量刑委员会。

弗兰克尔的著作成为刑事司法史上颇具影响力的著作之一——不仅在美国，在全世界范围内皆是如此。他的著作有一个缺点：存在一定程度的非正式性，不够严谨。但他指出的事实令人错愕，也令人印象深刻。为了验证刑事判决中是否确实存在噪声，一些研究者紧随其后，展开了进一步研究。

1974年，弗兰克尔主导了一项早期的大规模研究。研究人员要求来自美国不同地区的50名法官给一系列虚构案件中的被告量刑，这些虚构的案件汇总于完全相同的待判决报告中。这项研究的基本发现是：法官们“缺少共识是常态”，各种量刑之间的差异“令人震惊”。根据法官的不同，一个贩卖海洛因的毒贩可能被判1～10年有期徒刑，银行抢劫犯可能被判5～18年有期徒刑。在敲诈勒索案中，量刑从最高的20年有期徒刑外加65 000美元罚款，到仅3年有期徒刑且无罚款不等。最令人吃惊的是，对于20起案件中的16起案件，法官们竟然对被告应判多少年无法达成一致意见。

在这项研究之后，人们还进行了一系列其他研究，所有研究都发现了类似的、令人震惊的“噪声”。例如，1977年，威廉·奥斯汀（William Austin）和托马斯·威廉姆斯（Thomas Williams）对47名法官进行了一项调查，要求他们对同样的5起案件做出判决，每起案件均涉及轻罪。对案件的所有描述资料包括法官在实际判决中使用的信息列表，如指控、证词、既往犯罪记录、社会背景和与性格相关的证据。该研究的重要发现是，法官的判决之间存在“大量差异”。例如，在一起涉及入室盗窃的案件中，建议的刑期从5年有期徒刑到仅监禁30天并处以100美元罚款不等；在一起涉及非法持有大麻的案件中，一些法官建议判处被告监禁，而一些法官则建议判处缓刑。

在1981年进行的一项更大规模的研究中，被试为208名美国联邦法官，这些法官要对16起完全相同的虚构案件进行判决。该研究的结果同样令人震惊：

在这16起案件中，法官们只对3起案件一致同意判处监禁，但即使在大多数法官同意判处监禁的情况下，他们建议的刑期长短也存在很大差异：在一起诈骗案中，法官们建议的平均刑期为 8.5 年，而最长的刑期是终身监禁；在另一起案件中，法官们建议的平均刑期为 1.1 年，而最长的刑期为 15 年。

尽管上述研究颇具启发性，但它们毕竟都进行了严格的实验控制，所以几乎可以肯定，它们还是低估了现实世界刑事司法中的噪声数量。在现实生活中，法官接触到的信息远远多于被试在这些精心设计的实验中得到的信息。诚然，一些额外的信息与案件是相关的，但也有充分的证据表明，一些微小或看似随机出现的无关信息反而会导致判决结果出现巨大差异。例如，相比于较疲劳时，在一天的开始时段或饭后休息充分时，法官更有可能批准假释；如果处于饥饿状态，他们则会更加严格。

一项针对几千个青少年法庭判决案例的研究发现：当本地足球队在周末输掉比赛后，法官在接下来的星期一会做出更严厉的判决，在本星期其他时间的判决则更为宽容。黑人被告首当其冲地受到这种更严厉判决的影响。另一项研究调查了过去 30 年中的 150 万个司法判决案例，也发现了类似的结果，即相比于赢球后的情况，如果当地球队在开庭前一天输球，法官会做出更加严厉的判决。反之，法官就会比较宽容。

研究人员对法国法官在过去 12 年内做出的 600 万个判决进行了研究，发现如果判决日恰好是被告的生日[①]，那么法官往往会较为宽

① 我们怀疑，如果判决日恰好是法官的生日，他们也可能会更宽容，但这一假设尚未得到验证。

容。甚至，像室外温度这种无关紧要的因素也会影响法官的决策，通过对过去 4 年移民法院做出的 207 000 份判决进行分析发现，气温的变化会对判决结果产生很大影响：当室外温度很高时，申请人获得庇护的可能性比较小。如果你希望获得庇护，那么你应该祈祷你的听证会那一天正好天气凉爽。

减少判决中的噪声

20 世纪 70 年代，弗兰克尔法官的论点以及支持这些论点的实证结果引起了爱德华・肯尼迪（Edward Kennedy）的注意，爱德华・肯尼迪是美国前总统约翰・肯尼迪的弟弟，也是美国参议院最有影响力的成员之一。早在 1975 年，爱德华・肯尼迪就提议推行量刑改革法案，但遗憾的是并无任何进展。爱德华・肯尼迪不屈不挠，他年复一年地敦促美国国会实施该法案，并最终在 1984 年取得了成功。面对这些不合理的、具有差异性的量刑案件的证据，美国国会终于颁布了《1984 年量刑改革法案》（*Sentencing Reform Act of 1984*）。

该法案希望，通过减少“法律赋予负责量刑、执行判决的法官和假释机构的不受约束的自由裁量权”来降低系统中的噪声。尤其是，国会议员在提到“过于悬殊”的量刑差异时，特别引用了纽约地区的调查发现：对相同真实案件的量刑可能是监禁 3 年，也可能是监禁 20 年。就像弗兰克尔法官建议的那样，国会立法允许设立美国量刑委员会（US Sentencing Commission），其主要职责很明确：发布强制性的量刑指南，并确立其限制范围。

1985 年，量刑委员会通过分析 1 万起真实案件中类似罪行的平均刑期，制定了量刑指南。参与这一过程的美国最高法院法官斯蒂芬·布雷耶（Stephen Breyer）试图通过指出委员会内部存在的棘手分歧为过去的做法辩护："为什么委员们不坐下来，真正使这件事合理化，而不仅仅是拿过去说事？原因很简单，我们不能这样做。我们之所以不能这样做，是因为有大量充分的证据表明我们应该采取截然相反的做法。你可以试图按照等级顺序列出所有罪行，考察其应该受到什么样的惩罚，然后收集你的朋友给出的结论，看看结论是否一致。我可以告诉你的是，不可能一致。"

根据量刑指南，法官必须在量刑时考虑两个因素：被告所犯罪行和被告的犯罪记录。根据罪行的严重程度，量刑指南将罪行分为 43 个等级。被告的犯罪记录则主要指被告以前被定罪的次数和判决的严重程度。一旦将罪行和犯罪记录结合起来，法官就能根据量刑指南确定一个相对具体的量刑范围，其最高刑期与最低刑期之间的差距不得超过 6 个月或 25%。法官也可以偏离该范围来加重或减轻处罚，但必须向法院说明理由。

虽然量刑指南是强制性的，但是它也并非完全没有调整的余地。它并没有达到弗兰克尔法官所希望的程度，也为法官提供了较大的裁量空间。最后，使用了各种不同方法并关注一系列不同历史时期的几项研究都得出了相同的结论：该指南可以减少噪声。更准确地说，它减少了由于量刑法官身份的偶然性而导致的判决中出现的净差异。

在那之后，美国量刑委员会对量刑指南的效果进行了详尽的研究。他们比较了 1985 年（该指南生效前）与 1989 年 1 月 19 日至 1990 年

9 月 30 日期间（该指南生效后）银行抢劫、贩卖可卡因或海洛因，以及挪用银行公款案件中的判决。结果发现，当法官根据量刑指南中的相关因素对罪犯进行判决时，量刑结果更为一致。《1984 年量刑改革法案》实施之后，法官对每个等级的罪行的判决差异都比原先少很多。

另一项研究表明，1986—1987 年，法官之间在刑期长短上的差异为 4.9 个月；而 1988—1993 年，这一数字下降至 3.9 个月。一项涵盖了不同时期数据的独立研究发现，量刑指南在减少法官之间的量刑差异方面取得了类似的成效。量刑差异是指审理过相似数量案件的法官在判决的平均刑期上的差异。

尽管有了这些发现，量刑指南还是遭到了猛烈的抨击。一些法官认为，有些判决过于严厉。事实上，这一点涉及的是偏差，而不是噪声。就我们的目的而言，一个更为有趣的反对意见是：许多法官认为该指南极度不公平，因为它会妨碍法官充分考虑案件的具体情况。减少噪声的代价就是使决策变得更机械化，这让人难以接受。耶鲁大学法学教授凯特·斯蒂斯（Kate Stith）和美国联邦法官乔斯·卡布拉内斯（José Cabranes）写道："我们不能对案件的细节视而不见。我们要有洞察力，注重公平性，只有在判断过程中充分考虑特定案件的复杂性，才能做到这一点。"

这一反对意见给量刑指南带来了严峻挑战，有些是法律层面的，有些则是政策层面的，但都未能动摇该指南的效用。直到 2005 年，美国最高法院才取消了该指南，主要是由于技术原因，而与此处涉及的争论完全无关。根据美国最高法院的裁决，该指南之后仅作为参考建议。在美国最高法院做出这一裁决后，大多数法官感到更开心了。因为 75% 的法官更喜欢建议性制度，只有 3% 的法官认为强制性制度更好。

将量刑指南从强制性改为建议性，会带来什么影响？哈佛大学法学教授克丽丝特尔·杨（Crystal Yang）没有采用实验或调查的方法对这个问题进行研究，而是利用了庞大、真实的判决案例集。该案例集涉及近 40 万名刑事被告。通过多种测量方法，她的核心发现是：法官之间的量刑差异在 2005 年后明显增加。当该指南是强制性准则时，相比于严厉程度一般的法官，相对严厉的法官判处的刑期仅会多 2.8 个月；当该指南仅作为建议时，这种差异增加了一倍。像 40 年前的弗兰克尔法官一样，克丽丝特尔·杨写道："我的发现引起了人们对公平的广泛关注，因为在很大程度上，量刑法官身份的不同造成了'同罪不同罚'这一不公正现象。"

在量刑指南成为建议性准则之后，法官更有可能根据自己的价值观做出判决。可见：**强制性准则既能减少偏差，也能减少噪声。**在美国最高法院做出将量刑指南作为参考建议的裁决后，美国非裔被告与犯有相同罪行的白人被告之间的量刑差距明显增加。同时，女性法官比男性法官更有可能行使她们日益增加的自由裁量权，从而对犯人做出宽大处理。

弗兰克尔在 2002 年去世，3 年后，强制性的量刑指南被取消，美国人又开始重新经历他所说的噩梦：无秩序的法律。

弗兰克尔法官为争取量刑指南而战的故事，能够让我们一窥本书将要论述的几个关键点。

第一，世界充满复杂性与不确定性，因此判断是一件困难的事情。这种复杂性在司法领域显而易见，在其他大多数需要专业判断的情形中也是如此。从广义上讲，这些情形包括由医生、护士、律师、工程师、教师、建筑师、招聘委员会成员、图书出版商、各类企业高管以及球队经理人等所做的判断。凡是判断，就不可避免地存在分歧。

第二，分歧的程度比我们预想的大得多。尽管很少有人会反对司法自由裁量权原则，但几乎每个人都会反对它所产生的差异。在理想情况下，判断应该完全相同，不应该存在差异。因为差异会导致层出不穷的不公平现象、高昂的经济成本和多种类型的错误。

第三，噪声是可以减少的。由弗兰克尔倡导并由美国量刑委员会实施的方法——颁布强制性量刑指南，是成功减少噪声的几种方法之一。另外，还有一些方法更适用于其他类型的判断。一些减少噪声的方法同时也可以减少偏差。

第四，减少噪声的努力往往会招致反对，让人举步维艰。这些问题必须得到解决，否则对抗噪声的斗争最终还是会失败。

消除噪声

判决中的噪声

- 实验表明，不同法官对相同案件的判决存在巨大差异。这种差异是不公平的。被告的判决结果不应取决于该案件恰好被指派给了哪位法官。

- 刑事判决不应取决于法官在听证会上的心情或室外的温度。

- 强制性的量刑指南是解决噪声问题的一种方法。许多人不喜欢这种做法，因为这会限制法官的司法自由裁量权，他们认为这种自由裁量权可能是确保公平和准确性所必需的。毕竟，每个案例都是独一无二的。

第 2 章

系统噪声，给人达成一致的错觉

我们最初接触噪声，并对这个主题产生兴趣，并不是因为遇到了像刑事司法案件那般富有戏剧性的案例。实际上，这次邂逅纯属偶然，缘于一家保险公司，这家公司与我们中的两人所属的咨询公司有合作。我们的研究揭示了营利性组织中存在噪声问题的严重性——组织会因为决策中的噪声损失惨重。我们在保险公司的经历有助于解释为什么噪声问题常常被忽视，以及要想解决这个问题，我们能做些什么。

保险公司的高管们正在权衡减少噪声这项工作是否有必要，即是否需要提升为公司做出重大财务决策的人员之间判断的一致性。虽然每个人都认为需要保持一致，但大家都明白这些判断不可能完全一致，因为它们具有一定的主观性。总之，有些噪声不可避免。

在谈到噪声数量时，大家出现了分歧。高管们怀疑，噪声对他们的公司而言是否真的是一个重大问题。非常值得称赞的是，他们同意通过一个简单的实验来解决这个问题。我们称这个实验为噪声审查。结果让他们感到惊讶。这个案例也有力地证明了噪声问题确实存在。

抽签会引发噪声

大型保险公司中的许多专业人员都有权做出对公司具有约束力的判断。例如，上述这家保险公司雇用了许多核保员，他们会根据财务风险为投保人提供保费报价，比如为银行提供针对因欺诈或流氓交易造成损失的保险。公司还雇用了许多理赔员来预测未来会产生的索赔费用，并在发生纠纷时与索赔人进行谈判。

保险公司的每个大型分支机构中，都会有数位具备资质的核保员，当有人想知道报价时，任何有空的核保员都可能被指派去做这项工作。实际上，核保员是随机指定的，而报价数额却会对公司产生重大影响。如果保费高，而报价被客户接受，那么对保险公司是有利的，却存在将业务输给竞争对手的风险。低额保费更容易被客户接受，但对保险公司而言却是不利的。也就是说，对于任何风险，都有一个恰到好处的"金发姑娘价格"（Goldilocks Price）[①]——既不会太高，也不会太低。大多数专业人士判断出的平均价格很可能与这个"金发姑娘价格"相

① 这个典故出自英国作家罗伯特·骚塞（Robert Soutney）的童话故事《三只小熊》（*The Story of Three Bears*）。迷了路的金发姑娘误入了三只小熊的家，并且喝了小碗里的粥，坐了最小的椅子，睡在了最小的床上，因为那些是最适合她的。因此，"金发姑娘价格"是指最合适的价格。——编者注

差不大，高于或低于这个价格，保险公司都会付出很大的代价。

理赔员的工作也会影响到保险公司的财务状况。例如，假设有人提交了一份索赔申请，而索赔人是一名在工业事故中失去右手的工人。就像核保员的分配一样，某位理赔员被指派受理该索赔案是因为他恰好有空。该理赔员的职责是收集案件的实情，并向公司提供最终成本的估价。他随后负责与索赔人的代表进行谈判，以确保索赔人获得保单中承诺的利益，同时保险公司也不用支付过多费用。

早期的估价很重要，因为它为理赔员与索赔人在未来的谈判中设定了一个隐性的目标。法律规定，保险公司有义务为每项索赔预留足够的资金。从保险公司的角度来看，这里的“金发姑娘价格”很重要，报价过高或过低都无法确保很好地解决问题：一方面，如果报价过低，索赔人的律师可能会选择诉诸法律；另一方面，过于慷慨可能会使理赔员因自由度过高而同意索赔人的无礼要求。理赔员的判断对公司很重要，对索赔人而言也同样重要。

我们用“抽签”这个词来强调在选择核保员或理赔员时的随机性。正常情况下，保险公司只会为每一起案件分配一位专业人员，我们无法得知如果换成另外一位专业人员，情况会有什么样的不同。

当然，抽签也有好处，不是完全不公平的。进行“好的”（如一些大学的课程）或“坏的”（如美国的征兵工作）资源分配时，人们都能够接受抽签的形式。抽签有它存在的意义，但我们所谈论的判断中的抽签并不分配任何东西，采用这种比喻是想要强调：它们只会产生不确定性。想象一下，假如一家保险公司的核保员是不存在噪声问题的，他们能够设定最佳保费，但一个“抽签装置”介入并修改了实际报价，显然这样的抽签是不合理的。在一个系统中，如果结果取决于随机选择的专业判断者的身份，这非常不合理。

噪声审查，系统噪声无处不在

以类似抽签的方式指派一位法官来审理刑事案件或选择一位射击手代表一支队伍出战，都会产生差异性，但这种差异性是隐而未见的。就像审查美国联邦法官在量刑方面的差异性那样，噪声审查是揭示噪声的一种方法，在这样的审查中，多人对同一起案件进行评估，于是他们评估中的差异性就可以显现出来。

核保员和理赔员的判断尤其适用于这种审查，因为他们都是根据书面材料做判断的。在噪声审查开始之前，保险公司高管向每个小组（核保员和理赔员）详细描述了 5 个代表性案例，随后要求每一组的成员对两三个案例进行独立评估。为了检查他们判断之间的差异性，研究人员事先没有告知这些员工该研究的目的。

在继续阅读之前，不妨想想，你会如何回答以下问题：在一家经营状况良好的保险公司中，如果你随机选择了两位有资质的核保员或理赔员，你预测他们对同一案件的估价会有多大差异？具体而言，两个估价之间的差异占他们估价平均值的百分比是多少？

在随后的几年中，我们让保险公司的众多高管们也回答这个问题，并获得了各界人士对此的估值。令人惊讶的是：有一个答案显然比其他所有答案都有人气，大多数高管猜测的差异值为 10%或更少。我们调查了 828 位来自不同行业的 CEO 和高管，询问他们希望在类似的专家判断中发现多少差异，最常见答案的中位数也是 10%（排名第二常见的答案是 15%）。10%的差异意味着，如果两位核保员中的一位将保费设定为 9500 美元，那么另一位可能报出 10 500 美元的保费。虽然这一差异不算微不足道，但它仍在组织能够容忍的差异范围内。

然而，我们的噪声审查发现的差异更大。根据我们的计算，核保员的中位数差异为 55%，大约是大多数人（包括公司高管）估计值的 5 倍多。这一结果意味着，当一位核保员将保费定为 9500 美元时，另一位核保员很可能不是将保费定为 10 500 美元，而是定为 16 700 美元。另外，理赔员的中位数差异为 43%。需要注意的是，我们强调的这些结果是中位数，事实上，在一半的案件中，两个判断之间的差异甚至更大。

当我们将噪声审查结果提交给高管们时，他们很快意识到巨大的噪声会让公司付出高昂的代价。一位高管估计，保险公司每年在承保方面的噪声成本是数亿美元，包括报价过高造成的业务损失和低价合同造成的收益损失。

没有人能准确地说出一项决策中到底存在多少错误或多少偏差，因为没有人能确切地知道每一种情况下的“金发姑娘价格”。但是，要想测量射击点的分散程度，并意识到差异性是一个问题，我们并不需要知道靶心在哪里。数据显示，要求客户支付的价格在一定程度上取决于被抽中的是哪位核保员。至少可以说，如果未经客户同意就做出这样的抽签式指派，客户也不会满意。更为普遍的是，与组织打交道的人希望系统能够提供可靠的一致性判断。总之，他们不希望自己的系统中存在噪声。

不必要的变异性与有利的多样性

系统噪声的一个特点是，它是不必要的，而我们想要强调的是：判断中的变异性并非总是不必要的。

让我们想想人们的偏好或品位问题。如果有 10 位影评人观看同一部电影，或有 10 位品酒师评价同一款酒，又或有 10 位读者阅读同一部小说，我们并不期望他们给出完全相同的评价。毕竟，人各有所好，这完全在意料之中，因为没有人愿意生活在一个所有人的好恶都完全相同的世界中。然而，如果我们的个人品位被误认为是专业判断，那么品位多样性就可能导致错误。如果一位电影制片人决定推进一个“小众”的项目（比如，转盘电话的兴衰），其原因仅仅是他个人喜欢这个剧本，而不管其他人对这个项目的看法，那么就可能会犯下大错。

在最优判断会得到奖励的竞争环境下，人们也会期待和欢迎判断中的变异性。当几家公司或同一组织中的几个团队竞相为同一个客户问题制订创新性解决方案时，我们就不希望他们采用相同的方法；当多个研究团队试图攻克同一个科学问题时，情况也是如此，例如在研制疫苗时，我们希望各研究团队能从不同的角度去看待问题。即使是预测者，有时也会表现得像个竞争者一样。如果预测者能从别人没有想到的视角，正确地预测到经济衰退的可能性，那么他肯定会一举成名，而墨守成规、从不偏离一致性的人则将碌碌无为。在这种情况下，想法和判断的变异性同样有存在的必要，因为变异是第一步。在随后的阶段，这些判断的结果会相互竞争，最优判断会获得胜利。市场犹如自然界，没有变异，选择就不会起作用。

品位和竞争引发了有趣的判断问题，但我们的讨论重点是判断中存在的不必要的变异性。系统噪声是系统层面的问题，系统是组织，不是市场。当交易员对同一只股票的价值做出不同的评估时，其中一些人会赚钱，另一些人则不会，可以说正是分歧造就了市场。但是，如果随机选择其中一名交易员来代表他任职的公司进行评估，我们还发现他的同事做出了非常不同的评估，那么该公司就存在系统噪声，这就是一个大问题。

当我们向一家资产管理公司的高级经理提出我们的发现，并敦促他们进行噪声审查时，这个问题就被很好地说明了。他们要求公司中 42 名经验丰富的投资经理估计一只股票的公允价格（当股价达到该价格时，投资经理不会进行买卖交易）。他们只是根据一页纸的业务描述进行分析，其中的数据包括过去 3 年的简化损益表、资产负债表、现金流量表以及对未来 2 年的预测。用我们在保险公司案例中使用过的噪声审查方法测量噪声水平，得到的噪声中位数为 41%。同一家公司的投资经理在采用相同估值方法的情况下出现如此大的差异，这可不是一个好消息。

正如资产管理公司、刑事司法制度以及前面讨论的保险公司的案例一样：**只要判断者是从一群具有同等资历的人中随机挑选出来的，**

噪声就是一个必然存在的问题。系统噪声困扰着许多组织和机构：比如，你去医院接受哪位医生的治疗、哪位法官在法庭上审理你的案件、哪位专利审查员审查你的申请、哪位客户服务代表听取你的投诉等。在这些由不同人做出的判断中，不必要的变异性会引发严重问题，包括金钱损失和广泛存在的不公平现象。

关于判断中不必要的变异性，一个常见的误区是认为它无关紧要，因为通常来说，随机错误是可以相互抵消的。当然，在关于同一案件的判断中，正负误差会趋于相互抵消，我们将详细讨论如何利用这一特性来减少噪声。但存在噪声的系统并非对同一案例做出了多次判断，而是对不同的案例做出了有“噪声”的判断。如果保险公司对一份保单的理赔金额估价过高，而对另一份保单估价过低，从平均值而言，两次估价看起来可能是适当的，但实际上保险公司却犯下了两次代价高昂的错误。如果两名罪犯都应该被判处 5 年有期徒刑，却分别被判处了 3 年和 7 年有期徒刑，那么尽管平均值是 5 年，但事实上正义并没有得到伸张。因此可以看出，**在充满噪声的系统中，错误不会相互抵消，只会累加。**

达成一致的错觉

几十年前已有大量文献记录了专业判断中的噪声，因为我们了解这些文献，所以对保险公司的噪声审查结果并不惊讶。然而，令我们惊讶的是高管们在听到报告结果时的反应：公司中没有人预料到我们会观察到那么多的噪声数量，没有人质疑审查的有效性，也没有人声称观察到的噪声数量是可接受的。噪声问题及其导致的巨大成本对该组织来说似乎是一个新问题。**噪声就像地下室漏水，它之所以能被容忍，不是因为人们认为它是可接受的，而是因为它一直未被发现。**

这怎么可能呢？同一职位、同一办公室的专业人员之间怎么会有如此大的差异而不被察觉？高管们知道这对公司的业绩和声誉是一个重大威胁，他们怎么会没有注意到这一点呢？我们发现，组织经常无法识别系统噪声问题，组织对噪声的普遍无视与它的普遍存在一样有趣。噪声审查表明，受人尊敬的专业人员以及雇用他们的组织存在一种一致性错觉，事实上，他们在日常的专业判断中常常存在分歧。

想要理解一致性错觉是如何产生的，你可以把自己想象成一位核保员：你有 5 年以上工作经验，你知道自己在同事中享有较高声誉，并且你也尊重和喜欢你的同事。你对自己的工作能力很有信心。在仔细分析了一家金融公司所面临的复杂风险后，你给出了结论，认为将保费设定为 200 000 美元比较合适。这个问题虽然很复杂，但与你每天要解决的其他问题没有太大的区别。

现在想象一下，你被告知你的同事也拿到了同样的资料，并针对同样的风险进行了估价。然而，他们中至少有一半人设定的保费要么高于 255 000 美元，要么低于 145 000 美元，你会相信吗？这种想法的确很难让人接受。我们怀疑，那些听说过噪声审查并接受其有效性的核保员很难真正相信这一结论适用于他们自己。

多数时候，我们大多数人都有一个根深蒂固的信念，即这个世界就是它看起来的样子。当然，也很容易相信：“其他人对世界的看法与我差不多”。“其他人对世界的看法与我差不多”这样的信念也被称为“天真的现实主义”，它对于我们与他人共有的现实感而言至关重要，而且我们很少质疑这些信念。我们在任何时候都对周围的世界持有一种单一的解释，通常而言，我们很少会投入精力来寻找其他可能的解释。在我们看来，一种解释就足够了，我们将其视为真实的经验。人们通常不会想到用其他方式来看待自己所看到的东西。

就专业判断而言，相信他人也像我们一样看待世界的信念每天都在以多种方式被强化。首先，我们与同事使用同一种语言，遵循着同一套规则来考虑决策中的重要因素。我们也有一些可靠的经验，可以就违反这些规则的荒谬判断与他人达成一致。我们把与同事之间偶尔出现的分歧看作对方的判断失误，却很难意识到，我们一致认定的规则是含糊不清的。这些规则虽然足以消除某些可能性，但并未明确规定可对特定案例做出的积极回应。我们可以与同事愉快地相处，根本不会注意到他们实际上并不像我们那样看待世界。

我们采访的一位核保员描述了他成为自己所在部门“老手”的经历：“当我还是新人时，75% 的案件都是与我的主管一起讨论的，没过几年，我就不需要再这样做了。我现在被视为专家，久而久之，我对自己的判断越来越有信心。”像大多数人一样，这位核保员主要通过不断实践来建立对自己判断的信心。

这个过程的心理学机制已被大众所熟知。信心来自主观的判断经验。个体做出这些判断越来越熟练、越来越轻松，这其中的部分原因在于，这些判断与过去经历过的判断类似。随着时间的推移，这位核保员学会了与过去的自己达成一致，他对自己的判断的信心也随之增强。他的叙述并没有表明，在最初的学徒阶段之后，他已经学会了与他人达成一致，已经知道了自己的观点与别人的观点能达到多大程度的一致，或是曾经尝试过防止他的做法偏离同事的做法。

对于保险公司来说，一致性错觉只有通过噪声审查才能被戳破。领导层为何一直没有意识到噪声问题？这里有几个可能的因素，但在许多情况下起最大作用的是对分歧的不适感。大多数组织喜欢共识与和谐，不喜欢异议和冲突。现有的程序似乎是特意设计的，用来将分歧出现的频率最小化，以及在发生分歧时予以消除。

我们可以用明尼苏达大学心理学教授、杰出的成绩表现预测研究者内森·昆塞尔（Nathan Kuncel）给我们分享的故事来说明这个问题。昆塞尔正在帮助一所学校的招生办公室评估其决策过程。首先，一位评阅人阅读了一份申请文件并进行评分，然后将其连同评分一起交给了第二位评阅人，后者也对其进行评分。昆塞尔建议最好隐去第一位评阅人的评分，以免影响第二位评阅人的判断。学校的答复是："我们以前就是这样做的，却导致了很多分歧，所以我们才改用了现在的方式。"要知道，这所学校并不是唯一一家认为避免冲突与做出正确决定至少同等重要的机构。

考虑一下许多公司采用的另一种机制：**对失败的判断进行事后总结。作为一种学习机制，事后总结是有用的，但是如果真的犯了错误，比如某项判断严重偏离了专业规范，那么对该错误进行讨论就没有意义了。**专家们很容易得出这样的结论：失败的判断与共识相去甚远。他们也可能将其作为一种罕见的例外情况记录下来。错误的判断比正确的判断更容易被识别。在做出广泛可接受的判断时，指出不合格的同事犯的严重错误并排挤他们，对专业人士了解自己与他人的分歧程度并没有什么帮助。相反，对错误判断的简单共识甚至可能会强化一致性错觉。这样，人们永远也不会认识到“系统噪声无处不在”的事实。

我们希望你能够认同我们的观点，认识到系统噪声是一个严重的问题，它是普遍存在的。判断天生是非制式的，所以噪声的出现也是自然而然的。然而，正如我们将在整本书中看到的，当组织认真审视和看待噪声时，观察到的噪声数量几乎总是令人震惊。我们的结论很简单：**哪里有判断，哪里就有噪声，而且它比你想象的还要多。**

● 消除噪声

保险公司中的系统噪声

- 我们非常依赖核保员、理赔员和其他人员的专业判断的品质。但我们在把案件指派给每一位专家时，常常错误地假定其他专家也会对该案件做出类似的判断。
- 系统噪声比我们想象中的大数倍，甚至超出我们可以承受的范围。如果没有噪声审查，我们将永远不会意识到这一点。噪声审查打破了一致性错觉。
- 系统噪声是一个严重的问题：它给我们造成了难以估计的损失。
- 哪里有判断，哪里就有噪声，而且其数量之大超出我们的想象。

第3章

单一决策，仅发生一次的重复决策

到目前为止，我们所讨论的案例研究都与重复决策相关。比如，对盗窃犯的恰当判决是什么？对某一特定风险该收取多少保费？虽然每个具体的案例在某种意义上都是独特的，但像这样的判断属于重复决策。医生诊断患者，法官审理假释案件，招生人员审查入学申请书，会计师准备税单等，这些都是重复决策。

正如前一章所介绍的，**重复决策中的噪声可以通过噪声审查识别出来。**当无本质差异的专业人员在相似的情况下做决策时，不必要的差异性很容易被定义和测量。然而，要将噪声这一概念应用于我们称为单一决策的判断中，似乎要困难得多，甚至是不可能的。

例如，让我们回想一下2014年世界面临的危机。在西非，无数人死于埃博拉病毒感染。世界是紧密相连的，大量预测表明，病毒将会迅速蔓延到世界各地，并对欧洲和北美造成尤为严重的影响。在美国，有人坚持要求暂停来自受感染地区的航班，并采取积极措施关闭边境交通线路，很多知名人士和有识之士也都赞成采取这些措施。

这是美国前总统奥巴马在他任期内面临的最困难的决策之一，这也是他以前从未遇到过，以后也不太可能再遇到的决策。最终，他没有选择关闭边界，相反，他派遣了 3000 人到西非，其中包括医务工作者和军人。并且，奥巴马领导了一个由国际组织组成的多元化国际联盟，并利用其资源和专业知识从根源上解决问题。

单一决策 vs 重复决策

像美国前总统奥巴马应对埃博拉疫情这样只需做一次的决策就是单一决策，因为它们不是个人或团队必须常常做出的决策，一般缺乏预先准备好的应对措施，并且具有真正独有的特征。在应对埃博拉疫情时，奥巴马和他的团队没有真正的先例可供借鉴。重要的政治决策通常是单一决策，军事指挥官的重大抉择也属于这一范畴。

对个人来说，你在找工作、买房子或求婚时做出的决策也有类似的特点。即使这可能不是你的第一份工作、第一套房子或第一段婚姻，尽管有无数人也面临过这些决策，但这个决策对你而言依然是独一无二的。在商业领域，公司负责人经常要做出对他们来说似乎是独一无二的决策，比如：是否推出一个可能改变“游戏规则”的创新计划，在流行病暴发期间应该关闭多少店铺，是否要在国外开设办事处等。

可以说，单一决策和重复决策之间的差异在于连续性而非类别。比如，核保员可能会处理一些非同寻常的案例。如果你已经是第四次买房，那么你可能已经开始将买房视为一个重复决策了。极端化的例子能够清晰地表明，对单一决策和重复决策进行区分是有意义的，比如，是否发动战争是一回事，进行年度预算审查则是另一回事。

单一决策中的噪声

通常，单一决策被视为与重复决策截然不同的类型。大型公司中由无本质差异的雇员所做的常规决策就是重复决策。社会科学家已经对重复决策进行了大量的研究，而高风险的单一决策则一直是历史学家和管理大师们的研究对象。这两类决策的研究方法有很大的不同。对重复决策的分析往往采用统计方法，社会科学家会通过对多个类似的决策进行评估，识别其中的模式，确定其规律并测量其准确性。相反，对单一决策的讨论通常从因果关系视角进行事后总结，集中探讨的是事件发生的原因。历史分析，比如对成功与失败的管理案例进行分析，是想了解某个独一无二的判断是如何做出的。

单一决策的特性对研究噪声提出了挑战。我们将噪声定义为对相同问题进行判断的过程中产生的不必要的变异。单一决策无法被重复，因而这个定义对它并不适用。毕竟，历史只发生一次，你永远无法将奥巴马在 2014 年向西非派遣医务工作者和军人的决策，与其他美国总统在特定时间处理特定问题的决策进行比较（尽管你可以进行推测）。你可以将你决定嫁给心仪之人的决策同其他与你相似的人的决策做比较，但这种比较显然不同于我们对同一案件中不同核保员提出的报价所进行的比较。也就是说，对于单一决策，我们没有直接的方法来考察是否存在噪声。

然而，单一决策并非不会受到那些在重复决策中产生噪声的因素的影响。在射击场上，C 队（即图 0–1 中的噪声队）的射击手可能曾朝不同的方向调整来复枪的瞄准器，也可能只是他们的手不稳。如果只观察 C 队的第一名射击手，我们无法得知该队的噪声水平，但事实上噪声源是一直存在的。在做出单一决策时，你必须想象另一个决策者，即使他和你能力相当、有着相同的目标和价值观，他也会从相同的事实中得出不同的结论。作为决策者，你应该认识到，如果情境中的无关变量或决策过程有所不同，那么你就可能会做出不同的决策。

换句话说，我们无法测量单一决策中的噪声，但如果我们进行“反事实思考”（counterfactual thinking），则可以肯定噪声是存在的。就像射击手的手不稳将意味着单次射击可能落在靶心以外的地方一样，决策者内部以及决策过程中存在的噪声，也意味着单一决策可能会有所不同。

接下来，我们思考一下影响单一决策的所有可能因素。如果负责分析埃博拉疫情的威胁和制订应对计划的专家是不同的人——他们拥有不同的背景和生活经历，那么他们向奥巴马提出的建议会相同吗？如果以稍微不同的方式呈现相同的事实，那么讨论还会以相同的方式展开吗？如果关键人物当时的心情有所不同，或在暴风雪中开会，最终的决策会不同吗？从这个角度看，单一决策似乎就有了可变的空间。可见，决策可能会受到很多我们未知的因素的影响，并最终变得不同。

关于另一个反事实思考的训练是，我们可以考虑不同国家和地区如何应对新型冠状病毒肺炎疫情。即使病毒在大致相同的时间内，以类似的方式侵袭世界各国，不同国家做出的应对也存在很大差异。这种差异为不同国家决策中的噪声问题提供了确切证据。但是，如果该病毒只侵袭了一个国家呢？在这种情况下，虽然我们不会观察到任何差异性，但决策中的噪声并不会减少。

控制单一决策中的噪声

对这一问题的理论探讨非常重要。**如果单一决策与重复决策一样存在噪声，那么用于减少重复决策中噪声的策略应该也可以用于提高单一决策的品质。**

有人建议，当你做出独特的决策时，你的直觉要将其视为某一类决策中的一种。这一建议似乎与我们的直觉相悖。有人甚至声称，概率思维的规则与不确定性情境下做出的单一决策完全不相关，而且单一决策需要使用一种截然不同的方法。

我们的意见恰恰相反。从减少噪声的角度来看，单一决策是仅发生一次的重复决策。**无论只做一次决策还是做一百次决策，你的目标都应该是减少偏差和噪声，而且减少错误的实践方法在单一决策和重复决策中同样有效。**

消除噪声

清楚认知单一决策

- 当你遇到一个不同寻常的机会时，你的应对方式就可能产生噪声。
- 请记住：单一决策是仅发生一次的重复决策。
- 那些造就你的个人经历，与你目前要做的决策实际上没多大关系。

NOISE

第二部分

你的大脑是一种测量工具

判断永远不可能完美，但可以尽量准确

测量，在日常生活中的含义与其作为科学术语时的含义是一样的，就是使用测量工具给某个对象或事件在一定标尺上赋值。比如，你可以使用卷尺测量地毯的长度，也可以使用温度计来测量温度——无论是华氏还是摄氏度。

判断与此类似。法官为罪犯量刑就是依据罪行程度为刑期赋值，核保员会为每一项风险设定一个值（用金额表示），医生做出的诊断也是如此。需要指出的是：判断结果并不一定是数字，“排除合理怀疑”“黑素瘤晚期”“建议手术”等也是判断。

因此，我们可以将“判断”描述为使用人类大脑作为工具的一种测量。测量这一概念隐含着准确性的目标——逼近真实值和使错误最小化。做出判断不是为了让人印象深刻，不是想表明立场，也不是为了说服他人。需要注意的是：此处的“判断”源自专业心理学文献，比日常语境中该词的含义要窄得多。**判断不等同于思考，“做出准确判断”也不等同于“拥有良好的判断力”。**

根据我们的定义，判断是可以用一个单词或一个短语总结出的结论。如果情报分析师写了一篇很长的报告，得出某国政权不稳定的结

论，那么只有这个结论才是判断。判断就是测量，既与做出判断的心理活动相关，也与这项心理活动的结果相关。在英语中，“judge”除了表示“判断”，也指代做出判断的人，而这个人并不一定是法官。

虽然判断力求准确，但即使是在科学测量中，也不可能完美地达到这一目标，更别提判断了。在判断中总会存在一些误差，其中一些是偏差，一些是噪声。

为了让你了解噪声和偏差是如何导致误差的，我们邀请你花不到一分钟的时间来玩一个游戏。如果你的智能手机上有带计时功能的秒表，那么利用它，你可以在不看显示器且无须暂停的情况下，测量连续的间隔时间。你的目标是在不看手机的情况下，让秒表连续记录 5 段 10 秒的时间。在开始之前，你最好先感受几次 10 秒有多长。

现在看一下你的手机上记录的每一段间隔时间。当然，手机难免也会存在一些误差，但这种误差很小。你会发现，手机上记录的每一段时间并非都是 10 秒，而且差距相当大。你试图精确地重现相同的时间，但根本无法做到。这种你无法控制的差异就是一个关于噪声的例子。

这一点都不奇怪，因为就人的生理和心理而言，噪声无处不在。毋庸置疑，不同的个体在生理上是存在差异的，这就像同一个豆荚中没有两颗完全相同的豌豆。在个体内部同样存在差异，比如，你的心跳不可能是完全规则的，你不可能完全准确地重复同一个姿势。如果有一个听力学家帮你检查听力，可能一些声音太小，你完全听不见；一些声音很大，你总能听见；然而，总有一些声音，你有时能听见，有时又听不见。

现在看看你手机上的 5 个数字。看出来一些规律了吗？例如，是每一段时间都短于 10 秒吗？如果是，那么这意味着你内心的钟表跑得太快了。在这个简单的任务中，偏差指的是你的平均时间与 10 秒之差（无论是正的还是负的）。噪声导致了结果的差异，其外在表现类似于我们之前看到的散点图。在统计学中，标准差是测量差异的最常见指标，我们将用标准差来测量判断中的噪声。

你可以把大部分判断，尤其是预测性判断与你刚刚做出的判断看成一回事，当做出预测时，我们在试图接近真实值。例如，经济分析师的目标是尽可能接近下一年国内生产总值增长的真实值，医生的目标是试图做出正确的诊断。（需要注意的是，本书中的"预测"一词并不是指对未来进行预测，在我们看来，对现有病情的诊断也是一种预测。）

我们会充分利用"判断"与"测量"之间的类比来帮你理解判断中的噪声。进行预测性判断的人就像瞄准靶心的射击手或试图测量粒子真实重量的物理学家，判断中的噪声则意味着误差。简而言之，当判断的目的在于获得真实值，两个不同的判断就不可能都对。就像测量一样，在某些特定任务中，有些人可能会由于技能水平不高或训练不足，比其他人产生更多的误差。当然，做出判断的人也同样远非完美。因此，我们需要了解和测量他们的误差。

当然，大部分专业判断比测量间隔时间要复杂得多。在第 4 章，我们会对不同类型的专业判断做出界定，并探究它们的目标。在第

5 章，我们将讨论如何测量误差，以及如何量化系统噪声对误差的影响。在第 6 章，我们会进一步分析系统噪声并分析其组成部分，即不同类型的噪声。在第 7 章，我们将探讨其中一种噪声：情境噪声。在第 8 章，我们将展示群体如何常常在判断中放大噪声。

通过这几章，我们会得出一个简单的结论：**同所有测量工具一样，人类的大脑并不完美，其中同时存在偏差和噪声。**为什么会这样？会有多少偏差和噪声？让我们一起来揭开谜底吧。

第 4 章

什么是判断

本书论述的是一般意义上的专业判断，我们假设如果做判断的人有足够的能力，就能做出准确的判断。然而，判断这一概念本身包含着一个你不得不承认的事实：你永远无法确定一个判断是不是准确。

请思考“判断问题”和“主观判断”这两个短语的差别。我们认为“太阳明天会升起”或“NaCl 是氯化钠的化学式”这样的陈述并非判断，因为任何理性的人都会完全同意上述观点。判断问题在于其结果存在不确定性，我们承认理性或有能力的人在某一问题上是可能存在分歧的。

然而，分歧需要有一定的限度。事实上，“判断”这个词主要用于人们能够达成一致意见的场合。判断问题不同于品位或意见，在后两种情况下，彼此之间的差异是完全能被接受的。对于那些对噪声审查感到震惊的保险公司高管来说，理赔员在“披头士乐队和滚石乐队哪个更好”，或是“鲑鱼和金枪鱼哪个更好”之类问题上存在的分歧，并不会让人觉得不妥。

包括专业判断在内的判断介于两者之间：**一端是事实或计算问题，另一端是品位或意见问题。因此，不同主体的判断必然存在一定程度的分歧。**

到底多大的分歧是可以被接受的？这本身就是一个判断问题，而且取决于问题的难度。人们很容易对一个荒诞不经的判断达成一致。比如，在一起普通诈骗案中，法官们会一致认同：判罚款 1 美元或判无期徒刑都是不合理的；在葡萄酒比赛中，评委们对哪种葡萄酒应该获奖可能会分歧很大，但对于哪些葡萄酒应该被排除在获奖的门槛之外却往往能达成一致。

判断的经验

在进一步讨论判断经验之前，我们邀请你自己先做一个判断，完成这项练习有利于你理解本章的内容。

> 设想你是一个团队里的成员，负责评估一家中等规模的地区性金融公司的 CEO 候选人，该公司正面临着日益激烈的竞争。你需要评估以下候选人在工作两年后获得“成功”的可能性。成功的定义很简单，就是候选人在两年任期结束时，仍能保住 CEO 的职位。用 0（不可能）到 100（必然）范围内的数字来表示概率。

迈克尔·甘巴迪（Michael Gambardi）今年 37 岁。12 年前从哈佛商学院毕业以来，已经任职过几家公司。早期，他是两家初创公司的创始人和投资人，但由于没有得到足够的资金支持而宣告失败。随后，他加入一家大型保险公司，并迅速晋升为欧洲地区的首席运营官。在该职位上，他发起并实施了一项有助于及时解决索赔问题的重要改进措施。同事和下属都认为他有效率，但也霸道、粗暴，在他的任期内，高管的离职率很高。同事和下属也认可他的正直以及愿意为失败承担责任。在最近的两年里，他一直担任一家中型金融公司的 CEO，这家公司最初面临倒闭的风险，但他成功使公司转危为安。人们认为他是成功的，尽管与他个人合作很难。目前，他表示有兴趣换个工作。几年前面试过他的人力资源专家在创造力和精力两个方面给了他高分，但也表示他很傲慢，有时甚至是专横的。

让我们简单回顾一下已知信息，甘巴迪是一家地区性金融公司 CEO 的候选人，该公司已经取得了一定的成就，但也面临着日益激烈的竞争。你需要回答：如果甘巴迪被录用，两年后仍在职的可能性有多大？请在继续阅读后面的内容之前，给出一个 0 ～ 100 的具体数字。如有必要，你也可以重新阅读上文的描述。

如果你认真思考这个题目，可能会发现自己很难做出判断。这里有大量的信息，但很多信息看起来并不一致，你必须努力构建一个帮助自己做决策的前后一致的印象。在建构这种印象时，你会专注于一些看起来非常重要的细节，但同时也可能忽略了其他细节。如果要求你解释下自己给出的数字，你可能会提到一些主要的事实，但这些又不足以全面地解释你的判断。

上述思维过程揭示了我们在“判断”过程中的几个心理特征。

- 首先，在前文所提供的线索（这些可能只是你需要了解的一部分信息）中，你对一些信息的关注度可能会高于对其他信息的关注度，并且你可能完全没有意识到这一点。你有没有意识到“甘巴迪”是一个意大利姓氏？你记得他是从哪所学校毕业的吗？这些设置是为了让你信息过载，从而让你无法回忆起该案例的所有细节。而且，你回忆起来的内容很有可能和其他读者能够回忆起来的内容不同。“选择性注意”（selective attention）和“选择性回忆”（selective recall）是人与人之间判断差异性的源头之一。

- 其次，你随意整合了所有线索，形成了一个关于甘巴迪的整体印象。这里的关键词是“随意”，也就是“非正式”，你并没有制订一个详细的计划来回答这一问题。在没有完全意识到的情况下，你的大脑建构了一个有关甘巴迪的优点、弱点以及他有可能面临的挑战的整体印象。这一“非正式”的思考能够让你快速做出判断，但它也有可能产生差异性：一个正式的过程，例如增加一列数字，能够确保获得相对一致的结果，但在非正式的心理运作过程中，噪声难以避免。

- 最后，你将整体印象转换成一个用于衡量成功概率的数字。将整体印象与 0 ～ 100 中的某个具体数字对应起来是一个了不起的过程，我们在第 14 章会对此再次进行讨论。同样，你并不能确切地知道这么做的原因。比如，为什么你选择 65，而不是 61 或 69？很有可能的是，它只是在某个时间点，你脑海中忽然就跳出来的一个数字。你确认一下这个数字是否合适。如果你觉得不合适，大脑中则会跳出另一个数字。这一过程也会导致人与人之间的差异性。

既然复杂判断过程中的这三个步骤都会产生差异性，那么在回答有关甘巴迪的问题时存在噪声也就不奇怪了。如果你找几个朋友来阅读上面的案例，你会发现，你们对他成功的概率的评估也会有很大差异。我们让 115 名 MBA 学生来对之做判断，他们对甘巴迪能成功的概率的评估在 10 ～ 95 之间，这意味着非常大的噪声。

你可能会发现，秒表实验和甘巴迪问题体现的是两类噪声：秒表实验中产生的差异性是单一判断者的噪声；而甘巴迪案例中，判断的差异性是不同判断者之间的噪声。从测量学的角度而言，第一个问题反映的是“个体内的信度”（within-person reliability），第二个问题反映的是“个体间的信度”（between-person reliability）。

判断的目的：只是响应“做出判断”的内部信号

你对甘巴迪问题的回答是一种预测性判断——关于这一概念，我们在前文中已经定义过，然而，它在一些很重要的方面不同于其他预测性判断，如曼谷明天的最高气温、今晚足球赛的结果或下届总统大选的结果。如果在这些问题上你不同意朋友的判断，你会在某个时间点知道谁是对的。但是，如果在甘巴迪日后表现的问题上你和朋友之间存在分歧，时间也无法告诉你谁是对的，原因很简单：甘巴迪根本不存在。

即使要评估的是一个真实的人，并且我们知道结果，我们也无法证实或证伪一个单一的概率判断（除非概率是 0 或 1）。结果并不能表明“事前概率”（ex ante probability）是多少。如果一个被认为有 90% 的可能性会发生的事件并未真正发生，也并不能说明概率判断是不好的，毕竟，即使某个结果只有 10% 的可能性会发生，它也有可能真正发生。基于如下两个不同的原因，甘巴迪案例就是一个无法验证的预测性判断：甘巴迪是一个虚构的人物；关于该人物的判断结果是概率性的。

很多专业判断都是无法验证的。除非出现严重的错误，核保员可能永远无法知道某一特定保单的报价是过高还是过低。其他一些预测因为是有条件的，所以也无法验证。“如果我们开战，我们将被击溃”是一个重要预测，但它很可能不能验证。还有一种情况是：预测的时间跨度太大，以至于预测者无法验证结果，例如关于 21 世纪末全球平均气温的预测。

上述甘巴迪问题无法被验证的特征会影响你的判断吗？例如，你是否质疑甘巴迪是真实人物？你是否会在意下文能否告知你答案？你是否想过，即使告知你答案，你也无法解决当前所面临的问题？你可能没有想过这些问题，因为当你回答问题的时候，上述这些因素似乎无关紧要。

能否验证并不会改变你的判断经验。在一定程度上，当一个问题的答案很快就被揭晓时，你可能会更加积极地思考，因为害怕出错，所以你的注意力更加集中。相反，你可能会拒绝对一个荒谬的假设性问题做太多思考，比如，如果甘巴迪有三条腿、能飞，他会是一个更好的 CEO 吗？总体而言，你会用解决现实问题的方式去解决一个假设性问题。这种相似性对心理学研究很重要，因为很多研究使用的都是这种假设性问题。

既然没有结果，你也不会去问是否有结果，那么按理说，你不会尽可能去减少判断与结果之间的错误，但你仍试图去做出正确的判断，给出一个你有足够信心的数字。当然，你对自己的答案并没有十足的把握。你能意识到一些不确定性，并且正如我们所看到的那样，有可能存在一些超出你原本认知范畴的不确定性。但在某个时间点上，你决定不再进一步思考，而是给出最终答案。

是什么让你觉得自己做出了正确的判断？我们将这种感觉称为“做出判断的内部信号”（internal signal of judgment completion），这种内部信号与任何外部信息都无关。

如果你的答案与外部证据相契合，那么你就会觉得自己是对的。0 或 100 这两个数字无法给你契合感：这两个数字所隐含的信心与现有的混乱、模棱两可、相互矛盾的证据是不匹配的。但是，不管你给出的是哪个数字，它都能够带给你所需要的一致感。正如你之前的经历告诉你的那样，判断的目标就是达到一致性的解决方案。

内部信号的本质特征在于：**一致感是判断经验的一部分。它并不**

完全取决于真正的结果。因此，内部信号对于不可验证的判断与对于真实的、可验证的判断一样可用。这样就可以解释，为什么我们对于像甘巴迪这样的虚假人物做出判断的经验，就像是在真实世界中做判断。

评估判断的两种方法：结果和过程

能否被验证并不会改变判断的过程，但会改变事后对判断的评估。

结果可验证的判断可以由一个客观的观察者，根据一个简单的误差测量方式，即通过判断与结果之间的差异进行评定。如果天气预报员说今天的最高气温会达到 21 摄氏度，而事实是 18 摄氏度，那么我们可以说预报员犯了一个正 3 度的错误。显然，这种方法不适用于类似甘巴迪问题中的非验证性判断，因为这种判断没有真正的结果。那么，我们如何去界定一个判断的好坏呢？

答案是还有另一种评估判断的方法，这种方法既适用于可验证的判断，也适用于不可验证的判断，而且其核心在于评估判断的过程。当我们在说好或不好的判断时，我们要么指的是判断的输出，比如甘巴迪的案例中你给出的数值；要么指的是判断的过程，也就是你是如何得出这个数值的。

评估判断过程的一种方法是，观察这一过程在应用于大量案例时的表现。以一个政治分析师为例，他在地方选举中预测了大量候选人的获胜可能性。他宣称，这些候选人中的 100 人有 70% 的可能性获胜。如果这 100 人中最终有 70 人当选，我们就会认为该政治分析师的预测很准确。虽然单个概率判断无法用正确或错误来评价，但其整体是可以被验证的。同样，通过审查大量案例的统计结果，我们可以更好地确定是否存在针对某一特定群体的偏见。

关于判断过程的另一个问题是，它是否符合逻辑或概率理论。大量关于判断中认知偏差的研究都在分析这个问题。

关注判断过程而不是结果，我们就可以对无法验证的判断进行评估，例如对虚构问题的判断或时间跨度很长问题的预测。虽然无法将其与已知的结果进行比较，但我们仍然可以评估这些判断是否正确。当我们将重心放在提升判断品质，而不仅仅是评估判断的好坏时，我们也会将注意力放在判断过程上。我们在本书中推荐的所有减少偏差和噪声的方法，都是为了实现这样的判断过程：能够在同类案例中从整体上最大限度地减少误差。

我们比较了两种评估判断品质的方法：**一种是比较判断的结果，另一种是比较判断过程的品质。**需要注意的是，对于可验证的判断，如果在单个案例中使用这两种评估方法，可能会得出不同的结论。一名熟练、谨慎的预测者在使用最好的工具和技巧对季度通胀进行预测时，也经常会出错。而在关于单个季度的预测中，即使是让黑猩猩掷骰子，也有可能给出准确的“答案”。

研究决策的学者为解决这一问题提出了清晰的建议：关注过程，而不是单个案例的结果。然而，这并非现实生活中的惯常做法。专家们也经常评估自己的判断与可验证结果之间的一致程度，如果你问他们，他们判断的目标是什么，他们会说：尽可能地与结果一致。

总而言之，在可验证的判断中，人们通常声称，他们判断的目标是尽可能使自己的预判与结果一致。而事实上，无论是可验证的判断还是不可验证的判断，他们实际想要获得的是做出判断的内部信号，这种信号源自事实与判断之间的一致性。其实，他们应该追求的目标是：努力实现能够对一系列类似案件做出最佳判断的过程。

评估性判断 vs 预测性判断

到目前为止，本章主要集中讨论的是预测性判断的工作，随后讨论的也主要是这类工作。然而，在第 1 章中讨论的弗兰克尔法官以及美国联邦法官量刑中的噪声，考察的则是另一种类型的判断。给罪犯判重罪不是预测，而是“评估性判断”（evaluative judgment），目的在于使犯罪严重程度与刑期之间相匹配。葡萄酒比赛的评委和餐厅评论家做出的是评估性判断。对论文进行评分的教授、滑冰比赛的评委以及对科研项目进行评估以决定是否给予资助的委员会做出的判断也都是评估性判断。

在多选项决策中对不同选项进行权衡也是一种评估性判断。类似的例子包括：经理们在一系列候选人中进行选择，管理团队在不同策略之间进行选择，以及总统们选择如何应对非洲的埃博拉疫情。可以确定的是，所有这些决策有赖于预测性判断来提供信息。例如，某位候选人第一年的表现如何；股票市场对某项战略举措的反响如何；如果放任不管，传染病会以多快的速度传播。然而，最终的决策过程需要在每个选项的优势和劣势之间进行权衡，而这种权衡是通过评估性判断实现的。

就像预测性判断，评估性判断也会出现一定范围内的不一致性。没有一位称职的美国联邦法官会说：“这是我最喜欢的判决，我根本不在乎我的同事是否有其他看法。”从一系列策略中做出选择的决策者会有这样的预期：如果同事或其他人获得了相同的信息且具有相同目标，他们就会赞同自己的选择，至少不会偏离太远。评估性判断在一定程度上依赖于判断者的价值观和偏好，而不仅仅是个人品位或意见的问题。

可见，预测性判断和评估性判断的边界比较模糊，做出判断的人往往没有意识到二者间的差异。做出判决的法官和给论文评分的教授会努力思考，并力图找到“正确”答案。他们对自己的判断和做出判断的理由很有信心，在做出预测性判断（如：这款新产品销量如何）和评估性判断（如：我的助手今年表现如何）时，专家们感受相同、行为相同，当然也会以相同的方式阐述自己做出判断的理由。

“任意残酷行为”，噪声的最大问题

在预测性判断中存在噪声，则意味着哪里出错了。举个例子，如果两名医生在诊断上有分歧，或两名预测员对下一季度的销售额持不同意见，那么他们之中至少有一个人是错的。原因可能是其中一个人缺乏技能，也可能是存在其他噪声。不管是什么原因，错误的判断可能会给依赖诊断与预测行事的人带来严重的后果。

在评估性判断中存在噪声也会有问题，但原因不同。在司法系统中，如果法官是可以互换或随机分配的，关于同一案件的巨大分歧会违背人们对司法公正性和一致性的期望。如果对同一被告的判决差异很大，那么我们就是在做弗兰克尔法官所谴责的那种残酷专横之事。甚至那些信奉刑罚个别化的法官以及对抢劫犯的判决存有异议的法官也会认可：**如果不同判决之间的差异太大，大到就像抽签一样，那就是有问题的。**这一问题在其他场景中也存在，只是戏剧性没那么强：不同的教授对同一篇论文给出的评分差异巨大；不同的机构对同一家餐馆给出了不同的食品安全评分；不同的评委对同一位滑冰选手打出不同的分数。再比如，某人因患有抑郁症而获得了残障人士享有的社会保障，而另一个状况相同的人则什么都没有得到。

即使不公平不是一个特别需要关注的问题，系统噪声也会带来另一个问题。受评估性判断影响的人期待这些判断反映的是系统的价值观，而不是个别法官的价值观。设想一下：一个客户抱怨笔记本电脑有缺陷，并得到了全额退款，而另一个客户仅仅收到道歉；一位在公司工作了 5 年的员工要求升职并获批准，而另一位绩效相同的员工则被婉拒……这些都是很严重的问题。这样看来，**系统噪声就是不一致，而不一致会损害系统的可信度。**

噪声是可以测量的

只需对同一问题进行多次判断，我们就可以测量噪声，而且我们并不需要知道这一问题的真实值。正如引言中提到的射击的故事，当我们隐去靶子时，我们是看不见靶心的，但是可以看到子弹落点的分布情况。只要我们知道所有的射击手都是瞄准靶心的，那我们就可以测量噪声，也就是进行噪声审查。如果我们要求所有的预测者预测下个季度的销售额，预测的分散程度就是噪声。

偏差和噪声之间的这一区别对于改善判断品质非常关键。在我们无法验证判断是否正确的前提下，宣称可以改进判断听起来是自相矛盾的，但我们的确可以，因为只需从测量噪声开始。

无论判断的目标是获得精确的结果，还是在不同价值之间进行复杂的权衡，我们都不希望噪声存在。不过，我们通常可以对它进行测量。正如我们将会在第五部分中讨论的那样，只要可以测量噪声，我们就可以减少它。

消除噪声

专业判断的本质

- 关于判断问题，你不要指望所有人完全一致。
- 是的，这是个判断问题，但有些判断太离谱了，所以是错的。
- 你对候选人的选择体现的只是你的个人喜好，这算不上严格意义上的判断。
- 决策既需要预测性判断，也需要评估性判断。

第 5 章

测量误差，噪声与偏差的代价一样大

显而易见的是，一致性的偏差会引发代价高昂的错误。如果体重秤在你每次称体重时都自动加上一定的重量，如果一位乐观的经理总是预测项目只需花费实际所需时间的一半，如果一位谨小慎微的经理总是年复一年地低估未来的销售额，那么后果都将会非常严重。

我们已经知道，噪声会引发代价高昂的错误。如果一位经理大多数时候预测的项目所需时间只是实际所需时间的一半，而在少数预测中又将前者估计成后者的两倍，那么我们是否可以说在平均水平上这位经理的判断是对的呢？答案是否定的。这些不同的误差是累加的，而不会互相抵消。

因此，我们想到了一个很重要的问题：偏差和噪声是如何引起误差的？多少偏差和噪声会引起误差？本章试图回答这些问题。这一章所要呈现的信息非常明确：在各种专业判断中，当以准确性为目标时，偏差和噪声在计算总体误差时扮演着相同的角色。在有些案例中，偏差是误差的主导因素；在其他案例中，噪声则是主导因素，而且这类案例比我们预想的更为常见。但在每一个案例中，每减少一个单位的噪声对总体误差的影响和每减少一个单位的偏差对总体误差的影响是一样的。因此，**测量和减少噪声应该与测量和减少偏差同等重要。**

这一结论是依据一种特定的误差测量方法得出的，这种测量方法由来已久，并且被科学界和统计学领域广泛接受。我们将在本章对其历史进行回顾，并简单介绍它的原理。

GoodSell 应该减少噪声吗

假设有一家名为 GoodSell 的大型零售公司，这家公司雇用了一些销售预测师，他们的工作就是预测 GoodSell 在各地区的市场份额。可能是由于读过关于噪声的图书，预测部门的主管埃米·西姆金（Amy Simkin）进行了噪声审查。所有预测师都对同一个地区的市场份额进行了独立评估。

图 5-1 显示了噪声审查的结果（平滑得难以置信）。西姆金可以看到，这些预测分布在常见的钟形曲线（即正态分布，或称高斯分布）中。

频率最高的预测由钟形曲线的顶点所代表，市场份额为 44%。西姆金可以看到，公司的预测系统具有很高的噪声：如果所有预测都是正确的，那么这些预测应该相同。但事实上，这些预测值的分布很分散。

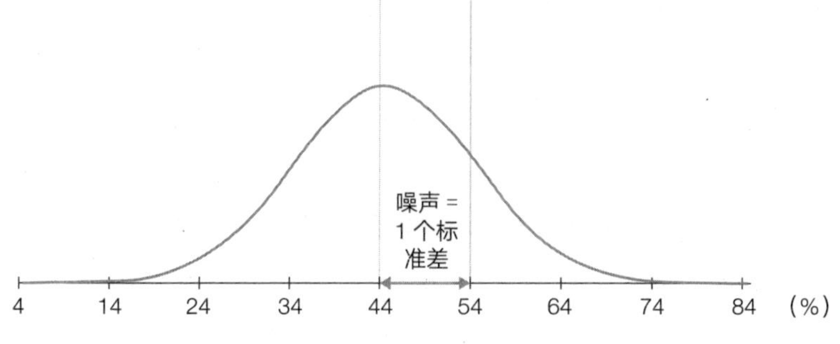

图 5-1　GoodSell 公司在某一地区市场份额的预测分布

我们可以给 GoodSell 预测系统中的噪声赋予一个数值。就像用秒表来测量间隔时间一样，我们可以计算这些预测的标准差。顾名思义，标准差表示一组数值偏离平均值的程度，在本例中为 10%。对于每一个正态分布来说，大约 2/3 的预测值都落在偏离平均值正负一个标准差的范围内。本例指的是，约 2/3 的市场份额落在 34% ～ 54% 这一范围内。西姆金现在获得了一个关于市场份额噪声的评估数据。需要提醒读者的是，为了获得更加稳健的评估，更好的噪声审查可以使用几个预测问题，但此处有一个问题就够了。

在第 2 章中，关于真实保险公司高管的案例也是如此。西姆金感到非常震惊，并决定采取措施。令人难以接受的噪声程度表明，预测师没有遵循他们应该遵循的程序。西姆金要求公司领导雇用一个噪声顾问来监督预测师的工作，从而提升他们的一致性。可惜，她的要求并未得到批准。领导的回复似乎也很合理：“当我们不知道自己的预测是对是错的时候，如何能够减少错误？如果平均起来错误很大（即存在一个较大的偏差），那它是一个需要尽快解决的问题。”最后，领导得出结论：GoodSell 先需要确认这些预测师的预测是对是错，然后再谈改善预测品质的措施。

在那次噪声审查的一年后，预测师们所预测内容的真实结果出来了。目标地区的市场份额实际为 34%。现在我们知道了每一位预测师的误差程度，即他们的预测值与实际结果之间的差异。如果预测值是 34%，那么误差是 0；如果预测值是 44%，那么误差是 10%；而对于很低的预测值 24%，误差为 −10%。

图 5–2 显示的是误差分布情况。它和图 5–1 中的预测曲线相同，不同的只是它的每一个数据点表示了将图 5-1 中相应的预测值减去真实值（34%）后的差。分布的形态没有改变，而且误差分布的标准差（我们对预测误差本身的噪声的测量结果）仍然是 10%。

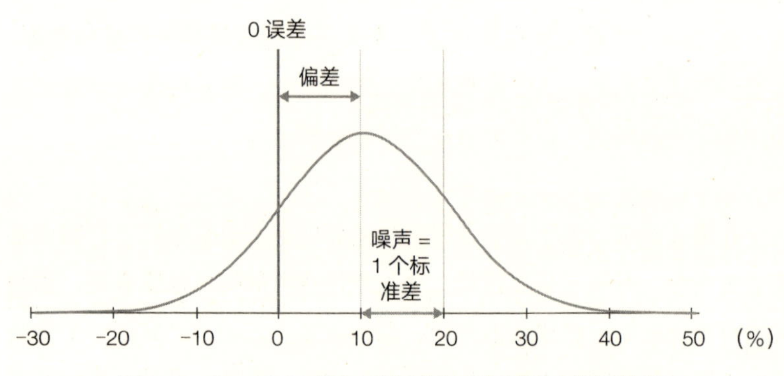

图 5–2　GoodSell 对某一地区市场份额预测中的误差分布

观察图 5–1 和图 5–2 之间的差异，就像图 0–1 和图 0–2 中从正面和隐去靶子观察射击规律之间的差异。在考察射击故事中的噪声时，我们无须知道靶子的位置，同样，知道真实结果对于预测噪声也无任何助益。

西姆金和她的领导现在知道了一些他们以前不知道的信息：预测的偏差数量。偏差是误差的平均值，在本例中是 10%。因此，偏差和噪声在此案例的数据集中是一个相同的数字。（需要说明的是，噪声和偏差相等不是普遍的情况，但采用一个噪声和偏差相等的案例有助于读者理解它们各自的作用。）我们可以看到，大部分预测师都犯了过度乐观的错误，他们高估了公司可能获得的市场份额，大部分人的预测都落在了 0 误差线的右侧。事实上，结合该正态分布曲线的属性来看，大约 84% 的预测都高估了实际的市场份额。

面对上述结果，西姆金的领导自鸣得意地认为自己是对的，这些预测中存在着大量偏差！减少偏差固然是一件好事，但西姆金还是想知道，一年前的提议是明智的吗？就目前而言，再次提出减少噪声仍然明智吗？相比于减少偏差，减少噪声的意义是什么呢？

均方，衡量整体误差的精确规则

为了回答西姆金的问题，我们需要一个关于误差的评分规则，即对个体误差赋予不同权重并将其整合成测量总体误差的一个指标。幸运的是，这种工具确实存在，那就是“最小平方法”（method of least squares，也叫“最小二乘法”），它是由德国数学家高斯于 1795 年发明的。高斯是举世闻名的数学天才，生于 1777 年。他在十几岁时就做出了多项重大贡献。

高斯提出了一种方法，用于评估单个误差对总体误差的影响。他在测量总体误差时，使用的是“均方误差”（Mean Squared Error,

MSE），即个体误差平方的平均值。

详细探讨高斯对总体误差的测量超出了本书的讨论范畴，而且他的解决方案并非直观易懂。为什么用均方呢？这是一个听起来有些奇怪的概念，但它建立在我们几乎所有的直觉上。

为了弄明白其中的原因，让我们来看一个看上去似乎完全不同但其实本质相同的问题。想象一下，你用一把尺子来测量一条线段的长度，要求精确到毫米，并且你可以测量 5 次。测量结果分别用图 5–3 中指向下方的三角箭头表示。

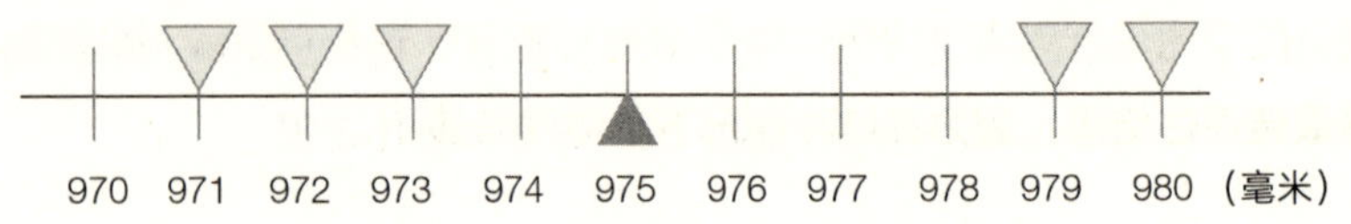

图 5–3　对同一线段长度的 5 次测量结果

正如你看到的，5 次测量结果都在 971 ～ 980 毫米这一范围内。那么，哪一个是对这条线段的最精确测量呢？一个可能是中位数，即两个最短的测量结果和两个最长的测量结果之间的那个测量结果，在本例中为 973 毫米。另一种可能是算术平均值，通常被称为平均值，在本例中为 975 毫米（图 5–3 中指向上方的三角箭头）。你可能倾向于认为平均值更为精确，你的直觉是对的。平均值包含更多信息，它受测量次数的影响，而中位数只受顺序的影响。

我们对实现最佳评估这一问题有很清晰的直觉，它与我们关注的对总体误差的测量关系紧密。它们实际上是同一个问题的两面，因为最佳评估能够使当前测量的总体误差最小化。因此，如果你凭直觉认为平均值是最佳测量结果，并且你的直觉没有错的话，那么用于测量总体误差的公式应该能够产生算术平均值，因为算术平均值的误差是最小的。

均方误差就具有这样的特征，它是唯一能够对总体误差进行测量的概念。在图 5-4 中，我们假定线段的真实长度有 10 个可能的整数值，进而计算 5 次测量的均方误差。例如，如果真实值是 971 毫米，那么 5 次测量的误差就分别是 0、1、2、8 和 9。这些误差的平方之和为 150，均方为 30。这是一个很大的数值，表明一些测量值离真实值很远。你会看到，当测量值接近 975（平均值）时，均方误差会下降。随着测量值远离平均值，均方误差又会逐渐增加。**可见，平均值是最佳评估结果，因为在这种情况下总体误差最小。**

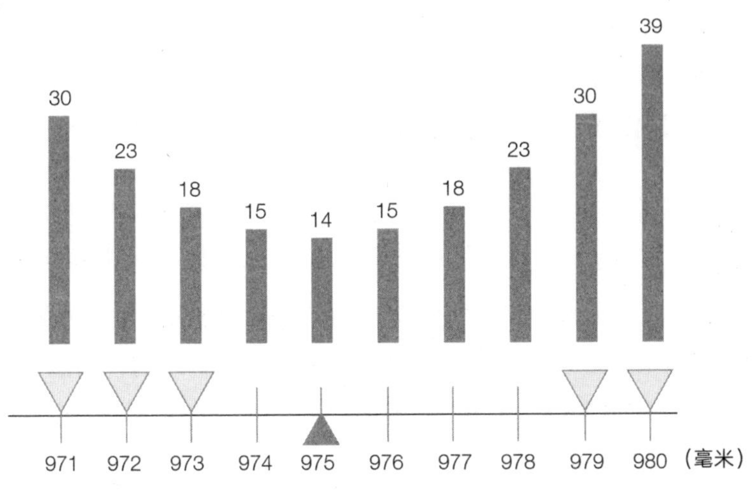

图 5-4　10 个可能的真实值对应的均方误差

你还会发现，当你的评估值远离平均值时，总体误差会迅速增加。例如，当你的评估值仅仅增加 3 毫米，如从 976 变化到 979，均方误差就会翻倍。这是均方误差的关键特征：相比于小的误差，平方给大的误差赋予了更大的权重。

现在你应该明白了为什么高斯用于测量总体误差的公式被称为均方误差计算公式，以及这种评估方法为什么被称为最小平方法。对误差进行平方是其核心思想，其他任何公式都无法与我们的直觉——平均数是最佳评估值如此契合。

高斯的方法很快得到其他数学家的认可。作为其众多伟大成就之一，高斯用他的均方误差方法及其他数学创新解决了一大难题——重新发现谷神星（Ceres）。在此之前，这颗小行星只在 1801 年被短暂地追踪到，之后便消失于太阳眩光中。高斯对这一问题的解决方案优于当时欧洲最好的天文学家。这些天文学家一直想方设法估算谷神星的轨道，然而他们测量望远镜误差的方法是错误的，这颗行星根本没有在他们预测的任何地点附近出现。高斯用最小平方法重新进行了计算，当天文学家用望远镜对准高斯所预测的地点时，他们发现了谷神星！

不同领域的科学家很快就开始普遍采用最小平方法来评估误差。两个多世纪过去了，当想要达到准确测量的目标时，最小平方法仍然是评估误差的标准方法。用平方来赋予误差权重是统计学的核心。在绝大部分科学领域的应用中，均方误差方法处于绝对优势地位。正如我们将看到的，这一方法具有极高的应用价值。

单次测量中的误差

=

偏差

+

噪声误差

Error in a single measurement

=

Bias

+

Noisy Error

误差方程：无论偏差大小如何，减少噪声都有益处

偏差和噪声在误差中的作用很容易概括为两个表达式，我们将其称为误差方程。第一个误差方程将单次测量中的误差分解为你现在熟悉的两个部分：偏差（平均误差）和残留的“噪声误差”。

如果误差比偏差大，那么噪声误差是正的，反之则为负。噪声误差的平均数为 0。这个误差方程并未提供什么新的信息。

第二个误差方程是对均方误差，即我们之前介绍的对总体误差测量的分解。均方误差可以简单表示为偏差和噪声的平方和。（回想一下，噪声是测量的标准差，它与噪声误差的标准差相同。）

下页的方程（两个平方之和）可能会让你想起一个学生时代常用的定理——勾股定理。或许你还记得，在一个直角三角形中，两条直角边长的平方和等于斜边长的平方。因此，误差方程式就更直观了，其中均方误差、偏差的平方和噪声的平方类似于直角三角形的三条边各自的平方。图 5-5 表明均方误差（黑色方块区域）的面积等于另外两个方块区域的面积之和。左图中噪声多于偏差，右图中偏差多于噪声。然而，两种情况的均方误差是相同的，均方误差的分解方程在这两种情况下都成立。

正如下页的数学公式以及图 5-5 所示，偏差和噪声在误差方程中扮演了类似的角色，它们虽彼此独立，但被赋予了相同的权重。需要注意的是，在随后的章节中，我们在分析噪声的成分时也会用类似的平方和分解的方式。

$$\text{总体误差（均方误差）} = \text{偏差}^2 + \text{噪声}^2$$

$$\text{Overall Error (MSE)} = \text{Bias}^2 + \text{Noise}^2$$

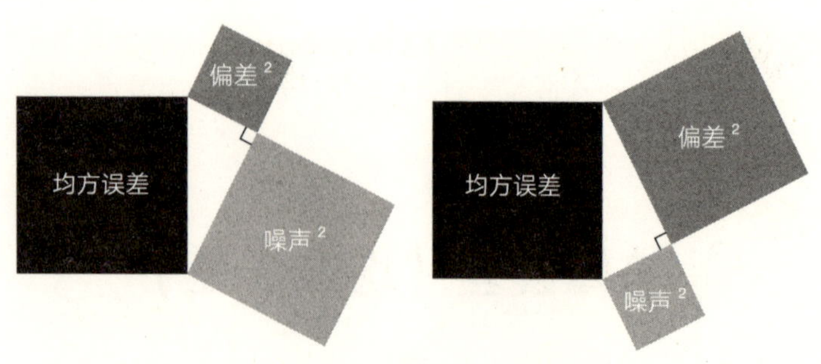

图 5-5 均方误差的两种分解情形

误差方程解答了西姆金提出的问题。**同等程度地减少噪声和偏差，对总体误差会产生什么影响？答案很明显：在误差方程中，偏差和噪声可以互换，因此无论是减少噪声还是减少偏差，对减少总体误差而言意义是一样的。**在图 5-2 中，偏差和噪声刚好相等（都是 10%），因而它们对总体误差的影响是等同的。

误差方程表明，西姆金最初想减少噪声的想法是正确的。无论你何时发现噪声，你都需要想尽办法减少它。这一方程表明，西姆金的领导所认为的“GoodSell 应该在预测中的偏差的测量结果出来之后，再去减少噪声”的观点是错误的。对于总体误差而言，噪声和偏差是独立的：**无论偏差的大小如何，减少噪声都有益处。**

这个结论虽然很违反直觉，但非常重要。为了说明这一点，图 5-6 表明了减少相同数量的噪声和偏差所产生的效果。为了帮助你理解下图中左右两图的内容，最初的误差分布（来自图 5-2）用虚线表示。

在图 5-6 的图 A 中，我们假设西姆金的领导决定采用自己的方式：他发现了偏差，随后决定将其减半，如通过向过于乐观的预测师提供反馈的方式。他未对噪声采取任何措施。这种改进的效果是显而易见的：预测的总体分布更接近真实值了。

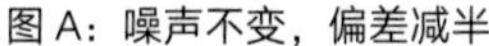

图 B：偏差不变，噪声减半

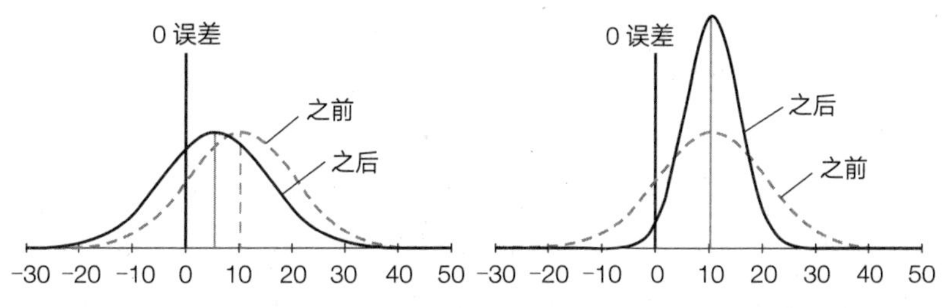

图 5-6　偏差减半（A）与噪声减半（B）时的误差分布情况

在图 5-6 的图 B 中，我们可以看到，如果西姆金的提议获得了领导的批准，其结果将会是：偏差没有改变，噪声减半。看似矛盾的是，噪声的减少似乎使问题变得更严重了——预测更加集中了（更少的噪声），而不是更准确了（并未减少偏差）。84% 的预测落入真实值的一侧，几乎所有（98%）的预测都错误地高估了真实值。减少噪声似乎使预测更加不准确了——这肯定不是西姆金所希望的！

尽管看上去如此，但图 5-6 的图 B 中的总体误差和图 5-6 的图 A 中的总体误差减少的数量是一样的。图 5-6 的图 B 中情况变得更糟的错觉源自对偏差的错误直觉。测量偏差的目的并不是测量正误差和负误差之间的不平衡，而是测量平均误差，即钟形曲线的顶点与真实值之间的距离。在图 5-6 的图 B 中，这一平均误差与原始情境相比并无差异——它仍然很高，占 10%，但并没有更糟糕。的确，偏差变得更加显著，因为它占了总体误差中更大的部分——80% 而不是

50%，但这是因为噪声减小了。相反，在图 5-6 的图 A 中，偏差减少了而噪声没有。最终的结果是，图 5-6 的图 A 和图 5-6 的图 B 中的均方误差相同，也就是说，减少噪声和减少相同数量的偏差对均方误差的影响是相同的。

正如本案例所示，均方误差与我们对预测性判断进行评分的一般直觉相冲突。为了最小化均方误差，你需要尽可能避免大的误差。例如，如果你在测量长度，那么将误差从 11 厘米减少到 10 厘米的效果是将误差从 1 厘米减少至完全消失的效果的 21 倍。可惜，关于这一点人们的直觉恰恰相反：人们非常渴望一次性把问题全部解决，对小的误差高度敏感，但对两个大的误差之间的差异不敏感。即使你真心相信你的目标在于获得准确的判断，但你对结果的直觉反应与基于科学计算的准确性并不完全匹配。

当然，最佳的解决办法是既减少噪声，也减少偏差。既然偏差和噪声是彼此独立的，那就没有必要在西姆金和其领导的方案之间二选一。因此，如果 GoodSell 决定减少噪声，而减少噪声又可以使偏差更加清晰明了，那么这种选择就是正确的。也就是说，这确实是一件好事。减少噪声可以帮助公司进一步减少偏差。

然而，如果偏差远远大于噪声，那么减少噪声就不再是首要问题。GoodSell 的例子给了我们另一个值得重视的教训。在上述简化的模型中，我们假定噪声和偏差是等同的。从误差方程来看，它们对总体误差的影响也是等同的：偏差和噪声各贡献了总体误差的 50%。然而，正如我们所注意到的，84% 的分析师会在同一个方向上犯错。如此之大的偏差（7 个人中约有 6 个人朝同一个方向犯错）才产生了与噪声一样大的效果，因此在一些噪声比偏差更多的情境中，我们发现更大的误差就不足为奇了。

我们在上文中用单个案例展示了误差方程的应用，这个案例就是预测 GoodSell 在某一地区的市场份额。当然，人们总是希望在多个案例中进行一次性噪声审查，方法是相同的：用误差方程计算各个案例的均方误差，然后对它们取平均值。均方误差就是偏差平方与噪声平方之和。对于西姆金而言，如果能得到多个地区的多个预测数据就更好了，无论它们是相同还是不同的预测师做出的预测。这些平均值能够让她对 GoodSell 的预测系统偏差和噪声有一个更清晰的认识。

噪声的代价

误差方程是本书的思想基础，它为减少预测性判断中的系统噪声提供了理论依据。原则上，减少预测性判断中的系统噪声这一目标与减少统计偏差同样重要。需要强调的是，统计偏差不是社会歧视的代名词，它只是一组判断中的平均误差。

误差方程和我们从中获得的结论均有赖于用均方误差来测量总体误差。这一规则适用于纯粹的预测性判断，包括预测和评估，它们都力求以最大的精度（最小的偏差）和最高的准确性（最小的噪声）来接近真实值。

然而，误差方程不适用于评估性判断，因为误差取决于真实值的存在，故而很难应用于评估性判断。此外，即使我们可以确定评估性判断中的误差，其代价也不太可能与它们的平方成正比。

例如，对于一家制造电梯的公司而言，评估一架电梯的最大负载的误差显然是不对称的：虽然低估意味着一定的代价，但高估可能会引发灾难。误差平方也不能用于评估“什么时候出发去赶火车”这样的决定，因为晚 1 分钟和晚 5 分钟的后果是一样的。在第 2 章中，当保险公司在为其保单估价或估计理赔额时，两个方向的错误都需要付出代价，但同样没有理由假定这两个的代价是对等的。

上述这些例子充分表明：需要明确预测性判断和评估性判断在决策中所起的作用。关于良好决策，一个得到普遍认可的准则是：不应混淆自己的价值判断和事实。决策需要根据客观、精确的预测性判断做出，这些判断不应受到你的希望与恐惧、偏好与价值取向的影响。对于电梯公司而言，第一步是利用不同的技术解决方案对电梯的最大技术负载进行客观计算。安全性仅仅在第二步才需要被重点关注，即根据不同的安全边际来设定最大负载时。可以肯定的是，该选择在很大程度上取决于事实判断，诸如设置不同安全边际的代价与收益。同样，决定何时出发去火车站的第一步应该由客观的旅行时间决定，至于错过火车的代价和提前到火车站所浪费的时间，只有在你需要决定甘愿冒多大风险时才成为你需要考虑的因素。

同样的逻辑适用于会产生更严重后果的决策。在决定是否发动军事进攻时，指挥官需要权衡一系列因素，但他依赖的最重要信息是预测性判断。政府官员在对公共健康危机做出回应时，需要权衡不同选项的优势和劣势，如果缺少对每一选项的可能后果的准确预测，这种评估就无法完成。

在所有这些案例中，最终的决策都需要进行评估性判断。决策者需要考虑多种选项，并根据其价值做出最佳选择。但决策取决于潜在的预测，而这种预测应该是价值中立的。他们的目标是精确性（尽可能击中靶心），均方误差是测量误差的恰当手段。我们可以通过减少噪声来改善预测性判断，如果这样做不会大幅增加偏差的话。

消除噪声

误差方程的启示

- 减少偏差和减少噪声对准确性的影响是一样的。
- 不管偏差如何，在预测性判断中减少噪声总是有用。
- 如果判断值中有 84% 比真实值高，有 16% 比真实值低，就表明存在较大的偏差——此时，偏差和噪声数量相等。
- 预测性判断是每个决策的重要组成部分，精确度是其目标。要将个人的价值取向和事实分开。

第6章

噪声分析：所有判断都存在3类噪声

在上一章，我们讨论了单个案例中测量或判断的变异性。在单个案例中，判断的所有变异性都是误差，而误差由偏差和噪声组成。我们考察的判断系统，包括法院和保险公司的判断系统，它们的目的在于处理不同案例，并对这些案例进行区分。如果美国的联邦法官和保险理赔员对他们手头的所有案例都做出相同的判断，那他们就没有什么存在的价值了。对不同案例做出有差异的判断，在很大程度上是有意为之。

然而，人们并不希望在同一案例上存在判断的差异——系统噪声。你将看到，对同一批人在多个案例上做出的判断进行噪声审查，有利于更详细地分析系统噪声。

判决中的噪声审查

为了说明多起案件的噪声分析结果，我们对美国联邦法官的判决进行了非常详细的噪声审查。这一分析发表于 1981 年，也是我们在第 1 章介绍过的量刑改革运动的一部分。这一研究局限于判决，但我们能从中获得的经验是通用的，也适用于其他专业判断。进行噪声审查的目的不是检查弗兰克尔法官等人收集的轶闻趣事中的噪声，而是更系统地“确定量刑差异的程度”。

研究人员设计了 16 起虚构案件。在这些案件中，被告都犯下了罪行，即将接受审判。这些案件主要是关于抢劫犯或诈骗犯的，但他们在其他 6 个维度上存在差异，如被告是主犯还是从犯、是否有犯罪记录、是否使用武器（对抢劫犯而言）等。研究人员精心组织了面向美国全国范围内 208 名现任法官的结构性访谈。在 90 分钟的访谈中，研究人员向这些法官呈现 16 起案件的详细文件，并要求法官们做出判决。

图表可能更有助于我们对研究的理解。请想象有一张大表格，表格中有 16 列，对应从 A 到 P 的 16 起案件；有 208 行，对应 208 名法官。从 A1 到 P208 的每一个单元格对应一位法官对每起案件的量刑。图 6-1 展示了这 3328 个单元格的表格样貌。为了研究噪声，我们需要将注意力集中在这 16 列上，其中每一列对应一个独立的噪声审查。

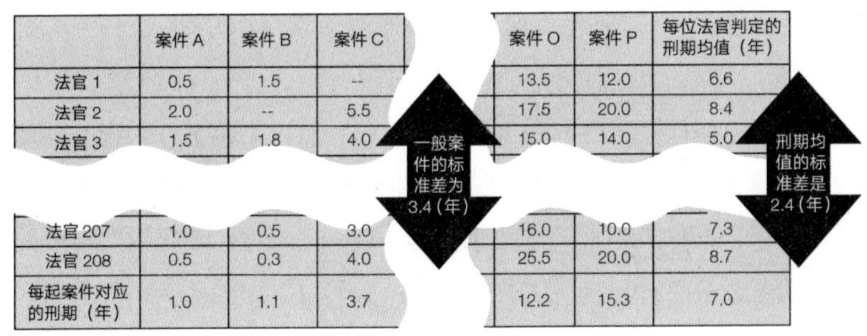

	案件 A	案件 B	案件 C	案件 O	案件 P	每位法官判定的刑期均值（年）
法官 1	0.5	1.5	--	13.5	12.0	6.6
法官 2	2.0	--	5.5	17.5	20.0	8.4
法官 3	1.5	1.8	4.0	15.0	14.0	5.0
法官 207	1.0	0.5	3.0	16.0	10.0	7.3
法官 208	0.5	0.3	4.0	25.5	20.0	8.7
每起案件对应的刑期（年）	1.0	1.1	3.7	12.2	15.3	7.0

图 6-1 判决研究示例

平均刑期，每一起案件的判决都存在大量噪声

由于没有办法客观地确定某一起案件量刑的“真实值”，所以接下来，我们将 208 名法官对每起案件判定刑期的均值作为对该案件的“公正”判决。正如我们在第 1 章中指出的，美国量刑委员会在将以往审判中的平均值作为制定量刑指南的基础时，也以同样的假设为前提。刑期均值假定，对每起案件对应的刑期取平均值，那么这起案件中的偏差为 0。

我们很清楚，这一假设在现实生活中是错误的：一些案件对应的平均刑期与其他高度相似的案件的平均刑期相比，可能存在较大偏差，比如也许是种族歧视等因素所致。不同案件中存在的偏差也不尽相同，有些是正偏差，有些是负偏差，它们是造成误差和不公平的主要成因。令人困惑的是，这种差异经常被称为“偏差”。本章以及本书分析的焦点都是噪声，它是误差的另一个成因。弗兰克尔法官强调了噪声导致的不公正，同时也引起了人们对偏差（包括种族歧视）的关注。同样，我们强调噪声的影响，并不代表我们认为测量和消除偏差不重要。

为了方便起见，我们在表格的最后一行给出每起案件对应的刑期均值。这些案件按照严重程度从低到高排列：案件 A 对应的平均刑期为 1 年；案件 P 对应的平均刑期为 15.3 年。所有 16 起案件对应的平均刑期为 7 年。

想象在一个完美的世界中，所有法官都是完美无瑕的司法公正的代言人，他们的量刑中不存在任何噪声。那么在这样一个世界中，图 6-1 看起来会是怎样的呢？显然，对于案件 A 来说，所有单元格中的刑期应该完全相同，因为每位法官都会判处被告 1 年刑期。其他案件的情况也是如此。当然，每一行中的数字仍然存在差异，毕竟案件不同，但每一列中的数字应该是相同的。不同案件对应的刑期之间的差异应该是导致该表格中出现变异性的唯一因素。

可惜，美国联邦法院并不存在于完美的世界中。法官们的量刑并不相同，每一列的数字之间的差异巨大，这意味着每一起案件的判决中都存在噪声。量刑中存在不应该存在的巨大变异性，而该研究的目的就在于对这种变异性进行分析。

判刑就像抽签

假设我们确实生活在上述完美世界中，每位法官对每起案件都会做出相同的判决，那么每列中的 208 个数字都应该相同。现在，为每一列从上到下增加噪声，并通过不时地在平均刑期上增加或减少刑期来改变一些数字。因为你的修改并不总是相同的，它们在每一列中都制造了变异。这种变异就是噪声。

本项研究的重要发现是，每起案件的判决中都存在大量噪声。我们可以通过计算每起案件对应刑期的标准差来测量噪声。这些案件对应的平均刑期为 7 年，标准差为 3.4 年。

或许你对标准差非常熟悉，但采用具体的描述或许更有助于理解。假设你随机选择两位法官，并计算他们在对同一案件的判决中存在的差异。重复这个过程，计算所有案件中任意两位法官的判决差异，取平均值。这种测量方法——计算平均绝对离差，会让你觉得被告就是在法庭上“抽签”。假想这些判决呈正态分布，平均绝对离差就是标准差的 1.128 倍，这表明，两位随机选择的法官对同一案件量刑的平均绝对离差为 3.8 年。在第 3 章中我们谈到，保险公司的客户在寻找专业核保员时，就像在抽签。只不过在刑事判决中，被告所面临的类似抽签的状况，其后果更加严重。

在平均刑期为 7 年的情况下，不同法官之间的平均绝对离差达到 3.8 年，这令人不安，也是难以接受的。然而，我们有充足的理由相信，现实的执法中甚至存在更严重的噪声。首先，噪声审查中的被试处理的是虚构的案件，这些案件同时放在一起，很容易比较。现实世界中几乎不可能具备如此多的保持判断一致性的因素。其次，在法庭上，法官拥有的信息要比这项研究的信息多得多。除非新的信息是决定性的信息，否则它们更有可能导致法官们的分歧。因此我们认为，在实际的庭审中，被告面临的噪声要比我们在这里看到的多得多。

水平噪声

在接下来的分析中，我们会将噪声分解成不同成分。对于噪声，你脑海中的第一个念头可能是，噪声是由法官们在量刑时的严厉程度不一所致，就像弗兰克尔法官认为的那样。正如一些辩护律师告诉你的：法官们各有特点。有的人是“铁面判官”，他们比一般法官更严厉；有的人是“柔情法官”，他们比一般法官更仁慈。我们将这些差异称为“水平误差”（level errors）。（再次提醒：这里的误差是指判决结果与平均值之间的差异；如果判决结果的平均值是错的，一个误差可能反倒纠正了这种不公正。）

任何判断都会存在不同程度的水平误差。例如，在进行绩效评估时，一些主管比其他人更宽容；在预测市场份额时，一些预测者比其他人更乐观；在是否需要实施背部手术时，一些骨科医生比其他医生的态度更积极。

在图 6-1 的表格中，每一行显示的是同一位法官对不同案件的判决结果。每一位法官判定的平均刑期展示在表的最右侧一列，这一列的数据反映了每一位法官的严厉程度。正如该表格所示，在这一维度上，法官之间的差异很大。表格最右侧这一列数字的标准差为 2.4 年。这种差异与公正无关。事实上，正如你所怀疑的那样，每位法官在平均刑期上的差异反映了不同法官在其他特征上的差异，例如他们的背景、生活阅历、政治倾向、偏见等。研究人员还考察了每位法官对于量刑的根本态度，比如，法官认为量刑定罪的主要目的究竟是让罪犯无法再危害社会（与社会隔离），还是对罪犯进行改造，抑或是对犯罪起威慑作用。研究人员发现，与持后两种观点的法官相比，持第一种观点的法官判处的刑期更短，监视居住的时间要长。此外，美国南部的法官比美国其他地区的法官判定的刑期明显要长。这说明，刑罚的严厉程度与保守的意识形态有关。

研究人员从中得出的一般性结论是，量刑的平均水平就像人格特征。你可以根据这项研究结果，将法官按“非常严厉”到“非常宽容”进行排序，就像用人格测试来衡量人的外向或平易近人程度。像其他人格特征一样，我们推测，量刑的严重程度与基因、生活阅历以及人格的其他方面相关，但这些因素与法官们审判的案件或被告无任何关系。我们用“水平噪声”（level noise）一词来代表每位法官所判处的平均刑期之间的变异性，这与水平误差的变异性是等同的。

模式噪声

如图 6-1 中黑色箭头所示，该案例的水平噪声是 2.4 年，系统噪声是 3.4 年。这两者之间的差异表明，除了法官们在平均刑期上的差异外，系统噪声还包括了其他成分，我们将这一成分称为“模式噪声”（pattern noise）。

要想理解模式噪声，我们再看一看图 6-1，随机对一个单元格进行仔细观察，比如选择单元格 C3。案件 C 对应的平均刑期在这一列的底部，你可以看到它是 3.7 年。现在，看一下最右侧的一列，找到 3 号法官对所有案件判定的刑期均值：5 年。这个刑期均值比总体刑期均值少 2 年。如果法官严厉程度的变异是第 3 列中所有噪声的成因，你可能会预测，C3 单元格中的刑期是 3.7-2=1.7 年。然而，实际上

C3 中的数字是 4 年，这表明 3 号法官在这一案件上表现得尤为严厉。

使用同样简单的相加逻辑，你可以推测表格中每一列的刑期。但事实上你会发现，大部分单元格中的数字与推测的数字之间存在差异。观察每一行，你会发现，法官们在自己审理的所有案件中并非表现得同样严格：在有些案件上，他们比自己量刑的平均水平严格；但在其他案件上，他们则表现得要宽容。我们将这种残存的变异称为“模式误差”（pattern errors）。如果你在表格的每一个单元格中写下这些模式误差，就会发现：对于每一位法官（行）而言，这些模式误差之和为 0；对每一起案件（列）而言，它们的和也是 0。但模式误差对噪声的影响不能相互抵消，因为在计算噪声时，使用的是每个单元格中数值的平方。

有一个简单方法可以证明，刑期的简单相加模型并不适用于计算噪声。你可以看到，表格的每一列底部的刑期均值从左到右依次增加，但每一行的情况却并非如此。例如，208 号法官对案件 O 中的被告判定的刑期比案件 P 中的更长。如果根据每位法官判定刑期的长短排序，那么在他们的排序中，每起案件所在的位置会产生不同。

我们用“模式噪声”一词来表示上文提到的变异性，因为这种变异性反映了法官们对具体案件的态度的复杂模式。例如，一位法官总体来说比其他法官更严格，但对于白领罪犯更宽容。另外一位法官可能总体上倾向于从轻处罚，但对于惯犯更严格。还有一位法官的宽严程度跟一般法官差不多，但如果被告只是从犯，他会表现出更多的同情，而如果受害者是老年人，这位法官会更严厉。我们用“模式噪声”这个说法是为了增加可读性。模式噪声的统计术语是“法官 × 案件的交互作用”——可以读作“法官乘以案件”。我们要对受过统计学训练的人说声抱歉，因为对他们而言无须进行这些解读。

在刑事司法的背景下，对案件的一些独特反应可能体现了法官的个人量刑哲学。其他的反应可能来自法官本人都没有意识到的联想，例如，被告让他想起一个特别可恨的罪犯，或是被告长得像他的孩子。无论原因是什么，这些模式并不是偶然出现的。我们可以推测，如果重审同样的案件，他们还会做出相同的反应。然而，模式噪声在实践中很难预测，这导致本已像抽签一样的审判更加充满不确定性。这项研究的作者指出：“法官受犯罪情节或被告特征的影响而导致审判中出现模式化的差别”，是“同罪不同罚的另一种形式”。

你可能已经注意到，将系统噪声分解成水平噪声和模式噪声，与第 5 章提到的误差方程（将误差分解为噪声和偏差）遵循的是同样的逻辑。对噪声方程的具体表述请见下一页。

这个方程也可以采用误差方程那样的视觉表现形式（见图 6-2）。我们将三角形的两条直角边表现为相等的长度。这是因为，在审判研究中，模式噪声和水平噪声对系统噪声的贡献几乎相同。

模式噪声无处不在。医生决定患者是否需要住院，公司决定雇用谁，律师决定受理哪些案件，好莱坞的高管决定制作哪些电影……所有这些案例中都会存在模式噪声，不同的判断者会做出不同的判断。

$$系统噪声^2 = 水平噪声^2 + 模式噪声^2$$

$$\text{System Noise}^2 = \text{Level Noise}^2 + \text{Pattern Noise}^2$$

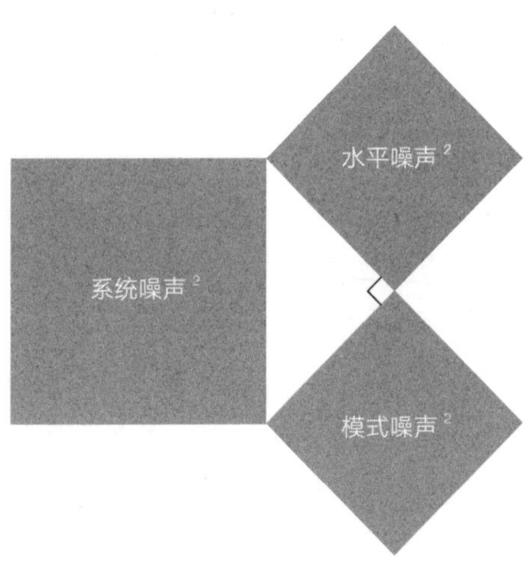

图 6-2　分解系统噪声

噪声的成分

我们对模式噪声的处理掩盖了一个重要的复杂性：随机误差可能对模式噪声产生影响。

回想一下秒表实验：你连续测量 10 秒的时间长度，但每一次的测量结果与前一次都可能存在差别，此时你表现出了个体内的差异。同样，如果要求法官们在其他场景中再次为 16 起案件量刑，他们做出的量刑结果也不可能和第一次完全相同。事实上，正如你所见，如果该实验分别在同一个星期内的不同两天开展，他们做出的量刑结果也可能不同。如果法官因为种种原因（比如他的孩子有好事发生，他钟爱的球队昨晚赢得了比赛，或是天气很好）而心情愉快，那么他的判决会比其他时候更宽容。个体内的这种变异性与我们已经讨论过的个体间的稳定变异不同，但我们很难将这两种变异的成因区分开来。我们将这种转瞬即逝的因素所导致的变异称为情境噪声。

我们有意忽视了本研究中的情境噪声，而选择将噪声审查中法官独特的审判模式解释为稳定的态度。这一假设无疑过于乐观，但我们有理由相信，情境噪声在本研究中并未产生很大影响。参与这项研究的都是经验丰富的法官，他们对被告及其所犯罪行各项特征的意义已经具有一些固定的看法。在下一章，我们将更详细地讨论情境噪声，并展示如何将其与稳定的模式噪声进行区分。

总而言之，我们讨论了几种类型的噪声。系统噪声是由多个个体对同一案例进行判断时产生的不必要的变异。我们发现了噪声的两个主要成分。当同一批人评估多个案例时，我们就可以对这两种成分进行区分。

- **水平噪声**是指不同法官做出的判决与平均值之间的变异。
- **模式噪声**是指法官对特定案件做出的反应的变异。

在本研究中，水平噪声和模式噪声的数量几乎相等。然而，模式噪声中肯定会包含一些情境噪声，后者可以被看作随机误差。

我们借由在司法系统中进行的噪声审查对此进行了说明，同样的分析也适用于其他所有领域，比如商业、医疗、政府管理等。水平噪声和模式噪声（包括情境噪声）都会导致系统噪声，我们随后将多次介绍它们。

消除噪声

在现实世界中，噪声无处不在

- 法官之间表现出的不同严厉程度会产生水平噪声。当法官们对被告应该受到更严厉还是更宽松的惩罚意见不一时，就产生了模式噪声。模式噪声中有一部分是情境噪声——法官们自身的行为出现了不一致。

- 在一个完美的世界中，被告面临的将是公正的审判；但在现实世界中，他们面对的是有噪声的系统。

第 7 章

情境噪声，无时无刻不在影响着我们的判断

想象一名职业篮球运动员正在准备罚球的场景：他站在罚球线上，全神贯注地准备投篮。这是他练习过无数次的一系列动作，他能投中吗？我们无法预知结果。

在 NBA 的比赛中，球员们通常能够 4 罚 3 中。显然，一些球员比其他球员表现得更好，但没有人能做到百发百中①。虽然篮筐一直都是距离地面 3.05 米，与罚球线的垂直距离一直是 4.6 米，篮球也一直都是重 624 克，精确地重复能够得分的一系列肢体动作却并非易事。变异不仅存在于球员之间，也存在于球员自身，这与我们推测的情况一致。罚球就像抽签，虽然库里比奥尼尔投中的概率更高，但依

---

① NBA 职业运动员罚球命中率最高数据为略高于 90%。在撰写本书时，命中率前三名分别为斯蒂芬·库里（Stephen Curry）、史蒂夫·纳什（Steve Nash）和马克·普莱斯（Mark Price）。最低的命中率约为 50%，美国著名篮球运动员沙奎尔·奥尼尔（Shaquille O'Neal）的命中率只有约 53%。

然像是在抽签。

这种变异来自何处？我们知道，很多因素都会影响球员的罚球命中率，比如长时间比赛的疲劳、比分接近时的心理压力、主场的欢呼声、对方球迷的嘘声。如果像库里或纳什这样的球员没投中，那么我们会做出如上的解释，但事实上，我们不太可能知道这些因素到底起了什么作用。因此可以说，球员表现中的变异性就是一种噪声。

第二次抽签

在罚球或人类的其他生理过程中存在变异性，这不足为奇。我们习惯了身体里的变异性，比如我们的心率、血压、下意识的反应、音调、手的颤抖等在不同时间都是不同的。无论我们多么努力地想要写下相同的签名，但每一张支票上的签名仍略有不同。

想要观察人类思维上的变异性尤其不易。当然，即使没有新的信息，我们也都有改变主意的经历，比如，前一天晚上令我们捧腹大笑的电影，此时看起来就可能平庸无奇，很容易淡忘；前一天受到严厉审判的那个人，现在看来应该得到宽恕；一个我们曾经不喜欢或不理解的观点，现在觉得很有道理。但是，正如这些例子所表明的，我们通常会将这种改变与相对没那么重要且非常主观的事情联系起来。

在现实世界中，我们也会在缺少有说服力的理由时改变主意，即使是对判断持高度审慎态度的专业人士也是如此。例如，同一位医生先后两次对同一病例做出的诊断常常会有显著的不同（见第 22 章）。

在美国的一个大型葡萄酒比赛中，专家先后两次品尝了同一种葡萄酒，然而他们给出相同评分的可能性也只有 18%，而且通常是对最差的酒打出的。仅仅相隔几个星期，指纹鉴定专家先后两次检查同一枚指纹时，也常常会得出不同的结论（见第 20 章）。经验丰富的软件顾问会在两种不同的情况下对同一任务的完成时间做出明显不同的估计。简而言之，篮球运动员不可能在两次投篮时采用完全相同的姿势，我们也并不总能在两种情境中对同一事实做出相同的判断。

至此，我们描述了像抽签一样“选择”核保员、法官或医生时所产生的系统噪声。情境噪声则类似于第二次抽签，这次抽签“选择”了专家做出判断的时机、他们的心情、他们以前是否遇到过类似案件，以及情境中的无数其他因素。第二次抽签往往比第一次抽签更抽象。如果在第一次抽签中“选择”了不同的核保员，我们是容易看到“选择”的结果，但要想了解该核保员“实际反应”的其他可能性，则有赖于抽象的反事实思考。我们只知道这一判断是从一系列可能的判断中挑选出来的，而情境噪声是这一系列不可见的可能性产生的变异。

测量情境噪声

测量情境噪声并不容易，因此一旦检测到它的存在，人们会感到惊讶不已。一旦人们形成了一个经过审慎思考的专业意见，他们就会找理由支持该意见。如果有人要求他们对自己的判断做出解释，他们就会以自认为具有说服力的论据来捍卫这一判断。如果他们再次遇到同样的问题，并且确定自己以前遇到过，他们就会给出与第一次相同的意见，以此来减少认知负担并维持一致性。设想一个关于教师的例子：如果一位教师给一篇作文评了非常高的分数，一个星期之后他又读了这篇作文并看到了第一次的评分，那么他这一次给出的评分不太可能与上一次差别很大。

因此，只要案例容易记住，直接测量情境噪声就很难。比如，你给一名核保员或法官展示一个他们以前处理过的案件，他们可能会回想起这起案件，从而重复自己以前的判断。一篇关于专业判断中存在变异性[①]的评论文章中提到了一些研究。这些研究发现，专家在同一环节做出了两次相同的判断，毫无疑问，他们倾向于与自己保持一致。

我们上文提到的实验使用了专家们不能再次辨认出的实验材料，从而绕开了这一问题。葡萄酒评委进行的是盲测；给指纹鉴定专家呈现的是他们已经鉴定过的一对指纹；给软件专家呈现的也是他们已经完成的项目。第二次任务是在几个星期或几个月之后进行的，并且实验人员没有透露这是专家们曾经鉴定过的案例。

还有另一个比较间接的方法可以确认是否存在情境噪声：借助大数据或计量经济学。当可以获得以往大量专业性决策的案例时，分析师们有时就能检验这些决策是否会受到特定情境或无关因素，比如一天的某个时间段或室外温度等的影响，如果这些无关因素产生了统计上的显著效应，则说明存在情境噪声。实事求是地说，不要指望发现可能导致情境噪声的所有外部因素，那些我们已经发现的因素就足以说明存在大量多种多样的因素。如果要掌控情境噪声，我们就必须了解它的产生机制。

① 技术术语为“重测信度”（test-retest reliability），简称“信度”。

群体智慧效应：一个是一群

思考下面这个问题：美国的机场数量占全世界机场总数的百分比是多少？当你思考的时候，一个答案可能会跳进你的脑海，但这个答案产生的方式与你回忆自己的年龄或电话号码时不同。你会注意到，你脑海中出现的数字是一个估计值，当然，它不是一个随机数字——1% 或 99% 显然不是正确的答案。你给出的数字是一系列不可能被排除的可能数字中的一个，如果有人将你的答案加上或减去 1%，你可能不会觉得这个答案比你给出的答案的准确性差。正确答案是 32%。

爱德华·沃尔（Edward Vul）和哈罗德·帕什勒（Harold Pashler）这两位研究人员想到，可以要求人们回答这一问题以及其他类似的问题两次，而不是一次，并要确保被试事前并不知晓他们需要第二次作答。沃尔和帕什勒假设，对两次答案取平均数会比单次答案（无论是第一次还是第二次的答案）的准确性更好。

结果证明他们是对的。总体而言，第一次的答案比第二次的答案更接近真实值，而最准确的估计值是两次推测的平均数。

沃尔和帕什勒的灵感来自一个非常著名的现象——群体智慧效应，它是指对人们的独立判断进行平均会提高判断的准确性。1906 年，达尔文的表弟、著名博学大师弗朗西斯·高尔顿（Francis Galton）在一次乡村集市上目睹了 787 名村民估计一头获奖的公牛的重量。没有一位村民准确猜到公牛的实际重量——大概是 1198 磅[①]，

① 1 磅约等于 453.59 克。——编者注

但他们猜测的平均值是 1197 磅，与实际值仅相差 1 磅。村民们估值的中位数（1207）与实际值也非常接近。虽然村民个体的估值充满噪声，但全部估值的平均值偏差极小，就这一点而言，村民们是智慧的群体。这一结果让高尔顿备感吃惊，因此，虽然他对普通人的判断并不看好，但他还是极力主张“民主判断的结果，比想象中更值得信赖”。

类似的结果是从成百上千个情境中获得的。当然，如果问题很难，只有专家才能够获得相对准确的答案，那么群体的答案就不会更准确。但是，当让人们猜测透明罐子里夹心糖的数量、预测一个星期后当地的气温，或是估计美国一个州内两个城市之间的距离时，一大群人的平均答案可能更接近事实。出现这种情况的原因是一个基本的统计事实：对多个独立判断或测量进行平均会产生一个新的判断，虽然这一判断不一定会比个体判断产生更少的偏差，但它会产生更少的噪声。

沃尔和帕什勒想要看看同样的结果是否也适用于情境噪声：将同一个体的两次猜测进行平均，是否就像将不同人的猜测进行平均一样更接近真实值？沃尔和帕什勒的发现表明，答案是肯定的，他们给这个发现起了一个令人印象深刻的名字：内部群体（the crowd within）。

对同一个体的两次猜测进行平均，对于决策品质的提升效果并没有对两个独立个体的意见进行平均时更好。正如沃尔和帕什勒所指出的：“你对同一个问题做出两次回答带来的好处，是向另一独立个体寻求建议时所获好处的 1/10。”显然，这种改进并不大，但如果你能等待一段时间再去做第二次猜测，你所获得的好处会大得多。沃尔和帕什勒在 3 个星期之后再问被试同样的问题，此时这种做法带来的好处上升到向另一个人寻求意见带来的好处的 2/3。在无须额外信息以及外在帮助的情况下，这种方法已经非常不错了。这一结果明显为一种古老的决策智慧提供了理论依据，那就是："睡一觉吧，明天再说。"

德国研究人员斯蒂芬·赫佐格（Stefan Herzog）和拉尔夫·赫维格（Ralph Hertwig）差不多与沃尔和帕什勒同时提出了另一种基于相同原则的方法。赫佐格和赫维格不是要求人们做出第二次评估，而是鼓励人们尽可能想出其他可能，从而做出与第一次评估不同的评估。这样一来，被试就会积极思考他们在第一次评估时没有考虑到的相关信息。具体做法如下：

> 首先，假设你的第一次评估是不正确的。其次，思考导致第一次评估出错的几个可能原因——哪些假设或考虑的问题错了？再次，这些需重新考虑的问题意味着什么？第一次评估是过高还是过低？最后，根据这些新的观点做出不同于第一次评估的第二次评估。

与沃尔和帕什勒一样，赫佐格和赫维格会对前后两次评估进行平均。赫佐格和赫维格将这一技术命名为"自我重复抽样法"（dialectical bootstrapping）。相比于只让被试在第一次评估之后立刻进行第二次评估，这种方法大大提升了判断的准确率。因为被试迫使自己从一个新的视角考虑问题，他们创建了另一个样本，选取了另一个版本的自己，进而构成了两个互相分离的"内部群体"成员。因此，二者的平均产生了一个更准确的评估。两个即刻、连续进行的辩证性评估在判断准确度上的获益，是听取他人意见时的一半。

正如赫佐格和赫维格总结的那样，决策者最终要做的是在不同方法之间做出一个简单的选择：如果你能从别人那里得到独立的意见，那么就去做吧，因为这种真正的群体智慧很可能会提升你的判断水平；如果不能，你可以再次做出判断，以此创造一个“内部群体”。针对后者，你可以采用两种方式：要么隔一段时间再做出第二次判断，要么质疑自己的第一次判断，从另一个角度来看待问题。此外，不管是哪一种类型的“群体”，除非你有充足的证据表明需要对其中一次评估赋予更高的权重，否则对两次判断进行平均后的判断就是最佳判断。

除了实用的建议之外，这一系列研究还确认了一个关于判断的本质观点。正如沃尔和帕什勒指出的那样：“被试的反应是从一个内部的概率分布中抽取的，并不是根据被试掌握的全部知识来确定的。”这一发现与你回答美国机场问题时的过程相一致：你的第一个答案并不是根据你的全部知识甚至那些关键的知识得出的，你给出的答案只是你头脑中可能产生的一系列答案中的一个。**我们从同一个人对同一个问题的判断中观察到的变异性，并不是一些高度专业的问题中存在的偶然现象，事实上，情境噪声无时无刻不在影响着我们的判断。**

情绪，情境噪声的源头

我们至少能够注意到一种情境噪声的来源：情绪。每个人都有过情绪影响判断的经历，而且你肯定意识到了，他人的判断也会受到情绪的影响。

情绪对判断的影响已经成为大量心理学研究的关注点。我们很容易通过一些策略来让人们暂时开心或悲伤，然后测量相应的情绪被诱发之后他们的判断和决策的变异性，比如让人们写下一段开心或悲伤的记忆，或只是简单地让他们看一段有趣的或催人泪下的电影片段。

一些心理学家花费了数十年时间来研究操纵情绪可能产生的效果。其中最高产的也许是澳大利亚心理学家约瑟夫·福加斯（Joseph Forgas），他发表了大约 100 篇关于情绪的科学论文。

福加斯的一些研究验证了你的思考：一般来说，具有良好情绪的人会更加积极。相比于悲伤的记忆，他们更容易回忆起愉快的记忆，而且他们更倾向于赞同他人，更慷慨，也更乐于助人。消极情绪的作用则刚好相反。正如福加斯所说："对于同一个微笑，拥有积极情绪的人看到友好，而拥有消极情绪的人可能感到不适。一个人情绪良好的时候，讨论天气会兴致盎然，而当他情绪不好的时候，该话题则显得枯燥乏味。"

换句话说，情绪会对你的思维产生可预见的影响，它关系到你会注意环境中的哪些事物、从记忆中提取哪些信息，以及如何解读这些信息。情绪还会产生另外一个更令人吃惊的效应——**它会改变你的思维方式，这种效应甚至超乎你的想象。好的情绪是一把双刃剑，不好的情绪也可能成为困境中的一线希望，不同情绪的利与弊取决于具体的情境。**

例如，在谈判中，好的情绪大有裨益。具有良好情绪的人会更富有合作精神、更容易促成互利互惠的局面。最终，他们往往能比情绪不好的谈判者获得更好的谈判结果。当然，成功的谈判也能让人们更开心，但在这些研究中，情绪并不是由谈判过程产生的，而是在谈判之前被诱发的。此外，谈判过程中从情绪良好转向愤怒的谈判者也可能会获得更好的结果——当你遇到一个顽固的对手时要记住这一点！

良好的情绪还会让人更容易接受第一印象。在福加斯的一项研究中，实验人员要求参与者阅读一篇简短的哲学论文，这篇论文随附了作者的照片。一些读者看到了一位典型的哲学教授——男性、中年、戴着眼镜；另一些读者看到的却是一位年轻的女士。和你猜测的一样，这项研究考察的是被试是否容易受刻板印象的影响：相比于年轻女士所写的论文，人们更偏爱由中年男性所写的论文吗？结果表明，的确如此。但更重要的是，在情绪良好的情境中，这种差异更大，拥有良好情绪的人更容易受到偏差的影响。

还有一些研究考察了情绪与上当受骗之间的关系。心理学家戈登·彭尼库克（Gordon Pennycook）及其同事开展了一系列研究，来考察人们对毫无意义、看似深奥实则虚假的陈述的反应。这些虚假的陈述是这样产生的：从一些广为流传的名言中随机挑选出名词和动词，然后组合成语法正确的句子，如“完整性平息了无穷的现象”或“隐藏的意义使无与伦比的抽象美变化无穷”。同意这些陈述的倾向是一种被称为“废话接受力”（bullshit receptivity）的特征。自哈里·法兰克福（Harry Frankfurt）之后，废话已经成为一个术语。法兰克福是普林斯顿大学的哲学家，他写了一本见解独到的书《论扯淡》（*On Bullshit*）。在这本书中，他将废话与其他类型的虚假陈述进行了区分。

确实，有一些人比其他人更倾向于接受废话。他们可能会被看似令人印象深刻的断言所打动，这些断言虽然看起来真实而有意义，但实际上空洞无物。这里的容易上当受骗并非是一种永久性的、无法改变的倾向。诱发良好的情绪会让人们更容易接受废话，以及更容易上当受骗。他们不太容易觉察到具有欺骗性或误导性的信息。相反，处于不良情绪中的目击者在看到这些具有误导性的信息时，更有可能忽视它们，从而避免做出虚假指证。

即使是道德判断也会受到情绪的强烈影响。在一项研究中，研究人员让被试回答“天桥难题”（footbridge problem），这是道德哲学中的一个经典问题。在一个假想的情境中，5 个人即将被一辆失控的电车撞死。研究人员要求被试想象自己就站在天桥上，电车很快就会从桥下经过。被试需要决定是否要把旁边一个大个子男人从天桥上推下去，使其落到铁轨上，这样他的身体就能使电车停下来。如果被试这样做了，那么大个子男人会死，但那 5 个人会因此而得救。

天桥难题体现了道德推理思维之间的冲突。英国哲学家杰里米·边沁（Jeremy Bentham）提出的功利主义认为，失去 1 条生命比失去 5 条生命要好。而康德（Immanuel Kant）的道德义务论则认为，不能以拯救更多人的名义杀害某个人。天桥难题明显包含个人的情绪因素：把一个人从桥上推下去落到电车轨道上是一种特别令人厌恶的行为。要从功利主义的角度把这个人从桥上推下去，需要人们克服对伤害陌生人身体这种行为的厌恶。只有少数人表示他们会这么做，在这项研究中，这部分人占比不到 1/10。

然而，我们可以通过让被试观看 5 分钟视频短片的方式来诱发他们良好的情绪，这时他们打算将人推下天桥的可能性增加了 3 倍。无论我们是把“不可杀人”作为一个绝对的原则，还是愿意杀死一个陌生人来救活 5 个人，这都应该体现我们最深层的价值观。然而，我们的选择似乎只是取决于刚刚观看的视频短片。

我们详细描述了这些关于情绪的研究，因为我们需要强调一个很重要的事实：**你并非在所有时刻都一样。随着情绪的变化（有时候你会意识到），你的认知机制也会改变（你可能根本意识不到）。如果你面临一个复杂的判断问题，当前的情绪会影响你对这个问题的思考以及得出的结论，即便你认为你的判断没有受到情绪的影响，并且能很自信地阐明自己给出最终答案的理由。简而言之，你的判断充满噪声。**

其他许多偶然因素也会诱发判断中的情境噪声。在不应该影响但实际上影响了专业判断的诸多外在因素中，压力和疲劳是两个主要因素。一项针对近 70 万次基层保健门诊就诊情况的研究表明，医生在漫长的一天结束时开阿片类药物的可能性显著增加，然而，没有理由认为预约下午 4 点就诊的患者比早上 9 点就诊的患者更痛苦。医生落后的看诊进度也不应该影响处方的决策。事实上，其他治疗疼痛的处方，如非甾体类消炎止痛药以及转介物理治疗，并没有显示出类似的模式。当医生面临着时间压力时，他们显然更倾向于选择快速的解决方案，虽然这样可能会产生一些严重的问题。其他研究也显示，在一天将要结束时，医生开抗生素处方的可能性更大，而开流感疫苗处方的可能性较小。

甚至天气也会对专业判断产生显著的影响。天气的影响可能会通过情绪产生作用，即天气虽不会直接影响决策，但会影响决策者的情绪，进而影响决策。不好的天气与记忆力的增强有一定的相关性；当天气炎热时，司法审判会更严厉；阳光明媚的天气会影响股市的走向。而在其他一些案例中，天气的影响则不那么明显。心理学家尤里·西蒙松（Uri Simonsohn）发现，高校招生人员在阴天时更关注候选人的学术表现，而在晴天时对非学术表现更敏感。他报告这些发现时采用的文章标题足以令人难忘——“云让书呆子看起来不错”。

判断会随机变异的另一个案例是不同案件所处的考察顺序。当一个人在思考一起案件的时候，此前一起案件的决策就成了一个潜在的参照点。包括法官、贷款专员以及棒球裁判员在内的做出一系列决策的专业人士，倾向于恢复某种形式的平衡：在连续朝着同一方向做出一系列决策之后，他们更有可能朝着相反的方向做出决策。严格意义上说，后面这些决策是不合理的，因为这样难免会出现误差和不公正。例如，在美国，当前面两个庇护申请获得庇护法官的批准时，下一个庇护申请获得批准的可能性会降低 19%。在申请贷款时，如果前面两个申请都被拒绝了，那么接下来的申请很有可能得到批准；但如果前面两个人的申请获得了批准，那么相同的申请此时则更有可能遭到拒绝。这种行为反映了一种被称为“赌徒谬误”（gamblers fallacy）的认知偏差，它指的是人们会认为随机序列中一个事件发生的概率与此前发生的事件有关，从而低估了“坏运气”再一次发生的可能性。

衡量情境噪声

相对于整体的系统噪声，情境噪声有多大呢？虽然没有一个原则适用于所有情境，但存在一个一般性的原则：就大小而言，本章所涉及的这些情境噪声要小于个体在水平噪声和模式噪声方面的稳定差异。

例如，正如上文所提及的，如果同一位法官连续两次批准了庇护申请，那么接下来的申请获得批准的可能性会下降 19%。这种变异性肯定是有问题的，但如果与不同法官之间的变异性相比就是小巫见大巫了：天普大学法学院教授杰亚·拉姆基－诺加莱斯（Jaya Ramji-Nogales）及其合作者发现，在迈阿密的一家法院，一位法官批准了 88% 的庇护申请，而另一位法官只批准了 5% 的庇护申请。这是真实的数据，不是进行噪声审查的实验数据，因此申请者是不同的，但这些申请者的申请由哪位法官受理可以说是随机的。拉姆基－诺加莱斯及其合作者发现，申请人来源国的差异并不能解释这种差异。如果差异如此巨大，那么申请获得批准的概率下降 19% 好像也没有什么大不了。

同样，指纹鉴定人员和医生有时候也会做出自相矛盾的判断，但这种情况远远少于与其他人的判断不一致的情况。在我们回顾的每一个案例中，情境噪声在系统噪声中所占的比例都是可以测量的，情境噪声所占的比例皆小于个体间的差异。因此可以这样说：**你不可能永远是同一个人，随着时间的流逝，你远没有你所想象的那么前后一致；但令人欣慰的是，与其他人相比，今天的你更像昨天的自己。**

造成情境噪声的内部原因

情绪、疲劳、天气、顺序效应等许多因素都可能导致同一个人在对同一案件做出判断时，产生我们不愿看到的变异。我们可能希望构建一个环境，在这个环境中，所有与决策有关的外部因素均是已知、可控的，至少从理论上来说，这样的情境可以减少情境噪声。但即使是这样的情境，也不足以彻底地消除情境噪声。

宾夕法尼亚大学心理学家迈克尔·卡哈纳（Michael Kahana）及其同事研究了记忆的表现。根据我们的定义，记忆不是一项判断任务，而是一项认知任务，可以对其条件进行严格控制，也很容易测量其表现。在其中一项研究中，他们对 79 名被试的记忆表现进行了非常深入的分析。被试要在不同的日子里参加 23 场测试会，在此期间他们需要对每组包含 24 个单词的 24 组单词进行回忆。他们所能回忆起来的单词数量可以作为记忆表现的指标。

卡哈纳及其同事感兴趣的不是被试之间的差异，而是哪些因素能够预测不同被试之间的差异。不同被试的警觉程度与前一天晚上的睡眠情况是否会影响记忆表现？他们的记忆表现是否会因在一次次的测试会中反复练习而得到提升？在每一次测试会中，记忆表现是否会由于感到疲劳或无聊而降低？是否有一些列表中的单词比其他列表中的单词更容易被记住？

上述所有问题的回答都是肯定的，但对结果的影响并不大。将所有这些因素纳入一个模型中，也只能解释某个特定被试记忆表现差异的 11%。正如研究人员所指出的那样：“剔除这些可预测的因素的影响后，还剩下如此大的变异，这着实令我们吃惊不已。”即使在这种严格控制的情境中，到底是哪些因素引发了情境噪声，仍是未知的。

在研究者分析的所有因素中，强烈影响被试对某组单词的记忆表现的一个预测因素，并非外部因素。被试记忆某组单词的表现在很大程度上受他的前一组单词记忆表现的影响。如果他在记忆前一组单词时表现良好，那么他接下来的表现也会很好；如果他在记忆前一组单词时表现一般，那么他接下来的表现也会一般。被试在记忆每一组单词时表现出的差异并不是随机的：在每一次测试会中，它会随着时间的推移而有所起伏，并且没有受明显的外部因素的影响。

用卡哈纳及其同事的话说，这些结果表明，记忆表现在很大程度上受“控制记忆功能的内源性神经过程效率”的影响。换句话说，大脑效率的即时变化并不源于天气或分心等外部因素的影响，而是一种大脑自身运作的特征。

大脑功能的内部变异很有可能以一种我们完全无法控制的方式来影响我们的判断，大脑功能的这种变异性应该可以打消人们认为情境噪声可以被彻底消除的想法。用篮球运动员的罚球进行类比并不像最初看起来那样简单：正如运动员的肌肉从来不会执行完全相同的动作一样，我们的神经元也从来不会以完全相同的方式运作。**如果我们的大脑是一种测量工具，那么它永远是不完美的。**

然而，我们仍然可以努力去控制这些不应出现但可控的影响，当判断是由群体做出时尤其应该如此。关于这一点，我们将在第 8 章中进行讨论。

消除噪声

情境噪声不是系统噪声的最主要成因

- 判断就像罚球：我们无论多么希望能够精确地重复，都永远无法做到完全相同。
- 你的判断依赖于你的情绪、你刚刚讨论过的案件甚至天气。在不同的时间里，你不可能一直是同一个自己。
- 虽然你做不到与上个星期的自己完全一致，但与今天的他人相比，今天的你更像上个星期的自己。也就是说，情境噪声不是系统噪声的最主要成因。

第 8 章

群体是如何放大噪声的

个体判断中存在噪声的结果已经很糟糕了，但群体决策中的噪声危害更甚。群体决策可能会由于一些无关因素而朝任何一个方向改变。谁先发言、谁后发言，谁说话更自信，谁穿着黑色衣服，谁和谁挨着坐，谁在某个时刻笑了 / 皱眉了 / 呈现出其他身体姿势……所有这些因素都会影响结果。相似的群体每一天都会做出各种不同的决策，如雇用、晋升、破产、沟通策略、环境保护条例、国家安全、大学录取或新产品发布等方面的决策。

我们在前文曾提到，对多个个体的判断进行汇总可以减少噪声，而这里又强调群体会放大噪声，似乎显得很奇怪。然而，受群体动态过程的影响，群体也会放大噪声。有做出的判断与正确答案接近的明智的群体，但也有追随暴君的群体、增加市场泡沫的群体、相信奇迹或受共同幻想支配的群体。**微小的差别可能导致一个群体坚定地说“是”，而本质上相同的另一个群体却坚定地说“否”。**群体成员之间的互动会导致数量巨大的噪声，这也正是我们此处强调的重点。无论是对于相似群体之间的噪声，还是对于单个群体中的噪声，上述假设都是成立的。因此，无论是单个群体还是多个群体，都是如此。我们应该把这些群体对某个重要问题的判断视作一系列可能性中的一个。

音乐中的噪声

为了寻找证据，我们从一个看似不太可能的地方开始：普林斯顿大学社会学教授马修·萨尔加尼克（Matthew Salganik）和他的合作者开展了一项关于音乐下载的大型研究。实验人员创建了一个由几千人组成的控制组（某流行音乐网站的访客）。控制组成员可以试听并下载 72 首新歌中的 1 首或多首。这些歌曲的名字都很生动：《深陷橘子皮》《啃》《眼罩》《棒球术士 v1》《粉红侵略》等。还有一些歌曲名字跟我们的问题看起来好像十分相关：《最好的错误》《我是个错误》《信念高于答案》《生活的神秘》《祝我好运》《走出困境》等。

在控制组中，被试未被告知其他人说了什么以及做了什么等额外的信息，这样一来，他们就可以独立判断自己喜欢哪一首歌或希望下载哪一首歌。但萨尔加尼克及其同事还创建了其他 8 个组，对应 8 种群体情境，并将成千上万的被试随机分配到这些情境中。这 8 组被试获知的所有其他信息都是相同的，但有一处不同：人们可以看到同组中的其他人先前下载过哪些歌曲。例如，如果《最好的错误》是该组中深受喜爱的歌曲，那么所有成员都可以看到；同样，如果一首歌完全没有人下载，他们也可以看到。

因为不同的群体在任何重要的维度上均无差别，这项研究看起来就像是重复了 8 次。你可能会推测，好听歌曲的排名会上升，而不好听歌曲的排名则会下降，如果是这样，这些不同群体中的歌曲排名应该相同，或至少相似，即不同群体之间没有噪声。事实上，这也是萨尔加尼克及其同事试图去探讨的问题，他们考察的是一种特定的噪声源：社会影响。

该研究的核心发现是：不同群体中的歌曲排名差异巨大，也就是说，在不同群体之间存在大量噪声。在某个群体中，《最好的错误》可能非常成功，而《我是个错误》则非常失败；在另一个群体中，《我是个错误》极其成功，但《最好的错误》的表现则一塌糊涂。如果一首歌一开始就备受欢迎，它随后也一定会表现得更好，而如果它一开始没有获得这种优势，那么结果就难说了。

可以肯定的是，最差的歌曲（在控制组中表现最差）排名不可能靠前，最好的歌也不太可能垫底，而对于其他歌曲而言，任何事情都有可能发生。正如作者所强调的那样："相比于独立判断，人们在有社会影响的条件下，更难预测哪些歌曲会成功。"简而言之，社会影响在不同群体之间产生了明显的噪声。如果你仔细思考，你就会知道，单个群体内部也会存在噪声，因为他们很容易就喜欢一首歌或不喜欢一首歌，这取决于这首歌一开始是否受欢迎。

正如萨尔加尼克及其同事随后所展示的，群体的结果很容易被操纵，因为流行程度会自我强化。在后续实验中，他们动了点小心思，对控制组中的歌曲排名进行了反转。换句话说，他们谎报了这些歌曲的受欢迎程度，人们看到的最好的音乐其实是最差的音乐，反之亦然。研究人员随后观察了访客们的反应，结果是，最不受欢迎的歌曲深受喜爱，而原来最受欢迎的歌曲则表现非常差。即使研究人员误导了人们哪些歌曲是受欢迎的，但在人数非常大的群体中，受欢迎和不受欢迎程度受排名的影响是相同的。唯一的例外是，随着时间的推移，控制组中最好听的歌曲会逐渐变得更流行，这意味着反向排名也没有让它垫底。但是，对于绝大多数歌曲而言，反向排名决定了它们的最终排名。

我们很容易看出这项研究与一般性的群体判断的关系。假设有一个包含 10 名成员的小群体，他们要决定是否采用某项大胆的新举措。如果一两个支持者先发言，他们很容易使整个团队转向他们偏好的方向。如果最先发言的是持怀疑态度的人，情况也是如此，至少当人们能够互相影响时是如此。事实上，群体中的成员常常会互相影响，因此，仅仅是因为先发言的人不同，或者一开始下载某首歌的人更多，类似的群体会做出非常不同的判断。《最好的错误》和《我是个错误》的流行现象在各种专业判断中也存在。如果群体没有收到类似歌曲排名的信息，比如对某一大胆举措的热烈支持，该举措可能仅由于其支持者未发言而无法推进下去。

不仅仅是音乐下载，其他领域也一样

如果你是一个多疑的人，你可能会认为音乐下载只是一个特例，或者至少与其他的群体判断不同，然而，在其他领域也出现了类似的结果。我们来看一下在英国的公民投票（简称公投）中，人们对不同提案的支持情况。在公投中决定是否要投支持票时，人们自然要判断这是不是一个好的主意。这种模式类似于萨尔加尼克及其同事的研究：最初涌现的流行度会自我强化，如果某项提案在第一天没有受到关注，那么它很快就会沉寂。在政治领域就像在音乐实验中一样，支持与反对在很大程度上依赖于社会影响，具体而言，依赖于人们是否能看到其他人投的是支持票还是反对票。

美国康奈尔大学社会学家迈克尔·梅西（Michael Macy）及其合作者在音乐下载实验的基础上构建了另外一个实验，目的是弄清楚：他人的观点是否会影响人们的判断，使得相应的政治观点受到民主党人的欢迎，而遭到共和党人的反对（或者相反）。答案简单明了：是的。在网络群体中，如果民主党人看到某一观点一开始就受到其他民主党人的支持，那么他们就会采纳这一观点，并最终导致大部分民主党人支持这一观点。但是，如果另一个网络群体中的民主党人看到，某一观点一开始就受到共和党人的支持，那么这些民主党人就会拒绝接受这一观点，并最终导致大部分民主党人都拒绝接受该观点。简而言之，政治观点同歌曲一样，最终的命运取决于最初的受欢迎程度。正如梅西等研究人员指出的那样："少数先行者的随机差异"会对整个群体产生颠覆性的影响——让共和党人和民主党人都欣然接受一系列与彼此的立场毫不相关的观点。

我们还可以思考一个一般性的群体决策问题：人们在网上如何对各种评论做出判断。耶路撒冷希伯来大学教授列夫·穆奇尼克（Lev Muchnik）及其同事在一个网站上开展了一项实验，他们向人们呈现不同的故事，并允许人们发表评论，以及对这些评论投赞成票或反对票。研究人员可以人为地、自动化地给一些评论投出第一张赞成票。你可能会想，在成百上千名访客中，使某条评论多出一张初始赞成票根本无足轻重，这个想法合情合理，却是错的。在看到第一张赞成票之后（别忘了这完全是人为操作的），下一个访客对该评论投赞成票的可能性增加了 32%。

令人惊讶的是，这一效应随着时间的推移一直在持续。5 个月后，开始时人为投出的那张赞成票，使得该评论的平均赞成票得票率增加了 25%。最初的一张赞成票竟然产生了如此大的影响，这表明噪声确实存在。不管最初那一票是为何而投，它都使整体的受欢迎程度发生了巨大的改变。

这项研究为群体态度的转变以及群体内为何存在噪声提供了一条线索：**相似的群体会做出非常不同的判断，而同一群体做出的判断也仅仅是一系列可能性中的一种。**群体成员表达的赞成、中立、反对意见，其作用也类似于一开始投赞成票或反对票。如果群体中的一个成员立即表示赞同，那么其他成员也就有理由这么做。毫无疑问，当群体赞同某些产品、人、活动或思想时，可能并不是因为它们的内在优点，而是因为“提前投票”发挥了作用。当然，穆奇尼克的研究针对的是大规模群体，但同样的结果也会出现在小规模群体中，甚至更加富有戏剧性，因为最开始投下的赞同某个计划、产品或判决的赞成票经常会对他人产生更大的影响。

这里有一个相关的观点。我们曾经指出群体智慧效应指的是，如果你召集一大群人，问他们一个问题，他们的答案的平均值更有可能接近真实答案。对判断进行汇总是一种减少噪声，进而减少误差的非常好的方法，但是如果人们互相交流，那情况又会如何呢？你可能认为这样做是有好处的。毕竟人们可以互相学习，从而找出正确答案。

在一些非常有利的条件下，互相分享知识、深思熟虑的群体确实会做得很好。然而，独立做出判断是发挥群体智慧的前提条件，如果人们不是自己做出判断，而是依赖于其他人，那么群体并不会更明智。

有些研究已经表明了这一点。在简单的评估任务——评估城市里的犯罪数量、一段时期内增长的人口、不同国家国界线的长度等任务中，只要群体成员独自做出判断，群体会更明智；如果他们知道了其他人的评估，比如一个 12 人小组的平均估计值，那么群体比个体的表现还要糟糕。正如研究者指出的那样，社会影响是有问题的，因为它们降低了群体多样性，但并没有减少群体的误差。具有讽刺意味的是，**即便一点点社会影响都会降低群体智慧，但对多个独立判断进行适当的汇总则可以产生令人难以置信的准确结果。**

信息级联，极易放大群体判断的噪声

我们描述的一些研究中包括“信息级联”（information cascades）。信息级联很常见，它可以解释为什么一些相似的商业群体、政治群体以及其他群体会做出完全不同的决策，以及为什么一些小的变化会产生如此不同的结果乃至噪声。只有历史真实发生了，我们才能看到，而对于许多群体以及群体决策而言，存在着各种各样的可能性，而最终得以实现的只是其中的一种。

要想理解信息级联是如何发挥作用的，我们可以想象在一间大办公室中有 10 个人，他们在决定要雇用谁来担任一个重要职位。候选人有 3 位，分别是托马斯、山姆和朱莉。假设群体成员是按顺序发表自己的观点的，每一个人都会认真聆听其他人的判断。阿瑟第一个发言，他认为托马斯是最佳人选。芭芭拉现在知道了阿瑟的判断，如果她也认为托马斯是最佳人选，她肯定会认同阿瑟的意见。假如她不确定谁是最佳人选而她信任阿瑟，她可能也会认同托马斯是最佳人选。因为她足够信任阿瑟，所以她支持了阿瑟的判断。

现在轮到查尔斯发言。阿瑟和芭芭拉已经表明了他们想雇用托马斯，但查尔斯有自己的想法。基于他自己掌握的有限信息（他非常清楚自己的信息很有限），他认为最佳人选不是托马斯，而是朱莉。虽然查尔斯有自己的想法，但他也有可能会忽视自己已知的信息，而只是附和阿瑟和芭芭拉。如果此事发生，那并不是因为查尔斯懦弱，而是因为他是一个尊重他人的倾听者。他可能只是认为：阿瑟和芭芭拉都选托马斯，他们肯定有自己的理由。

第四位发言人是戴维，除非戴维认为他自己掌握的信息确实比前几人更有说服力，否则他也会附和前几个人的意见。如果戴维也这样了，那么戴维就处在一个“信息级联”中。事实上，如果戴维有非常充分的理由认为阿瑟、芭芭拉和查尔斯的选择是错误的，那么戴维可能会表示反对。但如果他缺乏充分的反对理由，那么他就会做出和前几个人同样的选择。

重要的是，查尔斯和戴维可能了解托马斯或其他候选人的一些信息，并且有自己独到的看法，而阿瑟和芭芭拉并不知道这些信息和独到的看法。如果这些信息得以分享，那么这些非公开的信息可能会改变阿瑟和芭芭拉的意见。如果查尔斯和戴维先发言，他们不仅能表达关于候选人的意见，而且可能提供对其他决策者产生影响的信息。但由于查尔斯和戴维是后发言的，所以他们的非公开信息就只有自己知道。

假设现在大家也想听听后续参与投票的人——埃丽卡、弗兰克和乔治的观点。如果阿瑟、芭芭拉、查尔斯和戴维都认为托马斯是最佳人选，即使埃丽卡等人有理由认为其他人选可能更合适，阿瑟等人也还是会做出相同的选择。当然，如果答案明显是错的，埃丽卡等人会反对这种越来越趋于一致的意见，但如果错误没有那么明显呢？这个例子的吊诡之处在于，阿瑟最初的判断启动了一个过程，其他人被引导进了信息级联中，即便有些支持托马斯的人实际上根本没有任何看法，甚至有人认为托马斯根本不是最佳人选，但最终结果依然是所有人都选择了托马斯。

当然，这个例子是人为设定的，然而在各种群体中，类似的事情经常发生。人们倾向于向他人学习，如果先发言的人似乎喜欢某个事物或者想去做某件事，人们会表示认同。如果人们不怀疑这些先发言的人，或缺少一个明确的理由认为后者是错误的，那么至少在这些情况下，人们会选择认同。

我们想重点强调的是：**信息级联会导致噪声可能出现在多个群体之间，有时出现的可能性甚至非常大。**在上面的例子中，是阿瑟先发言，并且他看好托马斯。假设是芭芭拉先发言，而她更看好山姆，或是假设阿瑟的感觉稍微有点不同——他更喜欢朱莉，那么，一个可能的结果是，群体最终会倾向于选择山姆或朱莉，但并不是因为他们更好，而是因为信息级联。这也是音乐下载实验及同类实验中的核心发现。

需要注意的是，人们进入信息级联并不意味着他们是非理性的。如果人们不确定要雇用谁，追随他人未必不是明智之举。随着持同一观点的人越来越多，认同他们的选择仍然是明智的。然而，这里有两个问题：首先，人们往往会忽视一种可能性，即大部分人也跟他们一样处于信息级联中，因此他们也没有做出自己独立的判断。当看到 3 个、10 个、20 个人都欣然接受某种结论，我们可能会低估他们受前面的人影响的程度。即使他们的一致性反映的只是最初几个人的观点，但我们可能会认为这种一致性反映了某种群体智慧。其次，信息级联可能会导致整体朝着完全错误的方向前进，毕竟，阿瑟对托马斯的判断可能是错的。

当然，信息不是导致群体成员互相影响的唯一原因，社会压力也是很重要的因素。在公司或政府机构中，人们可能会通过保持沉默来避免自己显得不友好、爱争吵、迟钝或愚蠢。人们希望成为团队中的一员，这就是为什么人们通常会追随他人的观点和行为。人们可能认为自己知道什么是对的或什么有可能是对的，但他们表面上仍然倾向于与群体或少数优先发言者保持一致，从而在团队中保持良好的风度。

刚刚讲到的招聘故事也如出一辙，人们选择托马斯并不是因为他们通过彼此分享的信息了解到了托马斯的优点和长处，而是因为他们不希望被看成愚蠢或不合群的人。阿瑟支持托马斯的这一最初判断可能会引发一种从众效应，最终对埃丽卡、弗兰克或乔治施加了强大的社会压力——仅仅因为其他人都喜欢托马斯，所以埃丽卡等人也选择了托马斯。就像信息级联一样，社会压力也会形成“信息级联”：人们可能放大了先发言者所持有的信念。如果人们支持托马斯，那么他们这样做可能不是因为他们真的喜欢托马斯，而是因为一个优先发言的人或一个有权势的人支持托马斯。这样一来，群体成员的一致性进一步增加，社会压力水平也增加了。这是一个在公司或政府机构中非常常见的现象，它可能会增加人们对错误判断的信心，并导致人们一致支持这个错误的判断。

社会压力会导致不同群体之间产生噪声。如果在公司中，某个人组织召开了一次会议，希望对公司发展方向做出重大改变。会议的发起者可能最先发表一番言论，进而导致人们一致支持这种改变。他们的一致性可能是社会压力的产物，而并不是自己的观点。同样，如果另一个人在会议一开始就表明了不同的观点，或者最初的发言者保持沉默，讨论可能会朝着一个不同的方向发展。总之，非常相似的群体可能会由于社会压力的影响而到达不同的终点。

群体极化，讨论往往会滋生更极端的结论

在美国和其他一些国家，刑事案件和一些民事案件通常是由陪审团参与审判的。人们希望陪审团成员经过互相商议，做出比个体更明智的决策。然而，针对陪审团的研究揭示了一种会产生噪声的社会影响：群体极化（group polarization）。这一概念指的是，人们在互相交流时，往往会提出比原有倾向更极端的观点。例如，在一个 7 人群体中，如果大部人都认为在巴黎设立一个新的办事处是一个好主意，讨论之后，群体的决定可能会变成：在巴黎设立一个新的办事处是一个极好的主意。内部讨论常常会导致群体更自信、更团结、更极端，三者通常以更大的热情展现出来。群体极化不仅发生在陪审团中，也发生在要做出专业判断的团队之中。

我们通过一系列实验研究了陪审团在“产品责任案”中做出的惩罚性损害赔偿的决策。每位陪审员的决策对应一笔赔偿金额，目的是惩罚公司的不合规行为，并对其他公司起到威慑作用。我们会在第15章更加详细地讨论这项研究。为了说明群体极化问题，我们来看一个实验，该实验比较了现实世界中的陪审团和“统计中的陪审团”。首先，我们向899名被试呈现案件情境，并要求他们独立做出判断：用具有7个等级的量表来表达他们的愤怒程度、惩罚倾向，以及给出相应的赔偿金额。随后，基于这些被试的反应，我们利用计算机模拟出数百万个“统计陪审团”，即随机匹配的虚拟的6人群体。在每一个统计陪审团中，我们采用6人的中位数作为最终的裁决结果。

我们发现，这些统计陪审团的裁决非常一致，也就是说，噪声大大减少了。噪声水平的降低是因为对裁决结果进行了机械性的汇总，即**对个体的独立判断进行平均会减少噪声**。

然而，现实世界的陪审团不是“统计陪审团”，陪审员们会针对一起案件交流各自的观点。你有理由怀疑这些经过深思熟虑的陪审员是否真的会倾向于做出与评级为中位数的成员一致的判决。为了探明这一点，我们紧接着做了第二项研究。这项研究召集了3000多名有陪审员资格的人，由他们组成500多个6人一组的陪审团。

答案简单明了：总是互相商议的陪审团比统计陪审团具有更多的噪声。这清楚地反映了由于社会影响带来的噪声，互相商议增加了噪声。

这项研究还有一个有趣的发现。如果6人中评级为中位数的成员只有中等程度的愤怒，并且倾向于对相关人员从轻处罚，那么陪审团商议后的判决通常会更宽容；相反，如果各项选择均为中位数的成员非常愤怒，并且倾向于进行严厉惩罚，那么经过交流之后，陪审团会更愤怒，他们做出的判决也更严厉。当用赔偿金额来表达这种愤怒时，陪审团商议后的赔偿金额要比金额的中位数高。实际上，27%的陪审团选择的赔偿金额通常与陪审员选择的最高赔偿金额相等，甚至会比后者更高。能够相互交流的陪审团的噪声不仅比“统计陪审团”更高，而且加重了其成员原有的倾向。

回想一下关于群体极化的基本发现：人们彼此交流之后，明显变得比原来更加极端了，我们的实验证明了这一现象。陪审团成员在商议后要么变得更加宽容（当评级为中位数的成员倾向于宽容时），要么变得更加严厉（当评级为中位数的成员倾向于严厉时）。同样，倾向于实施金钱惩罚的陪审团在商议之后也会变得比评级为中位数的成员更加严厉。

对群体极化的解释类似于对信息级联的解释：信息发挥着重要作用。如果大部分人倾向于进行严厉惩罚，那么群体成员会听到很多认为有必要进行严厉惩罚的观点——反方的观点更少了。如果群体成员能够互相交流，那么他们会朝向处于主导地位的观点转变，导致群体更加团结一致、更加自信、更加极端。而且，如果人们在意自己在群体中的声誉，他们也会朝着占主导地位的观点转变，这样也会导致群体极化。

当然，群体极化会产生误差，并且经常如此，但我们的主要关注点在于变异性。正如我们所看到的那样，对判断进行汇总会减少噪声，也正因为如此，判断数量越多，判断的品质越好，这也是为什么

“统计陪审团”比单个陪审团噪声更少。同时，我们发现能够相互交流的陪审团会比“统计陪审团”产生更多噪声。当处于相似情境中的群体最后表现出巨大的差异时，其原因往往在于群体极化，其结果是产生巨大的噪声。

在商业、政府以及其他机构中，信息级联和群体极化都会导致群体在应对同一问题时产生巨大差异，最终的判断结果取决于少数人——那些率先发言的人或有巨大影响力的人，这是一个值得注意的问题，因为个人的决策有很大的噪声。我们已经看到，水平噪声和模式噪声会使得群体成员的观点产生不应有的差异，而且该差异比我们预期的更大。我们已经看到疲劳、情绪、可以比较等情境噪声会影响率先发言的那个人的判断，群体互动则会放大这种噪声。结果，经过商议的群体会比仅仅对个体判断进行平均的统计群体产生更大的噪声。

由于企业或政府部门的一些重大决策都是在商议之后做出的，我们尤其要对这种风险保持警觉。组织及其领导应该采取一些方法来控制其成员在判断中的噪声，比如对群体商议进行管理，从而减少噪声而不是增加噪声，我们提出的减少噪声的策略，其目的就在于此。

● 消除噪声

群体决策中的噪声

- 似乎任何事情都取决于它最初的受欢迎程度，因此，我们最好想尽一切办法来让自己发行的产品在第一个星期就获得巨大成功。

- 正如我一直怀疑的那样，政治或经济理念就像电影明星。如果人们认为其他人喜欢，那么这种理念就会大受欢迎。

- 我一直很担心，当我的团队聚在一起时，我们会更自信、更团结、对我们所选择的行动方针更加坚定。我认为，我们的内部流程可能存在一些问题。

NOISE

第三部分

预测性判断中的噪声

哪里有预测，哪里就有客观无知

很多判断都是预测性的，而预测可以被验证和评估，所以我们可以通过考察预测性判断来更好地了解噪声和偏差。在这一部分中，我们主要关注预测性判断。

在第 9 章，我们比较了专业人士、机器和简单规则预测的准确性，结论是：专业人士预测的准确性是三者中最差的——你可能并不会对此感到惊讶。在第 10 章，我们探究了上述现象背后的成因，并发现噪声是导致人类判断力降低的主要因素。

为了得出这些结论，我们需要评估预测的品质，这就需要一种测量预测准确性的方法，从而回答“预测与结果的协变关系”（covariation）这样的问题。例如，假设人事部门定期评估新员工的潜力，那么我们就可以在几年后考察这些员工的绩效表现，并对比其潜力评估与绩效评估之间的相似度。如果某位员工在入职时被评价为高潜力员工，并且他在随后的工作中也获得了较高的评价，那就说明针对他的潜力评估在一定程度上是准确的。

符合这一直觉的测量指标叫作“一致性比率”（Percent Concordant，PC）。它回答了一个更具体的问题：假设你随机挑选了两名新员工，那么在潜力评估中得分较高的新员工，在随后的工作中也表现较好的概率是多少？如果早期评估完全准确，则 PC 应为 100%，即对两名新员工的潜力评估完美地预测到了两人的绩效排名。如果早期预测完全没用，那么一致性只会随机发生，所谓的“高潜力”员工表现好和表现差的概率相当，即 PC 为 50%。我们将在第 9 章继续讨论这个已被广泛研究的有关招聘的例子。再举个简单点的例子，成年男性脚的尺码与身高的 PC 值为 71%，也就是说，如果对两个人“评头论足”，你会发现长得高的那个人同时脚也大的可能性是 71%。

PC 是一个衡量协变关系的直观指标，这是它的优点，但它并非社会科学家所使用的标准度量指标。标准度量指标是相关系数（correlation cofficient，*r*），当两个变量正相关时，其值在 0 ～ 1 的范围内变化。在前面的例子中，身高和脚的尺码之间的相关系数约为 0.6。

我们可以使用很多方法来审视相关系数。这里有一种很直观的方法：两个变量之间的相关系数就是指决定它们的因素中共有成分所占的百分比。例如，如果某个特征完全由遗传所决定，那么我们可以推测亲兄弟姐妹在该特征上的相关系数为 0.5，因为他们拥有 50%的共同基因，而堂兄弟姐妹之间的相关系数为 0.25，因为他们拥有 25%的共同基因。对于身高和脚的尺码之间的相关系数为 0.6，我们也可以理解为，决定身高的因素中有 60%也同时决定了脚的尺码。

以上两种协变关系的测量指标是直接相关的。表 1 列出了一系列相关系数的 PC 值。在本书的其余部分，当讨论人和模型的预测表现时，我们通常会同时应用这两个指标。

表 1　相关系数和一致性比率（PC）的对应关系

相关系数	PC
0	50%
0.1	53%
0.2	56%
0.3	60%
0.4	63%
0.6	71%
0.8	79%
1	100%

在第 11 章，我们会讨论预测准确性的一个重要局限：影响未来的很多事件是无法预知的，因而大多数判断都是在我们所谓的客观无知的状态下做出的。然而令人惊讶的是，在大多数情况下人们往往会忽视这一局限，并满怀信心或过度自信地进行预测。最后，在第 12 章中，我们发现客观无知不仅会影响我们对事件的预测能力，甚至会影响我们对事件的理解能力，这也是“为什么噪声会隐而不见”谜题的一个重要答案。

第 9 章

判断与模型，简单的模型普遍优于人类判断

很多人都对预测未来的工作绩效感兴趣，不只是自己的，还有别人的。因此，绩效预测是用来考察预测性判断的实用例子。例如，一家大公司在招聘高管时，聘请了一家专业咨询公司对两名候选人莫妮卡和娜塔莉进行评估，并以取值为 1 ～ 10 分的量表对两人的领导力、沟通能力、人际交往能力、职业技能、应聘动机等维度进行打分（见表 9-1）。你的任务是：预测她们在两年后的工作绩效，并用 1 ～ 10 分来评分。

表 9-1　两名高管候选人的能力评估得分

	领导力	沟通能力	人际交往能力	职业技能	应聘动机	你的预测
莫妮卡	4	6	4	8	8	
娜塔莉	8	10	6	7	6	

大多数人在面对此类问题时，只是简单地盯着每一行数字并心算出平均分，然后快速做出判断。如果你也是这样，那么你可能会得出这一结论：娜塔莉是更优人选，因为莫妮卡的平均分比她差一两分。

判断还是公式

针对此问题，你采取的这种方法被称为“诊断性判断”（clinical judgment）。在此过程中，你会考虑相关信息，或许再快速计算一下，然后利用直觉做出判断。事实上，诊断性判断就是我们在这本书中简单描述的判断过程。

现在假设你以实验参与者的身份完成了上述预测工作。莫妮卡和娜塔莉的数据来自一个信息数据库，其中记录了此前聘用的数百名经理的信息，以及这些经理在 5 个维度上的得分。你可以使用那些评分来预测两人的工作绩效，而现在你还获得了两人的实际工作绩效数据。那么，想一想你对这两人的诊断性判断有多接近她们的实际绩效呢？

这个例子大致来源于一项关于绩效预测的真实研究。如果你曾参加过该项研究，你可能会对自己的预测结果非常不满意。一家国际咨询公司聘请了拥有博士学位的心理学家来做预测，结果发现，预测与绩效评估的相关系数仅为 0.15（PC = 55%）。也就是说，当他们评估一名候选人优于另一名候选人时，他们所偏爱的候选人最终获得更高绩效的可能性仅为 55%，比随机选择的结果高不了多少。显然，这不是一个令人满意的结果。

也许你会认为，预测准确性之所以这么差，是因为评分信息对预测没有用。因此，我们不禁要问：对候选人的评分到底包含了多少有用的预测信息？如何将它们进行整合才能获得与实际表现相关性最高的预测分数？

有一种标准的统计方法可以回答上述问题。在上述研究中使用这种方法，可以使相关系数达到 0.3（PC=60%）。结果虽然仍不尽如人意，但至少优于诊断性预测。

这种方法叫作“多元回归”（multiple regression），它是对各种预测因素的平均值进行加权后获得预测分数的方法。多元回归可以找到一组最佳权重，使整合后的预测分数与目标变量之间的相关性最大。最佳权重可以使预测的均方误差最小——这就是最小平方法在统计学中举足轻重的有力证明。你可能认为，与目标变量相关性越密切的预测因素，其权重也应该越大；而无用的预测因素，其权重应该为 0。然而事实上，权重也可能是负数，例如候选人乘公交的逃票次数在预测其工作绩效上的权重就可能是负的。

多元回归是一个“机械性预测”（mechanical prediction）的例子。机械性预测种类繁多，从简单规则（如雇用完成高中学业的人）到复杂的人工智能模型不等。“线性回归”（linear regression）模型是最为常见的一种，因此该模型也被称为“判断和决策研究的主力军”。为方便起见，我们将线性回归模型称为“简单模型”（simple models）。

上文提到的莫妮卡和娜塔莉的案例，可以帮助我们对诊断性预测和机械性预测进行比较。二者都具有如下一些简单的结构：

- 用一组预测因素（如案例中对候选人的评分）来预测目标结果（如候选人的工作绩效）。
- 利用人类的判断做出诊断性预测。
- 基于某项规则（如多元回归），使用同一组预测因素来生成机械性预测的结果。
- 比较诊断性预测与机械性预测的整体准确性。

梅尔：最优模型击败了你

在了解诊断性预测和机械性预测之后，人们往往想知道两者之间的区别，即相比于公式，人类的判断会更优吗？

这个问题早已有人提出过，但是直到 1954 年，明尼苏达大学心理学教授保罗·梅尔（Paul Meehl）出版了《临床与统计预测：理论分析和证据综述》（*Clinical Versus Statistical Prediction: A Theoretical Analysis and a Review of the Evidence*）一书后，该问题才引起了人们的广泛关注。梅尔回顾了 20 项研究，并根据一系列研究结果（如学业成就和精神病预后效果）分析了诊断性判断和机械性判断的优劣。他得出了一个强有力的结论：简单的机械性规则普遍优于人类的判断。梅尔发现，临床医生和其他专业人员在整合信息的能力上表现极差，虽然他们自认为在这方面具有优势。

为了更好地理解上述发现为何如此令人惊讶，以及它与噪声的关系，我们需要明白简单的机械性预测模型是如何工作的。机械性预测最关键的特征是：它的预测规则适用于所有情况。每个预测因素都有特定的权重，这个权重不会因个案的不同而发生变化。你可能会认为，这种严格的约束会使模型比不上人类的判断，比如，在上文的例子里，也许你会认为莫妮卡的应聘动机和职业技能相结合是一项重要优势，能弥补她在其他方面的不足；也许你还认为，考虑到娜塔莉的其他长处，她在这两方面的劣势没什么大不了。也就是说，你会不由自主地设想她们两人不同的成功途径。凭借这些看似合理的诊断性推测，你针对两人的情况，对不同的预测因素赋予了不同的权重，而简单模型不存在这样的问题。

简单模型的另一个限制是，预测因素每增加 1 个单位，总是会产生相同大小的效果，即如果增加 2 个单位，那么所产生的效果是前者的 2 倍，而诊断性直觉经常与这一原则相悖。例如，娜塔莉的沟通能力是满分 10 分，如果你对此印象深刻，认为此分数值得你提高对其沟通能力的预测权重，那么你所做的就是简单模型所不能做到的。在加权平均公式中，得分 10 和 9 之间的差异与得分 7 和 6 之间的差异是相同的，但诊断性判断往往不遵循这一原则，相反，它反映了一种普遍性的直觉，即相同的差异在一种情况下可能无关紧要，在另一种情况下却可能非常重要。因此，我们认为没有哪个简单模型可以完整地描述你对莫妮卡和娜塔莉所做出的判断。

本文使用的例子就是梅尔模式的一个典型案例。正如我们所指出的那样，诊断性预测与工作绩效之间的相关系数仅为 0.15（PC = 55%），而机械性预测获得的相关系数为 0.3（PC = 60%）。再回忆一下你在莫妮卡和娜塔莉的例子中对她们的优点所持有的信心。梅尔的结果强烈表明，你对自己判断品质的满意感只是一种错觉，即“效度错觉”（illusion of validity）。

人们做出预测性判断时总会出现效度错觉，因为我们无法区分预测性任务的两个不同阶段：对当前证据的评估阶段和对实际结果的预测阶段。如果要评估两名候选人哪个看起来更好，你通常会充满信心，但是这跟猜测哪名候选人实际上更好完全是两码事。比如，你可以胸有成竹地说“娜塔莉看起来是比莫妮卡更优秀的候选人”，但是，如果要断言娜塔莉将成为一位比莫妮卡更成功的经理，则要冒很大的风险，原因很明显：评估两名候选人所需要的大部分信息你都是知道的，但要想预测未来，就存在很大的不确定性。

然而，我们的思维对上述差别的感受是模糊不清的，事实上，几乎每个人都对二者的差别感到困惑。但是，如果你做出预测时表现出的自信与你进行案例评估时一样，那么你就产生了效度错觉。

即使是临床医生也无法避免效度错觉。梅尔的研究发现，最简单的公式，只要持续应用，竟然可以胜过医学专家的临床判断。你肯定能想象到临床心理学家对此做何反应，他们会感到震惊、怀疑，甚至会鄙视这种对神奇的临床直觉假装进行的肤浅研究。这种反应很容易理解，梅尔的发现与人类判断的主观经验相矛盾，大多数人都更相信自己的经验而非学者的主张。

梅尔本人对自己的发现也持模棱两可的态度，因为一提到他的名字，我们就会想起“统计优于诊断性判断”这一论断，我们可能把他想象成人类洞察力的无情批判者，或者是“量化分析之父”，但事实并非如此。梅尔不仅是一位学术研究人员，还是一位有着丰富临床经验的精神分析师，他的办公室里挂着心理学家弗洛伊德的照片。同时，他也是一个多才多艺的人，不仅教授心理学课程，还教授哲学和法律学课程，他还撰写了一些有关形而上学、宗教学、政治学甚至超心理学（parapsychology）的文章。这些特征都不符合一个刻薄的数据狂人的形象。梅尔对临床医生并没有恶意，但是正如他所说，存在“大量且一致”的证据表明：采用机械性的方法来整合意见会更具优势。

“大量且一致”是个不偏不倚的表述。一篇发表于 2000 年的论文对 136 项研究进行了回顾，清晰地表明机械性整合确实优于诊断性判断。这篇论文涵盖的研究主题广泛，包括对黄疸的诊断、军人的身体素质测评和婚姻满意度调查等，其中，63 项研究表明机械性预测更准确；65 项研究表明两者难分伯仲；8 项研究表明诊断性预测更好。以上结果可能还低估了机械性预测的优势，因为机械性预测比诊断性预测速度更快、成本更低。此外，在许多此类研究中，人类在判断时还具有不对等的优势，因为他们可以获取未提供给计算机模型的“私人”信息。这些发现都支持了一个显而易见的结论：**简单模型的决策优于人类判断。**

戈德堡：你的判断模型击败了你

梅尔的发现引出了一些重要的问题：公式到底为什么会更优？模型在哪些方面可以做得更好？事实上，一个更好的问题是：为什么人类做出的判断很差？答案是：**人类在许多方面都不如统计模型，其中一个主要弱点在于人类的判断过程存在噪声。**

为了支持这一结论，我们来看另一项关于简单模型的研究，该研究始于美国俄勒冈州的小城市尤金（Eugene）。保罗·霍夫曼（Paul Hoffman）是一位富有且有远见的心理学家，他对当时的学术环境颇为不满，因此，他成立了一家研究所，招募了一批非常得力的研究人员，这使尤金市成为著名的人类判断行为研究重镇。

其中有一位名叫刘易斯·戈德堡（Lewis Goldberg）的研究人员，他因在“大五人格模型”的基础上发展出了“领导力角色模型”而闻名于世。在 20 世纪 60 年代后期，戈德堡基于霍夫曼的早期工作，开始研究用于描述个体判断行为的统计模型。

建立这样一个判断模型和建立一个“现实模型”（model of reality）一样简单，因为两者所使用的预测因素完全相同。与我们最初的例子一样，预测因素是高管在工作绩效的 5 个维度上的得分，使用的工具也是多元回归。不同的是，该公式并非用于预测候选人的实际绩效，而是用于预测人的判断，比如你对莫妮卡、娜塔莉和其他高管候选人的判断。

用加权平均的方式对你的判断进行建模，可能看起来有些奇怪，因为你的判断并不是这样形成的。当你评价莫妮卡和娜塔莉的工作绩效时，你并没有采用这种规则，事实上，你可能没有采用任何规则。总之，判断模型并非描述实际判断过程的模型。

然而，即使你在实际判断过程中并未基于线性公式去运算，你的判断结果仍可能像是使用了线性公式一般。比如，台球专家们在描述某一杆如何进球时，表现得就好像他们解开了复杂的方程一样，然而实际上他们并未真的那样做。同理，你做出的预测就好像使用了简单公式一样，然而实际上你所做的要复杂得多。对于一个假设模型来说，即使它对过程的描述存在明显的错误，但只要该模型可以合理准确地预测人们的行为，那么它也是很有用的。简单模型就是这样的假设模型。一项针对判断研究的报告全面回顾了 237 项研究，发现判断模型和诊断性判断的平均相关系数为 0.8（PC = 79%），尽管不是完全相关，但这种相关性已经足以支持所谓的“假设”理论了。

戈德堡的研究想要解决的问题是：简单的判断模型预测实际结果的效果究竟如何？由于该模型只是对判断者的一个粗略的模拟，因此我们可以合理地假定它的预测效果不佳。那么，用模型替代判断者时，会损失多少准确性呢？答案可能会让你大吃一惊。当我们依据模型做出预测时，预测的准确性并没有降低，相反，在大多数情况下，判断模型反而表现更优，该模型甚至优于专业人士的预测。我们或许可以这样来理解：**替代品竟然比真品更好用。**

这一结论已被许多领域的研究所证实。早期一项关于预测学生毕业成绩的研究证实了戈德堡的结论。研究人员要求 98 名参与者基于 10 条线索预测 90 名学生的 GPA。研究人员根据这些预测，为每名参与者做出的判断建立了一个线性模型，并比较了参与者本人和模型预测的准确性。结果发现，对于这 98 名参与者来说，模型都比他们本人的预测更准确！几十年后，一项对近 50 年研究成果的综述性研究也得出了同样的结论：**判断模型的表现一如既往地胜过判断者本人。**

我们不知道这些研究中的参与者是否收到了有关个人表现的反馈，但是，如果有人告诉你，对你的判断进行粗略建模后的模型实际上比你本人预测得更准确（这极具讽刺性），想必你会感到非常沮丧。对于大多数人来说，判断活动是复杂、丰富且有趣的，这也恰恰是因为它不符合简单规则。当我们发明并应用一些复杂规则来做判断或对某些案例有了不同于其他案例的见解时，即当我们做出了无法用简单的加权求和模型去简化的判断时，我们会自我感觉更加良好，对自己的判断能力更加信心十足。但关于判断模型的研究进一步证实了梅尔的结论——很多细节都是无用的，复杂性和丰富性并不会使预测更准确。

为什么会这样呢？要了解戈德堡的发现，我们需要了解是什么导致你的实际判断与预测这些判断的简单模型之间有了差异。

基于你的判断建立起来的统计模型，不可能将所有用于判断的信息都纳入其中，模型能做的只是抽象和简化。尤其是，你的简单模型不会将你一直遵循的任何复杂规则表征出来。比如，你可能会认为沟通能力评分为10分和9分之间的差别要比7分和6分之间的差别更大，或认为在所有维度上得分均为 7 分的候选人比平均分相同但优势和劣势都更加明显的候选人更优秀，然而你的模型并不会表征这些复杂规则，即使你经常使用这些规则。

如果你的复杂规则行之有效，那么简单模型会因为不能重复你的规则而导致自身的预测力下降。例如，假设你必须从一个人的技能和动机两个方面来预测他成功完成一项困难任务的可能性，那么加权平均并非好方法，因为动机再强，也无法弥补能力的不足，反之亦然。

如果你使用复杂的预测规则，那么你的预测准确性将比无法获取复杂规则的简单模型更高。但复杂规则通常只会给你带来效度错觉，这实际上会降低你的判断品质。也就是说，少数复杂规则是有效的，但大多数是无效的。

此外，你的简单模型并不会表征你在判断中的噪声，它不能重现你在特定案例中由于随机反应而产生的正误差或负误差。同理，你在做出特定判断时会受到当时的环境和心理状态的影响，而模型并不会。这些判断的噪声带来的误差很可能与任何事物都不相关，这意味着在大多数情况下，我们可以将其视为随机误差。

从你的判断中消除噪声通常会提高你的预测准确性。例如，假设你的预测与结果的相关系数是 0.5（PC = 67%），此时你的判断中包含了 50% 由噪声导致的变异，而如果你的判断没有噪声，那么它们与结果的相关系数将提升至 0.71（PC = 75%）。由此可见，**用机器减少噪声可以提高预测判断的有效性。**

简而言之，用模型代替人类的判断意味着两件事：消除了人类的复杂规则，消除了噪声。判断模型比判断更有效这一强有力的发现说明：从人类判断的复杂规则中获得的好处（如果存在的话）不足以补偿噪声所带来的损失。**你可能会认为自己比一般人更擅长思考、更有洞察力，但实际上只是你的噪声更多而已。**

为什么我们以为复杂的规则更有效，实际上它们却损害了判断的准确性呢？一方面，人们发明的许多复杂规则并不正确；另一方面，即使复杂规则在原则上是有效的，它们也不可避免地仅适用于少数能被观察到的情况。例如，假设你已经得出结论：对于一个独创性极高的候选人，即使他在其他方面得分一般，也值得被雇用。可问题在于，从定义上看，具有独创性的候选人总是很稀缺。既然对独创性的评估可能不可靠，在这一指标上得了高分的人就可能是侥幸，而真正具有独创性的人才往往无法被发现。即使在绩效评估中具有较高独创性的候选人最终真的表现得特别优秀，绩效评估本身也存在很多问题。两端的测量误差会不可避免地削弱预测的有效性，一些小概率事件尤其可能被忽略，复杂模型的优势很快就会被测量误差所掩盖。

马丁·于（Martin Yu）和内森·昆塞尔（Nathan Kuncel）报告了一项比戈德堡所做的更激进的研究。该研究基于莫妮卡和娜塔莉的案例，使用了一家跨国咨询公司的数据，这家跨国咨询公司聘请专家评估了 3 个独立样本中共 847 名高管职位的候选人。专家们在 7 个不同的评估维度上对这些候选人进行了评分，并使用他们的诊断性判断为每位候选人生成了一个预测总分，然而结果令人大吃一惊。

马丁·于和昆塞尔将判断结果与随机线性模型进行比较，而非与他们的最佳简单模型进行比较。他们为 7 个预测因素生成了 10 000 套随机权重，并应用了这 10 000 个随机公式来预测工作绩效。他们吃惊地发现，用任何线性模型来对所有案例进行预测，其结果均优于人类基于相同信息所做出的判断。在其中一个样本中，10 000 个随机加权线性模型中有 77%优于人类专家；在另外两个样本中，随机模型 100%胜过人类专家。换句话说，该研究表明，所有简单模型的表现都比人类专家好。

这项研究得出的结论比我们从戈德堡的判断模型中得出的结论更

有力。事实上，这是个非常极端的例子。在这种情况下，人类的判断确实非常糟糕，这就解释了为什么即使是不尽如人意的线性模型，其表现也超越了人类判断。当然，我们并不能因此下结论说机器绝对比人强，尽管如此，机械地遵守简单规则（马丁·于和昆塞尔称其为“无意识的一致性”（mindless consistency））可以显著提高针对困难问题所做判断的品质，这一事实说明了噪声对诊断性预测的巨大影响。

本章简要地说明了噪声对诊断性判断造成的负面影响。在预测性判断中，人类专家很容易被简单的公式所击败，其中包括真实模型、判断模型甚至随机生成的模型。这一发现支持我们使用无噪声的方法——规则和算法，这也是下一章的主题。

消除噪声

判断中存在噪声，但判断模型中没有

- 人们往往相信自己的判断能更好地考虑问题的复杂性和微妙的细节，但复杂性和微妙的细节基本上没什么用，因为它们并不会提升简单模型的准确性。

- 在保罗·梅尔的书出版 60 多年后的今天，机械性预测优于人类的判断这一观点仍然令人震惊。

- 判断中有很多噪声，因此无噪声的判断模型会做出更准确的预测。

第 10 章

无噪声的规则

近年来，人工智能（Artificial Intelligence）特别是机器学习技术让机器能够执行许多以前只有人类才能执行的任务。机器学习算法可以承担人脸识别、语言翻译、分析医学影像等任务，并且可以以惊人的速度和准确性来处理计算问题，例如为成千上万名驾驶员迅速规划行车路线。它们还可以执行困难的预测任务：预测美国最高法院的判决；识别哪些嫌疑人更可能在保释期逃脱；评估儿童保护部门接到的哪些电话更紧急，并需要工作人员上门访视。

尽管如今我们一听到"算法"一词，首先想到的是上面这些应用，但这个词还有更广泛的含义。在词典中，算法的定义是：在解决计算或其他问题时（尤其是借助计算机）所遵循的步骤或规则。根据这一定义，我们在上一章中所描述的简单模型和其他形式的机械性判断也属于算法。

事实上，从简单的规则到最复杂且难以理解的机器学习算法，许多机械性方法都可以胜过人类的判断。机械性方法之所以有这种出色表现，一个关键原因可能是所有机械性方法均无噪声，尽管这不是唯一的原因。

为了研究不同类型的基于规则的方法，并了解每种方法为何以及在何种条件下更有价值，我们从第 9 章的基于多元回归的简单模型（即线性回归模型）开始我们的旅程。由此出发，我们将在复杂性频谱上朝着两个相反的方向前进，首先从极端简捷的一端开始，然后朝着逐渐复杂的方向前进（见图 10–1）。

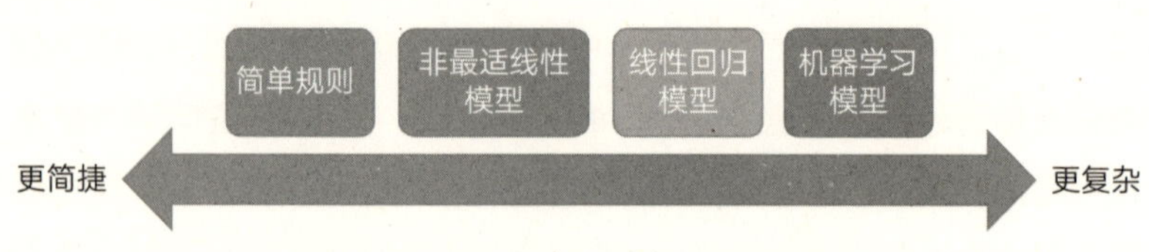

图 10–1　4 类规则和算法的相对复杂性

简捷：稳定之美

罗宾·道斯（Robyn Dawes）是 20 世纪六七十年代美国俄勒冈州尤金市研究人类判断行为的团队中的另一位明星成员。1974 年，道斯在简化预测任务方面取得了突破。他的研究思路令人惊讶：他建议不要使用多元回归模型来确定每个预测因素的精确权重，而应给所有预测因素分配均等的权重。

道斯将均等权重的公式定义为“非最适线性模型（improper linear

model)。他出人意料地发现，这些均等权重模型（equal-weight models）的准确性与合适的回归模型差不多，且远胜于诊断性判断。

连“并非最合适的模型”的支持者也承认，这种说法是不可信的，并且与统计直觉相悖。的确，道斯及其助手伯纳德·科里根（Bernard Corrigan）最初曾努力将论文发表在学术期刊上，但是编辑们根本不认同。如果回顾一下上一章中的莫妮卡和娜塔莉的例子，你就会相信某些预测因素比其他预测因素更重要。例如，相比于职业技能，大多数人会给予领导力更高的权重。因此，简单的未加权平均值怎么可能比精细加权的平均值或专家判断更好地预测一个人的表现呢?

在道斯取得研究突破多年后的今天，人们已经很熟悉这种令其同时代人惊讶的统计现象。正如前文所解释的那样，多元回归模型计算出了最佳权重，从而使均方误差最小化，而多元回归使原始数据中的误差最小化，因此，公式会自行调整以便预测数据中的每个偶然因素。例如，如果样本中包含一些具有较高职业技能但是由于不相关原因而表现异常出色的经理，该模型就将增加职业技能的权重。

这其中的挑战是：当将公式应用于样本之外时，也就是用它预测不同数据集的结果时，这些权重将不再是最优的。原始样本中的偶然因素不再存在，因为它们是“偶然因素”。在新样本中，具有较高职业技能的经理并不会都表现出色，而且新样本中具有原公式无法预测的新因素。要衡量模型预测的准确性，正确的做法是观察它在新样本中的表现，也就是观察它的“交叉验证相关性”（cross-validated correlation）。事实上，回归模型在原始样本上过于出色，因此交叉验证相关性的表现几乎总是比它在原始样本中的表现差。道斯和科里根在几种情况下对均等权重模型和多元回归模型（交叉验证后）进行了比较。他们采用的一个案例就是预测伊利诺伊大学 90 名心理学研究生第一年的 GPA，使用的是与学业成就相关的 10 个变量，如能力测试分数、大学成绩、各种同龄人评分（peer ratings，如外向性）以及各种自评（如责任心）等。标准多元回归模型的预测相关系数为 0.69，经过交叉验证后降至 0.57（PC = 69%）；均等权重模型与第一年 GPA 预测的相关系数与此大致相同，为 0.6（PC = 71%）。许多其他研究也得到了相似的结果。

当原始样本较小时，经过交叉验证后，准确性会降低更多，因为小样本的偶然性多，变异性较大。道斯指出，社会科学研究中通常使用小样本，以致所谓的最佳权重的优势消失殆尽。正如统计学家霍华德·怀纳（Howard Wainer）在一篇研究最适当权重估值的学术论文中所使用的副标题：它并不重要。用道斯的话说，“我们不需要比我们的测量更精确的模型”。均等权重模型之所以表现出色，是因为它不容易受样本中偶然因素的影响。

道斯的研究的直接理论成果值得广为人知：即使你缺少有关结果先前的数据，你也可以进行有效的统计预测，只须收集一些你认为与预测结果相关的预测因素即可。

假设你必须对已经在多个维度上获得评分的高管的绩效做出预测，如第 9 章中高管的例子所示。你相信这些评分有很强的预测力，但是你没有每个评分预测的准确性数据。你也不可能花费几年的时间来追踪大量管理人员的绩效情况，但是，你可以基于这 7 个评分的均等权重模型来做预测。那么，这个均等权重模型的预测效果如何呢？

它与结果的相关系数将为 0.25（PC = 58%），远优于诊断性预测——相关系数为 0.15（PC = 55%），并且肯定与交叉验证后的回归模型非常相似，也不需要任何你没有的数据或任何复杂的计算。

用道斯的话说，均等权重模型具有“稳定之美”。研究判断的学生已对这句话达成共识。介绍这一观点的开创性文章的最后一句话给出了另一个精妙的总结：“应用均等权重模型所需的全部技巧是决定要关注哪些变量，并知道如何将这些变量进行叠加。”

更简捷：简约模型

另一种简化的方式是采用简约模型（frugal models）或简单规则。简约模型是对现实进行极端简化并无须复杂计算的模型，但在某些情况下，它们可以产生令人惊叹的预测效果。

令很多人感到惊讶的是，这些模型是基于多元回归的一个特征建立的。假设你使用了两个准确性很高的预测因素，它们与结果的相关系数分别为 0.6（PC = 71%）和 0.55（PC = 69%），且这两个预测因素彼此相关，相关系数为 0.5。当将这两个预测因素进行最佳组合时，预测的准确性会有多好呢？答案令人失望，相关系数是 0.67（PC = 73%），这个结果比之前好，但并没有好太多。

该示例说明了一条一般性规则：将两个或多个相关预测因素组合后，预测效果相比于单个预测因素并不会好多少。因为在现实生活中，预测因素几乎总是相关的，所以这一统计事实支持使用包含少量预测因素的简约模型进行预测。与使用很多预测因素的模型相比，简单规则只需少量计算或根本无须计算，就能在某些情况下达到令人吃惊的预测效果。

一个研究团队于 2020 年发表了一项研究成果。他们将简约模型应用于一系列现实问题，内容包括在案件待审期间法官是否该批准被告的保释申请。这项决策隐含着对被告行为的预测，如果错误地拒绝保释，被告将被不必要地拘押，从而对个人和社会造成巨大损失；如果错误地批准保释，则被告可能在受审前逃脱，甚至犯下其他罪行。

研究人员仅使用两个可高度预测被告在保释期逃脱可能性的已知变量来建立模型：被告的年龄（年龄越大，逃脱风险较低）和未按时出庭受审的次数（有未按时出庭受审记录的人，更可能逃脱）。该模型将这两个变量转换为一系列分数，并针对风险进行评分，在计算被告保释期逃脱的风险时无须使用计算机，甚至不需要计算器。

当用真实数据来测试时，该简约模型的表现与那些使用众多变量的统计模型一样好，而在预测逃脱风险方面，简约模型比几乎所有法官的判断都要好。同样的简约模型采用少数几个整数（-3 ～ +3）对最多 5 个特征进行评分，并以此来对各种任务进行预测，如基于乳房 X 线片判断肿瘤的严重程度、诊断心脏病、预测信用风险等。在所有这些任务中，简约模型的表现都与复杂回归模型一样好，只不过它通常不如机器学习模型的表现好。

另一项研究也证明了简约模型的有效性。另外一个研究小组研究了一个与上述案例相似但有所不同的司法问题：预测惯犯。研究人员在评估被告再次犯罪的风险时，使用的模型只有两个输入变量，但该模型的预测效果与使用 137 个变量的模型相同。毫无疑问，这两个预测因素（年龄和先前被定罪的次数）与保释模型中使用的两个因素密切相关，而大量证据表明，它们与犯罪行为也是紧密相关的。

简约模型的吸引力在于其透明性和易用性，而且相比于其他复杂模型，它只需略微牺牲一点准确性就能获得这些优势。

更复杂：机器学习

在旅程的第二部分，让我们在复杂性频谱上朝相反的方向前进。如果我们可以使用更多预测因素，收集更多数据，发现前人未发现的关系模式，并对这些模式进行建模以实现更好的预测效果，那会如何呢？从本质上讲，这就是人工智能的目的。

海量数据集对复杂分析至关重要。而获得此类数据集越来越容易，是近年来人工智能快速发展的主要原因之一。例如，大型数据集可以机械地处理“断腿的例外”（broken-leg exceptions）这种情况。这个有点神秘的短语可以追溯到前文中梅尔假想的一个示例：设想有这样一个模型，它可以预测人们今晚去看电影的可能性，无论你对该模型有多大信心，如果你碰巧知道某人刚摔断了腿，你都可能会比模型更准确地预测他今晚是否会去看电影。

在使用简单模型时，“断腿原则”给决策者提供了重要启示：它告诉人们何时需推翻模型，何时则不需要这样做。如果你掌握了模型未考虑的如“断腿”这样的决定性信息，你就应该推翻模型的建议。此外，即使你缺少此类信息，有时你也不会同意模型的建议。在这种情况下，你试图推翻模型的行为，反映了你对相同预测因素做出反应的个人模式。这种个人模式很可能是无效的，你的干预可能会降低预测的准确性，因此你应该避免推翻模型。

机器学习模型之所以能够在预测方面表现出色，其中一个原因就是，它们能够发现人类所无法想象的各种“断腿”情况。在具有大量案例、海量数据的条件下，追踪观影行为的模型真的会学习，例如在固定观影日去了医院的人当晚不太可能去看电影。可以说，以这种方式改进对不常见事件的预测，可减少对人工监督的需求。

人工智能不是魔法，也不需要理解什么，它仅仅是在识别模式。虽然我们必须佩服机器学习的力量，但我们也要明白，人工智能可能要花很长时间才能理解为什么断腿之人会错过电影之夜。

更明智的保释决策

在前面提到的研究团队将简单规则应用于保释决策问题的同时，由塞德希尔·穆来纳森（Sendhil Mullainathan）[①] 领导的另一个团队

① 哈佛大学终身教授、“麦克阿瑟天才奖”获得者穆来纳森和普林斯顿大学心理学教授埃尔德·沙菲尔（Eldar Shafir）推出了行为经济学的重磅著作《稀缺》，首度提出“带宽 = 认知能力 + 执行控制力”，并指出处于稀缺状态中的人的大脑会被稀缺心态俘获，认知能力与执行控制力会变得低下。同时，书中还提出了一些改善稀缺心态的方法。该书中文简体字版由湛庐引进、浙江人民出版社 2018 年出版。——编者注

训练了复杂的人工智能模型来执行相同的任务。研究团队获得了更大的数据集——包含 758 027 个保释裁定的案例库。对于每种情况，研究团队可以获得和法官一样的信息：被告的罪行、犯罪记录、未按时出庭受审的次数等。除年龄外，参与训练的算法没有其他任何人口统计学信息适合使用。对于每一起案件，研究人员还知道关于被告是否被释放，以及他如果被释放，之后是否会按时出庭或被重新逮捕（被告中有 74%的人获得保释，其中 15%的人在那之后没有按时出庭，26%的人则被重新逮捕）的信息。研究人员利用这一数据来训练一个机器学习算法，并评估了该算法的表现。该模型是通过机器学习构建的，因此并不限于线性组合。如果它在数据中检测到更复杂的规律，它就会使用此模式来改进预测。

该模型用于预测嫌疑人在保释期逃脱的风险，因此将风险量化为数字，而非只产生是否准予保释的决定。这种方法确定了最大可接受风险的阈值，即如果风险高于该阈值，就应该拒绝保释。然而，研究人员发现，无论如何设置风险阈值，使用该模型的预测得分都高于法官的预测。穆来纳森的团队计算得出，如果将风险阈值设置为一个值，使模型预测的拒绝保释人数与法官判决的拒绝保释人数相同，则犯罪率最多可降低 24%，个中原因在于，被关押的人最有可能再次犯罪。相反，如果将风险阈值设置为使该模型在不提高犯罪率的情况下，尽可能减少被拒绝保释的人数，则研究人员计算得出，被羁押的人数最多可再减少 42%。换句话说，机器学习模型在预测哪些被告属于犯罪高风险人群方面，表现要比法官好得多。

利用机器学习建立的模型，也比使用相同信息的线性模型成功得多，原因很有趣：机器学习算法在变量组合中发现了一些会被线性模型遗漏的重要信息。算法能对风险最高的被告进行归类，就证明它有能力找到很容易被其他模型忽略的模式。换句话说，数据中的某些模式尽管很少见，却非常准确地预测出了高风险人群。利用算法找到罕见但具有决定性作用的模式，让我们想起了“断腿”的概念。

研究人员还使用该算法为每位法官构建了模型，类似于我们在第 9 章中描述的判断模型（但不限于简单线性组合）。他们将这些模型应用于整个数据集，使团队能够模拟法官在遇到相同案件时可能做出的判决，并比较这些判决。结果表明，保释裁定中存在相当大的系统噪声，其中一些是水平噪声：根据宽容程度对法官进行分类时，20% 最宽容的法官（即保释率最高的前 20% 的法官）准予保释的概率为 83%，而 20% 最严厉的法官准予保释的概率为 61%。法官对于哪些被告具有较高逃脱风险的判断方式也大不相同，被一位法官视为具有低逃脱风险的被告，可能被另一位更严厉的法官视为具有高逃脱风险。这些结果为模式噪声提供了清晰的证据。更详细的分析表明，案例之间的变异占总变异的 67%，系统噪声占 33%。系统噪声包括一些水平噪声，即平均严厉程度之间的差异，但其中大多数（79%）是模式噪声。

幸好，机器学习程序的高准确性并不以牺牲法官追求的其他目标，如种族平等为代价。从理论上讲，尽管该算法不使用种族相关数据，但它也可能会无意间加剧种族歧视。如果模型使用与种族信息高度相关的预测因素（如邮政编码），或是用于算法训练的数据源暗含偏见，则可能会出现种族歧视。例如，如果将过去的逮捕次数作为预测因素，而过去的逮捕次数受到种族歧视的影响，那么得到的算法也会存在歧视问题。

尽管从原则上讲，这种歧视无疑是一种风险，但在一些重要层面，该算法所做出的决策比法官群体中存在的种族歧视要轻微。例如，如果通过设置风险阈值使犯罪率与法官判决的犯罪率相同，则该算法可将有色人种被判入狱的概率减少 41%。在其他情况下，算法也得出了类似的结果，即提高准确性不必以加剧种族歧视为代价。正如研究小组所指出的：通过训练，该算法很容易用于减少种族歧视。

另一项不同领域的研究阐述了算法如何在提高准确性的同时减少歧视。哥伦比亚商学院教授博·考吉尔（Bo Cowgill）考察了一家大型科技公司招聘软件工程师的情况。考吉尔并未使用人工筛选简历的方式来筛选可进入面试流程的人，而是基于该公司收到并评估过的超过 30 万份简历，来训练机器学习算法进行筛选。该算法选出的候选人比人工筛选的候选人被录取的可能性要高 14%。当候选人收到录取通知后，算法组筛选出来的候选人，比人工组筛选出的候选人接受工作机会的可能性要高 18%。该算法还根据种族、性别和其他指标选择了一组更加多样化的候选人，而它更有可能选择“非传统”候选人，例如非名校毕业生、缺乏相关工作经验以及没有推荐信的候选人。在筛选软件工程师的简历时，人们通常倾向于选择符合这一群体所有典型特征的人，而该算法则为每个相关预测因素赋予了适当的权重。

需要明确的是，这些例子并不能证明算法始终是公平、无偏见和非歧视的。大家比较熟悉的一个例子是：一个用于预测求职者能否通过面试的算法，实际上是根据过去的晋升决策数据训练出来的，因此，这种算法必然会重蹈过去晋升决策中人类所有偏差的覆辙。

构建一个使种族或性别不平等持续存在的算法，不仅是可能的，而且十分容易做到。许多算法已做到了这一点。这些例子表明，人们越来越关注算法决策中的偏见，但是，在得出关于算法的一般性结论之前，我们应当记住：**某些算法不仅比人类判断更准确，而且也更公平。**

为什么我们不更多地利用规则

通过这一简短的机械性决策之旅，我们总结出，各种规则之所以会超越人类判断，有两个原因。首先，如第 9 章所述，不仅仅是最新的和更为复杂的技术，所有机械性预测技术都能显著改善人类的判断。个性化的模式和情境噪声的结合会极大地影响人类判断的品质，因为简单的规则和无噪声是提高决策品质的关键。**明智的简单规则比人类的判断要好很多。**

其次，当数据足够丰富时，我们可以用复杂的人工智能技术找出有效的模式，并使其预测力远超简单模型。这些模型相对于人类判断的优势在于，它们不仅没有噪声，而且还具有利用更多信息的能力。

既然算法具有如此多的优点，得到大量证据的支持，那么为什么我们在本书中讨论的各种类型的专业判断，没有广泛地使用算法呢？尽管对算法和机器学习的讨论很热烈，但人们对它们的使用仍然很有限（一些特定领域除外）。许多专家不关心诊断性判断与机械性判断孰优孰劣，而是相信自己的判断。他们对自己的直觉充满信心，并对机器能否做得更好持怀疑的态度。他们将算法决策视为不人道的，认为使用算法是一种放弃责任的表现。

尽管算法决策已取得了令人瞩目的进步，但是在诸如医学诊断等领域，使用算法仍然不是惯常的做法，也很少有企业在招聘和晋升决策中使用算法。好莱坞电影制作公司的高管们是根据自己的经验判断而非公式来选择拍摄哪部电影的；图书出版商也在做同样的事情。而且，正如迈克尔·刘易斯（Michael Lewis）的畅销书《点球成金》（*Moneyball*）所讲述的那样，人们之所以对痴迷于统计的奥克兰田径队的故事印象深刻，恰恰是因为算法在运动团体中的运用是一种例外而非常规。即使在今天，教练、经理人以及与他们共事的其他人通常也更相信自己的直觉，并坚持认为统计分析不可能取代人类自身良好的判断力。

梅尔和他的合著者在 1996 年的一篇论文中，列举了精神科医生、医师、法官和其他专业人士反对机械性判断的至少 17 种理由，并对这些理由进行了驳斥。他们得出的结论是，需要结合社会心理因素来解释临床医生对这类判断的排斥，这些因素包括“对技术性失业的恐惧”“了解不足”和“对计算机的普遍厌恶”。

从那时起，研究人员已经确定了导致这种排斥的其他因素。我们不打算在这里对该研究进行完整的回顾，本书的目标是为改善人类判断提供建议，而不是像弗兰克尔法官那样，主张“用机器取代人类”。

但是，关于哪些因素会导致人类抵触机械性预测，其中的一些发现与我们对人类判断的讨论有关。最近的一项研究得出了一个重要观点：人们对算法并非全盘否定。例如，当从人类的建议和算法的建议之间进行选择时，人们通常会选择后者。对算法的抵制或厌恶并不代表一味地拒绝采用新的决策支持工具，人们愿意给算法机会，而一旦发现它会犯错误，就不会再信任它。

这种反应似乎是明智的：为什么要在你不信任的算法上浪费精力呢？作为人类，我们敏锐地意识到自己会犯错误，但这是我们不准备分享的特权，我们希望机器是完美的，如果机器不完美，那就丢弃它。

由于存在这种直觉性的期望，人们仍可能不信任算法，而继续相信自己的判断力，即使自己的判断明显不尽如人意。这种态度是根深蒂固的，除非算法能够达到近乎完美的预测准确性，否则这是不可能改变的。

幸好，可改进规则和算法的相关因素同样可用于改善人类的判断。我们不能奢望能够像人工智能模型一样有效地利用信息，但是至少可以努力模仿简单模型的简单性和无噪声性。在一定程度上，我们可以采用减少系统噪声的方法来提高预测判断的品质。如何改善我们的判断力是本书第五部分的主题。

消除噪声

没有噪声的规则和算法

- 当有大量数据时，机器学习算法比人和简单模型的预测要好。相比于人类的判断，即使是最简单的规则和算法也具有很大的优势，因为它们没有噪声，也不会尝试将复杂而无效的因素用于做预测。

- 既然缺少预测结果所需的数据，那么为什么不使用均等权重模型？它几乎和最合适的回归模型一样好，且比人类视情况而定的判断更胜一筹。

- 你不认同该模型的预测？是由于这里有“断腿”的例外情况，还是单纯因为不喜欢这个预测？

- 算法当然也会犯错，但是如果人类犯的错更多，那么我们应该相信谁？

第 11 章

哪里有预测，哪里就有客观无知

我们经常同一些公司高管分享第 9 章和第 10 章中的研究内容，并通过发人深省的发现让他们意识到人类的判断是有限的。这些发现已经存在了半个多世纪，应该很少有人能避开它们，但人们仍然对这些发现很抵触。

在我们的听众里，有一些高管会很自豪地告诉我们，相比于定量分析，他们更相信自己的直觉；其他人虽然没明说，但他们也有同样的看法。有关管理决策的研究表明，高管通常会凭直觉、感受或简单的判断（此处的判断与本书中“判断”一词的含义不同）来行事，尤其是级别较高的、经验丰富的高管。

简而言之，决策者喜欢听从自己的直觉，且多数人对直觉传递出的信息颇为满意。这里存在一个问题：这些极其自信的权威人士究竟从他们的直觉中“听”到了什么呢？

一篇有关管理决策中的直觉的综述性文章，将直觉定义为对给定行动方案的一种判断。这种判断是一种预感或关于正确性 / 合理性的信念，但这种判断没有明确的理由或依据，从本质上说，就是“知道是什么，却不知道为什么”。我们认为，这种“知道是什么，却不知道为什么”的直觉，实际上就是我们在第 4 章中提到的做出判断时产生的内部信号。

内部信号是一种自我管理的奖励，是一个人努力（有时或许没那么努力）做出判断并最终完成判断后的奖励。它是一种令人满意的情感体验，也是一种令人愉悦的一致感，它使我们感觉我们所考虑的证据和做出的判断是正确的，就如同玩拼图游戏时把所有的碎片都拼对了一样。稍后我们将看到，隐藏或忽略那些与判断不匹配的证据还可以增强这种一致感。

内部信号很重要，但具有误导性，因为内部信号往往会被理解为一种信念而不是感觉。这种“感觉正确”的情感经验伪装成了我们对判断有效性所持的信心——我知道该判断是正确的，即使我不知道为什么。

然而，对判断所持有的信心并不能保证判断的准确性，许多充满信心的预测都是错的。**尽管偏差和噪声都会造成预测误差，但此类误差最重要的来源并非受限于预测性判断实际有多好，而是受限于预测性判断应该有多好。**我们将这一局限性称为“客观无知”（objective ignorance），这也是本章的重点。

客观无知

如果你经常进行预测性判断，那么你可以问自己一个问题，这个问题可能适用于很多工作，如选择股票或预测职业运动员的表现。为了方便起见，我们使用在第 9 章中出现过的筛选应聘者的例子。假设近年来你已经评估了 100 名应聘者，现在，通过将自己的评估与应聘者入职后的实际表现进行对比，你就能够对自己的招聘决策的品质进行评估。如果你随机选出两名你评估过的应聘者，你认为你的事前判断和事后结果达成一致的可能性有多大？换句话说，比较任意两名应聘者，你认为更有潜力的应聘者实际上表现也更好的概率有多大？

我们经常就此问题对高管进行非正式调查，高管们的答案大部分为 75%～85%。我们怀疑，他们可能由于谦虚或不想被认为是自吹自擂才做出了这样的回答，否则他们给出的比例会更高。研究人员在与高管们私下一对一的交谈中发现，高管们实际的自信程度往往更高。

既然你已经熟悉一致性比率（PC），那么你可以轻易地看出此类评估的问题。PC 为 80%大致对应的相关系数为 0.8，在现实中人们的预测能力几乎无法达到这么高的水平。近期一篇有关人才选拔的报告指出，人类判断的预测相关系数远低于 0.8，平均而言，人类判断的预测相关系数为 0.28（PC = 59%）。

鉴于人才选拔的难度很大，人类判断的表现糟糕也在情理之中。年轻人刚从事一份新工作时会面临许多机遇和挑战，这些机遇和挑战会以各种方式改变他的生活。他可能很幸运，遇到一位信任他、给他机会、在工作上提携他、帮他建立信心、能调动他的工作积极性的主管；他也可能没那么幸运，尽管自己没犯什么错，职业生涯却充满挫折。同样，他在私人生活中可能遇到的很多事也会影响他的工作表现，而这些事都是人们在当下无法预测的，就算是世界上最好的预测模型也无法预测，这种难以解决的不确定性包括所有与你的预测有关但当下无法得知的信息。

此外，与应聘者有关的很多事情从原则上说应该是可以知道的，但你在做判断时并不知道。对我们的目的而言，不管这种知识上的差距是源于缺少足够的预测性测试，还是由于获取更多信息的成本过高，抑或是由于你自己的调查疏忽，都无关紧要，不管是哪个原因，你都处于信息不完备的状态中。

难以琢磨的不确定性（未知之事）和不完备的信息（可知但不知之事）都将使完美预测变得不可能。这些未知信息并非源于判断中的偏差或噪声，而是源于任务本身的客观特征。这种由于重要信息缺失而产生的客观无知严重限制了人们判断的准确性，为避免用词太过专业，我们用“无知”来指代这种不确定性。这样可以避免混淆“不确定性”和“噪声”。不确定性是关于世界和未来的，噪声是本应相同的判断中出现的变异。

在某些情况下，我们能获得的信息比另外一些情况下更多，而且客观无知更少。此时，大多数专业判断的表现都是非常不错的。例如，医生可以对很多疾病做出准确的诊断，律师在面对法律纠纷时可以准确地判断法官的判决结果。

但是，一般而言，你仍然可以想象到，从事预测性工作的人还是会低估自身的客观无知。过度自信是已经被大量研究证明了的一种认知偏差。具体而言，人们往往会过度高估自己做出准确预测的能力，即使是在信息有限的条件下。我们所讲的预测性判断中的噪声也可以被称为客观无知，**哪里有预测，哪里就有客观无知，而且客观无知比你想象的要严重得多。**

异常自信的权威：准确性和黑猩猩扔飞镖差不多

心理学家菲利普·泰特洛克是我们的好朋友，他是一个坚持真理且充满幽默感的人。2005 年，他出版了《专家的政治判断》（*Expert Political Judgment*）一书。书名听起来是中性的，但实际上这本书对专家预测政治事件的能力进行了猛烈抨击。

泰特洛克研究了近 300 位专家的预测，包括著名的记者、受人尊敬的学者以及国家领导人的高级智囊团等。他想验证这些人的政治、经济和社会性预测是否正确，这项研究持续了 20 年之久。可见，想要验证长期性预测是否正确，你必须有足够的耐心。

泰特洛克的主要发现是：这些所谓的专家在对重大政治事件进行预测时表现得非常糟糕。书中有句玩笑话很有名：“整体上，普通专家预测的准确性和黑猩猩扔飞镖差不多。”更精确地说，那本书的核心内容是：那些以“对政治和经济趋势发表评论或提供建议”谋生的专家，他们“在‘展望’新趋势时，做得并不比《纽约时报》的记者或细心的读者好”。可以肯定的是，专家们讲故事的能力很强，他们可以分析形势，并用令人信服的方式来描绘事态的发展趋势，并满怀信心地在演播室里反驳那些提出反对意见的人，但是他们真的知道会发生什么事吗？事实上，他们可能并不知道。

泰特洛克撕开了专家们的面具，并得出了上述结论。对于每个预测性问题，他都要求专家给出三种结果（维持现状、很可能发生或不大可能发生）的对应概率。在理想情况下，即使让一只黑猩猩通过扔飞镖的方式进行选择，它都会以相同的概率（1/3）“选中”三个结果中的任意一个。泰特洛克发现，专家们预测的准确率并不比这一最低标准好多少。平均而言，他们评估那些未来真正发生了的事件时，给出的概率只比那些最终没有发生的事件稍微高一点，但他们常常表现得异常自信。那些对世界该如何运转拥有一套清晰理论的权威人士是最自信的，也是最不可靠的。

泰特洛克的发现表明，对具体事件进行详细的、长期性的预测根本不可能。这个世界是混乱的，一些微不足道的小事都可能引发严重的后果。例如，在受孕的瞬间，历史上的每个重要人物以及无关紧要的人物都有 50% 的可能性会以另一种性别出生。那样一来，注定会发生不可预见的事件，而且这些不可预见的事件的后果也是不可预见的。因此，你对未来的展望越远，客观无知就积累得越多。专家们在政治判断上的局限性并非源于预测者的认知局限，而是由他们对未来的客观无知所决定的。因此，我们的结论是：**不应该将专家失败的预测归咎于专家本人。但是，他们确实应该受到批评，因为他们在尝试完成一项不可能完成的任务，却相信自己可以做到。**

泰特洛克还有一项令人震惊的发现：**长期预测毫无用处。**几年后，他与妻子芭芭拉·梅勒斯（Barbara Mellers）合作，研究了人们在相对较短的时间内（通常不到一年）对事件进行预测的情况。他们发现：短期预测是困难的，但并非不可能，而且有些人始终比大多数人（包括情报界的专业人士）预测得好。泰特洛克和梅勒斯将这些人称为“超级预测者”（superforecasters）。在我们看来，客观无知会随着我们对未来展望的深入而增多，他们的新发现恰恰与这一观点相符。我们将在第 21 章中继续讨论超级预测者。

人的判断很糟糕，但模型也不尽如人意

泰特洛克的早期研究表明，对于时间跨度较大的政治预测，人们往往是无能为力的。要想证明一项任务是不可能完成的，只有在很多可靠的参与者尝试了该任务并且都失败了的情况下才能做到，时间跨度较大的政治预测便是如此。我们已经给大家展示过，对信息进行机械性汇总的结果通常比人类的判断更优。由于在预测方面的准确性，规则和算法能够更好地验证某些结果能否真正被预测。

前面的章节可能会让你形成一种印象，即算法在进行预测性判断时具有压倒性的优势，但是你有这种印象可能是被误导了。**模型确实比人表现得更好，但并没有好很多。**没有证据表明，在依据相同的信息进行预测时，人类表现得非常差而模型却表现得非常好。

在第 9 章，我们提到有一篇报告对 136 项研究进行了回顾，这些研究表明机械性的整合优于诊断性判断。尽管这种优势的确是“大规模且一致的”，但两者的表现差距并不大。该报告中有 93 项研究

关注的是二选一的决策问题，它们衡量了临床医生和公式的“命中率”。总体来说，临床医生有 68%的预测是正确的，而公式有 73%的预测是正确的。报告中另有 35 项研究用相关系数来衡量预测的准确性。这些研究发现，临床医生的判断与真实结果的平均相关系数为 0.3（PC = 60%），而公式预测的相关系数是 0.56（PC = 69%）。在这两个指标上，公式总是比临床医生预测得好，但是机械性预测的有效性依然有限，使用模型并不能改变相当低的预测性的上限。

人工智能的预测性如何呢？正如前文所述，人工智能通常要比简单模型表现得好，但在大多数情况下，它的表现远称不上完美。例如，请回想一下我们在第 10 章中讨论过的保释预测算法，我们发现，被拒绝保释的人数如果保持不变，该算法可以将犯罪率降低 24%，相比于法官所做的预测，这是一个较大幅度的改进。但是，如果该算法可以准确地预测哪些被告会再次犯罪的话，它就能更大幅度地降低犯罪率。对未来将发生的犯罪行为进行预测是一种超自然的能力，它只存在于《少数派报告》（*Minority Report*）这种科幻小说中，因为对人类行为进行预测要面临大量的客观无知。

由塞德希尔·穆来纳森和齐亚德·欧博迈亚（Ziad Obermeyer）完成的另一项研究对心脏病诊断进行了建模。当患者有心脏病突发的迹象时，急诊医生必须决定是否需要进行额外的检查。原则上，仅当患者心脏病突发的风险足够高时才应进行额外的检查——这些检查不仅昂贵，而且有一定的风险性和侵害性。低风险患者无须进行额外的检查。因此，医生在决定是否开检查单时需要先评估患者心脏病突发的风险。研究者建立了一个人工智能模型来完成这一评估。该模型基于大样本数据（160 万名患者的 440 万次医保就诊记录），并且使用了 2400 多个变量，有如此大的数据量，该模型应该可以突破客观无知的限制。

不出所料，该人工智能模型的准确性明显超过临床医生。若想进一步评估该模型的预测性能，请你想一下，如果对那些被模型判定为具有最高发病风险（前 10%）的患者进行检查，并发现其中有 30% 的人确实会突发心脏病，而那些被模型判定为具有中等发病风险的患者中，只有 9.3% 的人突发了心脏病，我们就可以据此推论，医生的表现受限于客观无知的程度，至少与其受限于判断力不足的程度相差无几。

否认无知是无知的另一种诱导

完美预测是不可能实现的，这似乎是显而易见的事。当然，断言未来是不可预测的也算不上什么具有突破性的见解。然而，众多研究证据都表明，人们做预测时会过分自信，这说明很多时候这一显而易见的事实被我们忽视了。

过分自信的普遍性让我们对非正式调查中那些相信直觉的决策者有了新看法。我们发现，人们经常错误地将自信水平这一主观指标当成预测有效性的指标。例如，在第 9 章中，看完有关娜塔莉和莫妮卡的信息后，你做出了与信息相一致的判断，这时内部信号就会使你确信娜塔莉是更优的候选人。如果你对你的预测充满信心，你就已经陷入了效度错觉中：**仅通过你所获取的信息进行预测，其准确性必然非常低。**

那些对自己的判断极度自信的人否认自己的判断中存在噪声和偏差。他们不仅认为自己优于常人，甚至认为自己可以对一些实际上不可预测的事件进行预测。也就是说，他们从根本上否认现实的不确定性。用我们的术语来说，这种态度就是“否认无知”（denial of ignorance）。

梅尔及其追随者一直很困惑：为什么他们的研究结论未受到重视？为什么决策者总是依靠直觉来做决策？否认无知或许可以为此提供一个新的解释。当决策者聆听自己的直觉时，他们会听到内部信号，并感受到它带来的情感奖励。这种内部信号提示决策者已经做出了好的判断，它给了人们自信，让他们相信“知道是什么，却不知道为什么”的合理性。但是，对证据的真实预测效果进行的客观评估，很少能证明这样的自信是合理的。

放弃直觉确定性带来的情感奖励并非易事。因此，领导者们说，在高度不确定的情况下，他们更有可能依赖于直觉进行决策。如果现实无法给予他们把控感和信心，他们便会在直觉中寻求这些感觉。**在充满无知的情况下，否认无知就显得更加诱人。**

否认无知还解释了另一个谜团。面对我们之前给出的研究证据，许多高管给出了一个矛盾的结论。他们辩解道，尽管基于直觉的决策并不完美，但是，如果系统性的替代方案依然不完美，那么这样的方案就不值得采用。例如，人类判断的预测得分与员工绩效之间的平均相关系数为 0.28（PC = 59%），相应地，机械性预测可能做得更好，但并没有好很多，其预测的相关系数为 0.44（PC=65%）。那么高管们可能会问，为什么我们还要采用机械性预测呢？

答案是，在诸如人事选拔这类重要的决策上，这种预测有效性的提高是很有意义的。某些高管会不断地在工作中做出重大改变，但得到的回报并不多。理性地讲，他们明白没有 100% 的成功，因此会努力做好各种决策以提高成功的可能性。他们也明白概率的含义：如果能够以相同的价格购买有 65% 中奖概率的彩票，没有人会去购买只有 59% 中奖概率的彩票。

问题在于，在很多情况下两者的“收益”是不一样的，直觉判断往往伴随着奖励，即内部信号。当算法能够获得更高的准确性时，人们会更愿意相信算法，因为它的确定性带来的“收益”可以与内部信号相匹敌，甚至超越它。然而，如果替代方案是某种不一定会产生更高的预测准确性的机械性过程，人们就不愿意放弃内部信号带来的情感奖励了。

这一发现对于提高决策的品质具有重要意义。尽管所有证据都表明，机械性的预测方法和算法确实可以在一定程度上提高预测的准确性，但很多决策者仍会拒绝采用这些不让他们依据直觉进行决策的方法。只要算法还不够完美，人类的判断就不会被取代。而且在许多领域中，客观无知决定了算法不可能达到完美。这就是必须对人类判断进行改进的原因所在。

◐ 消除噪声

客观无知的“代价”

- 只要有预测，就会有客观无知，而且客观无知比我们想象的严重得多。我们是否想过，我们信任的专家预测的准确性真的比黑猩猩扔飞镖强很多吗？

- 如果你相信自己的直觉是基于内部信号，而不是基于你真正知道的事情，那么你就在否认自己的客观无知。

- 模型比人做得好，但没有好很多。我们发现，在大多数情况下，人类的判断能力处于中等水平，而模型略胜一筹，虽然只好了一点点，但也聊胜于无。

- 我们可能永远无法习惯于使用模型来做决策，我们需要内部信号来给自己信心。因此，请确保我们拥有最佳的决策流程。

第 12 章

常态谷：事情虽无法预测，但可以被理解

现在我们来考虑一个更大的问题：在这个世界上，有些问题容易解决，有些问题却充满了客观无知，那我们应如何自处呢？毕竟，在存在很严重的客观无知的情况下，我们很快就能意识到，用水晶球来预测未来是徒劳的，但我们通常并不会对这个世界产生这种体验。相反，正如上一章所提到的，我们一直在基于少量的有用信息来对未来做出大胆预测。在本章中，我们将讨论一种普遍存在的错误信念：事件虽然无法预测，却可以被理解。

这个信念意味着什么呢？我们从两个方面来讨论这一问题：一个是社会科学研究，另一个是日常生活中的经验。

预测生活轨迹

2020 年，由普林斯顿大学社会学教授萨拉·麦克拉纳汉（Sara McLanahan）和马修·萨尔加尼克领衔的 112 名研究人员在《美国国家科学院院刊》（*Proceedings of the National Academy of Science*）上发表了一篇非同寻常的论文。他们想弄清楚，社会科学家对“社会脆弱家庭”（socially fragile families）的生活轨迹究竟有多了解。根据掌握的信息，社会科学家预测某个家庭将会发生的事件时，准确性如何呢？更具体地说，使用社会科学家通常在研究中收集的信息，来预测人们在日常生活中可能发生的事件，专家们的准确性究竟有多高？在我们看来，这项研究的目的是测量在社会科学家完成数据收集工作后，对脆弱家庭生活中可能发生的事件进行预测时还存在多少客观无知。

研究人员的资料来源于“脆弱家庭和儿童福利研究”（*Fragile Families and Child Wellbeing Study*）。该研究是一项大规模的长期研究，追踪调查了儿童从出生到 15 岁的生活轨迹。这个庞大的数据库包含了 5000 多名儿童的家庭情况，每个家庭都有数千条信息。这些儿童大多是由美国大城市的未婚父母生下的。收集的数据信息包括孩子祖父母的教育程度和就业情况、所有家庭成员的详细信息，如健康状况、社会经济地位指数、各种问卷信息、认知能力和性格特征等。这项研究提供了一个宝贵的数据库，社会科学家已经在很充分地利用它来进行研究：根据这些关于脆弱家庭的研究数据，他们撰写了 750 余篇学术论文，其中很多都使用了儿童及其家庭背景的数据来解释这些孩子日后的生活表现，如高中成绩、犯罪记录等。

普林斯顿大学的研究团队所做的研究是，基于儿童早期的数据来预测他们 15 岁时可能出现的 6 种结果，包括是否流离失所、GPA 以及家境的评估等。研究者采用了所谓的“共同任务方法”（common task method），他们邀请了众多研究团队进行比赛，让这些研究团队基于“脆弱家庭”研究中收集的大量数据来预测 6 种结果，看谁预测得更准确。这种比赛在社会科学领域是一件新鲜事，在计算机科学领域却很常见。计算机科学领域经常会有组织请一些团队来参加比赛，完成诸如用机器翻译一段标准化的文字或从大量照片中识别动物图片的任务。获胜团队在比赛中所取得的成就定义了当时的技术水平，而且通常会在下一次比赛时被其他团队超越。社会科学领域的预测任务依靠的并不是技术的迅速发展，而是使用比赛中最准确的预测作为衡量结果可预测性的指标。这种做法是合理的。换句话说，无法预测的部分就是客观无知的残留量。

这一挑战引起了诸多研究人员的兴趣，报名的参赛者来自各个国家。最终的报告选取了 160 个高质量研究团队的结果。入选的参赛者大多自称数据科学家，并且在预测时使用了机器学习算法。

在比赛的第一阶段，参赛团队可以使用一半样本对应的所有数据，其中也包括 6 种结果。他们会用这一“训练数据”训练预测算法，然后将算法应用于另一半样本数据。研究人员使用均方误差来衡量预测准确性，即每个案例的预测误差是实际结果与算法预测结果之差的平方。

最终获胜的模型准确度如何呢？基于海量数据集训练得到的复杂机器学习算法确实比简单线性模型的预测好，并且超过人类的判断。但是人工智能模型不比非常简单的模型好多少，预测的准确性仍然很低。在预测“流离失所”这一事件的概率时，最佳模型的相关系数仅为 0.22（PC = 57%），对其他事件的预测也获得了类似的结果。比如，对抚养人是否失业或是否接受工作培训的预测，以及对孩子在“毅力”这一维度上自我评分的预测，与实际结果的相关系数为 0.17 ～ 0.24（PC 为 55% ～ 58%）。

在这 6 种结果变量中，2 个是整合变量，它们的可预测性会更高一些：对儿童的 GPA 进行预测，其相关系数为 0.44（PC = 65%）；对儿童近 12 个月的物质贫困指数进行预测，其相关系数为 0.48（PC = 66%）。后一个指标是由 11 个问题的答案整合而来，包括“你曾经挨过饿吗”“你家的电话停机了吗”等。众所周知，整合指标一般比单一指标更具预测力，也更具可预测性。该项挑战的主要结论是：海量预测信息不足以预测人们生活中可能发生的单一事件，即使是整合变量，其预测力也非常有限。

这项研究中所报告的结果非常典型，社会科学家报告的大部分相关系数也都在这个范围内。一项社会心理学方面的回顾性研究涵盖了 100 多年来的 25 000 项研究，涉及 800 万名被试，该研究得出的结论是：“社会心理学效应所产生的相关系数（γ 值）通常等于 0.21。”在人体测量中常会出现更高的相关系数，比如我们之前提到的，成人身高与脚的尺码之间的相关系数为 0.6，这种高相关性在社会科学领域很少见。对行为和认知科学的 708 项研究进行的一项回顾性研究发现，只有 3%的研究报告的相关系数大于 0.5。

如果你经常阅读那些“统计上显著”或“高度显著”的研究报告，那么如此低的相关系数可能会让你大吃一惊。统计学术语通常会误导读者，“显著”则是最具误导性的说法之一。当一项发现被描述为“显著”时，我们不应该下结论说这一结果的效应很强，它仅仅说明这项发现不大可能只是随机的结果。当样本量足够大时，相关性可能非常“显著”，但仍微不足道。

在关于这项挑战赛的研究中，对单一结果进行预测的有限性传达出一条令人不安的信息，那就是理解和预测之间存在差别。脆弱家庭的研究资料被认为是社会科学的宝库，确实如此，我们已经看到这些数据被广泛地应用于科学研究中，进行这些研究的学者们坚信，他们的工作将促进人们对脆弱家庭生活的理解。然而，这种促进与详尽地预测个人生活中可能发生的事件的能力无法相提并论。“脆弱家庭”挑战赛研究的发起者在论文摘要中郑重地告诫读者：“研究人员必须认识到，虽然他们了解脆弱家庭的生活轨迹，但每一项预测都不够准确。”

客观无知，理解和预测的上限

我们需要再次阐明这一悲观结论背后的逻辑。当“脆弱家庭”挑战赛的研究者们将“理解”等同于“预测”，或是将“预测的缺失”等同于“理解的缺失”时，他们所谓的理解就是具有特定含义的。然而，这个词还有其他的含义：当你说你理解某一数学概念或理解“爱是什么”时，你想说的可能不是你有预测能力这件事。

在社会科学研究以及大多数日常对话中，如果有人声称理解某事，他指的是理解导致该事件发生的原因。“脆弱家庭”研究中，社会科学家们收集并分析了数千个变量，现在他们想要找出观察到的结果的成因。如果医生了解病人生的是什么病，他们就会认为自己诊断出的病理就是所观察到的症状的成因。理解就是描述因果关系，而预测能力就是衡量这一因果关系是否成立的指标。相关系数这一被用于衡量预测准确性的指标，衡量的是有多少因果关系是我们可以解释的。

如果你接触过基础统计学，并熟知“相关性并不代表因果性”这一被反复提及的警告语的话，你可能不会对前一段的最后一句话感到惊讶。举个例子，请你想一想儿童鞋子的尺码和儿童数学能力之间的相关性：很显然，其中的一个变量与另一个变量没有因果性。这种相关性源于：鞋的尺码和数学能力都会随着儿童年龄的增长而增加。这个相关性是真实存在的，它支持这样的预测：如果知道一个孩子的脚比较大，那么你可以预测他比那些脚较小的孩子的数学能力更强，但你不应该从这种相关性中推导出因果性。

我们也要知道，尽管相关性并不代表因果性，因果性却意味着存在相关性，哪里有因果性，哪里就有相关性。如果你发现成年人的年龄与脚的尺码之间没有相关性，那么你可以放心大胆地得出结论：青春期过后，年龄的增长不会使脚变大，你应该寻找其他可能导致人们脚码差异的原因。

简而言之，存在因果性就意味着存在相关性。当存在因果性时，我们应该能做出预测，并且这一相关性（即预测的准确性）可以衡量我们究竟在多大程度上理解了这一因果性。普林斯顿大学研究人员的结论是：社会科学家对诸如“流离失所”这类单一事件的预测力的相关系数为 0.22，这表明了他们对这些家庭的生活轨迹的理解程度。**客观无知不仅为我们的预测力设定了上限，也限制了我们的理解力。**

那么，专业人士满怀信心地说理解自己所在的领域，这意味着什么？他们如何阐明所观察到的现象背后的原因，又是如何做出胸有成竹的预测的？为什么专业人士甚至所有人，似乎都会低估我们关于世界的客观无知？

因果思维，一旦发生就会被解释

如果在阅读本章的第一节时你就想知道"是什么原因导致了脆弱家庭中的孩子流离失所或其他一些结果"，那么你与研究人员的想法是一样的。你使用了统计思维（statistical thinking）：你关注了一些总体变量，如脆弱家庭的总量等；你也关注了描述总体变量的统计指标，如平均值、方差、相关性等。也就是说，你并没有专注于个别的案例。

有一种思维模式会自发地出现在我们的脑海里，它就是因果思维（casual thinking）。因果思维会创造出故事，故事中特定的人、事、物之间会相互影响。要想体验因果思维，你可以将自己想象成一名社工，你追踪调查了很多贫困家庭。你刚刚听说其中一个家庭的人目前无家可归，比如琼斯一家。你对这一消息的反应取决于你对琼斯一家的了解有多少。事情可能是这样的：这个家庭的经济支柱洁西卡·琼斯（Jessica Jones）几个月前失业了，而且找不到工作，从那时起，她就只能付一部分房租，她多次向大楼管理员求情，甚至请你帮忙求情（虽然你出面了，但大楼管理员无动于衷）。在这种情况下，琼斯一家的遭遇虽然很可怜，但我们并不会感到意外。事实上，这就好像是一连串事件的必然结果一样，一场“难以避免”的悲剧终会发生。

如果我们认同这是“难以避免”的事情，就忽略了这件事本可以轻易被改变，忽略了在人生的每一个岔路口，命运都有可能走向不同的方向。琼斯说不定可以保住工作；她也有可能很快找到另一份工作；或许亲戚帮助了她；你身为社工，或许为他们一家提供了更多帮助；大楼管理员或许更体谅他们一家，并多宽限了几周时间，以便琼斯早日找到工作并交上房租。

如果已知了结局，这些可能发生的结果将和实际结果一样，都不会令人感到惊讶。无论结果如何（琼斯一家是否被驱赶），一旦已经发生了，因果思维就会让我们觉得它完全可以解释，甚至可被预测。

理解常态谷

前文所述的这种现象有心理学依据。一些事会令人感到惊讶，比如一场致命的流行病暴发、一只声誉卓著的对冲基金被证明是骗局等。我们每个人在生活中，都会遇到一些令人意想不到的事情，比如与刚认识不久的人相恋、年轻的兄弟姐妹突然去世、继承了一笔意想不到的遗产等。而另一些事则是你完全可以预料到的，比如二年级学生会在固定的时间放学回家。

大多数人的经验都介于这两个极端之间，我们有时完全可以预料到某件事的发生，有时则完全无法预料。大多数事情发生在一个宽阔的“常态谷”（valley of the normal）中，那里的事情既不是完全可以预料的，也不是完全预料不到的。比如，此刻你无法预料下一段的内容，如果我们突然写了一段土耳其文，可能会让你大吃一惊。但是我们所讨论的内容如果没有偏离主题，你就不会感到惊讶。

在常态谷中，事情的发展和琼斯一家遭到驱赶一样，事后看似乎都是很平常的，尽管我们没有预料到它们会发生，也无法进行预测。这是因为理解现实的过程是回溯性的，当那些我们完全未预料到的事件（如琼斯一家遭到驱赶）发生时，我们会自动从记忆中搜索一个可能的原因，如萧条的就业市场、大楼管理员的不近人情等。找到合适的理由后，搜索就会停止。如果相反的结果发生了，这一搜索过程将同样找到令人信服的原因，如琼斯的坚强、管理员的通情达理等。

上述例子表明，通常情况下，许多事件从表面上看都是不言而喻的。你可能已经注意到，上述这两个版本中，大楼管理员似乎并非同一个人：第一个是无情的，第二个是友善的。无论如何，了解这个经理的唯一线索就是看他的所作所为。基于我们当下对他的了解，他的举止看起来是合乎逻辑的。正是因为事件已经发生了，你才能明白它发生的原因。

当你以这种方式解释那些“意料之外，但情理之中”的结果时，你最终会得到一个有意义的解释。这就是我们所谓的“理解”了故事，这也解释了为什么现实在事后看起来是可预测的，因为该事件在发生时便解释了它发生的原因，于是我们产生了一种错觉，认为它是可以预测的。

我们对世界的理解，取决于我们编造故事来解释我们所观察到的事件的能力。并且，我们几乎总是能成功地找到原因，因为我们可以从无数的事实和信念中搜寻原因。例如，常听晚间新闻的人都知道，很少有无法解释的股市大波动。相同的新闻事件既可以用于解释股票指数的下跌（投资人因这一波动消息而担忧），也可以用于解释其上涨（投资人依然持乐观态度）。

如果找不到一个显而易见的原因，我们会在第一时间创造一个解释，以便将我们构建的世界模型中的空白填补上。这就是我们推断出未知事实的方式，比如在琼斯的例子中推断大楼管理员是一个友善的人。只有当我们的世界模型无法调整，无法对某一结果做出解释时，我们才会将这一结果归类为“令人惊讶的”，并开始为它寻求更为复杂的解释。只有当常用的后见之明不起作用时，我们才会真正感到惊讶。

这种持续对现实世界进行的因果解释就是我们“理解”世界的方式，我们对人生的理解，由对常态谷中不断产生的事情的事后解释所组成。这种感觉从根本上讲是有因果性的：**新事件一旦被人们所知，其他可能性就会被消除——编故事的过程几乎消除了所有的不确定性。**正如我们在那些“后见之明”的经典研究中了解到的：**即使主观上的不确定性存在过一段时间，当不确定性消失后，对不确定性的记忆也将消失不见。**

内部视角和外部视角

我们来对比一下统计模式和因果模式这两种思考事件的方式。因果模式通过将事件实时划分为正常事件或异常事件，为我们节省了很多精力。在异常事件的迅速动员下，我们会从环境和记忆中努力搜索相关信息。主动的期待，即专心地等待某一事件发生也需要耗费心力。相反，常态谷中的事件发展过程，几乎不需要我们耗费心理成本。你在路上遇见邻居时，他可能会向你微笑，或者看起来心事重重，因此只是冲你礼貌地点点头，如果这两种情况过去经常发生，那么它们就不会引起你的关注。如果他的笑容异常灿烂或点头过于敷衍，你很可能就会从自己的记忆中寻找可能的原因。因果思维避免耗费不必要的心力，同时保留了发现异常事件时所需的警惕性。

与因果思维不同，统计思维通常是费力的，它需要的注意力资源只有系统 2 思维（缓慢而审慎的思维模式）发挥作用时才能满足。除了基础水平外，统计思维还需要经过专门的培训才能掌握。这种思维方式基于整体的信息，将个别案例视为更大类别中的一个实例。它不会把琼斯一家的遭遇看作由一系列特定事件导致的必然结果，而是观察与琼斯一家具有相同预测性特征的先例，再判断在统计上这是不是有可能发生的结果。

这两种观点之间的区别是本书反复出现的议题。依赖单一案例进行因果思维是预测误差的重要来源，采用统计思维，也称为外部视角（outside view），是避免这些误差的方法之一。

我们需要强调一点：因果模式对我们来说自然得多，即使是那些原本基于统计思维的解释，也很容易转换成基于因果思维的解释。想一想“他们之所以失败是因为缺乏经验”或“他们之所以成功是因为有一位出色的领导者”这类表述，你很容易就能想到反例：有些经验不足的团队成功了，而拥有杰出领导者的团队却失败了。经验和才华与成功之间的相关性至多是中等水平，甚至可能更低，然而我们很容易做出这种因果性归因。只要因果性是合理的，尽管相关性很小，我们的思维也很容易将相关性转化为因果性。比如，杰出的领导者被视作成功的一个原因，而经验不足则是失败的一个原因，这样的解释令人满意。

如果不想放弃对世界的理解，我们或许要不可避免地依赖有瑕疵的解释。然而因果思维和自以为了解过去的错觉，都会导致我们在预测未来时过分自信。我们将看到，偏好因果思维会使人们忽略噪声这一误差来源，因为噪声从根本上说是一个统计学概念。

尽管整个世界的可预测性比我们认为的要低，但因果思维帮助我们了解了一个比我们想象中还难以预测的世界，这也解释了为什么我们会认为世界比实际情况更具可预测性。在常态谷中，没有惊喜，也没有不一致，未来似乎与过去一样是可预测的。人们既“听”不到噪声，也“看”不到噪声。

消除噪声

被限制的理解

- 在日常事件中，事件之间的相关系数普遍为 0.2（PC = 56%）左右。
- 相关性并不代表因果性，但因果性意味着存在相关性。
- 大多数常规事件既不在我们的预料之中，也不会令我们感到惊讶。这样的事不需要解释。
- 在常态谷中，一些事件既不在我们的预料之中，也不令我们感到惊讶，它们是不言而喻的。
- 我们认为自己理解正在发生的事情，但是我们料到了它会发生吗？

NOISE

第四部分

噪声是如何产生的

为什么噪声无处不在却很少被重视

噪声和偏差源自哪里？什么样的心理机制使我们的判断有了差异，又是什么样的心理机制使我们的判断出现了同样的错误？简言之，我们对噪声的心理机制了解多少？这是我们接下来将要讨论的问题。

首先，我们将介绍快速的系统 1 思维的一些运作方式，并说明它们是如何导致一些判断误差的。在第 13 章，我们将介绍系统 1 思维广泛依赖的 3 种重要的判断启发式（heuristics）。我们会解释这些启发式是如何导致可预测的、具有方向性的误差（统计偏差）以及噪声的。

第 14 章着重讨论匹配系统，这是系统 1 的一种特殊的思维方式，并且我们会讨论它可能产生的误差。

在第 15 章，我们将讨论所有判断过程中不可或缺的成分：做判断时所使用的量表。我们将为大家展示，选择合适的量表是做出良好判断的先决条件，无法清楚地定义量表或选择了不合适的量表是噪声的重要来源。

第 16 章将探讨噪声的一种心理来源——它可能是噪声的来源中最为有趣的一种，面对不同情境时，不同的人具有不同的反应模式。就像每个人的个性一样，这些反应模式也不是随机的，随着时间的推移，这些反应模式大多是稳定的，但是它们产生的影响是不容易预测的。

最后，第 17 章会总结我们当前对噪声及其成分的了解。这样一来，我们可以解答之前提出的谜题：为什么噪声无处不在却很少被重视？

第 13 章

启发式、偏差与噪声

本书是对横跨半个世纪的关于人类直觉判断研究的延续，也就是所谓的“启发式和偏差研究项目”（heuristics and biases program）。《思考，快与慢》一书对该研究项目前 40 年的研究内容进行了回顾，探讨了能够解释“直觉思维的奇妙与缺陷”的心理机制。该项目的核心思想是，当回答一个难题时，人们会使用简化的思维操作系统——启发式。通常来说，由快速的直觉思维（系统 1 思维）产生的启发式是非常有用的，并且能够得出适当的答案，但是有时候它们也会产生偏差，我们称之为系统性的、可预测的判断错误。

启发式和偏差研究项目关注的是人们的共性，而非差异。研究结果表明，导致产生判断误差的心理过程是人们共有的。因此，熟悉心理偏差（psychological bias）概念的人往往会认为心理偏差总是会导致统计偏差（statistical bias）。本书所使用的“统计偏差”这一术语，指的是大部分朝同一方向偏离真实值的测量或判断。毕竟，只有当判断者具有相同的心理偏差时，所导致的才是统计偏差。而若判断者以不同的方式在不同程度上出现心理偏差，就会导致系统噪声。当然，无论心理偏差引发的是统计偏差还是噪声，都一定会导致误差。

诊断偏差

我们通常是通过参考真实值来确定判断偏差的。在做预测性判断时，如果误差主要偏向同一个方向而非其他方向，偏差就出现了。例如，人们在预测完成一个项目需要多长时间时，他们估计的平均值通常比他们实际需要的时间少得多。这种常见的心理偏差就是计划谬误（planning fallacy）。

不过，在做判断时我们往往没有真实值可以拿来比较。我们曾强调过，只有知道真实值时才能检测到统计偏差，那么，在真实值未知的情况下应该如何研究心理偏差？答案是，研究者如果观察到本不应该影响判断的因素对判断产生了统计效应，或是本应该影响判断的因素没有对判断产生统计效应，那么就可以证实判断过程存在心理偏差。

让我们再次用射击的例子阐明上述方法。想象一下，A、B 两支队伍完成了射击，而这一次我们请你隐去靶子（见图 13-1）。在这个例子中，你并不知道靶心究竟在哪里（即真实值未知），因此，你不知道这两支队伍的子弹落点偏离靶心的程度分别有多大。但是你被告知，在左图所示的情况下，两支队伍瞄准的是同一个靶心；而在右图所示的情况下，A、B 两队瞄准的是不同的靶心。

瞄准同一靶心，子弹落点却位于不同区域

瞄准不同靶心，子弹落点却位于同一区域

图 13-1 隐去靶子后观看射击结果以验证偏差

尽管靶心未知，但两种射击结果都证明了系统性偏差的存在。在左图所示的情况下，两支队伍的子弹落点在不同的区域，尽管它们本应该在相同的区域。这种模式就类似于你在实验中，观察两组投资者阅读内容完全相同的商业计划书，只是打印计划书所用的字体和纸张不同，如果这些无关紧要的细节影响了投资者的判断，就表明存在心理偏差。我们不清楚究竟是那些被圆滑的字体、光洁的纸打动的投资者判断得过于积极，还是那些阅读纸张较粗糙的计划书的投资者判断得过于消极，我们只知道他们的判断是不同的，尽管他们不应该这样。

右图所示的情况说明了相反的现象。由于两个队伍瞄准的是不同的靶心，因此两个队伍射中的区域应该是不同的，但落点却集中在了同一区域。例如，假设向两组人提出第 4 章中关于迈克尔·甘巴迪的那个问题，但问题有所不同：其中一组像你一样，被要求估计甘巴迪两年内仍能留任的可能性；另一组则被要求估计他三年内仍能留任的可能性。按理说两组应该得出不同的结论，因为三年内不能留任的可能性显然比两年内的更高，但是证据表明，两组人所估计的概率相差很小，小到可以忽略不计。答案本应该是有显著差异的，但事实并非如此，这意味着本应该影响判断的因素被忽略了。这种心理偏差被称为范围不敏感（scope insensitivity）。

判断的系统性错误已在许多领域中出现，“偏差”一词现在已被广泛用于多个领域，包括商业、政治、政策制定和司法。由于该词的普遍使用，它的含义也变得很广泛。我们在此处使用的是这个词在认知层面的定义，指的是一种心理机制和这种机制通常会产生的误差。除此之外，这个词还经常用于暗示某人对某个群体有偏见，如性别偏见或种族偏见。它也可能意味着某人支持某个特定的结论，例如，我们有时候会读到：某人因利益冲突或政治见解而产生偏见。所有这些心理偏差都会引起统计偏差和噪声，因此我们在讨论心理学的判断误差时，会将上述这些类型的偏差、偏见都包含在内。

我们强烈反对这个词的另一种用法——将代价高昂的失败归因于无特定所指的“偏差”，而在承认错误的同时，承诺努力消除我们的决策中的偏差。这些表述无非是说“错误已经铸成”“我们将努力做得更好”，再没有其他意义了。可以肯定的是，某些失败确实是由与特定心理偏差相关的可预见性误差引起的，我们也相信采取某些干预措施来减少判断和决策中的偏差和噪声是可行的，但是，将所有不好的结果都归咎于偏差，是毫无价值的解释。我们建议，只有在描述具体、可以识别的误差以及产生这些误差的机制时，才使用“偏差”一词。

替代偏差，我们常常用一个问题代替另一个问题

要体验启发式的过程，请你尝试回答如下问题，这个问题阐明了启发式和偏差的几个基本的主题。像之前一样，如果你能给出自己的答案，你将从中收获更多。

比尔今年 33 岁。他很聪明，但缺乏想象力，且大多数时候比较无趣。学生时代，他数学学得很好，但是社会研究和人文科目学得很差。

下表列出了 8 种可能发生的“比尔的现状”。浏览以下各项，然后从中选出你认为最有可能发生的两项。

- □ 比尔是内科医生，爱好玩扑克牌。
- □ 比尔是建筑师。
- □ 比尔是会计师。
- □ 比尔爱好演奏爵士乐。
- □ 比尔爱好冲浪。
- □ 比尔是记者。
- □ 比尔是会计，爱好演奏爵士乐。
- □ 比尔爱好爬山。

现在，请你再浏览一遍，然后选择两个与比尔最为相似的描述。你的选择可以与上次的相同，也可以不同。

几乎可以肯定的是，你所选择的最可能的类别与最相似的类别是完全相同的。我们如此肯定的原因是，已经有许多实验表明：人们在这两类问题上会给出相同的答案。但是，相似性和可能性实际上是完全不同的。例如，你可以自问，如下哪种说法更合乎情理呢？

- 比尔符合我心目中爵士乐爱好者的形象。
- 比尔符合我心目中爱好演奏爵士乐的会计师的形象。

这两种陈述都不完全符合，但其中一个显然看起来没那么糟糕。相比于爵士乐爱好者，比尔与“爱好演奏爵士乐的会计师”有更多的共同点。现在考虑一下：以下哪个陈述更有可能发生？

- 比尔爱好演奏爵士乐。
- 比尔是会计，且爱好演奏爵士乐。

你可能会选择第二个答案，但是这样做是不合逻辑的。比尔爱好演奏爵士乐的可能性必然高于他是一个“爱好演奏爵士乐的会计师”的可能性。回想一下文氏图（Venn diagram）①，如果比尔是爱好演奏爵士乐的会计师，那么他必然是个爵士乐演奏者。在描述中添加更多的细节只能使所描述内容发生的可能性降低，尽管添加细节能够使它变得更具代表性，而且更符合情况，就像当前的案例一样。

根据判断启发式理论，有时候人们会用一个简单问题的答案来回答一个较难的问题。因此，哪个问题更容易回答呢？是“比尔与一个典型的爵士乐乐手有多么相似”，还是“比尔有多大可能性成为一名业余爵士乐乐手”？众所周知，相似性问题更容易，因此人们在评估概率时，更可能给出与之相关的相似性问题的答案。

现在你已经体验到了启发式和偏差计划的核心思想：**回答一个难题的启发式是去寻找一个简单问题的答案。用一个问题代替另一个问题会导致源于可预见性心理假设的误差，我们称之为心理偏差。**

① 文氏图是用于表示不同集合之间大致关系的一种“草图”。——编者注

在比尔的例子中，心理偏差很明显。当相似性判断代替概率判断时，误差必定会发生，因为概率判断受限于特定的逻辑。也就是说，文氏图适用于概率，却不适用于相似性，正因如此，许多人都会犯源于可预见性心理假设的逻辑错误。

再说一个忽略统计属性的例子。请回想一下你在第 4 章中对甘巴迪是否成功问题的看法。大多数人对甘巴迪成功可能性的评估完全基于例子中给出的关于他的信息，并会尝试将关于他的描述与成功 CEO 的形象进行匹配。

你是否考虑过一个随机选择的 CEO 有多大可能在两年后仍然留任呢？你很可能不会考虑这个问题。你可以将这种基准概率信息（base-rate information）视为衡量一个 CEO 留任难度的方法。如果这种方法看起来很奇怪，那么请试想一下你会如何估计某个学生通过考试的概率。考试不及格的学生比例当然是很有价值的一个指标，因为它可以反映这场考试的难度。同样的道理，CEO 的留任率对甘巴迪问题也是至关重要的。这两个问题都是采用我们所谓的外部视角的例子：当你采用外部视角时，你会把该学生或甘巴迪想象成一群相似案例中的一员。你会用统计思维来看待这个群体，而不是用因果思维去分析具体的案例。

采取外部视角可以扭转乾坤，防止出现重大错误。花几分钟进行一些调研你就会发现，美国企业的 CEO 离职率大约为每年 15%。这一统计数据表明，一位新上任的 CEO 平均约有 72%的概率在两年后仍然处在该职位上。当然，这个数字只是一个方面，在甘巴迪的案例中，那些具体信息都会影响你的最终估计。但是，如果你只关注被告知的与甘巴迪有关的信息，那么你会忽略一项关键信息。我们举甘巴迪的案例，原本是为了说明判断充满噪声，可我们花了几个星期才意识到，这个案例本身就很好地体现了我们现在介绍的这种偏差，我们称之为忽略基准概率偏差（base-rate neglect）。可见，即使是本书的作者也不能比其他人更自然地想到基准概率这件事。

用一个问题替代另一个问题不仅限于相似性和可能性之间的替代，另一个例子是将概率判断替换成在脑海中获取案例难易程度的判断。例如，人们对飞机失事或发生飓风的风险认知会在此类事件被媒体广泛报道后短暂上升。从理论上讲，风险判断应基于长期平均值，但实际上，近期发生的事件会被赋予更高的权重，因为它们更容易被人想起。用例证在脑海中出现的难易程度来替代频率判断，被称为“可得性启发式”（availability heuristic）。

用简单的判断替代困难的判断并不仅限于这些例子，实际上，替代是很常见的。我们常常会把回答一个较简单的问题视作一个“通用程序”，并以此来应付一个可能难住我们的问题。请思考一下，我们在回答下列问题时，往往会用什么比较容易的问题替代（例子中每个问题下方都提供了一个可能的选项）？

- **我相信气候变化吗？**

  我相信那些说它存在的人吗？

- **我是否认为这位外科医生有能力？**

  这个人说话充满信心和威严吗？

- **项目会如期完成吗？**
  现在项目已经按计划在执行吗？

- **核能是必要的吗？**
  我会闻核色变吗？

- **我对自己的生活感到满意吗？**
  我现在的心情如何？

不管问题是什么，将一个问题替代为另一个问题，都会导致你在给出答案时无法对证据的不同方面赋予恰当的权重，而错误地对证据赋予权重会不可避免地产生错误。例如，要想得到你关于生活满意度问题的确切答案，需要询问的显然不仅仅是你当前的情绪，现在也已经有相关研究证据表明，情绪实际上是被过分重视了。

同样，用相似度代替概率会导致忽略基准概率偏差，而基准概率在判断相似度时是完全不相关的因素。比如，在评估一家公司的价值时，应当很少或完全不考虑诸如公司计划书的美观度这类不相关的因素。这类因素对判断产生的任何影响都可能反映出你对证据赋予权重的不当之处，并导致错误的产生。

结论偏差，我们常常依结论寻找证据

在写《星球大战》（*Star Wars*）第三部的电影剧本《绝地归来》（*Return of the Jedi*）的关键时期，该系列电影的制作人乔治·卢卡斯（George Lucas）与他出色的合作者劳伦斯·卡斯丹（Lawrence Kasdan）展开了激烈辩论。卡斯丹强烈建议卢卡斯："我认为你应该'杀死'卢克·天行者并让利娅公主接手。"卢卡斯当即拒绝了这个建议。卡斯丹又建议，如果让卢克活着，那么另一个主角就应该死掉。卢卡斯再次拒绝，并补充道："你不要光想着'杀人'。"于是卡斯丹真心诚意地说出了自己对电影本质的看法。他向卢卡斯解释道："如果你喜欢的人在旅途中遭遇了不幸，这段旅途才显得更有吸引力。这将使这部电影的情感分量大大增加。"卢卡斯的回答迅速而明确："我不喜欢那样，也不相信那一套。"

这里的思维过程与你在考虑比尔是不是爱好演奏爵士乐的会计师时所经历的思维过程完全不同。再看一下卢卡斯的回答：先是"不喜欢"，然后是"不相信"。卢卡斯对卡斯丹的提议自动地做出了回应，这种自动化的回应有助于激发他的判断力，事实证明，他是正确的。

这个例子说明了另一种类型的偏差，我们称之为结论偏差或者预判。像卢卡斯一样，我们经常在判断过程初期就对某个特定结论有了一种倾向性。当我们这样做时，我们让自己头脑中的快速、依赖直觉的系统 1 思维给出结论，然后，我们要么绕过收集和整合信息的过程直接得出结论，要么转而动员系统 2 思维进行审慎性思考，找到支持我们预判结论的论据。在这种情况下，证据就是有选择性且失真的：**由于证实性偏差和期望偏差，我们倾向于有选择地收集和解释证据，以支持那个我们已经相信或希望成真的结论。**

人们通常会为自己的判断找到一些看似合理的解释，并且真的认为这是他们的信念的根据。验证结论偏差的一个很好的方法是，想象一下如果那些看起来支持我们信念的论点突然被证明是不成立的，情况会如何。回到前面的例子，卢卡斯向卡斯丹明确指出的“你不要光想着‘杀人’”并不是什么令人信服的论点，《罗密欧与朱丽叶》（*Romeo and Juliet*）的编剧应该不会同意卢卡斯的观点，如果《黑道家族》（*The Sopranos*）与《权力的游戏》（*Game of Thrones*）的编剧决定不再“杀人”，这两个剧集很可能播完第一季就会被下架。然而，我们敢打赌，这些强硬的反驳观点都不会改变卢卡斯的想法，相反，他很可能会提出其他的论点来支持他的判断，比如“《星球大战》是与众不同的”。

无论我们从哪个方面看，预判都是显而易见的。就像卢卡斯的反应一样，预判通常带有感情色彩。心理学家保罗·斯洛维奇（Paul Slovic）称其为情感启发式（affect heuristic）：人们通过询问自己的感受如何来决定自己如何思考。对于我们喜欢的政治家，我们会爱屋及乌，而对于不喜欢的政治家，我们连他们的外表和声音也都不喜欢，这就是那些聪明的公司要付出那么多努力使其品牌与积极情感产生联结的原因之一。教授们经常注意到，如果某一年他们获得了较高的教学评分，学生也会对课程所用的教材给予好评；而如果某一年学生不太喜欢这个教授，他们会给相同的教材差评。即使这一过程不涉及情感成分，相同的机制也会起作用：无论你的信念的真正来源是什么，你总会倾向于接受任何看起来支持该信念的论点，即使推理是错误的。

结论偏差的一个更精妙的例子是锚定效应（anchoring effect），它是指一个任意数字对人们的定量判断产生的影响。在一个典型的演示实验中，你可能会看到许多不容易猜出价格的物品，例如一瓶陌生的葡萄酒，实验人员会要求你写下自己社保号码的最后两位数字，并问你是否愿意为那瓶酒支付同等金额的费用。最后，你需要说出你愿意为葡萄酒支付的最高费用。结果表明，利用社保号码所设定的锚点会影响你最终的购买价格。一项相关研究发现，那些因社保号码产生较高锚点的人们愿意支付的价格（超过 80 美元）比那些锚点较低的人们愿意支付的价格（不到 20 美元）要高出 3 倍之多。

显然，你的社保号码本不应该对判断葡萄酒价格产生影响，但事实就是如此。锚定效应是一种非常强大的效应，谈判中经常被刻意用到。无论你是在集市上讨价还价还是进行复杂的商业谈判，先下手为强总是理智的选择，因为接收锚定信息的人会不由自主地去思考你的报价在哪些方面可能是合理的。人们总是会试图理解他们所听到的，当人们遇到难以置信的数字时，他们会本能地想要去尽力消除这种难以置信的感觉。

过度一致性偏差

有一个实验可以帮助你体验第三种偏差。你将读到关于一位高管候选人的描述，该描述由 4 个形容词组成，分别被写在一张卡片上，并且这叠卡片刚刚做过洗牌处理。前两张卡片的描述如下：

聪明，执着。

按理说，你应该等到获得完整信息后再进行判断，但事实并非如此：此时你已经对候选人进行了评估，并做出了判断，但你无法控制这一过程，你的判断过程根本无法暂停。接下来，翻开后两张卡片，现在你获得了关于这位候选人的完整的描述：

聪明，执着，狡猾，没有原则。

这时，你的评价可能就没有那么积极了，但是变化应该不会太大。作为比较，请你再考虑如下的描述，这可能是洗牌后的另一种情形：

没有原则，狡猾，执着，聪明。

第二种描述是由相同的形容词组成的，但是由于形容词出现的顺序不同，对我们来说，第二种描述的吸引力显然比第一种描述小得多。“狡猾”一词在“聪明”和“执着”之后出现时只有轻微的贬义，因为我们仍然（毫无道理地）相信这位高管总体上是好的。然而，对于第二种情况，由于出现在“没有原则”之后，“聪明”和“执着”也不再是积极因素了，反而可能会使坏人显得更加危险。

这个实验说明了过度一致性（excessive coherence）偏差：**我们能迅速形成一致性印象，但要想改变一致性印象，过程却很缓慢。**在上述例子中，我们仅依据很少的信息，就立即对候选人建立了积极的印象。证实偏差指的是当我们有预判时，我们会完全忽略那些与我们的预判相冲突的信息，这会使我们对后续信息的重视程度过低。描述这种现象的另一个术语是光环效应（halo effect）——候选人是在积极的第一印象的“光环”笼罩下被评估的。在本书第 24 章中我们将看到，在招聘决策中，光环效应是一个非常严重的问题。

再来看另一个例子。在美国，政府会要求连锁餐厅标明食物的热量，以确保消费者能看到他们想要购买的芝士汉堡、牛肉汉堡和沙拉等食物的热量。然而，看到这些标签后，消费者真的会改变他们的选择吗？从现有证据来看，这一话题是存在争议的，但有一项研究能给我们一些启示，该研究发现如果将标签放置在食品的左侧而不是右侧，消费者就更有可能受到热量标签的影响。当热量标签在左侧时，消费者会先接收该信息，显然他们会在看到食物之前就先想到“热量很高”或“热量不算太高”。他们最初的积极或消极反应将极大地影响他们的选择。相比之下，如果人们先看到食品，显然他们就会在看到热量标签之前先想到“美味”或“不太好吃”，同样，他们最初的反应将极大地影响他们的选择。针对希伯来语使用者的研究也支持了这一假设。希伯来语使用者是从右向左阅读的，热量标签在右侧会比在左侧时对希伯来语使用者的影响更大。

也就是说，我们总是会直接下结论，然后坚持己见。我们认为我们的观点是有依据的，但是我们所认为的依据和我们对它的解释很可能是扭曲的，至少在某种程度上是为了和我们的草率判断相匹配。这使得我们保持了出现在脑海中的故事的一致性。当然，如果结论是正确的，这个过程倒也无妨，但是，如果最初的评估是错误的，那么面对矛盾的证据也依然坚持己见就很可能会放大错误。而且这种影响很难控制，因为我们无法忽略自己听到或看到的信息，很多时候甚至很难忘记。在法庭上，法官有时会要求陪审团忽视他们所听到的那些未经许可就呈现的证据，但这种要求是不切实际的。不过，这种要求可能有助于陪审团的审议，因为其明确了基于这种证据提出的论点可能会被驳回。

心理偏差引发噪声

到目前为止，我们简要地介绍了三种偏差，它们的运作方式是不同的：**替代偏差会导致我们对证据不正确地赋权；结论偏差会导致我们要么绕开证据，要么以曲解的方式考虑它；而过度一致性偏差则会放大初始印象的效果并减少矛盾信息的影响。当然，以上三种类型的偏差都会产生统计偏差，也都会产生噪声。**

我们先从替代偏差说起。如之前的例子，大多数人都会判断比尔的形象与典型会计的形象有多相似，以此来判断比尔有多大可能性是会计师，在这个实验中，偏差是共性的。如果每一位受访者都犯同样的错误，就不会有噪声，但是，替代偏差并不总是会产生这种一致性。当把"气候变化是真的吗"这一问题替换为"我要相信那些说气候变化为真的人吗"，很容易看出答案是因人而异的，它取决于这个人的社交圈、偏爱的信息来源、政治面貌等因素。这样一来，同一种心理偏差就产生了不同的判断和个体间的噪声。

替代偏差也可能是情境噪声的来源。如果根据自己当下的心情来回答有关生活满意度的问题，那么同一个人的答案也必定因时而异。比如，一个人在早晨可能是快乐的，而在下午可能是痛苦的，情绪会随时间变化，这可能导致受访者反馈的生活满意度随调查者询问的时间不同而发生变化。在第 7 章，我们已经回顾了源于心理偏差的情境噪声的例子。

预判也会产生偏差和噪声。回想一下我们在引言中提到的那个例子：法官们批准庇护申请的比例差异惊人。如果一位法官只批准了

5%的申请人，而同一法院的另一位法官的批准率却高达88%，那么我们可以肯定地说，他们在不同方向上存在偏差。从更宽泛的角度来看，偏差的个体差异会导致大量的系统性噪声。当然，系统也可以使大多数甚至所有判断者都产生相似的偏差。

最后，过度一致性也会产生偏差或噪声，这取决于所有（或大多数）判断者获取信息的顺序以及对信息赋予的含义是否相同。例如，一个长得漂亮、有吸引力的候选人会给大多数招聘者留下良好的第一印象。然而，如果应聘者所应聘的职位与外貌无关，那么积极的光环效应就会导致共同的错误，也就是偏差。

另外，做复杂的决策通常需要收集信息，而人们获取信息的顺序实际上是随机的。回想一下第2章中的索赔调解人，对于不同的调解人来说，不同的案件、索赔数据的获取顺序都是随机变化的，这会导致他们对不同案件的初始印象随机变化。过度一致性偏差意味着初始印象随机变化将使最终判断随机扭曲，这就是系统噪声所带来的影响。

总而言之，心理偏差是一种普遍存在的心理机制，它们经常导致共性的错误。但是，当偏差的个体差异较大（不同的预判）或偏差的效应取决于情境（不同的触发因素）时，噪声就会产生。

偏差和噪声都会导致错误，这意味着减少心理偏差能够提高判断力。我们将在本书的第五部分讨论如何消除偏差这一主题。在那之前，我们还要继续探索判断的过程。

消除噪声

当偏差彼此不同，噪声便应运而生

- 即便知道了我们有心理偏差，我们还是应该克制将每个错误都归咎于所谓的“偏差”的冲动。
- 当我们用更简单的问题替代我们应该回答的问题时，一定会出现错误。例如，当我们利用相似性来预测概率时，我们往往会忽略基准概率偏差。
- 结论偏差会导致人们歪曲证据，从而使人们坚信其最初的立场。
- 我们会迅速形成一种印象，并始终维护这一印象，即使有矛盾的信息出现也依然如此。这种倾向被称为过度一致性。
- 如果许多人都有相同的偏差，那么心理偏差就会导致统计偏差。但是，通常人们的偏差彼此不同，这时，心理偏差就会导致系统噪声。

第 14 章

匹配，找到与你的预测最精准匹配的共识

现在请看向天空，你认为两小时内下雨的可能性有多大？你可能很容易就答出了这个问题。你做出判断时毫不费力。你可能在不知不觉中就把对天空黑暗程度的评估转换成了概率判断。

你刚刚做的事就是一种典型的“匹配”（matching）。我们将判断描述为一种思维操作，该思维操作会为主观印象或印象的某个方面在量表上找到对应的值。匹配是该思维操作的重要组成部分。当你回答“你的心情有多好？从 1 分到 10 分，请给出你的评分”或“请对你今天早上的购物体验评分，从 1 颗星到 5 颗星”这类问题时，你就在进行匹配，你的任务是在判断量表上找到与你的心情或经历相匹配的数值。

匹配与一致性

回想一下上一章提到的比尔：比尔今年 33 岁，他很聪明，但缺乏想象力，而且大多数时候比较无趣。他上学的时候，数学学得很好，但人文社科类的课程的成绩却很差。我们要求你估计比尔从事各种职业和拥有各种爱好的可能性，然后我们看到你回答这个问题时用相似性判断替代了概率判断。你并没有真的去思考比尔成为会计师的可能性有多大，而是在思考他与该职业的典型形象有多相似。现在，我们转向另一个尚未解决的问题：你是如何做出这个判断的？

评估比尔的特征在多大程度上符合某个职业或某类爱好者的典型特征并不难。相比于会计师，比尔显然不像爵士乐爱好者，更不像喜欢冲浪的人。这个例子说明了匹配的非凡的通用性，在对人进行判断时，匹配的作用尤为突出。你可以回答无数有关比尔的问题。例如，如果你和他一起被困荒岛，你会有什么样的感受？仅凭得到的那么一点信息，你可能立即就会得出一个直观的答案。不过，我们还为你带来了新的信息：据我们所知，比尔恰巧是一个有超强生存技能的经验丰富的探险家。如果这个消息使你感到惊讶（很可能会如此），这就说明你刚刚经历了一致性失调。

你之所以会非常惊讶，是因为新信息与你之前所构建的比尔的形象不匹配。现在想象一下，如果最初的说明中包含关于比尔的英勇和超强生存技能的信息，那么你将对该男子形成一个完全不同的整体印象——他也许是一个只有在户外才会变得活泼的人。因为你对比尔的总体印象本来就缺乏一致性，所以将该总体印象与职业或爱好类别进行匹配就会比较困难。不过，与之前你所经历的失调相比，你现在所经历的失调要小得多。

相互矛盾的线索使达成一致变得困难，也会使在判断中找到令人满意的匹配变得困难。复杂判断的特征就是存在相互矛盾的线索，可以预料的是，我们会在其中发现很多噪声。迈克尔·甘巴迪问题就属于这一类判断，该问题中有些线索是正面的而其他线索是负面的。在第 16 章，我们将再次讨论复杂判断问题。在本章中，我们先将重点放在相对简单的判断，特别是那些在“强度量表”（intensity scales）上做出的判断上。

强度的匹配

在有些判断中，我们所用的量表是定性的，例如职业、爱好和医学诊断。你可以通过看它们的测量值有没有大小、多少、强弱等之分，来判断它是不是定性的，比如“红色既不比蓝色多，也不比蓝色少”。

同时，也有许多判断的量表是定量的。比如，尺寸、重量、亮度、温度或响度等物理量的测量，成本或价值的测量，概率或频率的判断等都属于定量测量。还有一些抽象的判断也是定量测量，如信心、力量、吸引力、愤怒、恐惧、不道德、惩罚的严厉程度等。

这些可以量化的维度有一个共同特征：对于在同一维度上的任意两个数值，都可以比较“哪个更多”。你知道鞭笞是比打手心更严厉的惩罚，你也知道自己更喜欢《哈姆雷特》而不是《等待戈多》，就像你知道太阳比月亮更明亮，大象比仓鼠更重，美国迈阿密的平均气温比加拿大多伦多的更高是一样的。

人类具有非凡的直觉力，可以对比两个强度不同的量表，从而将两个完全无关维度的强度相匹配。你可以将自己对不同歌手的感情强度与城市建筑物的高度相匹配。例如，如果你特别喜欢鲍勃·迪伦（Bob Dylan），那么你可以将自己对他的热情与你所在城市的建筑物的高度进行匹配。你还可以将你所在国家或地区当下的政局紧张程度与夏季的气温相匹配。如果要求你用一本小说的长度来度量一家餐厅的美味程度，而不是让你给出常见的 1 ～ 5 颗星的评分，这种要求会让你觉得很奇怪，但并非完全不可行。在这种情况下，你依然能很清楚地表达你的意思。

在日常交谈中，量表的取值范围通常依赖于情境。比如对于“他攒了很多钱”这句话，如果你是在一位成功银行家的退休宴会上敬酒时说出的，那么它表达的含义与你在祝贺一位正在兼职做保姆的年轻人时说出的大不相同。“大”和“小”这类形容词的含义完全取决于参照系，“大老鼠从小象的鼻子上跑了下来”这句话能让我们深刻体会到这一点。

匹配性预测的偏差

接下来的这个难题说明了匹配的力量以及与之相关的系统性判断错误。

> 朱莉是一所大学的应届毕业生。请阅读下列有关她的信

息，然后猜测她的 GPA 是多少（标准分数为 0 ～ 4.0 分）：

朱莉 4 岁时能流利阅读。

她的 GPA 是多少？

如果你熟悉美国的成绩系统，那么你脑子里很快就会蹦出一个数字，这个数字很可能为 3.7 或 3.8。你是如何快速得出这一结果的？这一猜测过程正好说明了我们刚刚描述的匹配系统。

第一步，你评估了朱莉在阅读上的早慧程度。这很简单，因为朱莉在很小的时候就能流利阅读了，这种早慧使朱莉被划分在了某个量表的某个类别之中。如果必须描述你所使用的这个量表，你可能会说它的最高类别是“极其早慧”，并且你也知道朱莉不属于这个最高类别（有些孩子在两岁之前就会阅读了），朱莉很可能属于次一级的类别，在这个类别中，孩子们虽然非常早慧但不算极其早慧。

第二步，你要判断出一个 GPA 值，使它能与你对朱莉早慧程度的评估相匹配。尽管你是无意识的，但你一定会寻找一个 GPA 值，使得它看起来符合“非同寻常但不是极其特别”这个标签。当你听到朱莉的故事时，你自然而然地就在脑海里进行了这种匹配性预测。

在执行这些评估和匹配任务时，人们如果刻意地去运算，将会花费相当长的时间，而通过系统 1 思维的快速思考，则可以迅速而轻松地做出判断。我们在这里讲的有关猜测朱莉的 GPA 的故事涉及复杂的、多阶段的心理过程，无法直接观察。“匹配”这种特殊的心理机制在心理学中虽然不常见，但支持它的证据是毋庸置疑的。我们可以确定，就如下两个问题，不管你问谁，你得到的答案都会是完全相同的两个数字，因为我们已经做了许多类似的实验。

- 朱莉所在的班级里，比她更早开始阅读的人占了多大的比例？
- 朱莉所在的班级里，比她的 GPA 更高的人占了多大的比例？

第一个问题很好解答：它只要求你基于现有的信息对朱莉进行评估。第二个问题需要我们对未来进行预测，当然会更困难些，但是我们的直觉思维会使我们情不自禁地用第一个问题的答案来回答第二个问题。

关于朱莉的这两个问题类似于我们先前在讨论效度错觉时描述的那两个向来容易混淆的问题。在关于朱莉的问题中，第一个问题要求你基于现有的信息评估"强度"；第二个问题询问的则是预测的强度。我们猜测，两个问题很难被区分开来。

对朱莉 GPA 的直觉性预测可以看作我们在第 13 章中介绍的心理机制的一个例子：用一个简单问题替代一个困难问题。你的系统 1 思维回答了一个简单得多的问题，把一个困难的预测问题简化成了：朱莉在 4 岁时就能阅读了，这多么令人印象深刻啊！在此之后，要把阅读早慧程度直接与 GPA 相对应，还需要一个步骤——匹配。

当然，只有当获得的信息与问题有关时，才会发生替代。如果你只知道朱莉跑得很快或她跳舞水平一般，在评估 GPA 的问题上你就一点信息都没有了。但是，任何看起来像是可以测量才智的指标都可能是可用的替代品。

用一个问题替代另一个问题时，如果两个问题的正确答案不一样，错误就会不可避免地产生。用阅读早慧程度代替 GPA，尽管看似合理，但其实质是非常荒谬的。要想知道为什么，就想一想朱莉 4 岁以后可能会发生的事情。她有可能会经历一场可怕的事故，她的父母有可能会发生一场极不愉快的离婚风波，她也可能会遇到经常鼓励她的好老师，从而对她的人生产生巨大影响。总之，太多的事件都有可能会影响她上大学时的学业成绩。

只有当阅读早慧程度和大学的 GPA 完全相关时，匹配性预测才可能是正确的，然而，事实显然并非如此。另外，完全不考虑朱莉的阅读早慧程度这一信息的做法也是错误的，因为她的阅读早慧程度确实提供了一些有用信息。最佳预测应该介于拥有完整信息时的预测和完全没有相关信息时的预测这两个极端之间。

当你只知道案例所属的类别，而对其他具体情况一无所知时，你对该案例能了解些什么？答案就是我们所谓的案例外部视角。如果要我们预测朱莉的 GPA 但不提供有关她的信息，那么我们肯定会预测 GPA 的平均值——可能是 3.2，这就是外部视角的预测。因此，朱莉 GPA 的最佳估计值应该为 3.2 ～ 3.8 分。估计值的具体位置取决于信息的预测价值：你越相信阅读年龄可以作为 GPA 的预测因素，你的估计值就越高。就这一问题而言，信息的预测价值肯定是很薄弱的，因此最合理的预测应该接近平均 GPA。有一种非常简单的技术可以纠正匹配性预测的误差，我们将在附录 3 中详细介绍。

我们总是难以抗拒地做出与证据相匹配的预测，尽管这种预测从统计学上看很荒谬。比如，销售经理通常会认为，去年表现比其他人更优秀的销售人员会在今年继续表现突出。有时候，当高管遇到才华横溢的应聘者时，他就会设想这位新员工将如何从企业底层晋升到最高层。制片人通常会认为：那些上一部电影大获成功的导演，他们的下一部电影也会取得成功。

上述这些匹配性预测的例子很有可能会以失败告终。另外，当情况糟糕时，匹配性预测的结果可能会过度消极。无论是过度乐观还是过度悲观，与证据进行匹配的直觉性预测往往太过极端。描述这种预测误差的一个术语叫作“非回归性”（nonregressive），因为它们没有考虑到“均值回归”（regression to the mean）这一统计现象。

然而，需要注意的是，替代和匹配并不总会影响预测。从双系统的角度来说，直觉性的系统 1 思维为出现的问题提供了快速的解决方案，但是这些直觉性思维必须经过反思性的系统 2 思维的认可，才会被转换成信念。有时候，人们会偏好复杂性思维的反馈，而拒绝匹配性的预测。例如，相比于积极的证据，人们不太愿意对消极的证据进行匹配性预测。我们猜测，如果朱莉开始阅读的时间较晚的话，你可能就不会那么毫不犹豫地做出匹配性预测，即认为她的大学成绩差了。当获得的信息增多时，这种积极预测和消极预测之间的不对称性将逐渐消失。

我们可以通过外部视角来纠正各种直观预测。例如，在前面关于迈克尔 · 甘巴迪的未来前景的讨论中，我们建议你将对甘巴迪的成功概率的判断锚定在基准概率（新任 CEO 任期持续两年的成功率）上。对于诸如朱莉的 GPA 的定量预测，采取外部视角意味着将你的预测锚定在平均结果上。只有在非常简单的问题中，在可以非常确信基于当前的信息能够完美做出预测时，我们才可以忽略外部视角，而当需要做出认真严肃的判断时，我们必须考虑外部视角。

匹配中的噪声：绝对判断的局限性

我们在强度量表上区分类别的能力有限，这限制了匹配的准确性。在大小或财富维度上，有很多数值都可以被划分到“大”或“富”这种类别中，这是重要的潜在噪声源。

用富有来描述退休的投资银行家是没错的，但他到底有多富有呢？有许多形容词可供我们选择：小康、经济宽裕、富裕、超级富裕等。如果给你提供许多人的财富信息，并要求你用一个形容词来形容每个人，而且不能对每个人的财富进行比较和排序，你可以分出多少种不同的类别？

发表于 1956 年的一篇有历史意义的经典心理学论文《神奇的数字 7，加 2 或减 2》（*The Magical Number Seven, Plus or Minus Two*），其标题就指出了我们在强度量表上可以区分的类别数。如果类别数超出这一范围，人们就会开始犯错——例如，人们会认为 A 应当划分到比 B 更高级的类别中，但也会在一对一的比较时给予 B 高于 A 的评分。

请想象 4 条长度不等的 5 ～ 10 厘米的线段，这 4 条线段的长度呈等差分布。你每次只能看到其中的一条线段，你需要用数字 1—4 来评估该线段的长度：1 表示最短，4 表示最长。这个任务很简单。

假设现在有 5 条长度不等的线段，重复这个过程，用数字 1—5 来评估线段的长度。这个任务仍然很容易。随着线段的增多，你从什么时候开始会犯错误呢？大约是从有 7 条线段时开始，7 真是个神奇的数字！令人惊讶的是，该数字几乎不受线段长度范围的影响：如果线段的长度为 5 ～ 15 厘米，而不是 5 ～ 10 厘米，你仍然会在有 7 条线段之后开始犯错。当你听到不同大小的声音或看到不同亮度的光时，情况也是类似的。人们在同一维度上对不同刺激赋予不同类别标签的能力有一个限度：大约是 7 个标签。

这种区分能力的限度很重要，因为我们在不同维度上对强度值进行匹配的能力，应该不会比直接在这些维度上指定数值的能力更强。虽然匹配操作是快速的系统 1 思维的一种通用工具，也是许多直觉性判断的核心，但它是很粗糙的。

不过，神奇的数字 7 并不是一个绝对的限度，人们可以通过训练层级分类来对标签做出更好的区分。例如，在千万富翁这一群体中，我们又可以区分出好几种不同富裕程度的类别，法官也可以在重型犯罪中区分出多种不同严重程度的类别。但是，要使这种优化过程起作用，类别必须是事先存在并且边界定义清晰的。在为一组线段赋予标签时，我们很难将较长的线段与较短的线段区分开，并将它们视为两个单独的类别，因为当我们处于快速的系统 1 思维模式时，分类并不受主观意志控制。

有一种方法可以克服形容词量表在分辨能力上的局限性：进行对比，而不是使用标签，因为我们比较案例的能力比评价案例的能力强得多。

假设让你用一个 20 分制的量表来评价许多餐厅或歌手，你会如何做呢？ 5 分制的量表很容易把握，但是 20 分制的量表将很难保证你的评价的可信度。比如，在 5 分制的量表下我们可以给 Joe’s Pizza 餐厅打 3 分，但是用 20 分制的量表时，我们该给 11 分还是 12 分呢？解决这个问题的方法很简单，但是你需要花费很多时间才能做出判断。

首先，你要用一个 5 分制的量表对餐厅或歌手进行评分，将其分为 5 类。然后，你要在每个类别中对不同的对象进行排序，通常只需做几次对比即可完成：你可能知道你更偏爱 Joe’s Pizza 餐厅还是 Fred’s Burgers 餐厅，以及更喜欢歌手泰勒·斯威夫特（Taylor Swift）还是鲍勃·迪伦，尽管你将它们（他们）划分在了同一种类别下。一个更简单的方法是，你可以将 5 个类别再分为 4 个等级。即使是对那些你最不喜欢的歌手，你可能也可以区分出几种不同等级的厌恶程度。

上述行为的心理机制很简单：对判断对象进行直接比较能够获得比逐一评估各个对象更精确的区分效果。判断线段长度也是同样的道理：我们比较不同线段长度的能力要比确认某个具体的线段长度的能力强得多，此外，我们在比较两条线段的长度时，准确性也会更高。

我们在比较判断方面的优势适用于许多领域。如果你对人们的财富水平只有粗略的认知，那么相比于逐一标记每个人的财富水平，在同一范围内对不同个体的财富水平进行比较会更为清晰、容易。如果你对文章进行评分，那么将文章从最优到最差进行排序会比对文章逐一阅读和评分更为精确。比较判断和相对判断要比分类判断和绝对判断更敏锐，不过，正如上述的例子所表明的那样，前者也更费时费力。

使用明确有可比性的量表对目标进行单独评估，能够保留比较判断的一些优势。在某些情况下，特别是在教育领域，涉及入选录用或升迁推荐时，推荐人通常需要将候选人限定为某一类人群（如“自己教过的学生”或“具有相同经验水平的教师”）的前5%或前20%。但是，推荐人给出的评估值可能没有太大的参考价值，因为我们无法保证推荐者始终规范地使用统一的量表。当然，在某些情况下这些评估值还是有用的，比如，当经理对员工进行评级或分析师对投资进行评估时，可以先找到那些将90%的对象都划分到“前20%”这个类别中的人并纠正他们的错误。使用比较判断是减少噪声的方法之一，我们将在本书第五部分对此进行讨论。

许多判断任务都需要将考查对象与量表上的某个类别进行匹配，或者使用一组有序的形容词，比如用“不太可能”或“极不可能”来评定事件发生的概率。然而，这种匹配其实很粗糙，因此充满了噪声。即使人们对判断的实质达成了共识，每个人对标签的理解也可能有所不同。即便如此，强制进行比较判断还是可能减少噪声。在下一章，我们将进一步探讨错误地使用量表会如何增加噪声。

消除噪声

匹配

- 我们俩都说这部电影非常好，但是你的喜欢程度似乎比我的要少一些。我们使用了相同的形容词，但是我们使用了相同的量表吗？
- 我们认为这部电视剧的第 2 季将会像第 1 季一样精彩。这时候，我们做的是匹配性预测，这是错误的。
- 在评阅论文时，你很难保持评分的一致性，那么你是不是应该试着给这些论文排个序？

第 15 章

选取精确的量表，并多用相对判断

假设你是民事审判案件中的一名陪审员。你目前所掌握的证据大致如下，你要据此做出判断。

琼·格洛弗（Joan Glover）诉 General Assistance 公司案

一个名叫琼·格洛弗的6岁小女孩吞下了大量非处方抗过敏药 AllerFree，需要住院治疗很长时间。大剂量的药物使她的呼吸系统变得很脆弱，因此她很容易患上哮喘、肺气肿一类呼吸系统疾病。AllerFree 药瓶的儿童安全盖设计是有问题的。

AllerFree 的生产商是 General Assistance 公司，这是一家年利润为1亿～2亿美元的大型制药公司，生产各类非处方药。美国的一项联邦法规规定，所有药瓶都必须使用儿童安全盖。General Assistance 公司完全无视该法规的初衷，在生产过程中使用了一种故障率比其他产品高很多的儿童安全盖。该公司的一份内部文件提到“这种愚蠢、完全没必要的联邦法规就是在浪费纳税人的钱”，并说他们受到惩罚的风险很低。该文件还提到：“就算是因为违反了这个法规而受到惩罚，那也是极其轻微的，不过就是要求我们今后提高保护盖的安全性而已。”尽管美国食品药品监督管理局的一名官员曾就该公司的安全盖问题提出警告，但该公司仍决定不采取任何纠正措施。

接下来，请你认真思考，然后做出三个判断。

愤怒程度：

下列哪个选项最能表达你对被告行为的态度？（请圈选相应的数字。）

完全能接受		反对		震惊		完全无法容忍
0	1	2	3	4	5	6

惩罚倾向：

除了支付补偿性损害赔偿外，你觉得被告应受到怎样的惩罚？（请圈选相应的数字。）

无须惩罚		中等惩罚		严重惩罚		极度严重的惩罚
0	1	2	3	4	5	6

赔偿金额：

除支付补偿性损害赔偿外，还应该要求被告支付多少惩罚性损害赔偿，以示惩戒，从而避免被告今后重蹈覆辙？（请在下面的空白处写下你的答案。）

________美元

琼·格洛弗的故事是本书的两位作者卡尼曼、桑斯坦以及我们的朋友兼合作者戴维·施卡德（David Schkade）在 1998 年报告过的一项研究中使用过的例子，但略微做了简化。我们将在本章详细介绍这项研究，希望你能体验其中的一项任务，因为目前我们已将这项研究视为噪声审查的一个富有启发性的案例，而且它重现了本书的多个主题。

本章的重点是介绍反应量表（response scale）的作用，它是最为普遍的一种噪声来源。人们的判断有所不同，可能并不是因为他们的判断有实质性的差异，而是因为他们使用量表的方式不同。假设你对员工绩效进行评级，在 0 ～ 6 分的量表上，你评了 4 分，在你看来这是很不错的分数。但是，对于相同的量表，有人可能觉得 3 分就已经是不错的分数了。“量表”的描述模糊不清是一个普遍的问题。已有很多研究分析了“高度怀疑”“清晰而有说服力的证据”“出色的表现”“不太可能发生”等模糊表达所引起的沟通障碍。用这样的短语表达的判断不可避免会产生噪声，因为说者和听者对它们的理解是不同的。

在琼·格洛弗案件的研究中，我们发现表述不够清晰的量表可能引发严重的后果。该研究的主题是经陪审团裁决的惩罚性损害赔偿中存在的噪声。从琼·格洛弗案的第三个问题可以看出，美国以及其他一些国家的法律允许陪审团在民事案件中要求行为特别恶劣的被告履行惩罚性损害赔偿。惩罚性损害赔偿是对补偿性损害赔偿的补充，目的是进一步补偿受害者。像琼·格洛弗案那样，当某种产品已经造成伤害且原告成功地起诉了该公司时，被告公司将给予原告经济补偿，用于支付原告的医疗费用、弥补原告的收入损失等。同时，原告也可能会获得惩罚性损害赔偿，用于警告被告以及与被告有相似行为的公司。在此案中，General Assistance 公司的行为显然应该受到惩罚，陪审团要求该公司履行惩罚性损害赔偿属于合理的诉讼请求。

惩罚性损害赔偿制度的一个主要问题是它的不可预测性。同样的不当行为造成的损害程度不同，因此相应的惩罚也没有统一的标准。用本书的术语来说，这个系统是有噪声的。惩罚性损害赔偿的诉讼请求常常被驳回，即使得到批准，其赔偿金额也不会使总金额相较于补偿性损害赔偿的金额有太多增加。但也存在一些例外，有些案件中，陪审团所裁定的惩罚性损害赔偿金额高得离谱，令人瞠目结舌。一个耳熟能详的例子是，一家汽车经销商被处以 400 万美元的惩罚性损害赔偿，理由是该公司未告知原告，他们售卖的新宝马车是重新喷过漆的。

我们对惩罚性损害赔偿进行了研究，邀请了 899 名参与者对琼·格洛弗案以及其他 9 起类似案件进行了评估。在这些案件中，原告都受到了损害，并起诉了据称应负相应责任的公司。与你刚刚体验的过程不同，在本项研究中，参与者仅需针对这 10 起案件回答上述 3 个问题（愤怒程度、惩罚意向和赔偿金额）中的 1 个。然后，参与者被进一步划分为不同的小组，并被告知每起案件的一个版本。在这些不同版本的案件中，原告遭受伤害的程度和被告公司的收入水平均有所不同，实验条件总共有 28 种。该研究的目标是验证与惩罚性损害赔偿有关的一个心理学理论，并考察金钱量表（在该实验中以美元为单位）在这套法律体系中，作为噪声的主要来源所起的作用。

愤怒让我们快速启动快思考系统

几个世纪以来，哲学家和法学家一直在争论如何确定公正的惩罚。但是，我们的假设是，这一困扰哲学家的问题对普通人来说很好解决，因为后者会用一个简单的问题代替困难的问题，从而简化任务。当有人问你，General Assistance 公司应该被处以多少数额的罚款时，你会直接选择回答“我有多生气”这个简单的问题。因此，惩罚倾向的强度就与愤怒程度匹配了起来。

为了验证这种愤怒假设，我们要求不同小组的参与者要么回答惩罚倾向问题，要么回答愤怒程度问题。然后，我们比较了该研究中 28 种实验条件下参与者在这两个问题上的平均评分。正如假设所预期的，愤怒程度和惩罚倾向的平均评分之间的相关系数高达 0.98（PC=94%）。这种高相关性支持了愤怒假设，即愤怒情绪是惩罚倾向的主要决定因素。

愤怒是惩罚倾向的主要驱动力，但并不是唯一的驱动力。你是否意识到，在琼・格洛弗的故事中，相比对愤怒程度进行评级，你对惩罚倾向进行评级时，有一个细节吸引了你的更多注意？如果你意识到了，我们猜这个细节应该就是琼受到的伤害。在不清楚后果的情况下，你就可以判定某种行为是否令人发指，例如本案中 General Assistance 公司的行为就属于此类。而判断惩罚倾向的直觉性思维往往带有报应的色彩，报应粗略的表现就是“以牙还牙”原则。对报应的这种强烈渴望解释了为什么法律和陪审团对谋杀未遂和谋杀已遂的态度会有如此大的差别。如果一个意图行凶之人“有幸”杀人未遂，他受到的惩罚将轻得多。

为了验证损害程度是否会影响惩罚倾向而不影响愤怒程度，我们给不同组的参与者展示了琼·格洛弗案及其他几起案件的“严重损害”版本和“轻度损害”版本。严重损害的版本就是本章开头介绍的那个。在轻度损害的版本中，琼“不得不住院数日，且各类药物给她造成了严重的精神创伤。当她的父母尝试让她服用维生素、感冒药等对身体恢复有益的药片时，她会失控大哭并说自己很害怕”。这个版本描述了这个孩子的创伤经历，但是其损害程度远低于第一个版本中描述的长期生理损伤。在严重损害版本和轻度损害版本中，参与者对愤怒程度的平均评分（前者为 4.24，后者为 4.19）几乎相同。这与我们的预期相符，因为只有被告的行为对愤怒情绪有影响，这种行为引发的后果对愤怒情绪则没有影响。相比之下，严重损害版本的惩罚倾向平均评分为 4.93，轻度损害版本的惩罚倾向平均评分为 4.65，虽然差异不大，但这在统计学上已经很显著了。严重损害版本中赔偿金的中位数为 200 万美元，轻度损害版本中赔偿金的中位数为 100 万美元。其他几个案例也得到了类似的结果。

这些发现体现了判断过程的关键性特征：**不同的判断任务会对证据不同方面的权重产生微妙的影响。**对于评定惩罚倾向和愤怒程度的参与者来说，他们自己都没有意识到自己对“法律制裁是否应基于报应原则”这一哲学问题所持有的立场。他们甚至都不知道如何为案件的各种特征分配权重。不过，他们在对愤怒程度评分时，为损害分配的权重几乎为 0，而在确定惩罚倾向时给这一因素分配了相当大的权重。请回想一下，参与者只看到了该故事的一个版本。因而，他们在对更严重的损害给予更严厉的惩罚时，结果的产生并非是基于仔细比较，而是因为他们在两个版本中进行了自动匹配。参与者的反应更多依赖于快思考系统而非慢思考系统。

充满噪声的量表

该研究的第二个目标是找出惩罚性损害赔偿为何会充满噪声。我们的假设是，对于被告应该受到多严重的惩罚这一问题，陪审团的想法往往是一致的，但对于如何将惩罚意图转化到赔偿金额这一量表上，他们出现了很大的分歧。

该研究设计比较了在相同案件的判决中，三种量表中存在的噪声数量，这三种量表分别是愤怒程度、惩罚倾向和赔偿金额（美元）。为了测量噪声，我们采用了本书第 6 章分析美国联邦法官的噪声审查结果时使用的方法。在那项分析中，我们假设某一案件中所有人的判断均值可以被看作是无偏差、公正的值。这只是出于分析目的所做的假设。需要强调的是，这个假设可能是错的。在理想状况下，陪审员使用的量表对每起案件的判断都应该是一致的。任何偏离平均值的判断都被视为误差，这些误差是系统噪声的来源。

第 6 章提到，系统噪声可分为水平噪声和模式噪声。在这里，水平噪声是指不同陪审员通常的严厉程度的变异，而模式噪声是指某位陪审员对不同案件的反应相对于其自身平均值的变异。因此，我们可以将判断的总体变异分解为三个组成部分，公式见下页。

这种分析方法将判断的方差分解为三个部分，分别对愤怒程度、惩罚倾向和赔偿金额这三种判断进行了分析。

图 15-1 显示了分析结果。噪声最少的量表是惩罚倾向，其中系统噪声占变异的 51%，与公正惩罚的变异几乎一样多。愤怒程度比

$$\text{判断方差} = \text{公正惩罚的方差} + \text{水平噪声}^2 + \text{模式噪声}^2$$

$$\text{Variance of Judgments} = \text{Variance of Just Punishments} + (\text{Level Noise})^2 + (\text{Pattern Noise})^2$$

惩罚倾向的量表噪声量更大，达到 71%。到目前为止，赔偿金额量表的噪声量是最大的，判断中有 94%的变异为噪声！

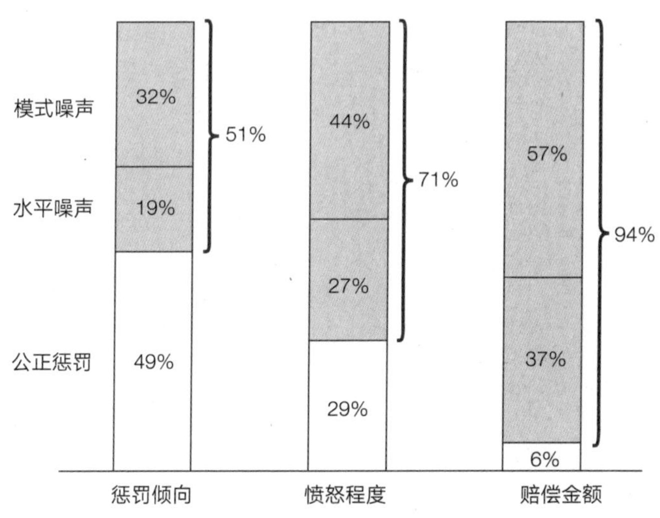

图 15-1　判断变异的组成部分

三者的差异之所以令人惊讶，是因为这三种量表测量的内容几乎完全相同。我们在前面已经看到，正如愤怒假设所预测的那样，愤怒程度与惩罚倾向的值几乎完全相关。而惩罚倾向和赔偿金额恰恰回答的是同一个问题，即 General Assistance 公司应该接受多严重的惩罚，两者不过是单位不同罢了。那么，我们该如何解释图 15-1 中三种量表出现的巨大差异呢？

我们可能会认为，愤怒并不是一个非常精确的量表。没错，确实存在“完全可以接受”的行为，但是如果要有一个限度来界定你对 General Assistance 公司或其他被告有多愤怒时，那个限度是非常模糊的。“完全无法容忍”的行为指的是什么？量表缺乏清晰的上限，就会不可避免地产生噪声。

惩罚倾向要相对具体一些。“严厉的惩罚”比“完全无法容忍”更准确，因为法律已经规定了“极其严重的惩罚”的上限。你可能想朝被告扔鸡蛋，但是可能不会提出将 General Assistance 公司的 CEO 及其高管全部处死这样的建议。我们希望你不会。惩罚倾向量表的模糊性较低，因为它的上限更加明确。结果也正如我们所料，它的噪声更小。

在衡量愤怒程度和惩罚倾向时，我们使用了类似的评价量表，它们都是由相对明确的文字标签所定义的。但赔偿金额属于另一类量表，它的问题更大。

美元和锚定

我们关于这项研究的学术论文的标题“同样的愤怒，不同的惩罚：惩罚性损害赔偿的心理机制”（“Shared Outrage and Erratic Awards: The Psychology of Punitive Damages”）清楚地表达了其中心思想。在我们的实验中，陪审员们的惩罚倾向评分基本上是一致的，其评分大部分可以由其愤怒程度来解释。但是，赔偿金额能够更真实地模拟法庭情况，其噪声之大让人无法接受。

原因并不神秘。如果你在琼·格洛弗案件中提出了一个具体的损害赔偿金额，你肯定能真实地感受到自己在选择这个数字时实际上是比较随意的。感觉到随意性这件事本身传达了重要的信息：**它能告诉你其他人也将随意地做出与你截然不同的决定，判断会充满噪声。事实证明，充满噪声确实是赔偿金额这类量表的一个突出特征。**

哈佛大学著名心理学家斯坦利·史密斯·史蒂文斯（Stanley Smith Stevens）发现了一个令人惊讶的事实，那就是人们对许多主观体验和态度的强度比例都有着强烈的直觉。他们可以调整光线强度使其看起来是另一种光线亮度的“2 倍”，人们会觉得 10 个月监禁的情感体验并不等于一个月监禁的 10 倍。史蒂文斯说，量表就是依据这类直觉等比绘制出来的。

你会发现，我们对金钱的直觉是通过理解“萨拉加薪了 60%”或“我们的富豪邻居一夜之间损失了一半的财富”这类采用比例的表述而轻松实现的。惩罚性损害赔偿的赔偿金额量表是衡量惩罚倾向的等比量表。同其他等比量表一样，赔偿金额量表有个有意义的零点（0 美元），而且没有上限。

史蒂文斯发现，等比量表（如赔偿金额量表）可能会受单个中间锚定点（行业术语是“模数”）的约束。他在实验室中将观察者置于一定亮度的灯光下，并让观察者“将现在灯光的亮度称为 10（或 50、200），并相应地为其他亮度分配数字”。不出他所料，观察者分配给不同灯光的亮度数值与最初让他们采用的任意锚定点成正比。锚定点为 200 的观察者给出的判断值是锚定点为 10 的观察者的 20 倍。观察者判断的标准差与锚定点成正比。

在第 13 章中，我们介绍了一个有关锚定效应的有趣例子。在那个例子中，首先询问人们是否要支付与他们社保号后两位数字等金额的费用（以美元为单位）购买某件物品，这个问题极大地影响了他们之后购买该物品的意愿。更令人惊讶的是，最初的价格锚定点也会影响他们购买清单上其他物品的意愿。被说服愿意为无线鼠标支付较高费用的参与者也同意为无线键盘支付较高的费用。相比商品的绝对价值，人们似乎对可拿来比较的商品的相对价值更加敏感。该项研究的作者将单个锚定点的这种持续效应称为锚定的“任意连贯性”（coherent arbitrariness）。

来感受一下任意锚定点对琼·格洛弗案的影响。假设本章开头对该案件的介绍中包括以下信息：

> 在一个涉及另一家制药公司的类似案例中，受害者是一个小女孩，她遭受了中度的心理创伤（就像你先前读到的轻度损害版本一样）。惩罚性损害赔偿的数额是 150 万美元。

请注意，这时候如何处罚 General Assistance 公司这个问题突然就变得容易多了。确实，你可能已经想好了赔偿金额，将前面提到的赔偿金额乘以一个倍数（或比例）就可以了。这个倍数（或比例）对应琼受到的严重损害与另外那个小女孩受到的轻度损害之间的差异。此外，当你读到单一锚定点（150 万美元）时，你的整个赔偿金额量表的取值范围基本上就被确定下来了。现在，设置比上述两种情况更严重或更轻微的案件的赔偿金额对你来说也很容易了。

如果人们依据等比量表进行判断时需要锚定点，那么要是没有锚定点，将会发生什么？史蒂文斯给出了答案。在没有实验人员指导的情况下，人们在首次使用量表测量灯光亮度时，不得不随意地选择了一个值。他们将自己选的这个值作为锚定点，基于这个点做出一致性的判断。

你可能会发现，我们为琼·格洛弗案设定赔偿金额时所面临的任务，就是在没有锚定点的情况下确定量表的例子。就像史蒂文斯实验室中没有锚定点的观察者一样，你对 General Assistance 公司应该受到的惩罚的判断也具有很强的随意性。我们的研究的参与者也面临相同的问题：他们不得不对自己看到的第一起案件随意地做出决定。不过与你不同的是，他们不仅做出了一个随意的决定，而且还要为其他 9 起案件设定惩罚性损害赔偿。后面这 9 项判断就不再是随意的了，因为这些判断可以与最初判断的锚定点保持一致，因此它们彼此之间也更加一致。

史蒂文斯实验室的研究说明，个体生成的锚定点将对其随后做出的对赔偿金额绝对值的判断产生很大影响，但对这 10 起案件赔偿金额的相对值没有任何影响。如果最初判定的赔偿金额很高，那么后续判定的赔偿金额也会很高，但不影响它们的相对大小。这一推论可以得出一个令人惊讶的结论：尽管赔偿金额的判断看起来充满噪声，它却真实地反映了法官的惩罚倾向。为了测量这种惩罚倾向，我们只需用相对分数代替绝对的赔偿金额即可。

为了验证这一想法，我们将每个参与者给出的这 10 起案件的赔偿金额替换为按金额大小排序的分数，然后再次进行噪声分析。最高金额的排序分数为 1，次高金额的排序分数为 2，依此类推。这种将赔偿金额转换为排序分数的做法消除了所有陪审员的水平误差，因为除了偶尔会出现分数相同的情况外，1 ～ 10 分的排序分布对每个人都是一样的。这里要说明一点，该问卷有多个版本，每个人都评判了 28 个情境中的 10 个。我们将判断 10 个相同情境的参与者划分到同一组，然后对各组的反馈分别进行了分析，并且给出了平均值。

结果令人震惊：判断的噪声从 94% 下降至 49%（见图 15-2）。将赔偿金额转换为排序后我们发现，实际上，陪审员在不同案件中对什么是合适的惩罚基本达成了共识。事实上，赔偿金额排序中的噪声（如果有的话）还略低于最初的惩罚倾向评分中的噪声。

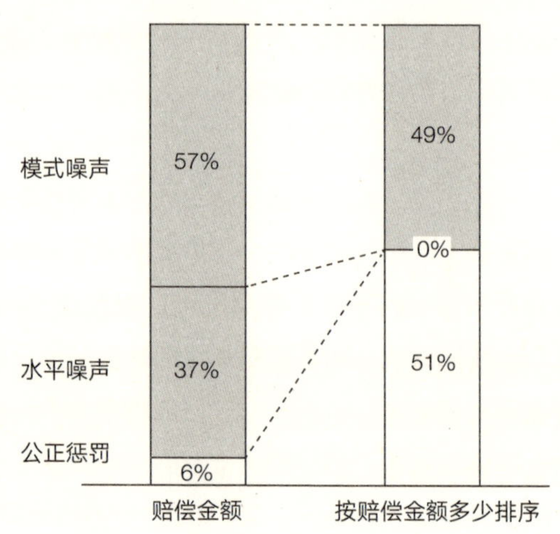

图 15-2　数值中的噪声与排序中的噪声

一个不幸的结论

结果与我们提出的理论是一致的：所有案件的赔偿金额均锚定在

每个陪审员在遇到的第一起案件中所选择的数字上。案件的相对排名反映了相对准确的态度，噪声水平相对较低；而赔偿金额的绝对数值基本上没有意义，因为它们取决于在第一起案件中选择的任意数字。

颇具讽刺意味的是，陪审员在实际审判中所评估的案件往往是他们遇到的第一起也是唯一一起案件。美国的法律要求民事陪审团为一起案件设定一个赔偿金额，却不给出任何指导性的锚定点。美国的法律还明确禁止向陪审团透露其他案件的赔偿金额。美国法律隐含的假设是，陪审员的正义感将直接引导他们根据对犯罪行为的周详思考，做出正确的惩罚判断。这个假设从心理学上说是不合理的，因为它假设了一种人类不具备的能力。司法机构应承认，司法人员也有局限性。

惩罚性损害赔偿是个极端的例子。专业判断很少用如此模糊的量表。但是，模糊的量表是很常见的，这意味着本书所介绍的惩罚性损害赔偿的研究对于商业、教育、体育、政府管理及其他领域都具有启示性。**第一，量表的选取会对判断中产生的噪声量造成很大影响，因为模糊的量表是充满噪声的。第二，如果可以的话，用相对判断代替绝对判断可能会减少噪声。**

● 消除噪声

重新理解量表

- 我们的判断有很多噪声，这是不是因为我们对量表的理解不同？
- 对于作为量表参照点的锚定点，大家达成共识了吗？
- 为了减少噪声，我们应该用排序分数代替自己的判断吗？

第 16 章

模式噪声的构成

还记得朱莉吗？我们在第 14 章中提到的那个早慧的孩子。你曾尝试预测她的大学 GPA。以下是有关朱莉的详细介绍。

朱莉是独生女。她的父亲是一位事业有成的律师，母亲是一位建筑师。朱莉大约 3 岁时，她的父亲患上了一种自体免疫性疾病，不得不居家办公。他花大量的时间陪伴朱莉，并耐心地教她读书识字。朱莉 4 岁时就能流畅地阅读。她的父亲也曾尝试教她算术，但朱莉觉得算术太难了。朱莉上小学时是个好学生，但她情感淡漠，不受同学欢迎。她经常独处，自从她和自己最喜欢的叔叔一起观察鸟类后，她就成了一名狂热的鸟类观察者。

朱莉的父母在她 11 岁时离婚了，朱莉因此非常伤心。她的成绩严重下滑，并且经常在学校大发脾气。上了高中以后，她在部分课程，比如生物课和创意写作课中表现出色。她的物理成绩非常出色，但是对其他大部分课程她都不太重视，因此她的毕业成绩只是 B。

朱莉没有被她申请的名校录取，最终上了一所还不错的州立大学，主修环境学研究专业。大学的前两年，她经历了许多感情挫折，经常抽烟。大二下学期时，她产生了去医学院就读的强烈愿望，并开始认真地对待学习。

你预测朱莉毕业时的 GPA 是多少呢？

朱莉 2.0 问题：难与易

很显然，这个问题（我们叫它“朱莉 2.0”）更加困难。对于“朱莉 1.0”（第 14 章中提及的简单线索版本），你只知道她 4 岁时就能阅读。只有一条线索时，匹配就可以胜任该任务，你很快就能凭直觉估计出她的 GPA。

如果存在多条线索，且指向同一个方向，匹配仍然可用。例如，当你读到“比尔是一位爱好演奏爵士乐的会计师”这样的描述时，你所拥有的信息（“缺乏想象力”“数学能力强”“社会科学课程成绩差”）描绘了一幅连贯、刻板的画面。同样，如果朱莉 2.0 中的大多数事件都与一个早慧、成就斐然的人物形象相吻合（也许在少数几个方面表现平平），你会发现这个问题并没有那么难。当手头的证据描绘出一幅连贯的画面时，快速的系统 1 思维就能毫无困难地做出判断。此类简单的判断问题很容易解决，而且大多数人都能给出相似的答案。

但朱莉 2.0 并非如此。这个问题有难度，因为存在多个相互冲突的线索。有一些线索表明朱莉有能力且积极性较高，但也有一些线索表明朱莉有性格缺陷、成绩普通。这样的故事俯拾即是，但这样的故事容易让人困惑，因为你无法对故事中的信息做出连贯的解读。当然，这种不连贯并不会使故事显得不切实际或不可信，因为人生总是比我们讲的故事复杂得多。

多个冲突的线索会导致模糊性，而模糊性决定了它是一个困难的判断问题。这也解释了为什么复杂问题比简单问题的噪声多。规则很简单：如果看待事物的方式可以有多种，那么人们就会用不同的方式看待它们。人们会选择不同的证据碎片来构建故事的核心框架，得出不同的结论。如果你发现很难构建一个故事使朱莉 2.0 的存在合情合理，那么其他读者肯定会构建出不同的故事来佐证他们的不同判断。正是这种差异制造了模式噪声。

你在什么时候对自己的判断充满信心呢？一般必须满足两个条件：你所相信的故事前后必须完全连贯，并且不存在其他有吸引力的合理解释。当你解释的所有细节都与故事完全吻合且相互强化时，这个故事就达成了完全连贯。当然，你也可以通过忽略不吻合的事件，或做出额外的解释来实现这种连贯性，尽管这样达成的连贯性可能不那么完美。对于其他合理的解释来说，情况也是如此。那些真正“解决”了判断问题的专家，不仅知道为什么自己所解释的故事是正确的，而且清楚为什么其他故事是错的。而一个人如果忽视其他合理的解释，或主动压制这些解释，他也能获得程度相当但品质较差的信心水平。

这意味着，一个人对其判断的主观信心程度并不能保证判断的准确性。不仅如此，压制其他可能存在的解释，或许会引起一致性错觉（见第 2 章），而大量证据已经证明，确实存在这样一种知觉过程。如果人们无法想象出与自己的结论不同的其他可能结论，他们会自然而然地认为，其他观察者也必然得出与自己相同的结论。当然，我们当中很少有人能对自己所有的判断都高度自信，所有人都经历过不确定的事件，也许就像你刚才阅读朱莉 2.0 的故事时一样。我们并非一直都高度自信，但大多数时候我们的信心都高于应有的程度。

模式噪声：稳定的还是变化的

我们将模式误差定义为：一个人判断一个案例的误差中，除去案例和判断者的影响后无法解释的部分。举两个明显的例子：一个平时很宽容的法官在判决某一特定类型的被告（比如违反交通法规的人）时变得异常严厉；平时很谨慎的投资者在看到令人兴奋的创业计划时，放松了警惕。当然，大多数模式误差并非如此极端。我们观察到，宽容的法官在面对惯犯时会严厉起来，在审理年轻女性的案件时则更加宽容，这些都是不极端的模式误差。

模式误差是由变化的因素和稳定的因素共同决定的。变化的因素包括我们曾提到的情境噪声的来源，比如法官在审理案件中的某一时刻心情很好，或是法官刚好想到了近期发生的一些不幸的事。其他因素则更为稳定，例如，某个招聘者总是对来自某些大学的应聘者非常热情，或是某个医生总喜欢建议肺炎患者住院治疗。我们可以用一个简单的方程式来描述某一判断中的误差，方程式见下页。

因为稳定的模式误差和变化的（情境）误差是独立且不相关的，所以我们可以扩展下页的方程式来进一步分析它们的方差，见 249 页。

同分析误差和噪声的其他成分时一样，我们可以用直角三角形两条边长的平方和来表示扩展的方程式（见图 16-1）：

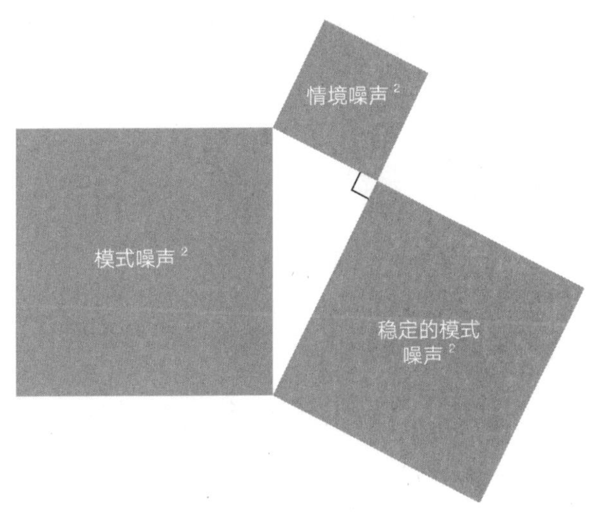

图 16-1　模式噪声的成分

我们来举一个稳定的模式噪声的例子。你可以想象一下，一个招聘者要根据候选人在各个维度上的一系列得分，来预测候选人担任主管后的未来绩效。在第 9 章我们提到了判断模型。在该模型中，招聘

模式误差

=

稳定的模式误差

+

变化的（情境）误差

Pattern Error

=

Stable Pattern Error

+

Transient (Occasion) Error

$$\text{模式噪声}^2 = \text{稳定的模式噪声}^2 + \text{情境噪声}^2$$

$$(\text{Pattern Noise})^2 = (\text{Stable Pattern Noise})^2 + (\text{Occasion Noise})^2$$

者会给各个维度的评分赋予一个权重，权重与判断者对某一维度的重视程度成正比。不同的招聘者对各个维度的赋权各不相同：有的招聘者更看重领导力，而有的招聘者更看重沟通能力。这种差别导致候选人在不同招聘者心目中的排名不同。这就是稳定的模式噪声的一个例子。

对具体案例的个体化反应也会产生稳定的模式噪声，并且这种模式噪声还具有高度的特异性。想象一下，是什么导致你对朱莉的故事的某些细节更为关注，而对另一些细节不那么关注呢？可能是因为其中的某些细节与你的生活经历有许多相似之处。也许朱莉的某些事让你想起了自己的一位近亲：他离成功只有一步之遥，但最终功亏一篑——你认为这是他与生俱来的性格缺陷导致的。与此相反，朱莉的故事也可能会唤起你对某个挚友的回忆：他经历了艰难的青春期后，努力考入了医学院，现在已经成为一名成功的医学专家。对于不同的人来说，朱莉的故事所引发的联想是独特且不可预测的，但这些联想可能又是稳定的：你在上个星期读朱莉的故事时联想到的人物，与现在读朱莉的故事时联想到的人物是相同的，并且你当时对朱莉的故事的个体化感受与现在的也是相同的。

判断品质上的个体差异是模式噪声的另一个来源。设想有一位拥有超级预测能力的预言家，包括他自己在内，没有人知道他有这种预测能力。他的准确性会使他偏离预测的平均值。在没有客观结果的条件下，这种偏离会被视为模式误差。当判断结果无法被验证时，超级准确的预测看起来就像模式噪声。

模式噪声还源于个体对案例的不同维度做出有效判断时其能力上

的系统性差异。想象一下专业运动员团队的遴选过程。教练可能更关注与比赛相关的各种运动技能，医生更关注运动员是否易受伤，心理学家则更关注运动员的动机和毅力。我们可以想到，当不同的专家评估相同的运动员时，大量的模式噪声将会出现。同样，全能型专家在进行判断时也会在某些方面更为擅长，在另一些方面不那么擅长。这种情况下，模式噪声更多地被描述为人们在知识、技能上的差异，而非误差。

专家们独自做决策时，技能的差异就是噪声。然而，当管理层有机会组建一个团队共同做判断时，技能的多样性将成为一种潜在优势，因为不同的专业人士将会考虑不同方面，并相互补充。我们将在第 21 章中讨论这种优势，以及如何获取这种优势。

在前面的章节中，我们讨论了在保险公司的客户被指派核保人时，或被告被指派法官时，所面临的两种类似抽签的情况。我们可以看到，第一次"抽签"，即从一群同行中选出一名专业人士这个过程，不仅选择了该专业人士判断的平均水平（水平误差），还选择了一个类似万花筒的组合：该专业人士独有的价值观、偏好、信念、记忆、经验和联想的组合。当你自己做判断时，你也会受这些因素的影响。你在工作中形成自己的思维习惯，并从导师那里获得智慧。获得成功帮你建立了信心，犯错让你避免重蹈覆辙。在你脑海中的某个地方，有你记住的正式规则，也有被你遗忘的规则，还有你知道可以忽略的规则。没有人能在所有方面都和你一模一样。你稳定的模式误差是独一无二的。

第二次"抽签"选择了你做判断的时机、你当时的心情以及其他本不应该影响判断却对判断产生了实际影响的看似无关的因素。这种抽签会产生情境噪声。设想一下，在你读朱莉的信息之前，你刚刚阅读了一篇有关大学生吸毒的报刊文章。这篇文章讲到了一名有天赋的学生下定决心要去攻读法学院，他为此努力学习但依然未能如愿，因为他在刚进入大学的时候曾由于吸毒落下了太多功课。因为这条信息刚刚进入你头脑中，所以这个故事会让你在评估朱莉的整体情况时更关注她的抽烟习惯。但是，如果你在几个星期后才评估朱莉的情况，你可能就不记得这篇文章了。如果你昨天已经做了评估，你显然根本还没看到这篇文章。阅读报刊文章所产生的效应是短暂的，这就是情境噪声。

上面这个例子表明，稳定的模式噪声和不稳定的情境噪声之间并没有明显的分界线。对案例某些方面的独特敏感性是永久的还是暂时的，决定了两者的主要区别。当模式噪声的触发因素根植于我们的个人经验和价值观时，我们可以预期该模式噪声是稳定的，它反映了我们的独特性。

用人格进行类比

人们对某些特征或特征组合的反应是独特的，这一点不太直观，不太容易被理解。要想更好地理解它，我们可以思考另一种众所周知的复杂的特征组合：我们周围的人的人格。实际上，判断者对案例做出判断可以被看作人格研究领域中一个更宽泛的研究主题下的特例，即在特定情境下人们会如何行事。对该宏大主题展开了数十年的深入研究后，我们了解到一些关于判断的知识。

心理学家长期以来一直试图理解和测量人格的个体差异。人们在许多方面彼此不同。早期研究尝试在字典中搜寻能够描述一个人的词语，并找出了 18 000 个单词。如今，占统治地位的人格模型——大五人格模型，将人的特质分为 5 个维度（外倾性、宜人性、责任心、开放性和神经质），大五模型的每个维度都包含一系列可辨识的特质。我们可以将人格特质理解为实际行为的一种预测指标。如果某人被描述为有责任心，我们就能够观察到相应的行为，如守时、信守承诺等。如果安德鲁在积极性上的得分高于布拉德，我们应该能观察到，在大多数情况下，安德鲁的表现都比布拉德更积极。然而，借助宽泛的人格特质来预测特定行为，其有效性实际上非常低。通常，相关系数为 0.3（PC = 60%）就已经很高了。

我们总是想当然地认为，行为可能是由人格驱动的，但它实际上也受情境的强烈影响。在某些情境中，没有人会表现出积极性，而在另一些情境中，每个人都会表现出积极性。安慰一位刚刚失去亲人的朋友时，安德鲁和布拉德都不会表现得很积极。但是，在足球比赛中，二人都会表现出一些拼劲。简而言之，行为必定是人格和情境的函数。

一个人与众不同且十分有趣的原因在于，人格与情境的结合并非是一个机械的相加函数。例如，情境引发的积极性强度对不同人而言是不同的。即使安德鲁和布拉德在积极性方面的平均得分相同，他们也不一定在每种情境中都表现出完全相同的积极性。也许安德鲁对同龄人比较强势，但对上级很服从；布拉德的强势表现不太受职位等级的影响，但当受到批评时，布拉德就特别容易产生攻击性，而在身体受到威胁时，他表现得非常克制。

人们在不同情境下的这种特有的反应模式，可能在时间上具有稳定性。尽管这种特有的反应模式不应被描述成广义的“特质”，但它们构成了我们所说的人格的大部分内容。虽然安德鲁和布拉德在积极性人格测试中的得分可能相同，但他们的积极性行为的触发因素或情境却不同。对于两个具有相同特质水平的人，比如同样固执或同样慷慨的两个人，我们可以这样理解：他们在该特质上的平均水平是相同的，但在不同的情境中，他们不一定具有完全相同的行为反应模式。

现在你可以看出有关人格特征的讨论与我们前面提到的判断模型之间的对应关系了。法官之间的水平差异与人格特质的个体差异相对应，代表了多种情境下行为的平均值。案件可以类比为情境。个体的平均判断只能在中等程度上预测他在某个具体问题上的判断，正如人格特质只能在中等程度上预测个体在某种特定情境下的行为一样。如果根据判断水平对判断者进行排名，那么他们在不同案例上的排名会存在很大差异，因为人们对不同案例的特征或特征组合的反应各不相同。个体判断与决策的鲜明特征就体现在他们对特征的独特敏感性，以及对具体案例的独特反应模式中。

一般而言，人格具有独特性是好事，但本书关注的是专业判断，所以其中的变异性是一个问题，毕竟存在噪声就是存在误差。进行类比的目的是想揭示，即使模式噪声并不是随机的，我们也不可能对它进行解释。哪怕是做出不同判断的个体本身，也无法对它进行解释。

消除噪声

模式噪声从何而来

- 你似乎对自己的结论充满信心，但这不是一个容易解决的问题，因为线索指向了不同的方向。你是否忽略了证据的其他可能解释？

- 我和你面试了同一位候选人，我们俩平时都是很严格的面试官，但是这次我们做出了完全不同的判断。这种模式噪声从何而来？

- 人格的独特性使得人们具有创新性、创造力且有趣、生动，但是就判断而言，独特性并不是好东西。

第 17 章

噪声源，偏差是引人注目的图形，而噪声是不受我们关注的背景

哪里有判断，哪里就有噪声，希望你现在也认同这一观点。我们也希望，对你而言这已不再是一件超乎想象的事。这也正是我们着手开展研究的主要动力。经过多年的努力，我们对这个问题的思考已经逐渐深入和完善。现在，来回顾一下我们已经了解的噪声成分、这些成分对噪声的重要影响以及它们在判断中所起的作用。

噪声成分：影响判断的 3 种噪声

图 17-1 是我们在第 5 章、第 6 章和第 16 章中介绍的 3 个方程式的一个组合图，该图展示了对误差的 3 个连续的分解：

- 将误差分解为偏差和系统噪声。

- 将系统噪声分解为水平噪声和模式噪声。
- 将模式噪声分解为稳定的模式噪声和情境噪声。

现在，你可以看到均方误差如何被分解为偏差以及我们曾讨论过的 3 种噪声成分的平方。

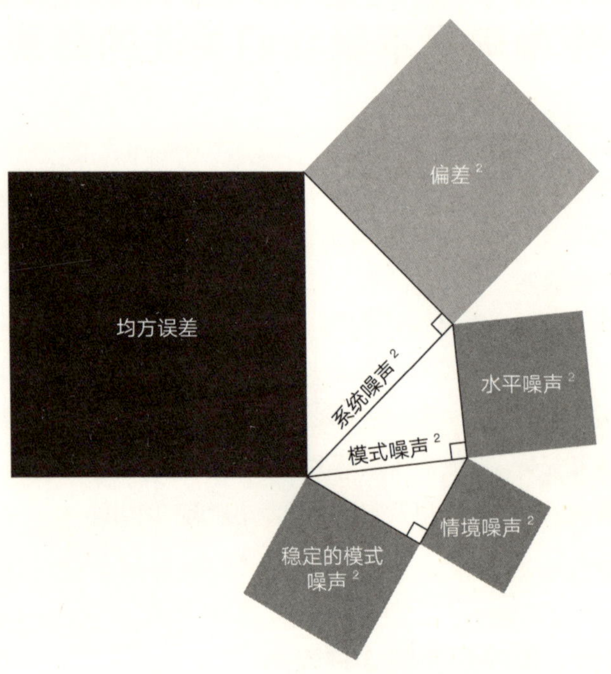

图 17-1 误差、偏差和噪声的成分

开始着手这一研究项目时，我们关注偏差和噪声在总误差中所占的相对权重。我们很快得出结论：相比于偏差，噪声通常是误差的主要成分，因此噪声非常值得我们进一步探索。

我们早期对噪声成分的思考基于复杂的噪声审查框架。在该框架中，多个人对多个案例做出判断。美国联邦法官的研究以及惩罚性损害赔偿的研究，都是这样的例子。从这些研究中获得的数据能够对水平噪声进行可靠的估计。另外，虽然每个参与者都对每个案例进行了判断，但只进行了一次，因此无法判断残差是变化的还是稳定的。我们将残差称为模式误差。依据统计分析的保守性原则，残差通常被视为随机误差。换句话说，模式噪声被完全默认为情境噪声。

很长一段时间以来，这种将模式噪声解释为随机误差的传统做法限制了我们的思维。专注水平噪声，比如严厉和宽容的判断者之间、乐观和悲观的预测者之间的稳定性差异，似乎是自然而然的事。但是，有证据表明，那些无关的、变化的环境也会影响判断，从而产生情境噪声，这引起了我们的研究兴趣。

这些证据让我们逐渐认识到，人们做出的判断之所以充满噪声，很大程度上既不是因为个体的普遍性偏差，也并非变化的或随机的因素所致；特定个体对多重特征持续出现的个体化反应，决定了他们对具体案例的反应。我们最终得出结论，我们应该摈弃“模式噪声是随机变化的”这一观点。

虽然我们很想谨慎一点，尽量避免根据有限的案例做出过度概括的陈述，但是整合所做的研究后，我们发现，稳定的模式噪声实际上比系统噪声的其他成分更为重要。我们很少在同一研究中全面地探究误差的各个组成部分，因此需要进行精确的分析才能得出这样一个暂时性的结论。简而言之，以下就是我们已知和未知的内容。

成分的大小：稳定的模式噪声几乎是水平噪声的 4 倍之多

首先，我们对水平噪声和模式噪声的相对权重进行了几种估算。总体而言，模式噪声似乎比水平噪声对系统噪声的影响更大。例如，在第 2 章提到的保险公司的例子中，不同核保人在平均保费上的差异仅占总体系统噪声的 20%，剩余的 80%都是模式噪声。在第 6 章提到的美国联邦法官的例子中，水平噪声（平均严厉程度的差异）在总体系统噪声中的占比略低于一半，而模式噪声则占一半以上。在惩罚性损害赔偿的实验中，系统噪声的总量在不同量表（惩罚倾向、愤怒程度或赔偿金额）上差别较大，但模式噪声的占比却基本恒定：三种量表下，模式噪声分别约占总体系统噪声的 63%、62% 和 61%。在第五部分，我们将介绍其他一些研究，特别是有关人事决策的研究，其研究的结果都与这一暂时性的结论一致。

在这些研究中，水平噪声通常不是系统噪声的最主要成分。这一事实已经传递了一则非常重要的信息，因为水平噪声是唯一一种（有时）无须组织进行噪声审查就可以监测到的噪声。当案例或多或少地被随机分配给各个专业人员时，他们的决策的平均差异就是水平噪声。例如，针对专利局的研究发现，审查员授予专利的平均倾向性存在很大差异，进而影响了有关这些专利的诉讼发生率。同样，儿童保护部门的官员决定将儿童送到寄养家庭或寄养机构的倾向性也不同，这会对儿童的命运产生长期影响。这些观测都仅仅基于水平噪声的评估。这些研究揭示的噪声问题令人震惊，但是，如果模式噪声多于水平噪声，那么它所反映的噪声问题的严重性至多只是实际情况的一半。这一暂时性结论也有例外。法官在关于是否提供庇护的裁决中出现的令人震惊的巨大变异，几乎可以肯定更多地源自水平噪声，而非模式噪声，但我们怀疑其中的模式噪声也很多。

下一步，我们通过对模式噪声的两种成分进行分解来对其进行分析。我们有充分的理由认为，模式噪声的主要成分是稳定的模式噪声而非情境噪声。对美国联邦法官在量刑中存在的噪声进行审查，展示了我们的推理过程。我们首先假设了一种极端情况，即所有的模式噪声完全是随机变化的。在这一假设前提下，法官们的量刑会随着时间的推移变得十分不稳定和不一致，乃至达到毫无道理可言的程度。因此，我们不得不做出这样的推测：同一法官在不同情境中对同一案件量刑的平均差异达到 2.8 年左右。法官之间在平均量刑上的差异已经够令人震惊的了，要是同一名法官在不同情境下的量刑也存在这么大的差异，那实在是太荒唐了。因此，得出以下结论似乎更为合理：法官们会对不同的被告和不同的罪行做出有差异的反应，这种差异虽极为个体化，却是稳定的。

为了更加准确地量化模式噪声中有多少是稳定的模式噪声，又有多少是情境噪声，我们需要让同一名法官对每起案件进行两次独立评估。我们发现，在对判断的研究中通常不可能获得两个独立的判断，因为很难保证对案例的第二次判断完全独立于第一次判断。尤其是，当判断很复杂时，做出判断的人很可能会发现这是同一个问题，从而重复最初的判断。

亚历山大·托多罗夫（Alexander Todorov）带领普林斯顿大学的一组研究人员设计了一个巧妙的实验范式，攻克了这一难题。他们从“亚马逊土耳其机器人”（Amazon Mechanical Turk）[①] 网上招募了参与

---

① 一个网站，人们可以通过在上面提供一些短期服务，如填答问卷，来获取报酬。

者。在他们的一项实验中，参与者观看了一些面孔图片（由计算机程序生成，但与真人面孔无异），并对这些面孔的各项属性进行了评分，比如亲和力、值得信赖程度等。一个星期后，实验人员用相同的面孔让相同的答卷人重复了该实验。

我们有理由认为，本实验中判断的一致性程度会低于专业人士的判断，如法官的量刑。虽然差不多每个人都会认同，有些面孔极具吸引力，有一些则令人反感，但在很大范围内，我们可以推测，对面孔的反应存在很大的个体差异。确实，观察者之间几乎没有共识。比如，在值得信赖程度的评分上，面孔图片之间的差异所导致的变异仅占判断变异的 18%，剩余 82%的变异都是噪声。

我们也有理由推测，这些判断的稳定性较差，因为实验参与者只是为了赚钱而参与在线答题，其判断品质会远低于专业判断。然而，实验结果发现，噪声的最主要成分还是稳定的模式噪声，其次才是水平噪声，即不同的观察者对诸如面孔值得信赖的程度等属性的平均评分上的差异。情境噪声虽然也很大，但占比最小。

要求参与者做出其他判断，比如有关汽车或食物的偏好，或是回答一些接近专业判断的问题时，研究人员也得出了相同的结论。比如，在第 15 章中讨论的惩罚性损害赔偿的一项模拟研究中，参与者针对 10 个人身伤害案件评定了他们的惩罚倾向，两次评分之间间隔一个星期。同样，稳定的模式噪声是噪声最主要的成分。在所有这些研究中，判断者给出的结果彼此不一致，但他们自身的判断仍保持稳定。用研究人员的话说，这种“缺乏共识的稳定性”，为稳定的模式噪声提供了清晰的证据。

关于稳定的模式噪声所起作用的最有力证据，来自我们在第 10 章中提到的对保释法官的大规模研究。在这项杰出研究的一个部分中，研究者创建了一个统计模型，该模型可以模拟每位法官如何使用手头的线索来决定是否批准被告的保释申请。他们建立了 173 名法官的个性化模型，然后运用这些模型来模拟法官对 141 833 个案例做出的判决，每个案例产生了 173 个判决——判决总数超过 2400 万。应我们的要求，研究者慷慨地进行了特定分析，他们将判断的变异分为三部分：每个案例平均决策的“真实”变异、法官们在保释倾向上表现出的差异所导致的水平噪声，以及剩下的模式噪声。

这一分析的结果与我们的观点相符，因为该研究所测得的模式噪声完全是稳定的。这项研究是对预测法官决策的模型进行的分析，因而无法体现情境噪声的随机变异性。这些数据仅包含可验证的、稳定的个体预测规则。

结论非常明确：稳定的模式噪声几乎是水平噪声的 4 倍——稳定的模式噪声占总变异的 26%，而水平噪声占总变异的 7%。这种可识别、稳定、特异性的个体模式，要比不同法官之间审判的严格程度的差异大得多。

所有这些证据与我们在第 7 章中讨论的有关情境噪声的研究结果一致：尽管情境噪声的存在让人惊讶甚至不安，但没有迹象表明个体内部的变异大于个体间的变异。系统噪声中最主要的成分恰恰是最开始被我们忽略的成分——稳定的模式噪声，即法官们对特定案例做出的判决中的变异性。

考虑到相关研究较为匮乏，我们的结论只是暂时性的，但它们反映了我们对噪声的态度以及应对方式的改变。从原则上说，水平噪声——法官之间简单、全面的个体差异，应该是一个相对容易测量和解决的问题。如果有异常“严格”的评分者，或异常“谨慎”的儿童监护权法官，抑或十分厌恶承担风险的贷款人，雇用他们的机构可以试图使他们的判断维持在平均水平。例如，大学会要求教授们在评分时遵守事先确定好的成绩分布。

很可惜，我们发现，专注水平噪声会遗漏掉很大一部分个体差异。大多数噪声都不是水平差异的产物，而是交互的产物，如不同的法官如何对待特定的被告，不同的老师如何对待特定的学生，不同的社会工作者如何对待特定的家庭，不同的领导如何对待特定的公司愿景……噪声主要是我们的独特性或“判断人格”的副产品。降低水平噪声依旧是一个有价值的目标，但仅达到此目标仍然未能解决大部分的系统噪声问题。

对误差的解释

与噪声有关的很多问题都值得关注，但公众并没有意识到这些问题，有关判断与误差的讨论也几乎很少涉及噪声。尽管有证据表明噪声是存在的，并且产生噪声的机制很多，但人们很少将噪声作为影响判断的主要因素。为什么会这样呢？为什么我们从不用噪声来解释糟糕的判断结果，而是将其归咎于偏差呢？既然噪声无处不在，为什么人们很少将其作为判断误差的来源呢？

这个难题的关键在于：尽管误差的平均值（偏差）和变异性（噪声）在误差方程中起着同等作用，我们却是以截然不同的方式来看待它们的。我们对周遭世界进行合理化的常规方式让我们几乎无法识别噪声的作用。

在本书前面的章节中我们已经指出，人们在事前很难对事件进行预测，但对其进行事后解释却很容易。常态谷中的事件通常不足为奇，也容易解释。

判断也是如此。像其他事情一样，大多数判断和决策也发生在常态谷中，它们通常不会令人惊讶。如果对某件事的判断已经产生了令人满意的结果，那么该判断就是再正常不过的了，因而很少遭到质疑。当任意球的射手射门得分时，当心脏病手术成功时，当创业成功时，我们会认为决策者一定是根据正确的原因做出的选择。毕竟，这些原因已经被其结果证明是正确的。就像其他不足为奇的故事一样，一个成功的故事，一旦结果已知，就能自圆其说了。

然而，我们还是觉得需要对异常的结果进行解释，包括那些糟糕的结果，有时也包括好到出奇的结果，比如一个令人难以置信的商业冒险最终却获得了成功。用误差或特殊才能来解释这些结果是很普遍的做法，因为对于过去的重大冒险行为，一旦结果已知，人们就很容易将其解释为因为天才或愚蠢。心理学中著名的基本归因偏差说的就是这种倾向，人们通常会将责任或功劳归因于行动者。事实上，将这些结果解释为运气或客观环境所致或许更合适。另一个心理偏差，即后见之明偏差，则扭曲了人们的判断，从而导致那些无法预料的结果从事后看来是很容易预见到的。

对判断误差做出解释并非难事。为判断找原因比为结果找原因要容易得多。我们总是倾向于用动机来解释人们的判断。如果用动机不足以做出解释，我们还可以将误差归结为他们的无能。近几十年来，出现了另一种对糟糕的判断进行解释的常见心理机制：心理偏差。

心理学和行为经济学的大量研究发现了一长串的心理偏差，包括计划谬误、过分自信、损失规避、禀赋效应、现状偏差、未来过度折现（即刻偏差）等，当然也包括针对不同人群的歧视或偏好。人们已经很了解这些偏差在何种情况下会影响判断与决策，对于决策观察员怎样实时地对偏差进行识别也已知之甚多。

如果心理偏差可以被事先预测或被实时检测出来，那人们就可以对判断误差做出合理的因果解释。即使偏差只能被事后识别，只要它可以对未来做出预测，那也能够提供有意义的、暂时性的解释。例如，一名优秀的女性应聘者出人意料地应聘失败了，那么可以据此做出一个一般性的假设——存在性别歧视，可以通过对后续的招聘决策进行分析来证实或驳斥这一假设。相反，想象一个仅适用于某一具体事件的因果解释：在那个案例中，他们失败了，一定是因为他们过分自信了。这种说法没有任何实际意义，但它提供了一种让人感到满意的理解错觉。商学院教授菲尔·罗森茨威格（Phil Rosenzweig）坚定地认为，在讨论商业结果时，用偏见去进行空洞的解释是非常普遍的，这是因为人们迫切需要一个使经验合理化的故事。

从统计学上说，噪声无处不在

正如我们在第 12 章中指出的那样，我们惯常使用因果思维。我们会自然而然地去关注特定的事件，追踪并创建出因果连贯的故事。这其中，失败往往被归因于误差，而误差往往被归因于偏差。糟糕的判断结果很容易被解释，因而没有为用噪声解释误差留有余地。

因果思维的直接后果是我们看不见噪声。噪声本质上是一种统计概念：只有当我们采用统计思维对一组相似的判断进行思考时，噪声才可见。事实上，此时很难对噪声视而不见：它是对量刑判决和保费核准进行事后统计时呈现出的变异性；它是当你和其他人思考如何预测未来的结果时呈现出的各种可能性的范围；它是靶子上那些散布的弹孔。从因果性上说，噪声并不存在；从统计学上说，它无处不在。

很遗憾，用统计思维看待噪声并非易事。我们毫不费力地就能为观察到的事件找出理由，但是若要对其进行统计学思考，必须学习并持续努力。因果思维是与生俱来的，而想要使用统计思维则困难重重。

这严重影响了我们是将偏差还是将噪声视为误差来源的选择。如果你接触过普通心理学，你可能还记得一幅插图：在模糊的背景中，一个突出而又充满细节的人物会脱颖而出。虽然人物很小，背景很大，但我们的注意力仍然会牢牢地集中在人物身上。图形 / 背景的例子可以与人类关于偏差和噪声的直觉进行很好的类比：偏差就是引人注目的图形，噪声则是不受我们关注的背景。这就是为什么我们在很大程度上意识不到自己的判断中存在重大缺陷。

消除噪声

噪声源

- 我们很容易看到判断在平均水平上存在的差异，但我们无法看到的模式噪声有多大呢？

- 你说这个判断是由偏差引起的，但如果结果不同，你还会这样说吗？你能确定其中是否有噪声吗？

- 我们专注于减少偏差，这是对的。同样，我们也应该关注如何减少噪声。

NOISE

第五部分

决策卫生，提升五大人类判断力

对抗噪声，让你的决策更“卫生”

一个组织如何改进其专业人员所做的判断？尤其是，一个组织如何减少判断中的噪声？如果让你来解答这些问题，你会怎么做？

第一步是需要让组织认识到，专业判断中的噪声是一个值得关注的问题。为此，我们建议进行噪声审查（详细说明见附录 1）。在噪声审查中，多个人会对同一个问题做出判断。噪声是这些判断之间的变异。在某些情况下，这种变异可以归结为能力不足：一些判断者业务熟练，另一些人则不然。当存在这样的技能差距时（无论是普遍情况，还是某些特定的情况），人们当然应该优先考虑改进技能上的欠缺。但是，正如我们所看到的，即使在能力出众、训练有素的专业人士的判断中，也存在大量噪声。

如果系统的噪声量值得关注，那么应该考虑用规则或算法代替判断，因为这样可以更好地消除噪声。但是规则有其自身的问题（我们将在第六部分中讲到），即使是人工智能最狂热的支持者也认同：在短时间内，算法不可能普遍取代人类判断。因此，提高判断力的任务紧迫性一如既往，这也是本书这一部分的主题。

当然，改善判断的一个明智做法是尽可能选择能力出众的判断者。在射击场，有些射击手打靶特别准。任何专业判断任务都是如此：精通的人既会产生更少的噪声，也会产生更少的偏差。关于如何找到最好的判断者，答案有时是显而易见的，如果你想解决一个象棋方面的问题，就去问一位象棋大师，而不是问写书的我们。但对于大多数问题，卓越判断者的特征很难辨别，这些特征是第 18 章的主题。

接下来，我们会讨论减少判断错误的方法。心理偏差和统计偏差都与噪声有关。我们将在第 19 章中看到，存在许多试图消除心理偏差的尝试，有一些非常成功，有一些则非常失败。我们简要回顾了消除偏差的策略，并提出了一种非常有前景但据我们所知尚未被系统性探讨过的策略。比如，让指定的决策观察者去搜寻一些诊断信号，这些诊断信号能够反映现实生活中的团队工作是否受到一种或几种常见偏差的影响。附录 2 提供了一个决策观察者可以使用的偏差检查清单。

然后就到了本书第五部分的重点：对抗噪声。我们会介绍决策卫生，即我们推荐的一种减少人类判断噪声的方法。我们呈现了五个不同领域的案例研究。在每一个领域中，我们会验证噪声的普遍性，以及由此造成的一些令人吃惊的故事。我们还将回顾减少噪声的一些成功或失败的尝试。当然，在每一个领域中人们都使用了多种方法，但为了便于阐述，每一章只会突出一种决策卫生策略。

第 20 章以司法科学的案例作为切入点，说明了排序信息的重要性。寻求一致性会导致人们根据当前的有限证据形成早期印象，然后去证实他们已经形成的预先判断。这就意味着，在判断过程的早期不要接触无关信息，这一点尤为重要。

在第 21 章，我们会谈到预测的案例，阐明了一个减少噪声的最重要策略的价值，这个策略汇总了多个独立判断。“群体智慧”原则是建立在平均多个独立判断的基础上的，这能确保减少噪声。除了直接进行平均之外，还有其他汇总判断的方法，我们也将结合预测举例说明。

在第 22 章，我们将审视医学诊断中的噪声以及减少噪声的尝试。它指出了一种减少噪声的策略的重要性和普遍适用性。这种策略我们已经在刑事判决的例子中阐述过，那就是判断指南（judgment guidelines）。判断指南可以成为一种强有力的减少噪声的机制，因为它们直接减少了法官之间在最终判决上存在的差异。

在第 23 章，我们将讨论商业活动中的一个常见挑战：绩效评估。在这方面减少噪声的尝试证明了，使用一个基于外部视角的通用量表极其重要。这是一个重要的决策卫生策略，原因很简单，判断包含一个将印象转换成量表分数的过程，如果不同的法官使用不同的量表，就会产生噪声。

在第 24 章，我们探讨了人才选拔这一主题，该主题与绩效评估相关但又完全不同，在过去的 100 年中，人们已经对此进行了广泛的研究。它说明了一个必不可少的决策卫生策略的价值在于使复杂的判断结构化。结构化是指将一个判断分解为不同的组成部分，对数据收集过程进行管理，以确保输入的信息彼此独立，并且待所有信息都收集完毕后再进行整体讨论，从而做出最终的判断。

在第 25 章，我们在从人员招聘领域获得的经验基础上，提出了一种对选项进行评估的通用方法：中介评估法。中介评估法以“选项就像候选人”这一假设为前提，以图解的方式描述了如何将结构化的决策制定以及前面提到的其他决策卫生策略，引入重复决策和单一决策的典型决策过程中。

在开始之前，我们要说明一点：具体说明甚至量化每个决策卫生策略在各种情境中的价值非常重要，了解哪种策略最有益以及如何对它们进行比较也很重要。当信息流受到控制时，噪声能降低到什么程度？如果目标在于减少噪声，那么在实践中需要汇总多少判断？结构化判断是有价值的，但在不同的情境中，它的价值到底有多大？

由于噪声的话题很少引起人们的注意，这些问题仍然有待研究解决。在实际应用中，某一策略的优势取决于使用它的特定环境。想一想判断指南的应用：它们有时会产生巨大好处（我们将在一些医学诊断的案例中看到），然而，在其他情况下，采用该指南可能好处并不大。这或许是因为一开始就没有太多噪声，也可能是因为即使是最好的指南也不能减少太多噪声。在任何给定的情境中，决策者都应该力争更准确地了解每项决策卫生策略可能带来的好处及其相应的成本。我们将在第六部分对其进行讨论。

第 18 章

卓越的判断者，卓越的判断力

至目前为止，我们主要谈论的是人类的判断，而没有对不同的判断者进行区分。显然，在任何一项任务中，有些人做出的判断要优于其他人。即使是由群体做出的判断，如果该群体由高能力个体组成，那么最终的判断也会更优。这就引出了一个重要的问题，即如何甄别出更好的判断者。

有三件事至关重要。如果做判断的人受过良好的训练、更睿智且拥有正确的认知风格，那么他的判断也会产生更少的噪声和偏差。换言之，好的判断取决于你的经验、思维能力，以及你的思考方式。**好的判断者往往经验丰富且充满智慧，但他们也时刻保持着思维的开放性，愿意接纳新的信息。**

专家和尊重型专家

毋庸赘言，判断者的技能影响其判断品质。例如，资深的放射科医生更有可能对肺炎做出准确的诊断；一些“超级预言家”对世界大事的预测，大大超越其他不那么厉害的同行；如果你召集一些在某个法律领域真正专业的律师，他们可能会对常见法律纠纷的判决结果做出大体一致的、准确的预测。专业水平高的人做出的判断，噪声更少，偏差也更少。

这些人是某个领域的真正专家。他们能做出比其他人更好的判断，这一点是可验证的，因为有结果的数据可以证明。至少在原则上，我们可以根据医生、预言家、律师以往判断的准确率来进行选择。出于显而易见的原因，这一方法在现实生活中可能遇到困难。我们并不建议你要求你的家庭医生进行专业度测试。

我们已经指出，有一些判断的效果是无法验证的。在一定范围内，我们不能轻易得知或毫无争议地确定一些判断的真正价值，保险核保、刑事判决当属此类。此外，品酒、文章评分、书评和影评，以及其他数不胜数的判断也属此类。虽然这些领域的一些专业人士也被称为专家，但我们对这些专家所做判断的信心建立在同行对他的尊重的基础上。我们将这类专家称为“尊重型专家”（respect-expert）。

尊重型专家这一称谓本身并无冒犯之意，事实上，指出这些专家的判断的价值无法被准确评估这一点也并非一种批评，因为在很多领域中，情况本就如此。很多教授、学者和管理顾问也是尊重型专家。他们的可信度取决于学生、同行或客户对他们的尊重程度。在这些领域乃至其他更多领域中，某位专家的判断只能与他们同行的判断进行比较。

在缺少衡量对错的客观标准时，我们常常会看重尊重型专家的意见，虽然这些专家彼此之间也可能意见不一致。不妨想象这样一个画面：一群政治分析家对外交危机的起因以及可能的发展趋势有着截然不同的看法（这种不一致并非个别现象，如果他们全体意见一致才是怪事）。所有政治分析家都相信有一个正确的观点，而他们自己的观点是最接近正确的那一个。如果你仔细听，你会发现，几位分析家的观点都让人印象深刻，他们的论据也同样具有说服力，你现在不知道他们谁对谁错。如果他们的分析没有通过确定、可证实的预测来明确表达，那你以后也可能不会知道。你知道，至少有些分析家是错的，毕竟他们意见不一致，但你仍然尊重他们的专业性。

再来看一组根本不需要做出任何预测的专家。三位受过良好训练的道德哲学家齐聚一堂，其中一位是康德的追随者，第二位支持杰里米·边沁，第三位信奉亚里士多德。关于道德的要求，他们之间分歧很大。他们争论的内容包括撒谎是否合理、何时撒谎是合理的、动物的权益以及惩罚犯罪的目的。你认真聆听，可能会佩服他们的思维清晰、严谨，也可能倾向于认同他们中的一位，但你对他们所有人都很尊重。

为什么会这样？说得更明确一些，为什么那些因自身判断的高质量而受到他人尊重的人，在没有任何客观证据证明专家专业性的情况下，会选择信任某些专家呢？是什么造就了尊重型专家？

一部分原因是他们遵循共同的准则或专业规范。专家往往需要从专门的组织获得专业认证，并在对应的机构中接受训练，受这些机构监管。完成住院实习的医生和向资深伙伴学习的年轻律师，不仅要学习使用各自行业的技术工具，也要接受特定方法的培训，以及遵守特定的规范。

有了共同的准则，专业人士就能知道在判断时应该考虑哪些因素、如何做出判断，以及如何确保最终的判断更加合理。例如，在保险公司，理赔员很容易就理赔金额达成一致，并阐述充分的理由，因为这些要考虑的因素已经包含在了理赔评估检查清单中。

当然，这种一致性并不能消除理赔员在理赔评估中存在的广泛差异，因为规范并没有对所有细节做出十分明确具体的规定，让理赔员照搬照做。事实上，规则留有解释的空间。专家仍然需要做出判断，而不是执行计算过程，这就是为什么噪声不可避免。即使受过相同训练的专业人士认可共同的准则，他们在实际应用该准则时，彼此之间也存在差异。

除了掌握共同的准则，专家还要具备丰富的经验。如果你的特长是下围棋、演奏钢琴，或是投掷标枪，那么你有可能成为天才少年，因为结果验证了你的水平。然而，核保员、指纹鉴定人员、法官则需要多年的经验才能获得认可，在核保行业，天才少年根本不存在。

尊重型专家的另一个特征是，他们能够满怀信心地做出判断并解释自己的判断。相比于那些自我怀疑的人，我们更加信任那些满怀自信的人。自信启发式（confidence heuristic）指出，在群体中，自信者具有更高的影响力，即使他们的自信毫无理由。尊重型专家善于构建能自圆其说的理论，他们能够凭借经验识别事件的模式，与之前的案例进行类比推理，迅速形成并验证假设。他们很容易将所见的事实整合成一个连贯的故事，这种能力令他们信心十足。

智商高的人判断力更好

训练、经验以及自信是尊重型专家获得信任的决定性因素，但具备这些因素并不能确保他们做出的判断就是高品质的。那么，我们怎样才能知道哪些专家能做出更好的判断呢？

我们有充足的理由相信，**智力水平与更好的判断相关。智力与几乎所有领域的良好表现都相关。**在所有其他条件等同的情况下，智力不仅与更好的学业成就有关，也与更好的工作绩效相关。

对于如何测量智力或一般心智能力（General Mental Ability，GMA）[①]，争议和误解一直存在。人们对智力的本质也一直存在误解。事实上，这些测试测量的是发展能力，这些能力一部分由遗传决定，一部分受环境（包括教育机会）影响。许多人也担心根据 GMA 测试做出的筛选会对一些社会群体产生不利影响，并质疑将 GMA 测试用于筛选是否合理。

我们需要将对这种测试的担忧及其实际的预测品质区分看待。自

① 目前，GMA 比 IQ 更常用。

从一个世纪以前美国陆军采用心智能力测试以来，成千上万的研究考察了人们的认知测试分数与其随后表现之间的关系。通过大量研究，人们得出了非常清晰一致的结论。就像一篇评论文章所指出的那样："GMA 预测的是个体在其所选职业中能达到的专业水平及其表现。它在这两个方面的预测能力比预测任何其他能力、个性特征、性格特点的能力都要强，并且比根据工作经验进行预测更为准确。"当然，其他认知能力也很重要（本章稍后将详细讨论）。一些个性特征也很重要，其中包括责任心和毅力——在追求长期目标时的意志和热情。当然，GMA 未能将多种不同形式的智力纳入测量范畴，例如实践智力与创造力。心理学家和神经科学家还把智力分为晶体智力（crystallized intelligence）和流体智力（fluid intelligence），前者是指个体根据自身所掌握的关于世界的知识（包括数学运算）解决问题的能力，后者是指个体解决新问题的能力。

标准化的 GMA 测试测量个体在语言、计量和空间等方面的能力，尽管它还比较粗糙并存在一定的局限，但它仍然是迄今为止重要结果的最佳单个预测指标。正如那篇评论文章所指出的，GMA 的预测效力比心理学研究中的大部分测量方法都好。随着工作内容复杂程度的增加，GMA 与工作成就之间的相关性也会增加，这非常合乎逻辑——相比于从事简单工作的人，智力对火箭专家来说显然更为重要。对于高度复杂的工作，标准化测验分数与工作绩效之间的相关系数可以达到 0.5（PC = 67%）。我们在前面已经指出，按照社会科学的标准，相关系数达到 0.5 代表非常强的预测力。

在讨论高度专业性的判断时，人们经常会提到一个反对智力测量相关性的重要理由：所有做出这些判断的人很可能都拥有高 GMA。

相比于普通大众，医生、法官以及高级核保员通常都受过更好的教育，因而他们的认知能力测试得分往往会高出普通人很多。据此，你可能有理由相信，高 GMA 在他们之间并没有产生什么差别，它只是进入高成就群体的“入场券”，而不能解释这个群体中个体成就的差异。

这种观点虽然被普遍接受，但并不正确。毫无疑问，对于某一特定职业，相比于处于顶层的人群，底层人群的 GMA 分布范围更广：从事社会地位较低的职业的群体中有高 GMA 的个体，但在律师、化学家或工程师这些职业中，几乎没有 GMA 低于平均水平的人。从这个角度来看，高 GMA 是从事社会地位较高的职业的必要条件。

然而，这个测量指标并不能解释这些群体中的个体在成就上的差异。即使是认知能力的评测成绩位于前 1% 的群体（评测时的年龄为 13 岁），他们能获得的突出成就也与 GMA 高度相关。在这前 1% 的群体中，那些处于前 1/4 的人获得博士学位、出版著作、获得专利的可能性比那些处于后 1/4 的人高出 2 ～ 3 倍。换言之，GMA 差异的重要性，不仅存在于第 99 百分位数和第 80 或第 50 百分位数之间，甚至在第 99.88 百分位数和第 99.13 百分位数之间仍然存在！

2013 年的一项研究重点调查了《财富》500 强企业的 CEO 和 424 位美国亿万富翁（财富排名前 0.0001% 的美国人），结果惊人地证明了能力与成就之间的关联。这项研究发现，这些超级精英群体是由智商最高的一群人组成的，这与预期一致。这项研究还发现，在这一群体内部，更高的受教育水平和能力水平，与更高的薪酬（对 CEO 而言）和净资产（对亿万富翁而言）相关。虽然偶有个例，比如史蒂夫·乔布斯、比尔·盖茨和马克·扎克伯格等是从著名大学辍学后成为亿万富翁的，但他们是“遮挡了森林的树木”——仅有约 1/3 的美国成年人获得了大学学位，但美国亿万富翁获得大学学位的比例高达 88%。

结论显而易见。在需要做出判断的职业中，GMA 会显著影响判断的品质，即使是在一群高能力的个体之中，情况亦是如此。有人认为存在一个界限，达到这个界限之后，GMA 就不再起作用，但这种观点没有得到上述证据的支持。这一结论反而强有力地表明，如果专业判断是无法验证的且只能假定它更接近一个看不见的靶心，那么高能力个体的判断更有可能接近目标。**如果你必须挑选一些人来做判断，那么你的最优选择是挑选那些高智商的人。**

这一系列推理有一个严重的局限。由于你不能对每一个人进行标准化测试，你就需要去猜测哪些人属于高 GMA 人群。高 GMA 能显而易见地提高诸多方面的表现，包括有能力让别人相信你说的是对的。具有高心智能力的人，比其他人更能做出好的判断，也更有可能成为真正的专家；他们也同样能给同行留下深刻印象，获得后者的信任，在缺少现实反馈的情况下成为尊重型专家。这样看来，中世纪的占星家就有可能是那个时代的高 GMA 人群。

信任那些举止言谈给人睿智之感或是能为他们自己的判断做出令人信服的解释的人，这种策略有一定的合理性，但并不完全理性，甚至可能适得其反。那么，是否有其他方法可以甄别出真正的专家呢？能够做出更好判断的人是否还具有其他明显的特征呢？

认知风格对判断的影响

不管心智能力如何，人们的认知风格或执行判断任务的方法都是不同的。研究人员已经研发了一些表现认知风格的工具。大部分测量方法都与 GMA 相关（或者彼此相关），但测量的重点各不相同。

其中一种测量是“认知反射测试”（Cognitive Reflection Test，CRT），该测试就是大众熟知的“球和球棒”问题：一个球和一个球棒的价格为 1.1 美元，球棒比球贵 1 美元，那么这个球值多少钱？研究人员建议使用的其他测量问题包括：在一场跑步比赛中，你超过了第二名，你现在是第几名？ CRT 旨在测量人们能够在多大程度上抑制闯进大脑中的第一个答案，也就是错误的答案：在球和球棒问题中回答“0.1 美元”，在跑步比赛问题中回答“第一名”。低 CRT 得分与现实生活中的一些判断和信念有关，比如相信鬼魂、占星术、超感知觉（俗称“第六感”）。CRT 得分还可以预测人们是否会因为明显不准确的“假信息”而上当。该测试的得分甚至与人们使用智能手机的程度有关。

许多人将 CRT 视为测量一种更宽泛的概念的工具，即测量人们是否会习惯性地运用反射性或冲动性思维过程。简言之，有些人喜欢深入思考，而另一些人在面对同样的问题时往往会相信自己一时兴起做出的判断。用我们的专业术语来说就是，CRT 是一种测量人们倾向于使用缓慢的系统 2 思维还是快速的系统 1 思维的方法。

其他自我评估的方法也被用来测量这一倾向，当然，所有这些测试都是彼此相关的。例如，认知需求量尺考察人们愿意在多大程度上仔细思考问题。要想在这项测试中得高分，你必须认同“我倾向于设定一些我要付出大量脑力劳动才能实现的目标”而不能认同“思考不是我的乐趣”。认知需求高的人不太容易出现已知的认知偏差。研究者还提及了一些匪夷所思的联系：“如果你不喜欢‘剧透’，你可能具有更高的认知需求；那些在认知需求量表上得分低的人，更偏爱‘剧透’。”

这是一个自我评估的量表，并且什么样的答案更容易得到大众认可是显而易见的，因而会引发相当合理的质疑。那些希望给他人留下良好印象的人不太可能会认同“思考不是我的乐趣”这样的表述。因此，其他测验试图直接测量人们的技能，而不再采用自我描述的方式。

其中一个例子是“成人决策能力量表”（adult decision making competence scale）。这一量表测量人们在判断过程中犯一些典型错误的倾向性，比如风险知觉中的过度自信或不一致性。另一个例子是“哈尔彭批判性思维测试”（Halpern critical thinking assessment），这一工具主要评估批判性思维技能，包括理性思考的倾向和一套可习得的技能。在评估中，你需要回答类似下面的问题：想象一下，你的一位朋友不知道应该选择两个减肥项目中的哪一个，于是向你征求意见。其中一个项目称他们的客户平均减掉约 11 千克；另一个项目称他们的客户平均减掉约 13.6 千克。在进行选择之前，你认为需要先弄清楚哪些问题？如果你回答说，你想知道“有多少人减掉了这么多重量”“减肥效果能否维持一年以上”等问题，你就会因应用了批判性思维而获得相应的分数。在成人决策能力量表或哈尔彭批判性思维测试中，获得高分的人们在生活中似乎能做出更好的判断：他们较少承担由错误判断导致的不良后果，例如意外怀孕，或因忘记归还租来的影碟而不得不支付滞纳金。

认知风格和能力的测量以及其他测量都能对判断品质进行预测，这种看法似乎是合理的。然而，认知风格和能力与判断品质之间的相关性随任务的不同而产生差异。乌里尔·哈兰（Uriel Haran）、伊拉娜·里托夫（Ilana Ritov）和芭芭拉·梅勒斯在寻找可以作为人的预测能力指标的认知风格时发现，认知需求并不能预测谁会更努力地去获取信息。他们也并未发现认知需求与更高的绩效之间存在稳定的关系。

唯一能预测人们的预测品质的量表是由心理学教授乔纳森·伯龙（Jonathan Baron）发明的。该量表用于测量人们的“积极开放性思维”（actively open-minded thinking）。积极开放性思维是指个体愿意积极搜寻与自己先前的假设相矛盾的信息，这些信息包括其他人的不同意见以及与原有看法不一致的新证据。具有积极开放性思维的人会认同“允许自己被相反的意见说服是一种良好的品质”这类陈述，而不认同“改变想法是一种脆弱的表现”或“直觉是决策的最佳指南”这类观点。

换言之，虽然认知反射和认知需求的得分情况反映的是人们进行慢思考或审慎思考的倾向，但积极开放性思维更胜一筹。那些谦逊的人会一直提醒自己判断是一个不断发展的过程，并渴望被纠正。我们在第 21 章会看到，**拥有这种思维模式的人是最好的预测者，他们会根据新的信息不断修正自己的思维和观念。好消息是，一些证据表明，开放性思维是一种可习得的技能。**

这里，我们不打算就如何在某些领域挑选出能做出良好判断的人给出一个硬性的结论，但从上面这个简短的描述中可以得出两个通用原则。首先，比较明智的做法是，认识到不同领域专家之间的区别：在一些领域，例如天气预报领域，专家的预测是可以被客观验证的，因此其专业水平可以分出优劣；而另一些领域的专家则是尊重型专家，比如政治分析家可能说得头头是道，令人信服，而象棋大师可能看起来谦卑内敛，也无法解释走出某些棋步的理由，然而，相比于后一种情况，你更需要对前一种专家的判断持怀疑态度。

其次，一些判断者有可能比其他具有同等资历和经验的人做得更好。如果有些人表现得更好，那么他们的判断将会出现更少的偏差或噪声。在导致这种差异的诸多因素中，智商和认知风格是关键。尽管没有哪一项单独的测试或量表能够准确无误地预测人们的判断品质，但你可以试着去物色这样的人：他们愿意积极搜寻与自己的看法不一致的信息，并把这种信息整合进当前观点，且希望最终能改变自己的想法。

具有卓越判断能力的人，他们的个性可能不符合公众认可的行事果断的领导者形象。人们往往倾向于相信和喜欢这样的领导者：他们自信满满、口齿伶俐，似乎轻而易举或生来就知道什么是对的，而且这类领导者还能激发人们的信心。但证据表明，如果想要减少错误的判断，那么对于领导者或普通人而言，最好的做法是对反对意见持开放态度，并乐于接受“自己可能错了”的想法，如果依然想要坚持己见，那也是在听取了各方意见之后，而不是之前。

消除噪声

思维越开放，判断越好

- 你是一位专家，但你的判断可以被验证吗？你是一名尊重型专家吗？
- 如果需要在两种观点中选择一种，而我们对提出这些观点的人的专业性和过往经历一无所知，那么，我们可以选择听从更聪明的人的观点。
- 智商只起到一部分的决定作用，人们如何思考也同样重要。或许你可以选择那些最深思熟虑、思维最开放的人，而不是最聪明的那个。

第 19 章

消除偏差与决策卫生

许多研究人员和机构都力图减少判断偏差。在本章中，我们将分析他们的核心发现。我们将介绍消除偏差的各类干预措施之间的区别，并探讨其中一种值得进一步研究的干预措施。随后，我们将讨论如何减少噪声，并介绍决策卫生的概念。

干预：事后及事前消除偏差

减少偏差有两种主要方式，要描述它们的特点，一个好方法是回到测量类比。假设你家浴室里的体重秤在测体重时测量值平均会多出约 0.23 千克，那么你的体重秤是有偏差的，但这并不意味着它毫无用处。若要消除偏差，有两种可行的方法。第一种方法是，将它显示的数值减掉 0.23 千克，以此来纠正这种误差。当然，每次都这样做有点麻烦，而且有时你可能完全想不起来要这样做。第二种方法是调整刻度盘，一劳永逸地提高仪器的精度。

这两种消除测量偏差的方法，可以直接与消除判断偏差的两种干预方法进行类比：**要么在做出判断之后进行纠正；要么在做出判断之前进行干预。**

事后或纠正性地消除偏差往往是靠直觉进行的。试想你正在监管一个项目团队，团队成员估计他们可以在 3 个月内完工。你可以在团队成员判断的基础上加个缓冲期，将计划工期调整为 4 个多月或更长（计划谬误），以此来纠正当前估计可能存在的偏差。

此类纠正偏差的方法有时会更系统性地进行。英国财政部发布的《绿皮书》（*The Green Book*）是一本介绍如何评估项目和方案的指南。该书鼓励做计划的人通过进行比例的调整来估算项目的花销和持续时间，以此来解决乐观偏差。在理想情况下，这些调整应参照某个组织的乐观偏差的历史水平。如果没有这样的历史数据，《绿皮书》建议对每个类型的项目应用通用的调整比例。

事前或预防性地消除偏差的干预措施又可以分为两大类。在最有前景的方法中，一些方法旨在改变做判断或决策的环境。这种改变也被称为助推（nudge），众所周知，它们的作用是减少偏差的影响，甚至利用偏差做出一个更好的决策。养老金计划的自动加入制度就是一个简单的例子。推行自动加入制度的意图是克服惰性、拖延和乐观偏差，确保员工为退休储蓄，除非他们主动选择退出该计划。事实证明，自动加入制度极其有效地增加了参与率。该计划有时还搭配“未来多储蓄”（Tomorrow Save More）计划，让员工将一定比例的未来工资增长用于储蓄。这种方式可以在许多地方应用，例如，自动加入绿色能源计划、贫困儿童的学校免费膳食计划，以及其他各种福利计划。

其他助推方式则在选择架构的不同方面发挥作用。它们可能会让正确的决策变得更容易，例如，通过减轻行政管理负担，提高人们获得心理健康护理服务的便利性。此外，它们可以将某一产品或某项活动的某些特征凸显出来，比如让原本的隐形费用更加清楚地显现。对百货商店和网站进行设计，可以轻松地助推人们克服偏差——如果将健康食品放在显眼的地方，则可能会有更多的人购买。

另一类事前消除偏差的方式旨在训练决策者识别并克服这些偏差，其中一些干预措施被称为助力（boosting）。它们通过让决策者学习统计学知识等方法来提升他们的决策能力。

教育人们克服偏差是一项崇高的事业，而且很有用，只是比看上去更具挑战性。例如，那些学了多年高级统计课程的人在统计推理中不太可能出错。不过，教人们完全避免偏差则很难。几十年的研究表明，那些学会了在自己专业领域避免偏差的专业人士，往往难以将所学知识应用到其他领域。例如，天气预报员懂得不要对预报过分自信，当他们宣布有 70% 的可能性会下雨时，总体来说，遇到这样天气的日子里有 70% 最终都下了雨。然而，当被问及常识性问题时，他们可能和其他人一样过分自信。学习克服偏差的难处在于如何认识到：一个新问题与我们在别处所见的问题有相似之处，而我们曾在某处所见的偏差很可能也会在其他地方出现。

研究人员和教育工作者已经成功使用非传统的教学方式来增进这种认识。在一项研究中，波士顿大学的凯里·莫尔韦奇（Carey Morewedge）和他的同事使用了教学视频和“严肃游戏”，教参与者识别由证实性偏差、锚定效应和其他心理偏差引起的错误。每次游戏结束后，参与者都会收到自己所犯错误的反馈，并学习如何避免再次犯同样的错误。结果表明，无论是在完成学习后即刻测试，还是在完成学习 8 个星期后再进行测试，这些游戏都使参与者在被问及类似问题时的犯错次数降低。视频教学的效果要相对弱一些。在另一项独立研究中，安妮-劳蕾·塞利尔（Anne-Laure Sellier）和她的同事发现，那些在教学视频游戏中学会克服证实性偏差的 MBA 学生，可以在另一堂课上应用学到的知识来解决商业问题，即使没人告诉他们这两个练习之间有联系，他们也做到了。

消除偏差的局限

无论是事后纠正偏差，还是通过助推或助力来事前预防偏差，大多数消除偏差的方法都有一个共同点：它们针对的都是某种被人们假定存在的偏差。这种假设在通常情况下是合理的，但有时是错误的。

思考一下项目规划的例子。你可以合理地假定过分自信会对项目团队产生普遍影响，但你不能确定这是不是唯一的偏差，甚至不能确定它是不是主要的偏差。也许，由于在类似的项目中有过不好的经历，团队负责人学会了在估计时特别保守，此时团队会表现出与你认为应纠正的误差正好相反的误差。又或许，该团队是通过类比其他相似的项目来做出预测的，并以该项目所花费的时间为锚点。还有可能，项目团队成员估计你会对他们的预估工期加一个缓冲期，便抢先对这个工期进行了调整，使得调整后的工期比他们的真实想法更乐观。

再举个例子，请试想一个投资决策。对投资前景的过分自信可能确实在起作用，但另一种强大的偏差——损失厌恶却会产生相反的效果，使决策者不愿冒可能赔本的风险。或者，试想一家公司要在多个项目之间分配资源，决策者可能既看好新项目的收益（过分自信），又不敢从现有项目中挪出一些资源。这是由现状偏差造成的问题，顾名思义，现状偏差是指人们倾向于保持现状。

上述例子表明，我们很难确切地知道是哪些心理偏差在影响判断。在复杂的情况下，多种不同的心理偏差可能会同时起作用，导致其在同一方向上共同叠加或相互抵消，进而产生不可预测的后果。

最后的结论是：事后或事前消除偏差，即纠正或预防特定的心理偏差，在某些情况下是有用的。当误差的大体方向已知并以明显的统计偏差的方式表现出来时，这些方法可以派上用场。那些注定存在严重偏差的决策类型，可能会因采用消除偏差的干预措施而受益。例如，计划谬误是一种足以消除过分自信的影响的可靠的偏差干预措施。

然而问题是，在许多情况下，误差的可能方向无法预知，比如因所有判断者之间的心理偏差不同且不可预测而出现系统噪声的情况。为了减少这类情况中的误差，我们需要广撒网，从而一次检测到多种心理偏差。

你需要一个决策观察者

我们建议，不要在决策前或决策后进行偏差检视，而要在决策过程中即时进行。不过，人们很少会意识到自己正在被自己的偏差所误导，这种缺乏觉察本身就是一种已知的偏差——偏差盲点（bias blind spot）。相比于觉察到自己的偏差，人们通常更容易识别他人的偏差。我们认为，可以训练观察者去实时观测诊断信号，证实一种或几种常见的偏差正在影响他人的决策或建议。

为了阐明这个过程，请你想象一个群体要试着做一个复杂的、会产生重大结果的判断。判断可能是任意类型的，比如应对疫情或其他危机的政府决策、为一个病情复杂的患者寻求最佳治疗方案的会诊、要制定重大策略性行动的公司董事会议等。现在，想象一个决策观察者正对这一群体进行观察，并用一个检查清单来诊断是否存在导致该群体偏离最佳判断的偏差。

决策观察者不好当，并且毫无疑问，在一些组织中，安排决策观察者也是不现实的。如果最高决策者没有下定决心去纠正偏差，那么仅仅发现偏差并没有用。确实，**决策者必须是发起决策观察并支持决策观察者的人。我们当然不建议你自己任命自己为决策观察者，这样你既不会赢得朋友，也不能影响他人。**

然而，非正式的实验表明，用这种方式可以取得真正的成效。至少，如果使用得当，这种方式是很有用的，特别是当组织或团队的领导者真正愿意为此做出努力并且能够选出好的决策观察者时，因为好的决策观察者不容易受到自身偏差的严重影响。

这些情况中的决策观察者可以分为三类。第一类，在一些组织中，可以由监督员担任决策观察者。监督员不仅需要监管项目团队提案的主要内容，还要特别注意提案产生的过程以及团队的动态，这会使决策观察者对可能影响提案产生过程的偏差有所警觉。第二类，一些组织可以在每个工作团队中任命一个人担任团队的“偏差破坏者”，这位决策过程的“守门员”应实时提醒团队成员关注可能误导他们的偏差。这种方式的不足之处是，决策观察者被放在了团队中“唱黑脸”的位置上，并且可能会很快耗尽其“政治资本”。第三类，一些组织可以依赖一位有中立视角优势的外部协调人员，但此做法的缺点是会泄露内部信息，并且需要一定的花销。

决策观察者要想发挥作用，就需要一些训练和工具。其中一个工具就是一份关于他们试图去探测的偏差的检查清单。使用偏差检查清单的好处很明显：该清单对于提升高风险环境中的决策有悠久的历史，而且尤其适用于防范过去犯过的错误。

举个例子。美国联邦机构在发布一系列实施成本高昂的规章之前，必须编写一份正式的监管影响分析报告，这些规章包括净化空气或水源、减少工作场所死亡事件、提高食品安全、应对公共卫生危机、降低温室气体排放、加强国土安全等。一份标题不讨人喜欢的技术文件，用近 50 页密密麻麻的文字来陈述要求，这些要求显然是为了抵消偏差而设计的。联邦机构必须解释为什么需要这些规章，同时考虑更严格和相对不那么严格的替代方案，考虑成本和收益，以无偏差的方式提供信息，并适当地给实施效果打个折扣。但在很多机构中，政府官员没有遵守那本文字密密麻麻的技术文件的要求，他们可能根本就没读过。作为回应，联邦政府的官员制作了一份简单的检查清单，篇幅只有一页半，以期降低机构忽视或没能注意到任何重要规定的风险。

为了说明偏差检查清单长什么样，我们在附录 2 中展示了一个。这个通用检查清单只是一个例子，决策观察者一定要制定一个符合其所在组织需求的偏差检查清单，以增强其相关性并便于应用。重要的是，一份清单并不会详尽地列出所有可能影响决策偏差的因素，它的目的是突出那些最常见以及最重要的偏差。

在决策观察中，使用合适的偏差检查清单有助于限制偏差的影响。尽管我们在一些非正式和小规模的实践中看到了令人振奋的结果，但由于还没看到有人对该方式的效果进行系统性的探究，我们也不知道各种可能的实施方式的利弊。我们希望能够激励实践者和研究人员开展更多的实验，来考察决策观察者在真实环境中消除偏差的实际效果。

决策卫生，减少噪声的关键方法

偏差是我们经常看到甚至可被解释的错误。它是有方向的，这就是为什么助推可以限制偏差的有害影响，以及为什么助力判断可以对抗特定的偏差。偏差通常也是可见的，这就是为什么观察者可以期待在做出决策的过程中能够对偏差进行实时诊断。

然而，噪声是不可预测的误差，既不容易看到，也不容易解释，这就是噪声会造成严重损害却经常被忽视的原因。因此，减少噪声的策略对消除误差的作用，就好比预防保健措施对医疗的作用，这些策略的目的在于，在各种潜在的错误发生之前对其进行预防。

我们称这种减少噪声的方法为决策卫生。当你洗手的时候，你可能不知道自己到底在预防哪种细菌感染，你只知道洗手是预防各种细菌感染的好方法（不仅在疫情期间如此，平时也应该这样做）。同样，遵循决策卫生的原则意味着：**即使你不知道想要规避什么样的错误，你也应该采用减少噪声的策略。**

与洗手进行类比是我们有意为之。卫生措施可能很乏味，它们带来的益处并非显而易见，你可能永远不知道你预防了什么问题。而当问题真的出现时，你可能无法追溯到底是哪个卫生环节出了问题。因此，很难强制要求人们洗手，即便对方是对其重要性有着充分认识的医疗行业的专业人士，情况也是如此。

就像洗手和其他形式的预防性措施一样，决策卫生极其有用，但并不讨巧。纠正一个很容易识别的偏差至少可以让你获得一种实实在在的成就感，但是减少噪声的过程不会。**从统计学上讲，减少噪声可以避免许多错误，但你可能永远也不会知道到底是避免了哪些错误。噪声是躲在暗处的敌人，即使躲开了敌人的暗箭，你可能也察觉不到。**

考虑到噪声会造成的破坏，为了赢得这场无形的胜利，我们还是值得一战。后续章节介绍了在多个领域，包括司法、预测、医学和人力资源等领域中应用的几种决策卫生策略。在第 25 章，我们会综述这些策略，并展示如何将它们整合到一个减少噪声的方法中。

● 消除噪声

决策卫生，让你赢得隐形的胜利

- 你知道自己到底在对抗什么样的偏差吗？它会在什么方面影响结果？如果你不知道，那么可能有好几个偏差在同时起作用，而我们很难预测哪一个会占主导地位。

- 在开始讨论这个决策之前，先指定一个决策观察者。

- 如果在这个决策过程中，我们遵守了良好的决策卫生策略，那么很可能这个决策就是最好的。

第 20 章
司法科学，信息排序是最大的噪声

2004 年 3 月，在西班牙首都马德里，一组被放置在通勤列车上的炸弹爆炸，造成 192 人死亡，2000 多人受伤。人们在犯罪现场的塑料袋上发现了一枚指纹，并通过国际刑警组织将其传送到了世界各地的执法机构。几天后，美国联邦调查局（FBI）犯罪实验室最终确认这枚指纹属于一个居住在俄勒冈州的美国公民布兰登·梅菲尔德（Brandon Mayfield）。

梅菲尔德看起来有很大的犯罪嫌疑。他曾是美国陆军军官，娶了一名埃及女子为妻。后来，他曾作为一名律师，为一些被指控（后来被定罪）试图前往阿富汗加入塔利班的人辩护。因此他上了 FBI 的监视名单。

有关机构开始监视梅菲尔德，搜查了他的房子，窃听他的电话。在上述审查未能获得任何实质性证据的情况下，FBI 逮捕了他。但他从未被正式指控过。梅菲尔德已有 10 年没出过国。在他被羁押期间，西班牙调查人员通知 FBI，他们认为塑料袋上的指纹与梅菲尔德的指纹不符，而与另一名嫌疑人的指纹相符。

两个星期后，梅菲尔德获释。最终，美国政府向他道歉，支付了 200 万美元的和解金，并下令对发生这种错误的原因进行全面调查。调查的核心结论是："错误是人为所致，而不是方法或技术上的问题所致。"

幸好，这种人为错误很少见。尽管如此，它们还是引人深思。美国经验最丰富的指纹专家怎么会误把一枚指纹认定为属于一个从未接近过犯罪现场的人呢？要找到答案，我们首先需要了解指纹鉴定的流程，以及它与其他专业判断案例的关系。我们通常认为司法科学中的指纹鉴定是一门精确的科学，但实际上它会受鉴定人员心理偏差的影响。这些偏差会导致噪声，这些噪声又会产生大量错误，这样的情况之多远超我们的想象。我们来看看司法科学界是如何通过实施一项适用于所有环境的决策卫生策略来解决这一问题的，这个决策卫生策略就是：**严格控制用于做出判断的信息流动。**

指纹识别，身份识别中备受重视的技术

指纹是手指的脊线纹理在我们接触的物体表面留下的印记。在古代就已经有把指纹当作识别身份的显著特征的例子，而现代指纹技术则始于 19 世纪末。当时，苏格兰医生亨利·福尔兹（Henry Faulds）发表了一篇科学论文，首次提出将指纹用于身份识别的技术。

在随后的几十年里，指纹作为犯罪记录中的身份标识越来越受到重视，指纹技术逐渐取代了法国警官阿方斯·贝蒂伦（Alphonse Bertillon）发明的人体测量技术。贝蒂伦于 1912 年开发了一套对指纹进行比对的正式系统。群体智慧的发现者弗朗西斯·高尔顿爵士（Sir Francis Galton）在英国也开发了类似的体系。不过，这些奠基者并没有受到人们的称赞。高尔顿相信指纹是对个体进行种族划分的有效工具，而贝蒂伦可能是出于反犹太主义的倾向，于 1894 年至 1899 年在对阿尔弗雷德·德雷弗斯（Alfred Dreyfus）一案的审判中，做出了起决定作用但有误的专家证词。

警察很快发现，指纹的功用不只是可以作为惯犯的识别标志。1892 年，阿根廷警官胡安·武塞蒂奇（Juan Vucetich）首次将隐藏在犯罪现场的指纹与嫌疑人的拇指指纹进行了比对。从那时起，收集隐藏指纹（在犯罪现场获得的指纹）并将其与样本指纹（在受控条件下从已知个体身上收集到的指纹）进行比对的做法，一直是指纹识别最关键的操作，并成为应用最广泛的司法鉴定的证据。

如果你见过电子指纹读取器，就像许多国家的移民局使用的那种，你可能会认为指纹比对是一项简单、机械、容易进行自动化作业的任务。但是，比起匹配两个清晰的指纹，把从犯罪现场收集到的隐藏指纹与样本指纹进行比对要烦琐得多。当你把手指紧紧地按在一个专门用来记录指纹印记的阅读器上时，会产生一个整洁、标准化的图像。相比之下，隐藏指纹往往只有一部分，或是不清楚，或是已经变形。它们提供的信息数量和品质与在精心准备的环境中收集到的指纹是没有可比性的。此外，隐藏指纹常常与其他指纹重叠，这些指纹可能属于同一个人，也可能属于不同的人。隐藏指纹的表面可能会出现污垢和其他瑕疵。确定它们是否与犯罪嫌疑人的指纹样本相符需要专业的判断，这就是人类指纹鉴定人员的工作。

拿到隐藏指纹后，指纹鉴定人员通常遵循一套称为 ACE-V 的过程，即分析（Analysis）、比较（Comparison）、评估（Evaluation）和核验（Verification）。他们必须先分析隐藏指纹，判断它是否有进行比对的价值，如果有，他们会把这枚指纹和样本指纹进行比对；比对后他们加以评估；评估后他们会得出相符（指纹是同一个人的）、排除（指纹不是同一个人的）或无法确认这三种结论。需要重新鉴定的决策会触发最后一步：由另一位指纹鉴定人员重新进行核验。

几十年来，对这一程序的可靠性一直没有人质疑。尽管目击者的证词被证明有时是非常不可靠的，甚至供词也可能是假的，但指纹一直被认为是最可信的证据——至少在 DNA 分析出现之前一直是这样。2002 年以前，在美国的法庭上没有人质疑过指纹证据的可信度。例如，当时的 FBI 网站就坚称："指纹鉴定是一种绝对不会出错的个人身份识别手段。"在极少数确实出现了错误的情况下，错误会被归结为鉴定人员能力不足或造假。

指纹证据在很长一段时间内都没有受到质疑的部分原因是，很难证明它是错的。一组指纹的"真实值"，也就是实际罪犯的真实身份往往是未知的。对于梅菲尔德和少数类似案件来说，这个错误尤其严重。但一般来说，即便嫌疑人否认指纹鉴定人员的结论，人们也倾向于认为指纹证据更加可靠。

我们注意到，不知道真实值是普遍现象，但这并不妨碍我们对噪声进行测量。指纹分析中有多少噪声？或者更准确地说，假设指纹鉴定人员与法官或核保员不一样，指纹鉴定人员不是要给出一个数字，而是要做出一个明确的判断，那么他们有多大可能性会意见不一？为什么会这样？这些问题是伦敦大学认知神经科学研究员伊蒂尔·德鲁尔（Itiel Dror）最先着手研究的。他在一个被假定没有噪声问题的领域，进行了一系列类似于噪声审查的研究。

指纹分析中的情境噪声

对于一位认知科学家或心理学家来说，挑战指纹鉴定人员似乎有些奇怪。毕竟，正如你在《犯罪现场调查》（*CSI: Crime Scene Investigation*）系列节目中所看到的，这些都是需要戴乳胶手套、手持显微镜进行研究的硬科学。但德鲁尔意识到，指纹验证显然是一个判断问题。作为认知神经科学家，他断言：哪里有判断，哪里就有噪声。

为了验证这一假设，德鲁尔首先聚焦于情境噪声，即让同一位专家对同一证据进行两次验证，再观察他的前后两次判断之间的差异。正如德鲁尔所说："如果专家不可靠到自相矛盾的地步，那么他们的判断和专业性的基础就值得怀疑。"

指纹分析为检查情境噪声提供了一个完美的测试平台，这是因为，不像医生或法官遇到的案件，成对的指纹不容易被记住。当然，必须留出适当的时间间隔，以确保鉴定人员不会记住指纹。在德鲁尔的研究中，一些勇敢、思想开放的专家同意，在未来 5 年中的任何时候，他们都愿意在不知情的情况下参与研究。此外，实验必须在专家的日常工作过程中进行，这样他们就不会意识到有人在验证自己的技能。如果在这种情况下，鉴定人员在两次测试中的判断不一致，那就证明指纹鉴定中确实存在情境噪声。

缺乏独立性，司法科学的证实性偏差

以上述专家同意为基础，德鲁尔对此前的研究做了调整，又进行了两项研究，这一次，他引入了一个重要的变化。当第二次看到指纹时，一些检验人员会受到可能使这个案例出现更多偏差的信息的影响。例如，指纹鉴定人员在第一次验证时发现指纹是匹配的，但这次却得知“嫌疑人有不在场证明”或“枪支方面的证据表明他不是嫌疑人”。另外一些鉴定人员最初认定嫌疑人是无辜的或指纹无法确定，但在第二次验证中，他们被告知“侦探相信嫌疑人有罪”“目击者指认了他”“他供认了罪行”。德鲁尔称这项实验是对专家“可偏差性”的测试，因为实验人员所提供的背景信息激活了指纹鉴定人员在特定方向上的心理偏差（证实性偏差）。

事实上，鉴定人员很容易产生偏差。当同一批鉴定人员再次鉴定之前看到的相同指纹时，由于这次有了偏差信息，他们的判断也发生了改变。在第一项研究中，4/5 的专家在面对强有力的背景信息时改变了他们先前做出的比对相符的决策。在第二项研究中，6 位专家重新鉴定了 4 对指纹。在先前的 24 个决策中，偏差信息导致了 4 个决策的改变。可以肯定的是，他们的大多数决策并没有改变，但对于这类决策而言，1/6 的改变可以算是很大的比例了。这些研究发现也得到了其他研究人员的证实。

正如我们所料，当决策一开始就很难做出，偏差信息又很强烈，而且对应的改变是从结论确凿的决策变为不确定的决策时，鉴定人员更有可能改变主意。然而，令人不安的是，指纹鉴定专家往往是根据背景环境做出决策的，而不是根据指纹中包含的实际信息来判断。

偏差信息影响的不仅仅是鉴定人员的结论（相符、无法确认或排除），它实际上还改变了鉴定人员对信息的感知，以及对这种感知的解释。在另一项独立研究中，德鲁尔和他的同事们发现，那些处于偏差环境中的鉴定人员，与那些没有接触偏差信息的鉴定人员看到的东西不同。当隐藏指纹与目标样本指纹同时出现时，鉴定人员观察到的细节（微小的细节）明显少于他们只看到隐藏指纹时所观察到的细节。随后的一项独立研究证实了这一结论，并且实验人员补充道："我们并不清楚它是如何发生的。"

德鲁尔为偏差信息的影响创造了一个术语：司法科学证实性偏差。这一偏差后来为其他司法科学技术所引证，包括血型分析、纵火调查、骨骼遗骸分析和法医病理学。即使是被普遍视为司法科学新黄金标准的 DNA 分析，也容易受到证实性偏差的影响，至少在专家们评估复杂的 DNA 混合物时是如此。

司法科学专家易受证实性偏差的影响不仅是一个理论层面的问题，因为现实中尚没有系统性的预防措施来确保专家们不会接触偏差信息。鉴定人员经常会在随证据一起提交给他们的传送信函中收到此类信息，也经常会与警察、检察官和其他鉴定人员直接沟通。

证实性偏差还引发了另一个问题。为避免犯错，人们在 ACE-V

程序中加入了一项重要的安全措施，那就是在确认指纹的信息之前，由另一位专家独立进行一次验证。但大多数情况下，只有结果是“需要重新识别”时才需要独立验证。这很可能会导致证实性偏差，因为执行核实工作的鉴定人员知道最初的结论是“需要重新识别”。因此，验证的这一步并不像大家预想的那样，能够带来聚合多个独立判断的好处，因为验证实际上并不是独立的。

在梅菲尔德一案中，一系列的证实性偏差似乎起了作用。在这起案件中，不止两位，而是三位 FBI 专家为错误的身份识别“投下了赞成票”。后来针对这一错误展开的调查指出，第一位鉴定人员似乎非常相信计算机系统自动从指纹数据库中搜索出的结果。虽然他明显没有接触到梅菲尔德的个人基本信息，但执行初步搜索的计算机系统提供的结果，加上处理一个极为引人注目的案件带来的心理压力，足以导致初步的证实性偏差。报告继续指出，一旦第一位鉴定人员做出错误的鉴定，随后的鉴定就被污染了。由于第一位鉴定人员是一位备受尊敬的监督员，“机构中的其他人难有异议”。最初的错误被复制和放大，导致人们几乎就认定了梅菲尔德有罪。到了这一步，哪怕是一位备受尊敬的独立专家接受法院指派代表梅菲尔德的辩护方审查证据，他也会和 FBI 的意见一致，确认指纹相符。

同样的现象也可能发生在其他司法鉴定领域。隐藏指纹识别被誉为各鉴定领域中最客观的分析手段，如果指纹鉴定人员在操作过程中都存在偏差，那么其他领域的专家也会如此。此外，如果一位枪支专家知道指纹是匹配的，这种信息也会影响他的判断。如果牙齿鉴定专家知道 DNA 分析已经确认了犯罪嫌疑人，那么这位专家就不太可能认为咬痕与犯罪嫌疑人不匹配。这些例子引发了人们对一系列偏差的恐惧：正如我们在第 8 章中描述的群体决策一样，由证实性偏差引发的初始错误变成了影响第二位专家的偏差信息，第二位专家的判断又会使第三位专家产生偏差，依此类推。

在明确了偏差信息会导致判断错误后，德鲁尔和他的同事们发现了更多的关于情境噪声的证据。即使指纹专家没有接触到偏差信息，他们有时也会对自己先前见过的一组指纹改变看法。在没有给出偏差信息的情况下，改变确实更少发生但无法杜绝，这些与我们预想的情况相符。2012 年，FBI 委托进行的一项研究更大规模地重现了这一发现，该研究要求 72 名鉴定人员再次查看他们在大约 7 个月前评估过的 25 对指纹。借助这一高质量鉴定人员的大样本，该研究表明，指纹专家有时容易受到情境噪声的影响，而且大约有 1/10 的决策改变了。大多数的改变要么从“相符”变成了“无法确认”，要么就是反过来，没有一个决策的改变是源于鉴定错误的。这项研究最令人不安的地方在于，它表明一些原本可以定罪的指纹先前可能被判定为“无法确认”。当鉴定人员验证相同的指纹时，即使背景环境不是为了使他们产生偏差而是要尽可能让他们保持一致，他们的决策也存在不一致性。

少许噪声，但多少误差呢

这些研究结果反映出现实生活中有可能存在司法错误。我们不能忽视出庭作证专家的可信度问题：**可信度是效度的条件，原因很简单，如果你自己的判断都会不一致，那么它也难以与真实情况一致。**

究竟有多少错误是由司法鉴定中出现的错误造成的？美国一个致力于推翻错案的非营利性组织“无辜者计划”（Innocent Project）收集了350个改判无罪的案件。一份针对这些案件的回顾指出：在45%的案件中，司法鉴定科学的误用是促成错判的一个原因。这个统计数字听起来很恐怖，但法官和陪审员关注的重点有所不同：他们要知道包括指纹鉴定人员在内的司法鉴定专家犯相应错误的可能性有多大，才能知道应给予出庭作证的鉴定者们多少信任。

这个问题的最有力答案可以在总统科技顾问委员会（President's Council of Advisors on Science and Technology，PCAST）的一份报告中找到。PCAST是一个由美国顶尖科学家和工程师组成的咨询小组，它在2016年对刑事法庭中的司法鉴定进行了全面回顾。其报告总结了指纹分析有效性的现有证据，特别是与错误身份识别（假阳性）的可能性相关的证据，例如关于梅菲尔德的指纹的鉴定。

这方面的证据少得可怜，就像PCAST指出的那样，收集这方面证据的工作直到最近才开展，这实在“令人痛心”。最可信的数据来自2011年FBI的科学家进行的唯一一项大规模指纹识别准确性研究。这项研究有169名鉴定人员参与，每个人都对比了大约100对隐藏指纹和样本指纹，并发现错误的鉴定很少——假阳性率约为0.17%。

0.17%的错误率的确很低，但报告指出：“鉴于一直以来在媒体宣传中指纹鉴定被赋予的高准确性，这一比例要比普通公众乃至大部分陪审员认为的高很多。”这项研究未包含任何有偏差的背景信息，而且鉴定人员知道他们在参加测试，这可能导致该项研究低估了实际案例中出现的错误。在佛罗里达州进行的一项后续研究发现的假阳性率要高得多。这些研究报告中的各种发现表明，我们需要更多的研究来确定指纹鉴定人员决策的准确性以及这些决策是如何做出的。

然而，所有研究得到的一致发现是，鉴定人员犯错的原因都是过于谨慎，这一发现令人欣慰。诚然他们无法做出百分之百准确的判断，但他们知道自己的判断可能会造成什么样的后果，并考虑到了潜在错误的代价。由于指纹识别的可信度非常高，错误的身份识别可能会导致灾难性的后果。其他类型的错误则不会有那么严重的后果。例如，FBI 的专家观察发现：在大多数案件中，“排除”与“无法确认”对案件本身产生的影响是一样的，换句话说，在凶器上发现的指纹证据足以证明嫌疑人有罪，但没有指纹证据并不足以证明嫌疑人无罪。

不仅鉴定人员在做判断时会非常谨慎，证据还表明，专家在做出识别决策之前也会考虑再三。在 FBI 关于身份识别准确性的研究中，不到 1/3 的“配对”指纹对（隐藏指纹和样本指纹属于同一个人）被（准确地）判定为身份识别成功。与假阴性（排除）相比，鉴定人员做出的假阳性判断（错误识别）也要少得多。他们容易受到偏差的影响，但在这两个方向上的偏差并不等同。正如德鲁尔所指出的，“比起确定的‘相符’的结论，法医专家更倾向于做出‘不确定’的结论”。

鉴定人员接受过训练，因而会将错误的身份识别看成一种不惜一切代价也要避免的致命罪过。值得称道的是，他们遵循了这一原则，我们只能希望他们对身份识别错误的谨慎态度能使像梅菲尔德案这样的身份识别错误的热点案件少之又少。

倾听噪声，减少噪声的第一步

我们观察到在司法科学中存在噪声，这不应视为对法医学家的批评。这仅仅是我们反复观察的结果：哪里有判断，哪里就有噪声，而且比你想象的还要多。像指纹分析这样的任务似乎是十分客观的，以至于许多人根本不会将其视为判断的一种形式。尽管如此，不一致、分歧和偶尔出错在该领域也在所难免。无论指纹识别的错误率有多低，它都不是零，正如 PCAST 所指出的那样，陪审团应该意识到这一点。

当然，**减少噪声的第一步必须是承认它可能存在。**指纹识别领域的成员并没有自然而然地承认这一点，他们中的许多人最初对德鲁尔的噪声审查表示非常怀疑。“鉴定人员可能会在不经意间受到案件信息的影响”，这一说法激怒了很多专家。指纹学会（Fingerprint Society）主席就德鲁尔的研究进行了回复：“如果哪位指纹鉴定人员在决策过程中受到了影响……那么他就太不成熟了，他应该去迪士尼工作。”一家大型法医学实验室的负责人指出，接触那些可能使鉴定人员产生偏差的案件信息，“会令鉴定人员获得满足感，让他们享受工作，而不会真正改变他们的判断”。就连 FBI 在梅菲尔德案的内部调查中都强调，“隐藏指纹的鉴定人员通常会进行核查，他们知道之前的鉴定人员的结果，但这些结果并不会影响他们的结论”。这些言论基本等于否认了证实性偏差的存在。

即使意识到了偏差的风险，鉴定专家也无法避免偏差盲点，即他们倾向于承认他人存在偏差，但认为自己不会。一项对 21 个国家 400 名鉴定专家展开的调查显示，71% 的人认同“认知偏差是整个司法鉴定科学中一个令人担忧的因素”，但只有 26% 的人认为“自己的判断受到了认知偏差的影响”。换句话说，大约一半的司法专业人士认为，他们的同事的判断有噪声，但他们自己的判断并不存在噪声。噪声可能是一个看不见的问题，甚至对那些工作职责就是“发现这种不可见”的人来说亦是如此。

对信息排序，一个好的决策者应该努力“保持怀疑”

多亏了德鲁尔及其同事的坚持，人们的态度正在慢慢改变，越来越多的法医实验室已经开始采取新的措施来减少他们分析中的误差。例如，PCAST 在报告中赞扬了 FBI 实验室重新设计程序以尽量减少证实性偏差的风险这一举措。

必要的方法论步骤是简单明了的。它们阐明了一个适用于许多领域的决策卫生策略：**通过对信息进行排序来限制过早地使用直觉。**在所有判断中，有些信息是相关的，有些则不是，而且信息并非总是越多越好，在信息有可能诱导鉴定人员过早地根据直觉下判断并导致判断产生偏差时尤其如此。

本着这一精神，为确保鉴定人员判断的独立性，司法实验室采用的新程序只有在鉴定人员需要时，才会向他们提供所需的信息。换言之，实验室会逐步透露信息，尽可能地让他们“蒙在鼓里”。因此，德鲁尔及其同事设计的方法被称为“线性序列揭露”（linear sequential unmasking）。

德鲁尔的另一项建议也说明了相同的决策卫生策略：鉴定人员应记录他们在每一步做出的判断。他们应该在查看样本指纹之前记录对隐藏指纹的分析，再判断二者是否匹配。这一系列步骤能帮助专家避免只看到他们正在寻找的东西。他们应该在接触到有可能使自己产生偏差的背景信息之前，记录自己对证据的判断。如果他们在接触到背景信息后改变了主意，也应该记录这些改变及做出改变的理由。这项要求限制了先前的直觉使整个过程产生偏差的风险。

依据同样的逻辑，我们可以提出第三条建议，这也是决策卫生的重要组成部分，即当要求另一名鉴定人员核实第一名鉴定人员做出的身份识别时，第二个人不应知道第一个人的判断。

司法鉴定中存在噪声必然值得关注，因为事关生死，但这也说明了一个问题。长期以来，我们完全没有意识到，指纹识别竟然也可能会出现错误，这说明我们对专家判断的信心有时被夸大了，噪声审查也会暴露出意想不到的噪声数量。简单地改变一下流程就可以改善这种不足，对所有关心提高决策品质的人来说，这一事实令人振奋。

本案例所说明的主要决策卫生策略（对信息进行排序）具有广泛的适用性，可作为预防情境噪声的措施。我们已经注意到，情境噪声是由各种各样的因素触发的，包括情绪，甚至温度。你不能指望控制住所有触发因素，但你可以尝试避免那些会对判断造成明显影响的因素。例如，你已经知道愤怒、恐惧或其他情绪可能会改变判断，于是你也意识到，如果可以的话，在不同时间重复审视自己的判断是一个不错的办法，因为情境噪声的触发因素在不同时间可能不同。

有一种不太显而易见的可能性，那就是你的判断在不知不觉中被另一种触发情境噪声的因素所改变，这种因素就是信息，甚至是准确的信息。就像指纹鉴定人员的例子一样，一旦你知道别人的想法，证实性偏差会导致你过早地形成一个整体印象，并忽略与其矛盾的信息。我们可以用阿尔弗雷德·希区柯克（Alfred Hitchcock）的两部电影的名称来概括这一点：一个好的决策者应该努力“保持怀疑”（*Shadow of a Doubt*，片名又译《辣手摧花》），而不要成为“已经知道太多的人”（*The Man Who Knew Too Much*，片名又译《擒凶记》）。

消除噪声

要对抗噪声，就要先承认它的存在

- 哪里有判断，哪里就有噪声——包括指纹识别。
- 我们掌握了案子的更多信息，但在专家们做出判断之前，不要把所知道的一切都告诉他们，以免他们的判断产生偏差。事实上，只告诉他们必要的信息即可。
- 如果给出意见的第二个人知道第一个人的意见是什么，那么第二个人的意见就不是独立的了，而第三个人的意见就更不可能是独立的了。如此一来，一连串的偏差便产生了。
- 若要对抗噪声，必须首先承认它的存在。

第 21 章

甄选与汇总，超级预测的两大策略

许多判断都涉及预测，比如，下个季度的失业率可能是多少？明年将售出多少辆电动汽车？ 2050 年的气候变化会带来什么影响？盖完一幢新楼需要多长时间？某家公司的年收入是多少？新员工会有什么样的表现？新的空气污染管理制度的成本是多少？谁将赢得选举？这些问题的答案会产生重大影响，因为私人机构和公共机构的一些重要选择往往取决于这些答案。

预测分析员的工作职责是分析预测何时会出错以及为何会出错，他们对偏差和噪声（也被称为不一致性或不可靠性）进行了明确的区分。人们一致认为，在某些情况下，预测者的预测是有偏差的。例如，官方机构在对预算进行预测时，会表现出不切实际的乐观。平均来说，他们对经济增长的预测高得离谱，而对赤字的预测则低得不切实际。实际上，无论他们这种不切实际的乐观是出于认知偏差还是政治目的，都无关紧要。

此外，预测者往往过于自信：如果要求将他们的预测用置信区间而不是用单点估计值来描述，他们倾向于选择更窄的区间，而实际上这样做并不合理。例如，一项正在进行的季度调查要求美国一些公司的首席财务官估计下一年标准普尔 500 指数的年回报率。首席财务官们要提供两个数字：一个是最小值，即他们认为实际回报率有 1/10 的可能性低于该值；一个是最大值，即他们认为实际回报率有 1/10 的可能性高于该值。这两个数值的置信区间是 80%。然而，事实上实际回报率落入这个区间的可能性只有 36%，也就是说，首席财务官们对自己预测的准确性过于自信了。

预测者也充满噪声。J. 斯科特·阿姆斯特朗（J. Scott Armstrong）在《预测原理》（*Principles of Forecasting*）中指出，即使在专家中，“不可靠性也是判断预测的误差来源之一”。事实上，噪声是误差的主要来源。情境噪声很普遍：预测者自己的观点也并不总是前后一致。人与人之间的噪声也很普遍：预测者之间意见不一致，即便他们都是专家。如果让法学教授预测最高法院的裁决，你会发现大量的噪声。如果请相关专家预测实行空气污染管理制度的年度效益，你会发现巨大差异，例如从 30 亿美元到 90 亿美元不等。如果你让一群经济学家对失业率和经济增长情况做出预测，你也会发现他们的预测之间存在很大的差异。我们已经看到了许多存在噪声的关于预测的例子，而对预测的研究可以揭示更多问题。

改进预测的两种方法

研究也为减少噪声和偏差提供了建议。我们不会在此进行详尽描述，但会重点讨论两种广泛适用的减少噪声的策略。一种是应用我们在第 18 章提到的原则——**选择更好的判断者，从而做出更好的判断**；另一种是最普遍适用的决策卫生策略之一——**汇总多项独立的评估结果。**

对多个预测进行汇总的最简单方法是对它们取平均值。从数学的角度来看，平均值法能够保证减少噪声，具体地说，减少的量就是（1- 判断总数平方根的倒数）。也就是说，如果你对 100 个判断取平均值，那么将减少 90% 的噪声，如果你对 400 个判断取平均值，则可以减少 95% 的噪声——基本上就消除噪声了。这一统计规律促使我们采用在第 7 章讨论过的群体智慧的方法。

由于平均值法不能减少偏差，对总体误差的影响取决于偏差和噪声的比例。这就是为什么当判断彼此独立时，群体智慧最有效，因为群体智慧中不太可能出现共同的偏差。大量实验证据表明，对多次预测取平均值会大大提高预测的准确性，例如在股票分析中，经济预测员的“共识”性预测最准确。就销售预测、天气预测和经济预测而言，一组预测者的未加权平均值优于大多数个体甚至所有个体的预测。而且，通过不同方法获得的平均预测具有相同的效果：在一个涵盖 30 项各领域的实证比较分析中，研究人员发现综合预测平均减少了 12.5% 的误差。

直接取平均值并不是对预测进行汇总的唯一方法。群体选择策略与直接取平均值的方法一样有效，即根据近期判断的准确性来选择最好的判断者，然后对少数判断者的判断取平均值。对尊重专家意见的决策者而言，他们更容易理解并采取一种既依赖于汇总又依赖于群体选择的策略。

产生汇总预测的一种方法是利用“预测市场”（prediction markets），在预测市场中，个体就各种可能的结果下注，从而得到激励来做出正确的预测。如果预测市场的价格表明某些事件发生的概率大约是70%，那么它们大约有70%的可能性会发生。从这个意义上说，大多数时候，预测市场的表现非常好。来自各个行业的许多公司都利用预测市场来汇总不同的观点。

另一个汇总不同观点的正式程序是德尔菲法（Delphi Method）。该方法的经典范式是一个包括多轮信息反馈的过程，在此过程中，参与者向组织者提交评估（或投票），并且彼此保持匿名。在新的一轮中，参与者都会给出自己评估的理由，并对其他人给出的理由做出回应，这个过程仍然是匿名的。这一过程鼓励估计值趋同（有时要求新的判断值落在前一轮判断分布的特定范围内，从而迫使估计值趋同）。这种方法能够同时从汇总和社会学习中获益。

德尔菲法在很多情况下都很好用，但是实施起来有一定的挑战性。有一个更简单的版本可以在单个会议中实施，那就是“迷你德尔菲法”。这个方法也被称为“评估－讨论－评估法”（estimate-talk-estimate），它要求参与者首先给出独立的（未公开的）评估，然后进行解释，并说明理由，最后根据其他人的评估和解释做出新的评估。共识性判断是第二轮中获得的个体估计的平均值。

良好判断计划的 4 个步骤

关于预测质量的一些最具创新性的研究超出了目前为止我们所探

讨的内容。这些研究始于 2011 年，当时 3 位知名的行为科学家创立了“良好判断计划”（Good Judgment Project）。菲利普·泰特洛克（我们在第 11 章讨论过他对政治事件长期预测的评估）、他的妻子芭芭拉·梅勒斯以及唐·穆尔（Don Moore）联手提升我们对预测，特别是对为什么有些人擅长预测的理解。

良好判断计划首先招募了数以万计的志愿者，这些志愿者并非专家，而是来自各行各业的普通人。他们被要求回答数百个问题，例如：

- 印度或巴西是否会在未来两年内成为联合国安全理事会常任理事国？
- 在接下来的一年内会有国家脱欧吗？

从上述例子中我们可以看出，该计划主要关注国际大事。重要的是，回答这些问题引发了许多与日常生活更贴近的预测问题。比如一位律师被问到客户是否会胜诉，或是一个电视工作室被问到某个节目提案是否会大受欢迎，这些问题就涉及了预测技巧。泰特洛克和他的同事想知道是否有人尤其擅长预测，预测的能力能否习得或得到提高。

为了理解这些核心发现，我们需要解释一下泰特洛克和他的团队评估预测者时所采用方法的一些关键点。首先，他们使用的预测问题数量很大，而不只是一个或几个，因为那样的话，成功或失败可能全凭运气。如果你预测你最喜欢的队伍将赢得下一场比赛，而且它确实赢了，你也不一定是一个好的预测者。也许你总是预测你最喜欢的队伍会赢，如果这是你的策略，而他们只赢了一半的比赛，那么你的预测能力就不能算是特别厉害。基于这方面的考虑，为了减少运气的作用，研究人员验证了参与者在大量预测中的平均表现。

其次，研究人员要求参与者对事件发生的概率进行预测，而不是仅仅给出“会发生”或“不会发生”这种非此即彼的答案。对许多人来说，预测就是做是非题——站这方或者站那方。然而，考虑到我们在客观上对未来事件是无法知晓的，预测它们发生的概率才是更明智的选择。如果有人在 2016 年说“希拉里·克林顿有 70% 的可能性当选总统”，那他不一定是个糟糕的预测者。确切地说，有 70% 的概率会发生的事情仍然存在 30% 的不会发生的可能性。要知道预测者的水平高低，我们应该看他们估计的概率是否符合现实。假设一位名叫玛格丽特的预测者说，500 个不同的事件发生的可能性为 60%，结果其中 300 个真的发生了，那么我们就可以得出结论：玛格丽特的置信度被校准得很好。良好的校准是良好预测的前提之一。

再次，泰特洛克及其同事又对实验进行了改进，他们不仅要求预测者对一个事件是否会在 12 个月内发生做出一个概率估计，还让预测者根据新的信息不断修改自己的预测。假设你在 2016 年曾估计，英国在 2019 年底前脱欧的可能性只有 30%，后来，新的民意调查结果显示，“脱欧”的选票持续增加，这时，你很可能会把你的预测值提高。公投结果公布后，我们仍然无法确定英国是否会在公布的时间内脱欧，但看起来可能性肯定会大得多。（事实上，英国已在 2020 年正式脱欧。）

泰特洛克和他的同事允许预测者根据新出现的信息更新预测，为了便于记分，他们把每次更新都视为一个新的预测。通过这种方式，良好判断计划的参与者被激励去密切关注新闻并不断更新他们的预测。这种方法反映出人们期望企业和政府预测人员也能够根据新的信息更新预测，尽管后者有可能因为改变主意而遭到批评。对这种批评有个非常常见的回应，有人认为它出自经济学家约翰·梅纳德·凯恩斯（John Maynard Keynes）："当事实改变时，我改变了主意。你又能怎样？"

最后，为了给预测者的表现打分，良好判断计划使用了格伦·W. 布赖尔（Glenn W. Brier）于 1950 年研发的系统。该系统被称为"布赖尔分数"（Brier scores），可以测量人们的预测值和实际值之间的差距。

布赖尔分数是一种巧妙的方法，它可以绕过一个与概率预测相关的普遍存在的问题：预测者通过避免采取大胆的立场来对自己的预测做两手准备。再想想玛格丽特的例子，在我们的描述中她是一个校准效果良好的预测者，因为她将 500 个事件的发生率定为 60%，其中 300 个事件确实发生了。这个结果可能没有看上去那么厉害。如果玛格丽特是一个天气预报员，她总是预测有 60% 的可能性下雨，而且 500 天中有 300 天下雨，那么玛格丽特的预测是很准的，但也是无用的，因为玛格丽特其实是在告诉你，你可能每天都要带把伞以防万一。拿她和尼古拉斯做个比较，尼古拉斯预测有 300 天下雨的概率是 100%，有 200 天下雨的概率是 0。尼古拉斯和玛格丽特有同样完美的校准：这两位预报员都预测有 *X*% 的日子会下雨，且实际也正是如此，但显然尼古拉斯的预测更有价值：他没有为自己的预测做两手准备，而是明确地告诉你是否应该带伞。从技术上讲，尼古拉斯的判断除了校准效果好外，还有很高的辨析度。

布赖尔分数会对准确的校准和准确的辨析度打出高分。为了得高分，你不仅要在平均水平上是正确的（即校准效果良好），而且要能够表明立场，区分不同的预测（即具有高分辨率）。布赖尔分数以均方误差的逻辑为基础，分数越低越好——0 分就是完美。

我们已经了解了评分机制，那么良好判断计划的志愿者表现如何呢？其中一个主要的发现是，绝大多数志愿者的表现都很差，但是有 2% 的人表现突出。前面说过，泰特洛克称这些表现良好的人为超级预测者。他们几乎从不犯错，他们的预测明显高于随机水平。值得注意的是，一位政府官员表示，这些人的表现明显“好于能够阅读情报和其他秘密数据的情报界分析师的平均水平”。这个类比值得我们反思，情报界的分析专家受过训练，能够做出准确的预测，而且，他们还可以了解机密信息，然而，他们的表现却比不上超级预测者。

永久测试版：一个特殊的思维循环

超级预测者为何如此优秀？与我们在第 18 章中的论述一致，我们可以合理地推测他们异常聪明。这种推测并没有错。在 GMA 测试中，超级预测者在良好判断计划中的表现比普通志愿者更好，而普通志愿者的成绩已经明显高于平均水平。但差别并不总是那么大，许多在智力测试中表现非常好的志愿者并没有成为超级预测者。除了常规智力，我们可以合理地预期超级预测者在数学方面的能力异常出色。他们的确如此。但他们真正的优势不是数学天赋，而是能够轻松自如地应用分析思维和概率思维。

想一想超级预测者对问题进行组织和分解的意愿和能力。他们不会对一个国家是否会退出欧盟、一场战争是否会在某地爆发这样的问题形成一个整体判断，而是将其分解为几个组成部分。他们会问："什么情况下答案才是肯定的？什么情况下答案是否定的？"他们会问并试图回答一系列辅助问题，而不是给出一种直觉或整体的预感。

超级预测者也擅长从外部视角看问题，他们非常关心基准概率。正如第 13 章中对迈克尔·甘巴迪问题的阐述，你在关注甘巴迪的个人资料的细节之前，了解一下普通 CEO 在两年内被解雇或辞职的概率是很有帮助的。超级预测者会系统性地寻找基准概率，当被问及两个国家次年是否会因边境争端而发生武装冲突时，超级预测者们并不只关注或立即去关注这两个国家目前是否相处融洽。根据他们读到的新闻和分析，他们可能对此有一定的直观感受，但他们知道，对某件事情的直觉往往不可靠。相反，他们一开始会去寻找一个基准概率：他们会询问过去的边界争端升级为武装冲突的频率。如果这样的冲突很少发生，超级预测者将首先考虑这一事实，再去了解两国局势的详细信息。

简而言之，**超级预测者的与众不同之处不在于他们智力过人，而在于他们明白如何运用智慧。**他们运用智慧的技能反映了我们在第 18 章中描述的那种可能产生更好判断的认知风格，尤其是高水平的"积极开放性思维"。回想一下关于积极开放性思维的测试：它包括"人们应该考虑与他们的看法相悖的证据"和"关注与你意见不同的人比关注那些与你意见一致的人更有用"。显然，在这项测试中得分很高的人在新的信息出现时会大大方方地更新自己的判断，而不会反应过度。

为了描述超级预测者的思维方式，泰特洛克使用了“永久测试版”（perpetual beta）的说法。这是一个程序员常会使用的术语，指的是一个不打算在最终版本中发布，却被无休止地使用、分析和改进的程序。泰特洛克发现：跻身超级预测者行列的最有力的预测因素是“永久测试版”，即人们致力于更新看法和提高自我完善的程度。正如泰特洛克所说：“超级预测者之所以如此优秀，不在于他们是谁，而在于他们做了什么——艰苦的研究工作，仔细的思考和自我批判，对其他观点的收集和汇总，细微的判断和不懈的更新。”他们喜欢一个特殊的思维循环：**尝试，失败，分析，调整，再试一次。**

预测中的噪声和偏差

此时，你可能会想，人们可以被训练成超级预测者，或者至少变得更像一位超级预测者。事实上，泰特洛克及其合作者正在为此而努力。他们做的工作可以被视作了解“超级预测者为何表现如此出色，以及如何让他们更出色”的第二个阶段。

在一项重要的研究中，泰特洛克和他的团队将普通预测者随机分为 3 组，来测试不同干预措施对其后续判断品质的影响。这些干预措施恰好对应我们描述的改善判断的 3 种策略。

- **培训：**一些预测者完成了一个概率推理的课程，以期提升他们的预测能力。在这个课程中，预测者们了解了各种偏差（包括忽视基准概率、过分自信和证实性偏差）、对不同来源的多个预测取平均值的重要性，并将参照类别纳入考量。

- **团队合作**（一种汇总判断的形式）：让一些预测者组成团队，这样一来，他们就可以看到彼此的预测，并能够进行讨论。团队合作可以通过鼓励预测者应对相反的论点、保持积极开放的思维来提高准确性。

- **甄选：**对所有预测者的准确度进行评分，在年终时，排名前 2% 的人被指定为超级预测者，并有机会在接下来的一年里与精英团队合作。

事实证明，这 3 种干预措施都非常有效，从某种意义上说，它们提高了人们的布赖尔分数，而且我们发现训练是有效的，团队合作更有效，甄选的效果最优。

这一重要发现证实了汇总判断和选择优秀判断者的价值，但这并不是全部。有了关于每次干预效果的数据，泰特洛克和梅勒斯的合作者维莱·萨托帕（Ville Satopää）开发了一种复杂的统计技术，以梳理每一种干预措施究竟是如何改善预测的。他推断，从原则上讲，一些预测者的表现比其他人更好或更差的主要原因有 3 个：

- 他们可以更熟练地发现和分析环境中与自己要做出的预测相关的数据，这也说明了信息的重要性。

- 一些预测者可能总倾向于错误地高估或低估预测的真实值。如果在成百上千的预测中，你在整体上高估或低估了发生某种变化的可能性，那么可以说，你受到了某种形式的偏差的影响，要么是倾向于支持改变的偏差，要么是倾向于保持稳定的偏差。

- 一些预测者可能不太容易受到噪声或随机误差的影响。正如在任何判断中一样，当我们进行预测时，噪声可能有许多触发因素；预测者可能对某条新闻反应过度（这是我们称之为模式噪声的一个例子），可能会受到情境噪声的影响，还可能在使用概率量尺时产生噪声。所有这些误差（以及很多其他误差）的大小和方向都是不可预测的。

萨托帕、泰特洛克、梅勒斯及其同事马拉特·萨利霍夫（Marat Salikhov）称他们的模型为BIN预测模型，BIN是Bias（偏差）、Information（信息）、Noise（噪声）这三个单词首字母的合称。他们测量了这三种因素在多大程度上提升了三种干预措施效果。

他们的答案很简单：这三种干预措施主要是通过减少噪声起作用的。正如研究人员所说："干预措施提高准确性的主要手段是抑制判断中的随机误差的出现，然而，训练干预的初衷是减少偏差。"

鉴于训练的目的是减少偏差，一个不太出色的预测者会预测，减少偏差是培训的主要效果。然而，培训是通过减少噪声来起作用的。这种奇特的现象很容易解释。泰特洛克的训练的主要目的是对抗心理偏差。我们现在已经知道，心理偏差并不总是会造成统计偏差。当心理偏差以不同的方式影响不同个体的不同判断时，就会产生噪声。很明显，这里的情况就是这样的，因为所预测的事件是多种多样的。由于主题不同，同样的偏差会导致预测者反应过度或反应不足。我们不要认为他们会产生统计偏差，即预测者相信事件会发生或不会发生的普遍倾向。因此，培训预测者克服他们的心理偏差是有效的——通过减少噪声的方式。

团队合作对减少噪声有相当大的作用，同时也显著提高了团队提取信息的能力。这一结果与汇总的逻辑一致：几个人协同工作比一个人更善于发现重要信息。如果爱丽丝和布莱恩一起工作，爱丽丝发现了布莱恩错过的信号，那么他们进行联合预测会更好。在团队中工作时，超级预测者似乎能够避免群体极化和信息级联的危险。相反，他们会汇总不同个体的数据和想法，并以积极开放的方式充分利用综合的信息。萨托帕和他的同事解释了这一优势："与培训方式不同的是，通过团队合作……预测者可以利用这些信息。"

甄选的总体效果最好，一些改进源于更好地利用了信息。超级预测者比其他人更善于发现相关信息，这可能是因为他们比一般参与者更聪明、更有动力、对做出此类预测更有经验。但甄选的主要作用还是减少噪声。超级预测者比普通人，甚至比受过训练的团队产生的噪声更少。这一发现也让萨托帕和其他研究人员大吃一惊：**"超级预测者"的成功主要归功于他们在控制测量误差方面的出色能力，而不是其他人无法复制的对新闻的透彻解读。**

甄选与汇总的有效之处

超级预测项目的成功突出了两种决策卫生策略的价值：甄选（超级预测者都超级棒）和汇总（预测者组成团队进行合作时表现更好）。这两种策略可以被广泛地应用在许多判断过程中。只要有可能，你应该通过组建业务能力出众且能力互补的判断者团队（由预测者、投资专家、招聘人员组成）来实现战略性合作。

到目前为止，我们已经考虑了通过对多个独立判断取平均值的方式来提高精确度，就像在群体智慧实验中一样。对高准确性判断者的评估进行汇总将进一步提高判断的准确性。通过汇总既独立又互补的判断，我们可以获得准确度上的进一步提高。试想有 4 个人是一场犯罪行为的目击证人（确保他们不会相互影响至关重要），他们从 4 个不同的角度目击了犯罪行为，那么将他们提供的信息进行汇总后其质量会好很多。

组建一个专业团队来共同完成判断任务，类似于组建一套综合测试来预测候选人未来在学校或工作中的表现。该任务的标准工具是多元回归（见第 9 章），它通过依次选择变量来执行。首先选择的是最能预测结果的第一个测试，然而，下一个测试不一定是第二有效的。相反，第二个测试提供了有效且与第一个测试无关的信息，为第一个测试增加了最大的预测力。例如，假设你有两个心理素质测验，其与未来的表现的相关系数分别为 0.5 和 0.45，还有一个人格测验，其与未来表现的相关系数只有 0.3，但与心理素质测验不相关。最佳的解决方案是首先选择更有效的那个心理素质测验，然后选择人格测验，因为这样会带来更多的新信息。

同样的道理，如果你要组建一个判断者团队，那么你当然应该先挑选最好的判断者。接下来，选择一个判断能力中等却能给团队带来一些新技能的人，而不是与第一个人高度相似且更善于判断的人，这样做可能效果更好。以这种方式组成的团队会更优秀，因为当不同个体的判断彼此不相关时，汇总判断的有效性会比判断存在冗余时提高得更快。在这样的团队中，模式噪声相对较高，因为个人对于每个案例的判断都会有所不同。矛盾的是，有噪声的群体的平均判断水平比高度一致的群体的平均判断水平更高。

我们需要注意的一个重点是：**无论多样性如何，只有在判断真正彼此独立的情况下，对判断进行汇总才能减少噪声。**正如我们在讨论群体中的噪声时所强调的，群体审议过程中增加的偏差往往比消除的噪声更多。一个组织想要利用多样性的力量，那它必须愉快地接受团队成员独立做出判断时产生的分歧。激发和汇总既独立又多样的判断往往是最简单、最便宜且适用范围最广的决策卫生策略。

● 消除噪声

像超级预测者一样思考

- 取 4 个独立判断的平均值，保证可以将噪声减少一半。
- 我们应该像超级预测者一样，努力使自身保持在“永久测试版”状态。
- 在讨论某个具体情况之前，我们需要先了解一下相关的基准概率是多少。
- 我们有一个很好的团队，但如何确保意见的多元性？

第 22 章

医疗决策，用科学的诊断指南减少噪声

几年前，我们的一位好朋友保罗被他的主治医师琼斯诊断为患有高血压。琼斯医生建议保罗尝试药物治疗，他给保罗开了利尿剂，但保罗的血压依旧很高，也就是说药物没起到效果。几个星期后，琼斯又开了第二种药物——钙通道阻滞剂，但效果依然不理想。

这些结果使琼斯困惑不已。虽然过去的 3 个月保罗每星期都会来复诊，但他的血压只是略有下降，仍然很高。对于下一步的治疗方案，琼斯医生感到很苦恼，保罗也很焦虑，毕竟他年纪不算大，身体也一向健康。随后，琼斯医生寻思着尝试第三种药物。

就在这时，保罗搬到了一座新城市，在那里他咨询了另一位名叫史密斯的医生。保罗向史密斯讲述了他这些日子与高血压抗争的经历。史密斯立即回答说："买一台家用血压计，在家测测看血压值是多少。我认为你根本没有高血压。你可能只是得了'白大褂综合征’——一进医生办公室，血压就升高！”

保罗照办了，果然，他在家时测得的血压是正常的，而且从那以后一直很正常。在史密斯医生向保罗说了“白大褂综合征”这件事的一个月后，即便是在医生的办公室，保罗的血压也没有再高过。

医生的主要任务就是做出诊断——判断病人是否患病了，如果患病了，还要鉴定出是哪种疾病。在许多情况下，诊断是常规化的，甚至是机械化的，并且人们还制定了规则和程序以减少噪声。医生通常很容易判断某个人的肩膀有没有脱臼或脚趾有没有骨折，而在一些对技术性要求更高的问题上，医生也能比较容易地做出判断。比如，量化肌腱退化的程度时，医生的诊断产生的噪声就很小。当病理学家评估乳腺病灶的穿刺活检结果时，他们的评估是比较明确的，几乎没有噪声。

然而，有些诊断根本不涉及判断。**医疗水平的进步往往是通过消除判断也就是将判断转变为计算来实现的。**对于链球菌性咽喉炎的诊断，医生首先要对患者的咽拭子标本进行快速抗原检测，这种检测可以很快检测出患者是否出现链球菌感染。可以说，即便有这种快速抗原检测结果，链球菌性咽喉炎的诊断也存在噪声，但如果没有，那情况将更糟。如果你的空腹血糖水平为 126mg/dL 或更高，或是糖化血红蛋白（过去 3 个月内血糖的平均值）高于 6.5HbAlc，你就会被诊断为患有糖尿病。在新型冠状病毒疫情出现的早期阶段，一些医生做初步诊断时是根据症状做出判断的，随着疫情的发展，检验变得越来越普遍，有了检验结果，判断就没有必要了。

当医生做判断时，他们的判断可能会有噪声，而且可能会出错，标准做法是建议患者再咨询另外一位医生，获取第二诊疗意见。在有些医院里，第二诊疗意见是必须给出的。当第二诊疗意见与首诊意见出现分歧时，噪声就出现了——当然，我们可能并不清楚哪位医生是正确的。一些患者（包括前文案例中的保罗）会惊讶地发现第二诊疗意见与首诊意见的分歧非常大。医疗领域存在噪声并不令人惊讶，真正令人惊讶的是其体量之庞大。

在本章中，我们要阐明医疗领域的噪声如何大到了令人惊讶的程度，并介绍医学界使用的一些减少噪声的方法。我们将着重讨论一个决策卫生策略：诊断指南。我们敏锐地意识到，与医学中的噪声以及医生、护士和医院采取的各种补救措施有关的内容中有非常多可写的，轻而易举便能写成一整本书。但值得注意的是，医学中的噪声并不局限于本章所关注的诊断性判断中的噪声，治疗过程也可能存在噪声，关于这个话题也有大量的文献可供参考。比如，对于心脏存在问题的患者，医生们对最佳治疗方案的判断存在惊人的差异，涉及的问题包括该用哪些药物、正确的手术方式是哪个，以及到底需不需要手术等。20 多年来，达特茅斯·阿特拉斯项目（The Dartmouth Atlas Project）一直致力于记录“美国在医疗资源分配和使用上存在的显著差异”，当然，许多国家也存在医疗资源分配不均的情况。对于本书来说，我们只需要简单地探讨诊断性判断中存在的噪声就可以了。

医疗诊断中的噪声

有大量文献介绍了医学界存在噪声，其中许多是实证性的且验证了噪声的存在，也有许多文献是指导性的。一些医学领域的论文一直在提出各种各样的减少噪声的策略，这些论文如同一座座金矿，蕴藏着众多极其珍贵的想法，值得许多领域的专家、学者参考借鉴。

若噪声存在，就证明其中一位医生明显是正确的，另一位明显是错误的并且可能受到某些偏差的影响，正如我们料想的那样，医生的技能在其中发挥了关键作用。例如，一项针对放射科医生做出肺炎诊断的研究发现，噪声中很大一部分源自医生技能上的差异。具体而言，“技能的差异可以解释诊断决策中 44% 的变异”，这表明“提升技能比使用统一的决策指南更有效”。训练和甄选对于减少误差、消除噪声和偏差至关重要，在医疗领域也是如此。

在医学的某些领域，如放射学和病理学，医生对噪声的存在一清二楚。例如，放射科医生将诊断差异称为“阿喀琉斯之踵”。目前尚不清楚到底为什么放射学和病理学领域的噪声如此受关注，可能是因为这些领域的噪声确实比其他领域多，也可能是因为这些领域的噪声更容易被记录下来，我们猜想易于记录可能是更重要的原因。在放射学领域，人们更容易实施一些简单的噪声测试以及误差测试，例如，你可以再看一遍影像片子来对之前的评估结果进行重新评估。

在医学领域，人与人之间的噪声，或者说评估者信度（interrater reliability），通常用 kappa 统计量来衡量。kappa 值越高，噪声越小。kappa 值为 1 表示评估者们的评估完全一致；kappa 值为 0，则意味着评估者之间的一致性很差，就跟一群猴子往诊断列表上投飞镖差不多。根据该系数测量得到的信度，医学诊断的某些领域属于“轻度”或者“糟糕”,“糟糕”意味着该领域的噪声非常多。在大多数情况下，该系数测出的信度是“一般”，这当然有所改善，但依然表明其中存在着明显的噪声。随机选出 100 例药物，要求全科医生判断这些药物之间的相互作用是否具有临床意义，对于这一重要问题，医生们做出的判断“一致性很差”。在许多外行眼里，诊断肾脏疾病处于哪一阶段似乎比较简单，甚至很多医生也这样认为。但是，肾病专家们在基于肾病患者的标准化检测结果进行诊断时，仅勉强达到“中等程度的一致性”。

一项研究发现，关于乳腺病变是否为癌变这一问题，病理学家之间只能达成“一般”程度的一致性。在诊断乳腺增生病变时，一致性同样是“一般”。当医生根据核磁共振成像扫描结果判断椎管的狭窄程度时，一致性也是“一般”。这些发现很值得反思，因为我们说过，在医学的某些领域中噪声水平非常低，但在一些对技术性要求非常高的领域，医生们的诊断还远没有实现零噪声。关于是否会被确诊为患有癌症等严重疾病，患者有时就像在抽签，其结果取决于问诊的是哪位医生。

再来看看这些文献中的其他发现，它们源自那些噪声的严重程度尤其值得关注的领域。我们描述这些发现并不是为了对医务工作的现状做出权威性的论断（医务工作在不断地发展和改进，在某些情况下，发展和改进的速度很快），我们的目的是让大家认识到噪声是普遍存在的，不管是在不远的过去还是现在，噪声都屡见不鲜。

1. 在美国，心脏病是男性和女性的主要致死原因。冠状动脉造影是检测心脏病的主要方法，可以评估急性和非急性情况下心脏动脉的阻塞程度。在非急性情况下，当患者反复出现胸痛，且有一条或几条动脉的阻塞程度超过 70% 时，医生通常会对患者实施支架置入术等治疗措施。然而，有资料显示，医生对血管造影图的解释存在一定的变异，这可能引发不必要的手术。一项早期研究发现，评估血管造影图的医生对大血管阻塞是否超过 70% 持不同意见，这种情况发生的可能性为 31%。心脏病专家普遍意识到，在解读血管造影图时存在潜在的变异，尽管他们不断努力并采取纠正措施，但这个问题仍未解决。

2. 子宫内膜异位症是本应该生长在子宫内的子宫内膜组织生长在子宫外所致，这种异位会令病人痛苦不堪，并且可能引发生育障碍。医生一般借助腹腔镜对这种疾病进行诊断，在诊断过程中，医生需要通过手术将腹腔镜的微型摄像头探入患者体内。研究人员让 108 名妇科医生观看了 3 名患者的腹腔镜检查视频并做出判断，其中 2 名患者患有不同程度的子宫内膜异位症，1 名患者未患此病。然而，这些医生在判断子宫内膜异位病灶的数量和位置时，产生了很大分歧，并且这些判断在数量和位置上的相关性都很弱。

3. 肺结核是全球范围内传播最广、致死率最高的疾病之一。仅 2016 年，就有 1000 多万人感染肺结核，死亡人数接近 200 万。胸部 X 线检测是一种广泛使用的肺结核检测方法，它可以检测肺部是否出现了由结核杆菌引起的空洞。医生们在肺结核诊断上存在的变异性已有近 75 年的详尽记录了。尽管这种现象在过去几十年中已有所改善，但研究发现，肺结核诊断中依然存在显著的变异性，诊断一致性仅为“中等”或“一般”。此外，不同国家的放射科医生在肺结核的诊断上也存在差异。

4. 当病理学家分析黑色素瘤（最危险的皮肤癌）导致的皮肤病变时，只有“中等”程度的一致性。研究人员要求 8 位病理学家对每个病例进行诊断，所有病理学家全部达成一致或只有一位意见不一致的情况只占 62%。另一项在肿瘤中心开展的研究发现，黑色素瘤的诊断准确率只有 64%，这意味着每 3 个被诊断为黑色素瘤的病灶中就有 1 个属于误诊。还有一项研究发现，纽约大学的皮肤科医生有 36% 的可能性无法根据皮肤活检样本诊断出黑色素瘤。这项研究的作者总结道：“医生如果未能在临床上正确诊断出黑色素瘤，就会放任这种潜在致命疾病对患者的生命构成严重威胁。”

5. 放射科医生通过乳房 X 线检测来诊断乳腺癌，这种诊断同样存在变异性。一项大型研究发现，放射科医生诊断结果的假阴性率为 0%（每次的诊断都是正确的）～ 50%（甚至超过 50%，也就是说在超过一半的情况中，放射科医生错误地将乳腺癌患者的 X 线片诊断为正常），而假阳性率为 1% ～ 64%（这意味着放射科医生将未患乳腺癌的人的 X 线片诊断为患有乳腺癌的可能性接近 2/3）。同时，不同放射科医生诊断的假阴性率和假阳性率也不同，这证明确有噪声存在。

这些存在于不同人之间的噪声是当下的主要研究方向，但也有一些发现是关于情境噪声的。有时候，放射科医生两次评估同一张影像片子时会给出不同的意见，也就是说第二次给出的意见与第一次的意见不一致。但相比于与他人意见不一致的情况，与自己原有的意见不一致的情况较少出现。在重新评估血管造影显示的血管阻塞程度时，22 名医生与自己原有意见不一致的可能性为 63% ～ 92%。我们可以看到，在那些标准模糊和判断情境复杂的领域中，评估者的信度可能非常差。

这些研究对这种情境噪声的成因没有明确的解释，而另一项不涉及诊断的研究发现了医学领域情境噪声的一个简单来源，这一发现值得患者和医生牢记。简而言之，医生在清晨比接近傍晚时更可能要求患者做癌症筛查。在一个大样本中，早上 8 点，乳腺和结肠筛查的预约率最高，为 63.7%，到了上午 11 点，预约率下降至 48.7%，中午时又上升至 56.2%，下午 5 点则降至 47.8%。因此，在一天中的晚些时候，医生建议就诊的患者做指南推荐的癌症筛查的可能性较小。

我们如何解释这些发现？有可能是因为医生们在遇到患有复杂疾病的患者后，他们的问诊进度会不可避免地落后，这些病情复杂的患者需要的诊断时间往往超过常规的 20 分钟。我们在前面提到过压力和疲劳等情境噪声的触发因素（见第 7 章），这样看来这些因素的确在起作用。一些医生为了赶上进度，跳过了对预防性健康措施的讨论。还有一个例子也能说明临床医生会受到疲劳的影响，那就是规范洗手的比率在轮班结束时会低一点，可以说洗手这一过程也充满了噪声。

诊断指南的价值

在不同医学问题的情境中，对噪声的存在及其数量进行全面记录，不仅对医学领域意义重大，而且对人类的认知也有举足轻重的贡献。虽然我们不知道目前是否有此类记录，但希望时机成熟后有人能够完成这一壮举。不过，即使现在没有这类记录，现有的研究结果也提供了一些线索。

在极端情况下，一些问题和疾病的诊断基本上是机械性的工作，不需要做出任何判断。还有一些情况，诊断虽然不是机械性的工作，却很简单直接：任何受过医学训练的人都可能得出同样的结论。在某些场景中，噪声的数量也能得到控制，比如说肺癌专家在进行诊断时，他们的专业性虽不能完全消除噪声，但能使噪声数量最少。有些疾病的诊断给了医生很大的判断空间，并且诊断的相关标准过于宽泛，这会导致噪声数量巨大，且难以降低。我们将看到，大部分精神病学诊断就属于这种情况。

怎样才能降低医学领域的噪声呢？我们在前面提到，培训可以提高医生的技能，而高超的技能当然对减少噪声有帮助。汇总多个专家的判断（如第二诊疗意见等）也能减少噪声。算法是一个特别有发展前景的诊断手段，医生们现在正在使用深度学习算法和人工智能来减少噪声。例如，这类算法已经被用于检测乳腺癌患者的淋巴转移情况。目前最好的算法的诊断准确性优于最好的病理学家。当然，算法是没有噪声的。深度学习算法在检测与糖尿病相关的眼部问题方面，已经取得了巨大的成功。人工智能在通过乳房 X 线检测诊断癌症方面的表现，几乎和放射科医生一样出色。如果人工智能进一步发展，它的表现可能会比人类更好。

未来医学界可能会越来越依赖算法。这个过程可以同时减少偏差和噪声，挽救生命并节省成本。但本章的重点是人类的判断指南，因为医学领域的情况能够充分说明，指南在某些实践应用中能够确保产生良好甚至极好的结果，而在其他应用实践中会产生更复杂的结果。

1952 年由产科麻醉师弗吉尼亚・阿普加（Virginia Apgar）发明的

阿普加评分（Apgar score），也许是诊断指南最知名的例子。过去，评估新生儿是否处于危险之中曾是医生和助产士需要做出的临床判断。阿普加评分给了他们一个标准化的指南，供他们评测婴儿的肤色、心率、反射动作、肌肉张力和呼吸状况。这些指标的首字母刚好组成Apgar：外貌（Appearance，指肤色）、脉搏（pulse，指心率）、痛苦反应（grimace，指反射动作）、活动（activity，指肌肉张力）和呼吸（respiration，指呼吸频率和力度）。在阿普加测试中，这5个指标分别对应3个分数：0、1和2。总分最高为10分。7分及以上就可被视为健康状况合格（见表22-1）。

表22-1　阿普加评分指南

类别	分数
外貌 （肤色）	0：全身发紫或苍白 1：身体红润，但四肢发紫 2：全身粉红或正常肤色
脉搏 （心率）	0：没有心跳 1：心跳小于100次/分钟 2：心跳大于100次/分钟
痛苦反应 （反射动作）	0：对呼吸道刺激无反应 1：受到刺激时有痛苦的表情 2：受到刺激时有痛苦的表情并伴有咳嗽或打喷嚏的反应
活动 （肌肉张力）	0：四肢无力 1：手臂和腿略有弯曲 2：主动动作
呼吸 （呼吸频率和力度）	0：无呼吸 1：哭声微弱（呜咽或咕噜） 2：哭声响亮有力

要注意的是，心率是评分中唯一一个可以直接评分的项目，其他项目都需要先做一些判断。但是，由于判断被分解为多个相互独立的元素，每个元素都很容易评估，即使是那些仅受过少量训练的医师，在评估时也不太可能产生很大的分歧，因此阿普加评分产生的噪声很小。

阿普加评分展示了指南是如何发挥作用的，以及为什么指南能减少噪声。与规则或算法不同，有了指南仍需判断——决策不是直接进行计算。医师在阿普加评分的每一个项目上都可能存在分歧，因此在最终结论上也可能存在分歧。然而，指南成功地减少了噪声，因为它在预先定义好的维度上将一个复杂的决策分解成了许多简单的子判断。

如果用第 9 章讨论的简单预测模型来看待这个问题，我们就很容易看到指南的优势所在。临床医生是根据几条预测性线索来判断新生儿的健康状况的。情境噪声可能在其中发挥作用：就在某一天，或者就在某种情绪状态下，临床医生可能会关注一些相对不那么重要的预测因素，或忽略一些重要的预测因素。阿普加评分能够将医生的注意力集中在 5 个已经过实践验证的重要维度上。然后，评分标准清晰地描述了该如何评估每条线索，这大大简化了根据每条线索做出判断的过程，从而降低了噪声。最后，阿普加评分还规定了如何给各个预测因素赋权，并产生所需的总体判断，这个过程就是一项机械性的工作，而人类临床医生在给这些线索赋权时会存在差异。关注重要的预测因子，简化预测模型，以及进行机械性汇总——所有这些都降低了噪声。

类似的方法已被用于许多医学领域，比如用森特评分（Centor

score）来指导链球菌性咽喉炎的诊断。病人如果出现以下症状或体征即得 1 分：咳嗽（Cough）、有渗出物（exudates，指喉咙后部有白色斑块）、颈部淋巴结肿痛（nodes）、体温高于 38 摄氏度（temperature）。这些症状的首字母组合刚好是 Centor 的前 4 个字母。这一指南由森特及其同事总结得出。根据病人的得分，医生可以决定是否推荐用咽拭子诊断链球菌性咽喉炎。使用该量表进行评估和评分相对直接，这样一来，有些人就不必接受链球菌性咽喉炎的测试和治疗了。

同样，乳腺癌诊断领域也制定了一套根据乳腺影像报告和数据系统（Breast Imaging Reporting and Data System，BI-RADS）进行诊断的指南，从而减少了对乳房 X 线片解读时出现的噪声。一项研究发现，BI-RADS 提升了乳房 X 线片的评估者之间的一致性，这就表明，对于存在明显变异性的领域，指南可以有效地减少噪声。在病理学领域，关于人们使用指南来减少噪声，也有很多成功的例子。

伤脑筋的精神病学诊断

就噪声而言，精神病学是一个极端的例子。当使用相同的诊断标准诊断同一位患者时，精神科医生经常意见不一致。因此，至少从 20 世纪 40 年代起，减少噪声就成为精神病学界的头等大事。我们将看到，尽管指南在不断完善，但在减少噪声方面，诊断指南的作用非常有限。

1964 年，一项针对 91 名患者和 10 名有经验的精神科医生的研究发现，两名医生意见达成一致的可能性只有 57%。在另一项早期的研究中，两名州立医院的精神科医生单独对 426 名患者进行诊断，结果显示，他们在诊断精神疾病的类型时，诊断的一致性只有 50%。另一项涉及 153 名门诊病人的早期研究发现，医生们在诊断方面的一致性只有 54%。这些研究并没有明确噪声的来源。然而有趣的是，一些精神科医生倾向于将患者划分到特定的诊断类别中。例如，有些精神科医生更有可能诊断患者患有抑郁症，而另外一些则更有可能诊断患者患有焦虑症。

我们很快将看到，精神病学中的噪声水平仍然很高。为什么会这样？**专家们给不出一个唯一且明确的答案，这意味着他们对噪声的解释本身就充满噪声。诊断类别过于宽泛无疑是其中一个因素。**但是，为了初步揭示其中的原因，研究人员让一位精神科医生先面诊一位患者，在短暂休息后，再让另外一位精神科医生进行一次面诊。两位精神科医生随后会面，如果发现彼此意见不一致，再讨论具体的原因。

“医生之间的不一致”有很常见的原因：他们来自不同的学派，接受过不同的训练，拥有不同的临床经验，采用不同的面诊方式。“接受过发展心理学训练的临床医生，可能会将幻觉解释为受虐待所致的创伤经历的一部分”，但“具有生物医学背景的另外一位临床医生，可能会将幻觉解释为精神分裂过程的一部分”。这种差异就是模式噪声的例子。

然而，除了医生之间的不同，噪声的主要成因是“术语不够准确”。这种情况再加上专业人士对精神病学术语的普遍不满，促成了《精神疾病诊断准则手册（第 3 版）》（*Diagnostic and Statistical Manual of Mental Disorders, DSM III*）于 1980 年改版完成。该手册首次提出了明确而详细的精神疾病诊断标准，朝着引入诊断指南迈出了第一步。

DSM III 促使大量的研究关注诊断是否存在噪声。*DSM III* 也被证明有助于减少噪声。但这本手册远没有达到完美。即使在 2000 年对第 4 版——*DSM IV*（初版于 1994 年出版）进行了重大修订之后，仍然有研究表明其中存在大量噪声。一方面，艾哈迈德·阿博拉亚（Ahmed Aboraya）及其同事得出结论称："精神疾病诊断标准的使用已被证明能提高精神疾病诊断的可靠性。"另一方面，仍然存在着一个严重的风险，即对同一个病人要施以多种诊断，才能决定他是否应该入院治疗。

该手册的第 5 版——*DSM V* 于 2013 年发布。美国精神病学学会曾希望 *DSM V* 能够减少噪声，因为其标准更客观、更清晰。但精神科医生的诊断仍然表现出明显的噪声。例如，塞缪尔·利布利奇（Samuel Lieblich）及其同事发现"精神科医生就患者是否患有重度抑郁症很难达成一致"。*DSM V* 的现场试验发现其"一致性仅达到最低水平"，这"意味着，在实验条件下，训练有素的专业精神科医生对患者是否患有抑郁症达成一致的可能性只有 4% ～ 15%"。另外一些现场试验表明，*DSM V* 实际上使情况变得更糟了，在所有主要领域中，一些诊断，比如混合性焦虑与抑郁障碍的噪声反而增加了。"*DSM V* 如此不可靠，以至于它在临床实践中显得毫无用处。"

在精神病学中，使用指南之所以很难取得成功，主要原因似乎是"某些疾病的诊断标准仍然模糊，难以操作"。一些指南通过将判断分解成不同的标准来减少分歧，进而减少噪声，但如果这些标准是相对开放的，噪声仍然可能存在。考虑到这一点，我们呼吁制定更标准的诊断指南，具体的改进包括：(1) 明确诊断标准，舍弃模糊标准；(2) 给出症状及其严重程度的“参考定义”，其依据的理论是“当临床医生对症状是否存在能够达成一致时，他们更有可能在诊断上也达成一致”；(3) 除开放式谈话外，对患者进行结构化访谈，建议在访谈指南中纳入 24 个筛选问题，如焦虑、抑郁和饮食失调等问题，以便医生做出更可靠的诊断。

这些改进建议听起来不错，但能够成功地减少多少噪声，其结果尚未可知。一位观察者曾说：“诊断过程依赖患者的主观症状、临床医生对症状的解读，而且缺乏客观的测量手段（如血液测试），这些因素都在精神疾病诊断中埋下了不可靠的种子。”从这个层面上说，要想减少精神病学中的噪声，困难重重。

在这一特定问题上，现在做出自信的预测还为时过早，但有一点很清楚，一般来说，医学诊断指南在减少偏差和噪声方面非常成功。它们帮助了医生、护士和病人，极大地改善了公共卫生。因此，医学界需要更多的指南。

消除噪声

消除医疗诊断中的噪声

- 医生之间的噪声水平远超我们想象。在诊断癌症和心脏病，甚至是看X线片时，专家们也会出现意见不一致的情况。这意味着病人得到的治疗可能是碰运气的结果。
- 医生往往会认为，无论是星期一还是星期五，是清晨还是傍晚，他们都会做出同样的决策。但事实证明，医生的言行可能完全取决于他们的疲劳程度。
- 医疗诊断指南可以使医生少犯错，从而维护病人的利益。这些指南对于整个医疗行业也有帮助，因为它们减少了变异性。

第 23 章

绩效评估，用基于外部视角的共识框架做出量化判断

让我们从一个练习开始：请选出 3 个你认识的人，他们可以是你的朋友或同事。请在友善、智慧和勤奋这 3 种特质上给他们进行 1 ～ 5 分的评分，其中 1 分是最低分，5 分是最高分。现在再请另一个很了解他们的人（这个人可以是你的配偶、好友或者最亲密的同事）用同样的方式对这 3 个人进行评分。

在某些评估中，你和其他评分者很可能会给出不同的评分，那么出现这种差异的原因是什么呢？你可能会发现，答案在于你们是如何使用量表的，我们称这种量表为水平噪声。也许你认为，需要“特别出众”才能给 5 分，而另一位评分者则可能认为只需达到“还不错”的水平就能给 5 分。除此之外，你们之间的差异还有可能是由你们对被评估者的看法不同造成的，例如你们在理解被评估者是否友善以及如何确切地定义美德等问题上存在差异。

现在想象一下，如果要基于你们的评估来确定这 3 个人能否升职和加薪，并且假设你和另一位评估者是在同一家重视友善、智慧和勤奋的公司工作，你们之间的评分会有差异吗？这种差异会和前面的练习中出现的差异一样大吗？还是更大？不管你的答案是什么，公司的政策和量表上的差异都可能产生噪声，事实上，这种现象在不同组织进行绩效评估时普遍存在。

绩效评估本质上是一种判断工作

几乎所有大型组织都会定期对员工进行正式的绩效评估，而那些被评估的人并不喜欢这种评估。正如有家报纸的标题所示，“研究发现，基本上每个人都讨厌绩效评估”。我们认为，每个人都知道绩效评估会受偏差和噪声的影响，但是大多数人并不知道其中到底存在多少噪声。

在一个理想化的世界里，评估绩效并不是一个判断工作，因为评估人借助客观事实就足以裁定员工工作表现的好坏。但问题在于，大多数现代组织与经济学鼻祖亚当·斯密（Adam Smith）提到的扣针厂没有什么共同之处。在亚当·斯密提到的扣针厂中，每个工人的产出都可以量化。但对一家公司的首席财务官或研发部主管来说，他们的产出是什么呢？当代知识工作者需要平衡多种工作目标，有时这些目标甚至是互相矛盾的。只关注其中一个目标，在做评估时就可能犯错，导致评估结果不准确，并带来负面的激励效果。例如，医生每天接诊的患者数量是医院生产力的一个重要衡量指标，但你并不希望医生一门心思只关注这一指标，更不会只根据接诊人数对他们进行评估和奖励。也就是说，即使是可量化的绩效指标，也需要放在一定的背景条件下进行评估，例如，评估销售人员的销售额或程序员编写的代码行数时，就要考虑具体情况，因为并非所有客户都同样“难伺候”，也并非所有软件开发项目都一模一样。鉴于这些挑战，我们无法完全根据客观的绩效指标对人们进行评估。因此，以判断为基础的绩效评估无处不在。

25% 是信号，75% 是噪声

有关绩效评估实践的研究文章已经发表了成千上万篇，其中大多数人都发现这些评估充满了噪声。这一发人深省的结论主要是通过对 360 度绩效评估的研究得出的。这类研究需要多个评估者共同参与，并且基于多个绩效维度对同一个人进行评估。在进行数据分析时我们会发现，这类研究的结果并不理想：真正的差异——个人绩效产生的差异通常不超过总差异的 20% ～ 30%，其余 70% ～ 80% 的差异是系统噪声。

这些噪声是从哪里来的？得益于多项关于工作绩效评估变异性的研究，我们现在已经知道，系统噪声的所有成分都在起作用。

在绩效评估的背景下，这些噪声成分是显而易见的。请想象两位评估者：琳恩和玛丽。如果琳恩的评估标准比较宽松，而玛丽的评估标准比较严格，换言之，琳恩对所有人的评分都比玛丽的更高，那么就出现了水平噪声。就像我们在讨论法官判决的案例时所看到的那样，这种噪声可能表示琳恩和玛丽真的对被评估者形成了不同的印象，也可能表示她们对被评估者的印象相同，但使用评估量表的方式存在差异。

现在，如果琳恩要对你进行评估，而且碰巧她对你和你的工作印象极差，她一向宽松的标准可能会与她对你的特殊（负面）的评价相抵消。这就是我们所说的稳定模式——一个特定评估者对特定被评估者的反应，这种模式是琳恩所独有的，这就是模式噪声的来源。

最后要讲的是情境噪声。玛丽可能在填写评估表之前发现有人把她停在停车场的车撞坏了，这让她在做评估时心情极差；琳恩可能刚刚收到了丰厚的奖金，这让她在做评估时心情极好。类似这样的事情当然可能会产生情境噪声。

关于如何将系统噪声分解为水平噪声、模式噪声和情境噪声这三种成分，不同的研究会给出不同的结论。我们肯定可以想明白，为什么不同组织的噪声成分会有所不同。当然所有形式的噪声都是我们不希望存在的。这些研究所传达的基本信息只有一个：大多数绩效评估结果与被评估者的真实绩效之间的关系远非我们想象中那么紧密。正如一篇综述文章中总结的那样：员工真实的工作绩效和对工作绩效进行的评估之间的关系可能很弱，或者说，两者之间的关系还不确定。

此外，组织中的绩效评估之所以无法反映员工的真实绩效，原因有很多。例如，评估者实际上可能不会尽可能准确地评估绩效，但可能会“策略性地”对员工进行评估。一些其他动机可能使评估者故意给员工打高分，例如为了避免煎熬的反馈性谈话[①]，为了帮助一个一直在寻求晋升机会的人，甚至只是为了摆脱一个表现不佳的团队成员——该成员需要有良好的评价才可能被调到其他部门。

这些策略性的考虑当然会影响评估，但它们并不是唯一的噪声来源。我们之所以知道这些，全要归功于一种自然实验：仅以研发为目的的 360 度反馈系统。在这些系统中，受访者被告知他们的反馈并非用于绩效评估，如果评估者真的相信了这种说法，那么这就能防止他们夸大或降低评价。事实证明，研究性评估确实会对反馈产生影响，但系统噪声仍然很高，而且相比于被评估者的实际绩效系统，噪声能够解释更多的变异性。可以看出，即使是纯粹的研究性的反馈机制，评估中也仍然充满噪声。

一个早就发现却没有解决的问题

如果绩效评估系统如此不可靠，那么实施绩效评估的人就应该已经注意到并力图改进这个体系。事实上，在过去的几十年里，众多组织的确对这些评估制度进行了无数次的改革。这些改革也采用了一些我们提出的减少噪声的策略，但在我们看来，人们做得还远远不够。

几乎所有组织都使用汇总策略来减少噪声。人们通常将汇总评估与 360 度反馈系统相结合，这在 20 世纪 90 年代成为一些大公司的标准做法，《人力资源管理》（*Human Resources Management*）杂志在 1993

① 这类似于教师给学生 60 以上的分数可以避免出题补考的麻烦。——译者注

年推出了一期关于 360 度反馈系统的专刊。

虽然对所有评估者的评估进行平均有助于减少系统噪声，但值得注意的是，360 度反馈系统并非是为了解决这个问题而开发的，它的主要目的是测量出一些领导看不到的东西。这个评估系统要求被评估者的同事和下属而不仅仅是其领导参与对他们的绩效评估，这样一来，评估的本质就已经改变了。从理论上讲，这种转变是一种改进，因为这使得人们的工作并不是为了取悦领导。360 度反馈的盛行与非固定的、基于项目的组织形式是契合的。

一些证据表明，360 度反馈系统是一个有用的工具，因为它可以对客观、可量化的绩效做出预测。然而，这种反馈系统自身也会制造一些问题。计算机的普及使得在反馈系统中添加更多问题变得轻而易举，组织的多重目标以及越来越多的限制也增加了岗位描述的维度，许多反馈问卷变得异常复杂，过度设计的调查问卷比比皆是。例如，有一份调查问卷要求每个评估者对被评估者在 11 个维度上进行 46 项评估。通常来说，人们是无法回忆和处理多个被评估者在多维度上准确且相关的表现的，因此，从某种角度来看，这种过于复杂的方法不仅无用，而且有害。我们知道，光环效应意味着看上去相互独立的维度实际上不会被独立对待，对最初几个问题给予一个强烈肯定或否定的评估后，后续问题的答案就会相应地偏向同一个方向。

更重要的是，360 度反馈系统的发展成倍地增加了参与反馈的时间成本。中层管理者被要求填写针对各层级同事的几十份调查问卷，这种情况在很多组织中屡见不鲜，有时他们还需要填写针对其他组织中的员工的调查问卷，因为现在许多公司都要求客户、供应商和其他业务合作伙伴提供反馈。即便这样做的出发点是好的，但是当时间有限的评估者们遭受一系列问卷的“轰炸”时，我们就别指望他们能够提供高品质的信息。在这种情况下，减少噪声要付出的代价可能会非常大，这是我们将在第六部分讨论的问题。

最后，360 度反馈系统也存在所有绩效评估体系都无法避免的一种通病——悄无声息地出现评估通胀。比如，一家大型工业公司曾观察到，公司 98% 的管理者被评为“完全符合预期”。当几乎所有人都获得了最高评价时，这些评估的真实价值就值得怀疑了。

相对判断的优点

从理论上讲，解决评估通胀问题的一个有效方法是在评估过程中引入一些规范，其中一个普遍的做法是强制排名（forced ranking）。在强制排名体系中，评估者不仅不能给所有人最高的评分，而且评分还必须遵循预先设定的评分分布。杰克·韦尔奇（Jack Welch）在担任通用电气 CEO 时曾倡导强制排名这种做法，以此来防止评估通胀，以及确保绩效考核的“公正”。许多公司都采用了这个方法，但由于它会对员工士气和团队合作产生不良影响，人们渐渐就不再使用这种方法了。

无论排名有什么缺点，排名的噪声都比评分的要小。我们在惩罚性损害赔偿的例子中看到，相对判断中的噪声比绝对判断中的噪声要少得多，因此这种关系也被证明适用于绩效评估。

想要了解其中的原因，请看图 23-1，它展示了两种评估员工表现的量表。A 组对员工进行绝对评分，我们称之为匹配性操作——找到与员工“工作表现”印象最接近的分数。相比之下，B 组要求在特定维度（如安全性）上将每个人与同组的其他人进行对比，要求主管使用百分位数来评定员工在特定人群中的排名。从图中我们可以看到，主管已在百分位数量表上找到了 3 名员工的位置。

A 组

员工 A 的工作表现：

1	2	3	4	5
非常差	差	一般	良好	优秀

B 组

请对你的下属在安全性这个维度上做出评估。安全性是指员工遵守相关规章制度、在工作中以安全的方式行事并展现出对安全工作实践的认识和理解的程度。

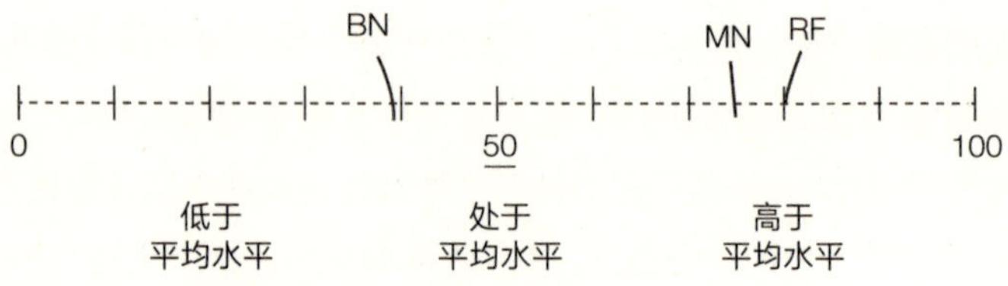

图 23-1 绝对量表和相对量表的示例

B 组的方法有两个优点。第一，每次只在一个维度上对所有员工进行评估（在这个例子中评估的是安全性），这是一种减少噪声的策略，即将复杂判断结构化地分解成多个维度的单一判断，我们将在下一章详细讨论这一策略。**结构化是一种限制光环效应的手段，它通常可以将一个人在不同维度上的评估限制在一个小范围内。**当然，只有在像本例这样对每个维度分别进行排名时，结构化才能起作用。如果在“工作表现”这种定义不清晰的总体判断上对员工进行排名，则不会减少光环效应。

第二，正如我们在第 15 章中讨论的那样，排序同时减少了模式噪声和水平噪声。当你将两个团队成员的绩效相互比较而不是单独给每个人打分时，出现评估不一致（产生模式噪声）的情况会少一些。更重要的是，排名自动消除了水平噪声。如果琳恩和玛丽对同一个包含 20 名员工的团队进行评估，尽管琳恩比玛丽的评估标准更宽松，她们给出的平均评分会有所不同，但她们给出的平均排名不会存在差异—— 一个标准宽松的评估者和一个标准严苛的评估者采用的是相同的排名方式。

事实上，强制排名的主要目的在于减少噪声，它确保了所有评估者都有相同的平均值和相同的评分分布。如果规定了评分的分布，排名就是强制的。例如，某一条规则可能会规定“被评为最优的人数不可以超过被评估者总人数的 20%，垫底的人数也不可以少于总人数的 15%”。

排名，但不强制

从原则上说，强制排名理应给评估带来巨大的改善，结果却往往适得其反。这里我们不打算就其可能带来的所有不良后果展开讨论，这往往与执行不力有关，而非原则本身的问题，但我们还是可以从强制排名体系的两方面问题中吸取一些具有普遍性的教训。

首先是绝对绩效和相对绩效之间的混淆。任何公司都不可能有98%的经理在绩效表现上跻身群体的前20%、前50%甚至前80%。但如果预期的绩效是事先定义好的绝对绩效，那么经理们都能“达到预期”也并非不可能。

许多高管并不认同几乎所有员工都能达到预期标准这一点，他们认为，如果是这样的话，肯定是期望标准设置得太低了，要不就是因为自鸣得意的组织文化。诚然，这种解释可能是正确的，但大多数员工也可能确实达到了高预期标准，而且在高绩效组织中，这种情况完全有可能出现。例如，当你听说所有成功执行太空任务的宇航员都完全达到了预期标准，你并不会嘲笑国家航天部门的绩效管理程序太过宽松。

重点是，只有当组织关心相对绩效时，依赖于相对评估的体系才是合适的。例如，无论人们的绝对绩效如何，都只有一定比例的人可以晋升，此时，相对评估才可能有意义——参考军队的晋升机制。但是，如果像很多公司那样，评估的目的只是衡量员工的绝对绩效水平，此时强制使用相对排名便不合逻辑了。强制规定将一定比例的员工评为不符合（绝对）预期，这不仅残忍而且荒谬——如果说在一支精锐部队中，有10%的人必须被评为“不满意”，那么这种做法就太愚蠢了。

其次，有些组织认为强制的评估分布反映了潜在的真实绩效分布（通常指接近正态分布），然而，即使群体中的绩效分布是已知的，同样的分布也可能不会出现在一个较小的群体中，如由一名评估者评估的小型员工群体。如果从几千人中随机挑选10人，你不能保证其中一定有两个人属于总体的前 20%。“不能保证”是保守的说法，实际上，这种情况发生的概率只有 30%。而在实践中，这个问题会更加严重，因为团队的构成不是随机的。一些团队成员可能全是高绩效人员，而另一些团队则可能完全由低绩效人员组成。

在这种情况下，强制排名的做法不可避免地会产生错误和不公正。例如，假设一个评估者所评估的团队由 5 个绩效表现相同的人组成，他们的实际绩效表现相差无几，而其评分却要符合强制性、差别化的评分分布，这样的做法并不能减少错误，反而会增加错误。

批评强制排名方法的人经常把攻击的重点放在排名原则上，他们谴责这一原则的残忍、不人道，并认为采用这种方法会适得其反。无论你是否接受下述辩驳，强制排名的致命缺陷不是“排名”，而是“强制”。不管是因为将相对量表用于衡量绝对绩效，还是因为做判断者被迫要将无法区分的绩效区分开来，只要判断中强制使用了不合适的量表，不管你怎么选择量表，都会自动增加噪声。

确保有一个达成共识的参考框架

对于各种组织为改进绩效评估的测量方式所做的努力，说其结果“令人失望”都算是保守的，这些努力的结果是：绩效评估的成本直线上升。2015 年，世界四大会计师事务所之一德勤（Deloitte）经过计算发现，公司每年要花费 200 万工时用于评估 6.5 万名员工的绩效。绩效评估可以说是组织中最可怕的仪式之一，那些不得不进行评估的人和不得不接受评估的人都痛恨绩效评估。一项研究发现，90%

的管理者、员工和人力资源主管都认为，他们的绩效管理流程无法实现预期的效果，相关的研究证据也证实了大多数管理者的这种感受。这一发现令人震惊。虽然绩效反馈与员工发展计划相结合时可以带来一些改进，但绩效评估对员工工作积极性的打击同它带来的激励一样大。正如一篇评论文章总结的那样：几十年来，无论人们尝试了什么方法来改进绩效管理流程，绩效评估仍然会产生不准确的信息，并且对提升绩效几乎起不到任何作用。

由于对绩效管理流程感到绝望，越来越多的公司正在考虑做出一种极端的选择：彻底取消评估体系。这场“绩效管理革命”的支持者包括许多技术公司、一些专业服务机构和少数传统行业的公司，他们的目标是关注发展性的、面向未来的反馈，而不是回顾性的评估。有些公司甚至采用非数字型的评估指标，这意味着他们放弃了传统的绩效评估方式。

对于绝大多数没有放弃绩效评估的公司来说，它们可以做些什么来对其进行改善呢？它们可以采用的减少噪声的策略就是选择合适的量表，以确保不同的判断依据的是相同的参照系。研究表明，改进评估方式并对评估者进行培训有助于提高评估者使用量表的一致性。

需要指出的是，绩效评估量表必须使用具体的描述，只有这些描述足够具体，人们对它们的理解才能够保持一致。许多组织都会使用“行为锚定评估量表”（behaviorally anchored rating scales），该量表上的每个评定等级都对应着具体的行为描述，图 23-2 的左侧给出了一个示例。

然而，有证据表明，行为锚定评估量表不足以消除噪声。不过，进一步的参照框架培训（frame-of-reference training）则被证明有助于确保评估者之间的一致性。在这一步流程中，评估者将接受相关培训来对绩效的不同维度进行识别。他们通过视频中的案例来练习进行绩效评估，并通过与专家提供的“真实”评估做比较来了解自己的评估水平。视频中的案例可以作为参考案例，每一个案例都定义了绩效量表上的一个锚定点，这样就形成了一个案例量表，如图 23-2 的右侧所示。

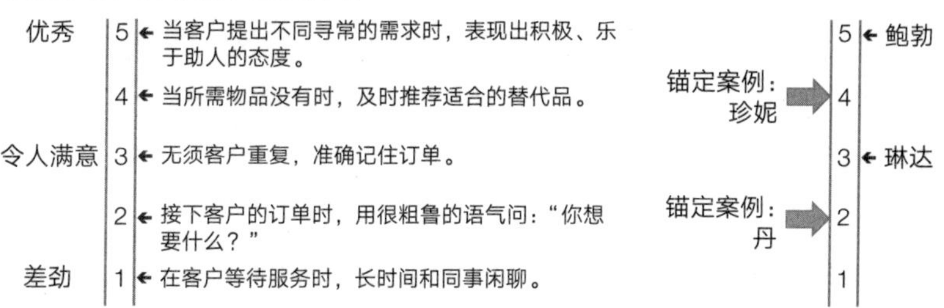

图 23-2　行为锚定评估量表（左）和案例量表（右）的例子

使用案例量表对每个新成员进行评估时，我们都可以将评估对象与锚定案例做比较，这样一来，评估就变成了一种相对判断。由于相对判断比评分更不容易受到干扰，案例量表比使用数字、形容词或行为描述的量表更可靠。

参照框架培训在几十年前就已经为人们所知，用它进行评估，结果显然更加准确，噪声数量也更小，然而，这种方法却难以得到普及。我们很容易猜到其中的原因，参照框架培训、案例量表以及其他力图达到相同目标的工具都很复杂，而且构建这样的工具需要花费大量时间。为了保证切实可用，它们常常需要根据公司的需求甚至为评估部门专门定制，并且要随着岗位要求的变化而不断更新。这些评估工具要求公司在已经投入巨大资金的绩效管理系统中追加新投入，这与现在的做法背道而驰。在第六部分，我们会介绍更多有关减少噪声成本的内容。

此外，对于任何组织来说，如果控制了评估者在评估过程中的噪声，也就限制了评估者按照自身意图来影响评估的空间。要求管理人员接受额外的评估者培训，在评估过程中投入更多精力并放弃对结果的一些控制，这些举措肯定会面对相当大的阻力。值得注意的是，迄今为止，大多数关于参照框架培训的研究使用的被试都是学生，而非实际管理者。

绩效评估这一大课题产生出了许多现实问题和哲学问题。例如，有些人会问，在当今的组织中，个人绩效的概念在多大程度上是有意义的，因为组织的成果往往取决于人们之间的互动。如果我们认为这个概念确实是有意义的，那么就需要想一想，在一个既定的组织中，个人绩效水平是如何分布的，例如，绩效是否服从正态分布，或者是否存在做出极大贡献的“超级人才”。如果你的目标是让人们表现出最好的一面，那么你自然会问，衡量个人绩效并用衡量结果来激发人们的恐惧与贪婪是不是最好的方法？这是不是有效的方法？

如果你正在设计或修改组织的绩效管理体系，那么你就需要回答以上问题乃至其他更多问题。我们的目的不是研究这些问题，而是提出一个更为温和的建议：如果你确实测量了绩效，你的绩效评估过程很可能充满了系统噪声，因此这些评估过程可能基本上是无用的，甚至会适得其反。减少噪声是一项挑战，因为它无法通过简单的技术修复来解决。它要求评估者对自己做出的判断有清晰的思考。你很有可能会发现，可以对量表进行清晰的界定，可以训练人们始终按照相同的方法使用这一量表，以此来提升判断品质。这种降噪策略也适用于许多其他领域。

消除噪声

定义量表至关重要

- 我们在绩效评估上花了很多时间，结果却是，绩效评估结果只有 1/4 反映了绩效表现，而其他 3/4 都是系统噪声。

- 我们尝试了用 360 度反馈和强制排名来解决这个问题，但我们可能会让事情变得更糟。

- 如果出现了很多水平噪声，多半是由于不同的评估者对“好”或“优秀”的含义有完全不同的看法。只有当我们给他们具体的案例作为评估量表上的锚定点时，他们才容易达成一致意见。

第 24 章

人员招聘，以结构化指标衡量人才

如果你曾经找过工作，那么“招聘面试”这个词可能会唤起你的一些生动而紧张的回忆。工作面试，即求职者与未来的主管或人力专员会面，是进入许多组织的必经之路。

在大多数情况下，面试遵循着既定的流程。在寒暄之后，面试官会要求应聘者描述他们的个人经历，或者详细地描述他们经历过的某些特定情形。再问一些诸如个人成就与挑战、工作动机以及能给公司带来哪些改进之类的问题。面试官通常还会要求应聘者描述自己的个性，并解释为什么认为自己很适合所应聘的职位或公司文化，有时也会问应聘者的兴趣爱好。最后，应聘者通常有机会问面试官一些问题，面试官则会评估这些问题是否重要，以及应聘者是否有洞察力。

如果你的主要工作是负责招聘，那么你所用的甄选方法很可能就包含上述流程中的某些环节。一位组织心理学家指出：“很少有人可以不经过面试就被录用，这样的情况令人难以想象。”然而，几乎所有的专业人士在面试中做招聘决策时，都会在某种程度上依赖直觉性判断。

招聘面试的普遍性反映了人们的一种根深蒂固的观念，即在选择与我们共事之人时非常重视判断的价值。作为一项判断工作，人事选拔有个巨大的优势：由于它的广泛应用以及重要的作用，组织心理学家们对它进行了详尽的研究。1917 年《应用心理学》（*Journal of Applied Psychology*）期刊的创刊号就将招聘确定为“首要问题……因为人的能力毕竟是一个国家最重要的资源”。一个世纪后，我们对各种人才选拔技术（包括标准面试）的有效性有了很多了解。没有任何一项复杂判断任务能得到如此之多的现场实验研究的关注。人事选择因此成为一个完美的测试案例，我们可以将从中获得的经验应用到包括多选项决策的很多判断任务中去。

面试的风险

如果你对求职面试的研究不熟悉，接下来的内容可能会让你大吃一惊。从本质上说，如果你的目标是确定哪些应聘者在工作中会成功，哪些会失败，那么标准面试并不能提供非常有用的信息。更直截了当地说，它们往往毫无用处。标准面试也被称作非结构化面试，它与结构化面试有所不同。我们很快会介绍结构化面试。

为了得出这一结论，无数研究人员考察了评估者在面试中给应聘者的高评分与应聘者最终取得工作上的成功之间的相关性。如果面试中的高评分与成功之间的相关性很高，那么面试或其他以相同方式计算相关性的招聘技巧，都可以被认为是候选人绩效良好的预测指标。

这里需要注意的是，“如何定义成功”是一个非常重要的问题。通常情况下，绩效是基于上级评估的评分而来。有时，工作年限也是衡量成功的标准。当然，这些衡量标准都有一些问题，特别是绩效评估的有效性值得怀疑，这一点我们在上一章中已经指出。然而，为了评估雇主在选择员工时所做判断的品质，使用同一雇主在评估其员工时所做的判断似乎是合理的。

那么，这些分析得出了什么结论呢？在第 11 章中，我们提到了传统面试的评分与工作绩效评分之间的相关系数是 0.28。其他研究报告的相关系数为 0.2 ～ 0.33。正如我们所看到的，按社会科学的标准，这体现出了很好的相关性。但是，要据此做决策，这一相关性就不算好了。使用我们在第三部分介绍的一致性比率，可以计算出一个概率：根据前面提到的相关水平，如果你对两个候选人的了解只限于一个候选人在面试中比另一个表现得好，那么这个候选人确实比另一个绩效更好的概率仅为 56% ～ 61%。这当然比掷硬币好一些，但是据此做出重要决策并不是一个稳妥的方法。

诚然，面试除了对候选人做出判断外，还有其他目的。尤其是，面试为公司提供了一个向候选人推销自己的机会，提供了一个与未来同事建立友好关系的机会。然而，从组织的视角来看，组织在人才选拔上投入了大量时间和精力，面试的最主要目的显然还是选拔。在这项任务上，面试做得并不成功。

面试中的噪声：面试官更倾向于与自己相似的求职者

我们很容易理解为什么传统面试在预测工作绩效时会产生误差。有些误差与我们所谓的客观无知（见第 11 章）有关。工作绩效取决于很多因素，包括你雇用的人适应新职位的速度，以及各种生活事件对其工作的影响。在招聘时，很多情况都是无法预测的。这种不确定性限制了面试的预测效度，事实上，也限制了任何其他人事选拔技巧的预测效度。

面试也是心理偏差的重灾区。近年来，人们已经意识到，面试官往往无意识地青睐那些与他们有相似的文化背景或共同之处的候选人，涉及的因素包括性别、种族和教育背景。许多公司现在已意识到偏差带来的风险，并试图通过对招聘专家和其他员工实施专项培训来应对这些风险。几十年来，其他一些偏差也逐渐为人们所知。例如，外貌在候选人评估中起着重要作用，即使是那些与外貌无关的职位也是如此。所有或者说绝大多数招聘人员都有这样的偏差，评定具体某个候选人时，如果外貌发挥了作用，招聘者们就会产生一个共同的误差，即在候选人评估中的正偏差或负偏差。

关于面试过程中也存在噪声这一事实，你应该不会感到惊讶：不同的面试官对同一个候选人的反应不同，得出的结论也不同。两位面试官对同一位应聘者的评分的相关系数为 0.37 ～ 0.44（PC=62% ～ 65%）。其中一个可能的原因是，应聘者在不同面试官面前的表现不一致。但即使是多位面试官同时面试同一位应聘者，前者对后者的表现给出评分的相关性也很低。据一项元分析估计，面试官们的评分相关系数仅为 0.74（PC=76%）。这意味着，你和另一位面试官在同一场面试中对同样的两位候选人进行面试，最后仍然有 1/4 的可能性无法就哪位候选人更优秀达成一致。

这种差异很大程度上是模式噪声的产物，即面试官们对某位应聘者的特殊反应是有差异的。大多数组织在预料到了这种差异后，要求几位面试官面试同一位候选人，并将面试结果以某种方式汇总。通常，汇总意见是通过讨论形成的，在讨论中必须达成共识——正如我们在前文中看到的那样，这一过程本身会产生问题。

一个更令人惊讶的发现是，在面试中存在很多情境噪声。例如，强有力的证据表明，应聘者能否获得面试官的聘用推荐，与面试过程中非正式关系的建立阶段所形成的印象有关。该阶段就是面试刚开始的 2 ～ 3 分钟里，面试官与应聘者寒暄，从而让应聘者放松的阶段。因此第一印象非常重要。

也许你认为，凭第一印象做出判断没什么问题。至少我们从第一印象中了解到的一些东西是有意义的。众所周知，在与新朋友交流的最初几秒钟里，我们确实能了解到一些东西。对于有经验的面试官来说尤其如此。但面试的前几秒钟恰恰反映了你从第一印象中获得的表面特质：早期的认知主要基于应聘者的外向性和语言能力。即使是握手的感觉，也是能否获得面试官推荐的重要预测因素！我们可能都喜欢坚定的握手，但很少有招聘人员会有意识地将握手是否坚定作为关键的聘用标准。

面试官心理学：我们总是太相信“第一印象”

为什么第一印象会对面试的最终结果产生影响？其中一个原因是，在传统面试中，面试官可以自由地将面试引向他们认为合适的方向。他们很可能会问一些能证实第一印象的问题。如果某位应聘者显得害羞和矜持，面试官可能会问一些尖锐的问题，比如询问应聘者过去在团队中工作的经历，但他们可能不会向那些看起来开朗、合群的人问同样的问题。他们收集的这两位候选人的相关证据将不尽相同。一项研究考察了面试官基于应聘者的简历和能力测试成绩，形成了对该应聘者积极或消极的第一印象之后的行为。结果发现，第一印象对面试过程有重要的影响。例如，面试官形成了积极的第一印象后，面试时提出的问题就较少，而且往往会把公司“推销”给应聘者。

第一印象的作用并非面试中唯一有问题的因素。另一个因素是，作为面试官，我们希望面前的候选人表现得合乎情理（在第 13 章中我们讨论过，这是我们过度寻求一致性的一种表现）。在一个让人难以置信的实验中，研究人员让学生扮演面试官或应聘者的角色，并告诉他们，面试中只能提问封闭式的是非题。然后，他们让一部分应聘者随机地回答问题。按照事先安排好的方法，应聘者会根据问题的首字母来回答“是”或“否”。研究人员有些讽刺地指出：“一些应聘者最初担心随机答题会被人发现他们在胡说八道，从而导致面试进行不下去。但他们的担心是多余的，面试顺利地进行了下去。”你想得没错：没有一位面试官意识到，候选人在随机地给出答案。更糟糕的是，当询问面试官是否能“根据与面试者在一起的这段时间，推断出很多这个人的相关信息”时，得到应聘者随机回答的面试官与得到应聘者如实回答的面试官，在认为自己能做到这一点的概率方面数值差不多。这就是我们创造连贯性的能力。就像我们经常能在随机数据中找到一个想象的模式，或从云的轮廓中想象出一个形状一样，我们能够在完全没有意义的答案中找到逻辑。

还有一些不那么极端的情况，请看下面这个例子：我们中的一人不得不面试一位应聘者，这位应聘者之前是一家中型公司的首席财务官。面试官注意到这个应聘者入职了几个月后就离职了，于是问他为什么这样做。应聘者解释说，是因为“与 CEO 有战略分歧”。另一位同事也面试了这位应聘者，问了同样的问题，得到了同样的答案。然而，在随后的汇报中，两位面试官的观点却截然不同。其中一位之前就对该候选人形成了积极评价，因此认为候选人离开前公司的决定是正直勇敢的表现。而另一位面试官之前就形成了消极的第一印象，则把同样的事实解释为不灵活，甚至可能是不成熟的表现。这个故事说明，即使我们自认为对候选人的判断完全是以事实为依据的，我们对事实的解释都会受到先前态度的影响。

传统面试的局限性让我们严重怀疑能否从中得出有价值的结论。然而，面试中形成的印象是生动的，面试官通常对此充满信心。当把面试结论和候选人的其他线索结合起来时，我们往往会把面试看得太重，而把其他可能更具有预测性的数据，比如能力测试的成绩看得太轻。

面试的故事是情境噪声在实际生活中的一个例子。应聘教职的教授经常被要求为同行授课，以确保他们的教学技能达到学校的标准。这种授课当然不同于平常的正式授课。有人曾经目睹过一位候选人在这个试讲中给人留下了不好的印象，很明显是因为当时的压力过大，因为候选人的简历中提到了自己曾获得优秀的教学评价和几项优秀教学奖。然而，他在一个高度人为化的情境中的失败表现给人留下了深刻的印象，这种印象所占的决策权重，高于那些代表出色教学表现的抽象数据所占的决策权重。

还要记住，当面试不是唯一的候选人信息来源时，例如，还有能力测试、推荐制度或其他信息时，这些不同的信息必须汇总成一个整体性判断。这引发了一个问题，你现在应该能意识到这一问题：是应该使用判断（诊断性汇总）还是公式（机械性汇总）来汇总信息？正如我们在第 9 章中看到的，无论是预测一般性工作表现，还是预测具体情况中的工作表现，机械性方法都更好用。可惜，据调查显示，绝大多数人力资源专业人士都更赞成使用诊断性汇总。这种做法给已经充满噪声的面试过程增加了另一个噪声源。

通过结构化流程提升人事筛选品质

如果传统面试和基于判断的招聘决策只会产生有限的预测效度，那么我们该怎么办呢？幸好，研究还提出了一些关于如何改进人员选拔的建议，有一些公司正在关注这些建议。

谷歌就是这样的一个例子。它改进了人员选拔措施并报告了改进的结果。拉斯洛·博克（Laszlo Bock）曾任人力运营部高级副总裁，他在《重新定义团队》（*Work Rules!*）一书中讲述了这些事情。尽管谷歌专注于招聘最优秀的人才，并投入大量资源寻找合适的人选，但其仍举步维艰。对招聘面试的预测效度进行审查后发现“相关度为

0……完全随机得一团糟”。谷歌为解决这一问题所做的变革，体现了近几十年来研究中提出的一些原则。这些变革措施也是决策卫生策略的例子。

其中一个策略是汇总，你应该已经很熟悉它了。人们在这种背景下使用汇总并不奇怪。几乎所有公司都会汇总多个面试官对同一个候选人的评价。谷歌也不甘落后，有时会让求职者参加 25 轮面试！博克得出的结论之一是面试次数应该减少到 4 次，因为他发现在 4 次面试的基础上再增加额外的面试几乎不会提升预测效度。不过为了确保预测效度，谷歌严格执行了一项规定：公司要确保面试官在相互交流之前对候选人进行独立打分。这条规定并不是所有公司都有。谷歌相信：**汇总是有效的，前提是判断是独立的。**

谷歌还采用了一种我们尚未详述的决策卫生策略：将复杂的判断结构化。结构化一词可以有很多意义。此处使用这个术语时，我们按照 3 个原则来定义结构化的复杂判断：**分解、独立性和推迟整体性判断（delayed holistic judgment）。**

第一个原则是分解，它将决策分解为多个组成部分，每个部分对应一个中介评估法。这一步的目的与指南中确定子判断的目的相同：它能确保判断者将注意力集中在重要的线索上。分解就好像一个路线图，指明了需要什么样的数据，并且过滤掉不相关的信息。

以谷歌为例，人事决策可以分解成 4 个中介评估法：一般性认知能力、领导力、文化契合度（称为“谷歌特质”）和角色相关知识。某些评估会被分解成更小的成分。注意，应聘者的良好外表、流畅的表达、令人兴奋的爱好，以及招聘人员在非结构化面试中可能会注意到的任何其他方面，无论是积极的还是消极的，都不在该列表上。

为招聘任务创建这种评估体系似乎是人们的共识。事实上，如果你正在招聘一名初级会计或行政助理，职位描述中就明确规定了所需的能力。然而，专业招聘人员都知道，对于非常规职位或高级职位来说，对核心评估维度进行定义会很困难，而且定义这一步骤经常被忽视。一位知名的猎头指出，以一种足够具体的方式定义所需能力是一项富有挑战且经常被忽视的任务。他强调了“在问题的定义方面有所投入”对决策者的重要性：与任何候选人会面之前，都有必要提前花一些时间，就那些清晰且详细的职位描述达成一致。这里的挑战是，许多面试官使用的是经过协商或妥协而产生的浮夸的职位描述。这些描述只是一份模糊的清单，列出了一位理想候选人应该具备的所有特征，没有提供如何对这些特征进行调整或在不同特征之间进行权衡和取舍的方法。

结构化判断的第二个原则是独立性，要求独立收集每个评估维度的信息。只列出职位描述的组成部分是不够的：大多数进行传统面试的招聘人员也知道他们要在应聘者身上寻找的四五种能力。问题在于，他们没有在面试过程中单独评估这些因素。每个评估维度都会互相影响，这使得每个评估都充满噪声。

为了克服这一问题，谷歌精心安排了各种方法，以确保评估以事实为基础且相互独立。最明显的举措或许就是引入了结构化的行为面试（structured behavioral intenviews）。在这种面试中，面试官的任务不是去决定他们是否喜欢某个候选人，而是收集评估结构中每个评估维度的相关数据，并在每个评估维度上为候选人打分。为此，面试官必须询问候选人在过去的某些情况下的行为，这些问题都是预先设定好的。面试官还必须记录答案，并参照一个预先制定好的评分量表，使用统一的评分标准进行评分。对于每一个问题，评分标准会就一般性答案、好答案或很好的答案给出具体的示例说明。这种标准统一的量表有助于减少判断中的噪声。我们在前一章中介绍的行为锚定评估量表也是它的一个例子。

这种方法听起来不同于传统的聊天式面试，事实也确实如此。这实际上更像是一场考试或审问，而不是一次商业会面。有证据表明，应聘者和面试官都不喜欢结构化面试，或者说，至少更喜欢非结构化面试。究竟什么样的面试才算得上结构化面试，针对这一问题的讨论仍在继续。尽管如此，有关面试的文献研究得出了一个一致的结论：结构化面试比传统的非结构化面试更能预测应聘者未来的表现，结构化面试与工作绩效的相关系数为 0.44 ～ 0.57。用我们的 PC 指标来说，你通过结构化面试挑选出更优候选人的概率为 65% ～ 69%，明显高于非结构化面试 56% ～ 61% 的概率。

谷歌在它所关心的一些维度上也使用了其他一些数据作为信息。为了测试与工作相关的知识，谷歌会依赖一部分工作样本测试（work sample tests），比如让应聘者编写几段代码。研究表明，工作样本测试是工作绩效的最佳预测指标之一。谷歌也使用“关系户推荐制”，但推荐人并不是由候选人本人指定，而是由与候选人有交集的谷歌员工指定。

结构化判断的第三个原则是推迟整体性判断，简单概括来说就

是：不排除直觉，但推迟直觉。在谷歌，最终的招聘推荐是由招聘委员会共同做出的，该委员会审查候选人的完整资料，包括每次面试中每个评估维度上的评分，以及支持这些评估的其他相关信息。然后，委员会根据这些信息决定是否聘用候选人。

尽管这是一家以数据驱动文化著称的公司，尽管有证据表明机械性汇总数据比诊断性汇总数据更有效，但最终的招聘决策并不是机械性的，它仍然是一个判断。在这个过程中，委员会成员会考虑所有的证据，并对其进行整体权衡，以此来讨论这个人是否会在谷歌取得成功。这个决策不仅仅是计算得出的。

在下一章，我们会解释为什么我们认为用这种方法做出最终决策是明智的。但要注意，虽然决策不是机械性的，但谷歌最终会依据 4 位面试官给出的平均分做出招聘决策。他们也了解其他一些相关的证据。换句话说，只有在收集和分析了所有证据之后，谷歌才允许决策过程中存在判断和直觉。因此，每个面试官和招聘委员会成员快速形成直观印象并急于做出判断的倾向都得到了控制。

再重述一遍，分解、独立性和推迟整体性判断这三个原则，并不一定能为所有试图改进人事选拔过程的组织提供一个模板。但这些原则与组织心理学家多年来提出的建议基本一致。事实上，这些原则与本书作者卡尼曼于 1956 年在以色列军队中实施的一些选拔方法有相似之处，并且在《思考，快与慢》一书中有所描述。该选拔过程，就像谷歌公司使用的选拔流程一样，正式建立了一个评估结构——需要评估的性格和能力维度的列表。它要求面试官依次列出与每个维度相关的客观证据，并在评估下一个维度之前对该维度进行评分。并且，它允许招聘人员在进行结构化评估之后再运用判断和直觉做出最终决策。

有不可辩驳的证据表明，结构化的判断过程，包括结构化面试，在招聘中具有优越性。它能为采用这一方法的高管们提供实用性的建议和指导。正如谷歌的例子以及其他研究人员指出的那样，结构化的判断方法成本会更低，因为会面十分耗费时间。

尽管如此，大多数高管仍然相信非正式的、基于面试的方法具有不可替代的价值。值得注意的是，许多应聘者也相信只有通过面对面的面试，他们才能向未来的雇主展示自己真正的实力。研究人员称之为“错觉的持续”。很显然，招聘人员和应聘者都严重低估了招聘判断中的噪声。

● 消除噪声

招聘中的结构化

- 在传统的非正式面试中，我们往往会有一种无法抗拒的直觉，感觉自己了解该应聘者，并且知道这个人是否符合要求。但是，我们必须学会不信任这种感觉。
- 传统面试问题很多，因为其中不仅有偏差，还有噪声。
- 我们必须让面试甚至整个人事选拔过程结构化。我们应该从一开始就更明确、更具体地定义要在候选人身上寻找什么特征，并确保自己在每个维度上独立地对候选人进行了评估。

第 25 章

中介评估法，做出明智决策的核心方法

不久前，我们两个人（卡尼曼和西博尼）与我们的朋友丹·罗瓦洛（Dan Lovallo）一起，介绍过组织中使用的一种决策方法。这一方法的首要目的在于减少噪声，我们称之为中介评估法。该方法涵盖了我们前几章所介绍的大多数决策卫生策略，并且它的应用范围很广泛，只要在计划或选项的评估过程中需要考虑和权衡多维度信息，我们就可以使用该方法。该方法能够以多种形式广泛应用于所有类型的组织中，包括不同的公司、医院、大学和政府机构等。

我们在这里用一个虚构的例子来说明这个方法，这个例子是根据几个真实案例改编而成的。我们虚构了一家名叫迈普科（Mapco）的公司，我们将跟随该公司的脚步，一起来研究一个重大的、具有变革性意义的企业收购项目。我们将重点介绍迈普科公司所采取的步骤与其他公司在类似情况下所采取的常规步骤有何不同。你将看到，两者的确有实质性差异，但这种差异很微妙，稍不留神就可能注意不到。

第一次会议：协议方法

收购竞争对手罗德科（Roadco）公司的想法由来已久，目前时机已经成熟，因此迈普科公司的领导人拟召开一次董事会议来讨论这一问题。迈普科的 CEO 琼·莫里森（Joan Morrison）召开了一次董事会战略委员会会议，初步讨论这次可能的收购案以及应采取哪些措施来改进董事会的收购决议。会议一开始，莫里森就提出了一个让委员们大吃一惊的建议：

> 我想提议董事会尝试一种新的决议流程来讨论罗德科收购案，新流程的名字不那么有魅力，它叫中介评估法，但其观点非常简单。它的灵感来自战略方案评估和求职者评估之间有相似性。
>
> 有研究表明结构化面试比非结构化面试效果更好，这一点你们想必已经很熟悉了，那么同理，让招聘决策结构化也可以改善决策品质。你们也都知道，我们的人力资源部在招聘决策中采用了这些原则。大量研究表明：结构化面试具有更高的准确性——这是我们过去使用的非结构化面试无法企及的。
>
> 我发现，对不同候选人的评价和在重大决策中对不同选项的评价有着明显的相似之处——不同的选项就像不同的候选人一样。这种相似性使我联想到，我们应该把评估候选人的那套方法应用于我们的工作中，也就是用在评估战略方案上。

委员会其他成员起初对这个类比感到困惑。他们争辩道："原有的招聘流程就像是一台运转良好的机器，可以做出无数类似的决策，而且不会面临巨大的时间压力。相反，进行战略决策需要开展大量独特的工作，而且决策过程必须及时。一些委员向莫里森明确表示，他们将反对任何会导致决策延迟的提议，此外，他们还担心新的决议流程将给迈普科的研究人员增加不少职责内的负担。

莫里森对这些反对意见进行了直接回应。她向同事们保证："结构化的流程不会拖延决策，它仅仅是为董事会讨论这项交易制定一个议程而已。"她进一步解释道："我们应事先确定一个清单，定好从哪些方面对此次交易进行评估，就像面试官会列出岗位需求清单、确定候选人需要具备的特质或属性一样。我们将确保董事会对需要评估的各个方面进行逐一、独立的讨论，就像结构化面试中面试官们对候选人的不同维度依次进行评估一样。只有在这之后，我们才能开始讨论是接受还是拒绝这项交易。这一流程将更有效地发挥董事会的集体智慧。

"当然，如果我们同意这种方法，这将对信息的呈现方式以及交易团队如何准备会议产生影响。因此，我现在想听听你们的想法。"

一位仍有疑问的委员问莫里森，这种结构化究竟给招聘决策的品质带来了什么好处，为什么她相信战略决策也能获得这样的好处。为了引导他理解其中的逻辑，莫里森解释道："中介评估法能够将信息的价值最大化，因为它确保了各个维度在评估时是相互独立的。我们通常进行的董事会讨论看起来很像非结构化面试。我们总想着去达成最终的目标——做出决策，并根据该目标处理所有信息。我们从一开始就在想要如何做个了结，并且会尽可能快地达成目标。就像招聘人员在非结构化面试中的表现那样，我们有可能只是在用讨论来确认第一印象而已。使用结构化的方法将迫使我们等到完成所有评估之后再考虑达成决策这一目标。我们将独立的评估作为中程目标，这样一来，就能考虑到所有可用的信息，并确保我们对交易的某一方面得出的结论不会改变我们对交易的其他方面的解读。"

委员们同意试用这种方法，但是他们问道："中介评估要评估什么呢？莫里森心中有没有预先定义好的列表？""没有，"莫里森回答道，"如果我们用此方案来解决常规决策，那可能会有，但在当前这种情况下，我们需要自己定义中介评估的内容。这一点非常重要：我们需要自己来决定收购案的哪些重要方面需要评估。"战略委员会同意第二天再开会来完成这个任务。

第二次会议：定义中介评估法

莫里森继续说道："我们要做的第一件事就是起草一份有关这项交易的完整独立评估清单。这些评估将由杰夫·施耐德（Jeff Schneider）的研究团队完成。我们今天的任务是编写评估清单。评估清单应该是全面的，也就是说，你能够想到的任何与交易有关的事，都应该列入其中，并且它应该至少会影响清单中的一项评估内容。我所说的'独立'是指相关事实最好只影响清单中的一项评估内容，尽量减少重复的情况。"

于是，整个团队开始忙碌起来，他们列出了一长串看起来与交易有关的事实和资料，然后把这些内容编排成一个评估项清单。参与者很快发现，难点在于如何让清单既简短又全面，且不同的评估项之间不会相互重叠，但这项任务依然是可以应付的。确实如此，团队最终列出的清单所包含的 7 项评估，与董事会期待在收购提案报告中看到的内容目录看起来很相似。除预期财务模型外，该清单还包括对目标公司管理团队的表现进行评估，对可能获得的协同效应进行评估等。

一些委员对会议未能就罗德科收购案产生新颖的见解而感到失望，莫里森解释说，那不是会议的目标，目前的目标是向负责研究此次收购的交易团队介绍情况。她说，每项评估都是交易团队报告中不同章节的主题，董事会将分别对其进行讨论。

在莫里森看来，交易团队的任务不是告诉董事会他们对交易的整体看法——至少现在还不是时候，而是对每项中介评估提供客观、独立的评价。莫里森解释道："最终，交易团队报告中的每一章都应该以一个评分结尾，这个评分能够回答'抛开最终决策中应给予这个主题的权重不谈，这项评估的证据在多大程度上支持或反对该交易'这个问题。"

引入外部团队

负责评估交易的团队负责人杰夫·施耐德当天下午召集了团队，并开展工作。与团队通常的工作方式相比，这次的变动不大，但他强调了这些变动的重要性。

施耐德解释道："团队的分析师应该尽可能客观地做出分析。毫无疑问，评估应该建立在事实的基础上，但他们也应该尽可能使用外部视角。"然而，团队成员并不确定他所谓的"外部视角"是什么意思，因此施耐德举了两个例子，用到了莫里森确认过的两个中介评估项。他说，要评估这项交易获得监管部门批准的可能性，他们首先需要找出基准概率，即那些与本次交易有可比性的其他交易最终获得批准的百分比。这项任务反过来要求他们定义一个与本次交易相关的参考类别，即一组被认为与本次交易具有足够可比性的交易。

施耐德接着解释了如何对目标公司产品研发部门的技术能力进行评估——这是莫里森列出的另一个重要评估。"仅仅以事实为基础来描述公司最近的成绩是'好'或'非常好'是不够的。我期待做出这样的判断：从最近的产品发布记录来看，这个产品研发部门在同类公司中处于前40%的位置。"他解释道，"总之，我们的目标是使评估尽可能有可比性，因为基于相对判断要比基于绝对判断好。"

施耐德还有一个要求，他说："按照莫里森的指示，为降低评估之间相互影响的风险，评估应尽可能相互独立。"因此，他为不同的评估分配了不同的分析师，并要求他们独立工作。

一些分析师对此表示惊讶，反问道："团队合作不是更好吗？如果你不想让我们交流，组建团队有什么意义？"

施耐德意识到，他需要解释为什么独立性是必须的。"你可能知道招聘中的光环效应，”他说，“当你对候选人的总体印象影响到你对他在某一特定维度上的技能评估时，就发生了光环效应。这是我们想避免的。”但一些分析师似乎认为光环效应不是一个很严重的问题，因此施耐德用了另一个比喻：“如果有 4 名犯罪目击者，你会让他们在作证前互相交谈吗？显然不会！你不想让证人之间彼此影响。”尽管分析师们没有觉得这种类比让他们茅塞顿开，但施耐德想，这起码传递了信息。

然而，施耐德没有足够的分析师来完成完全独立的评估。简是团队中经验丰富的成员，负责了两项评估。施耐德尽可能给她选择了完全不同的两项评估，他要求简在完成第一项评估并准备好报告之后再开始另一项。另一个问题是对管理团队品质的评估，施耐德担心，分析师们很难将对管理团队内在品质的评估与对公司近期业绩的判断区分开来（团队当然会对这些业绩进行详细研究）。为了解决这个问题，施耐德外聘了一位人力资源专家就管理团队的表现发表看法。他想，这样一来就能获得更独立的意见。

交易团队发现，施耐德还有一个指示和以往不同：交易报告的每一章应聚焦一项评估，根据莫里森的要求，还要以评分的形式给出自己的结论。不过，施耐德也补充道，分析师们应该在每一章中都包含有关评估的所有事实性信息。“不要隐瞒任何事情，”他要求他们，“章节的总体基调必须与给出的评分保持一致，但如果有些信息与评分不一致甚至互相矛盾，也不要隐瞒。你的工作不是推销你的建议，而是代表客观事实。如果事情很复杂，那就接受吧——事情通常就是复杂的。”

本着这样的精神，施耐德鼓励分析师不要隐瞒自己对每项评估的信心。“董事会知道你没有完善的信息。如果你告诉他们，你真的毫无把握，这会对他们有帮助。如果你遇到了真正让你踌躇的事情，比如有可能会破坏这项交易的因素，你当然应该立即报告。”

交易团队按照指示开展工作。幸好，没有发现重大的破坏交易的因素。交易团队为莫里森和董事会编写了一份报告，涵盖了清单所列的所有评估。

决策会议：评估 - 讨论 - 评估法

为决策会议做准备时，莫里森阅读了交易团队的报告，她立刻注意到了一些重要的事情：虽然大多数评估都支持这项交易，但它们并没有绘制出一幅简单、乐观、全面的蓝图。一些评估非常支持这项交易，另一些则不然。她知道，这些差异是保持评估相互独立后的必然结果。当过度一致性受到控制时，现实并不会像大多数董事会报告所呈现的那样具有一致性。“很好，”莫里森想，“不同评估之间的矛盾之处将引发问题和讨论，这正是我们需要在董事会上好好讨论的。当然，多样化的结果不会让决策变得更容易，但它会让决策变得更好。”

莫里森召开了一次董事会会议，目的是审查这份报告并做出收购决议。她向董事会成员解释了交易团队所用的分析方法，并要求董事会成员也遵循同样的原则。她说：“施耐德和他的团队一直努力使各项评估相互独立，我们现在也要独立地审查各项评估。这意味着我们将分别审查每一项评估，之后再讨论最终的决定。我们要把每一项评估视为一个独立的项目议程。”

董事会成员明白，遵循这种结构化的方法是有困难的。莫里森要求他们在讨论完所有评估之前不要对交易形成整体看法。但他们中许多人都是业内人士，对罗德科公司有自己的看法，不讨论这种整体看法感觉有点儿不自然。但他们知道莫里森想要什么，所以他们同意按她的规则行事，暂时不讨论自己的总体观点。

令他们惊讶的是，董事会成员发现这种做法非常有价值。在会议期间，他们中的一些人甚至改变了对这项交易的原有看法（尽管没有人知道，因为他们没有公开自己的观点）。莫里森主持会议的方式在很大程度上起了作用：她采用了评估－讨论－评估法，这种方法综合了深思熟虑和各种独立意见的优点。

莫里森是这样做的：在每次评估中，施耐德代表交易团队简要总结关键事实（董事会成员事先已经详细阅读了这些材料），然后，莫里森要求董事会成员在手机投票程序上对每项评估给出自己的评分。该评分与交易团队提议的评分可能相同，也可能不同。评分的分布情况会立即在屏幕上显示出来，但不显示评分者是谁。“这不是投票，”莫里森解释说，“我们只是想了解大家对每个话题的看法。”在讨论之前获得每个董事会成员的独立意见，这样做减少了社交影响和信息级联的危险。

董事会成员很快就某些评估项中达成了共识，但在讨论另一些评估项的过程中出现了观点分歧。自然，莫里森引导大家花更多的时间讨论有分歧的项目。她要确保产生分歧的董事会成员们都发言，她鼓励他们用事实和论据表达自己的观点，但也要保持谦逊、接纳差异。有一次，当一位董事会成员在讨论中情绪激动、忘乎所以时，她提醒道："我们都是理智的人，但我们还是会有分歧，这说明这本身就是一个连理智的人之间都会产生分歧的话题。"

当一项评估的讨论接近尾声时，莫里森要求董事会成员再次就评分进行投票。在大多数情况下，这一次投票结果比第一轮投票更一致。每一项评估都重复进行这样的流程——第一次评估、讨论、第二次评估。

最后，到了要对这项交易下结论的时候。为了便于讨论，施耐德在白板上写下了每项评估的列表，每项评估都有董事会给出的平均得分。面对这项交易的概况，董事会成员们应该如何决策？

一位董事会成员提出了一个简单的办法：直接使用平均分。也许他知道，正如我们在第 9 章所讨论的那样，机械性汇总比总体性的诊断性判断更优。但另一位成员立即反对，在他看来，对一些评估项赋予的权重应该远高于其他评估项。第三位成员则建议采用不同层次的评估。

莫里森打断了大家的讨论。"这不仅仅是简单地计算出各项评估分数的总分，"她说，"我们之前并没有靠直觉行事，但现在是时候运用它了。我们现在需要的是你们的判断。"

莫里森没有解释她的逻辑，她曾以惨痛的代价领悟到这个教训。

她知道，尤其是在做重要决策时，人们会拒绝那些让他们束手束脚、禁锢他们判断的规则。她见识过当人们知道要用某个公式做决策时，他们是如何钻系统的漏洞的。他们会改变评分以得出期望的结论——这与整个工作的目的是相悖的。此外，尽管当下的情况并非如此，但她仍然担心，可能会出现一些在评估列表中未被包括但可能起到决定性作用的因素（如第 10 章讨论的断腿因素）。如果出现此类破坏交易或促进交易的意外因素，那么基于评估平均值的纯机械性的决策过程可能会导致严重错误。

莫里森也知道，让董事会成员在这个阶段运用他们的直觉与让他们在一开始就运用直觉是非常不同的。既然这些评估就在案头，且所有人都知道这些评估，那么最终决策肯定会稳妥地基于这些以事实为依据、被全面讨论过的评分。当董事会成员盯着一份倾向于支持交易的中介评估清单时，如果有人要反对这项交易，他就需要拿出强有力的证据才行。按照这个逻辑，董事会对这项交易进行了讨论，并采用了与所有董事会大致相同的方式进行表决。

重复决策中的中介评估法

我们在一次性、单一决策的情境中介绍了中介评估法，实际上这个流程也适用于重复决策。想象一下，如果不是迈普科公司正面临一项收购案，而是它本身是一家风险投资基金，需要不断地对初创企业进行投资，那么，此方法同样适用，流程也大同小异，只有两个地方不太一样，这两个地方会使流程变得更简单。

首先，初始步骤，即确定中介评估清单只需做一次。基金有投资标准，适用于所有预投资项目——这些就是评估清单中的内容，没有必要每次都重新进行设计。

其次，如果该基金做许多同类型的决策，它可以利用自己的经验来校准自己的判断。例如，每个基金公司都需要做的一项评估是评估管理团队的表现。我们建议这类评估应该基于一个参考群体来进行。也许你同情迈普科的分析师，因为除了评估一个特定的目标之外，他们还要收集具有可比性的其他公司的数据，而这确实是一项挑战。

在重复性决策中，比较判断变得容易得多。如果你已经评估了数十家甚至数百家公司的管理团队，那么你可以将这些公司作为参考群体。一个很实用的方法是：创建一个由锚定案例所定义的案例量表。例如，你可能会说，目标管理团队与我们收购的“ABC 公司”的管理团队一样好，但不如“DEF 公司”的管理团队好。当然，所有参与者都必须了解锚定案例并定期更新。定义锚定案例需要在前期投入一定的时间，这种方法的价值在于，比较判断（将该团队与 ABC 公司和 DEF 公司的团队进行比较）相比于由数字或形容词定义的绝对评分更可靠。

6 个步骤，用中介评估法改善决策流程

为了便于参考，我们在表 25-1 中总结了中介评估法所做出的主要改变。

表 25-1　中介评估法做出改变的主要步骤

步骤	方法
1.	在流程开始时，将决策结构化为中介评估（对于重复性判断，这个步骤只需执行一次）
2.	尽可能确保中介评估使用外部视角（对于重复性判断，使用相对判断，如果有可能，使用案例量表）
3.	在分析阶段，尽可能使评估相互独立
4.	在决策会议中，分别审核每项评估
5.	在每次评估中，确保参与者各自独立做出判断；然后使用评估 - 讨论 - 评估法
6.	在做最终决策时，要推迟使用直觉，但不要禁用直觉

到这里，你可能已经辨认出了我们在前几章中介绍的几种决策卫生技术：**对信息进行排序；将决策过程结构化并进行独立评估；使用基于外部视角的共同参考框架；汇总多个独立判断。中介评估法旨在改变决策过程，通过应用这些技术尽可能多地引入决策卫生策略。**

毫无疑问，这种强调过程而不是强调决策内容的做法可能会引起一些人的质疑和不满，我们前面所描述的研究团队成员和董事会成员的那些反应并不罕见。内容是具体的，而流程是通用的，运用直觉和判断往往生动有趣，遵循流程则显得沉闷乏味。传统观点认为，好的决策来自伟大领袖的洞察力和创造力，当我们是领导者时，我们尤其愿意相信这一点。而对于许多人来说，流程这个词常常意味着官僚主义、繁文缛节和拖延。

那些全面或部分实施了中介评估法的公司和政府机构的经验表

明，这些担忧具有误导性。虽然让已经官僚化了的组织的决策过程复杂化并不能让事情变得更好，但是，决策卫生策略不会花更多的时间，当然也不需要官僚化。相反，它促使人们展开辩论和向权威提出挑战，而不是延续官僚机构那令人窒息的达成共识的一贯方式。

采用决策卫生策略的理由很简单。商界和公共部门的领导者们往往完全意识不到他们最大或最重要的决策中存在的噪声，因而也不会采取具体措施来减少噪声。在这方面，他们就像招聘人员继续依赖非结构化面试作为人才选拔的唯一手段那样，都忽视了自身判断中的噪声，过度信任这一方法的有效性，并且对改进它的步骤一无所知。

就像洗手并不能预防所有的疾病一样，决策卫生也不能防止所有的错误，也就是说，它不会使每一个决策都很明智。但就像洗手一样，决策卫生警示人们关注一个虽看不见却普遍存在且具有破坏性的问题——哪里有判断，哪里就有噪声。因此，我们建议将决策卫生作为减少噪声的工具。

消除噪声

评估 - 讨论 - 评估法

- 我们有一个结构化的招聘决策流程。为什么我们不为战略决策做一个结构化的流程呢？毕竟，不同的选项就像不同的候选人一样。

- 这是一个艰难的决策。我们应该根据哪些中介评估法做决策呢？

- 我们对这个计划的直觉和整体性判断是非常重要的，但我们先不讨论它。当我们获得了独立评估的信息之后，直觉将更好地为我们服务。

NOISE

第六部分

最佳的噪声水平

● 发现噪声

减少噪声不仅充满意义，而且迫在眉睫

1973年，马文·弗兰克尔法官呼吁要坚持不懈地减少刑事审判中的噪声，他这么做是对的。他那种不那么正式、依靠直觉的噪声审查以及随后更正式、系统的噪声分析手段，共同揭示了法官对犯下相似罪行的人进行判决时存在差异，而且差异之大令人震惊。

《噪声》这本书的大部分内容都可以理解为使弗兰克尔的主张成为常态所做的努力，以及对这些主张背后的心理学基础的阐释。在一些人看来，似乎只有刑事司法系统中的噪声令人无法忍受甚至汗颜，然而实际上，在其他很多情况下，噪声也不是完全可以接受的。据说，如果将私营企业和公共部门的人互换位置，他们会在工作中做出不同的判断。在保险行业、员工招聘及人力资源评估、医学、法医学、教育、商业以及政府部门中，个体之间存在的噪声是造成误差的主要根源。我们也看到，每个人都会受到情境噪声的影响，比如，一些看似无关紧要的因素可能会导致我们在不同的时间做出不同的判断。

但是，正如人们强烈反对量刑指南一样，减少噪声的工作常常遭到强烈甚至疯狂的反对。一些人认为，量刑指南死板、不人道，它本身就存在不公平。几乎每个人都有过这样的经验，他们向公司、雇主或政府提出合理要求，得到的回应却只是：“我们真的很愿意帮你，

但我们也无能为力，因为我们这里有明文规定。”一些规则看起来很愚蠢，甚至无情，但它们的存在基于一个充分的理由：可以减少噪声，或许也能减少偏差。

即便如此，一些为减少噪声所做出的努力还是引起了人们的广泛关注，虽然总体而言，它们很难甚至不太可能得到应有的重视。算法和机器学习的使用让那些反对声音有了新的理由，没有人愿意让“算法”来主导自己的生活。

来自耶鲁大学法学院的凯特·斯蒂思（Kate Stith）和美国联邦法院法官何塞·卡布拉内斯（José Cabranes）发出的批判声音具有较大的影响力，他们对量刑指南进行了猛烈抨击。虽然他们的反对意见主要集中于刑事量刑领域，但也可以看成是反对教育、商业、体育等任何其他领域中的减少噪声策略。斯蒂思和卡布拉内斯认为，量刑指南的推动因素是“对行使自由裁量权的恐惧，也就是对判断的恐惧，以及技术官僚对专家和中央计划的信仰”。他们认为，“对判断的恐惧”妨碍了审判者对“手头上每起案件细节”的考虑，在他们看来，“没有任何机械性的解决方案可以满足司法要求”。

这些反对意见值得深入研究。在涉及各种判断的环境中，人们常常认为，“追求正义”就是要禁止采用任何死板、机械性的解决方案，因而只能允许使用甚至不得不强制使用存在一定噪声的解决问题的过程和方法。许多人呼吁应注意“手头上每起案件的细节”，在大大小小的医院、学校和公司中，这种呼吁具有很强的感染力。我们已经看到，决策卫生策略包括多种减少噪声的策略，并且其中大多数策略不包含机械性的解决方案，当人们将一个问题分解成多个成分时，他们的判断就不再是机械性的了，然而，即便如此，还是有许多人不愿使用决策卫生策略。

我们已将噪声定义为不必要的变异，既然不必要，就应该被消除，然而，现实情况往往更复杂，也更有趣。在其他条件恒定不变时，噪声可能是不必要的，然而，情况并非总一成不变，消除噪声的成本可能会超过收益。有时，即使成本和收益分析表明不减少噪声造成的损失更大，对政府部门和私人机构而言，消除噪声也可能会造成一系列不好的甚至难以接受的后果。

关于减少或消除噪声的反对意见主要表现在以下 7 个方面：

第一，减少噪声的代价很大，不值得。减少噪声的必要步骤可能非常烦琐，在某些情况下，甚至无法实现。

第二，为减少噪声而采用的某些策略可能会给系统本身引入新的错误，有时甚至会造成系统性偏差。如果政府部门的所有预测者都过分乐观，那么他们的预测结果或许就不只是有噪声这么简单了，有可能根本就是错的。如果医院里的所有医生针对每一种疾病开的药都是阿司匹林，那问题就不再是噪声而是大量误诊了。

我们将在第 26 章中探讨上述 2 种反对意见，在第 27 章中，我们将探讨另外 5 种反对意见。这些反对意见都很常见，未来你可能会在很多地方听到，尤其是在越来越依赖规则、算法和机器学习的场景中。

第三，如果希望让人们觉得自己受到尊重和有尊严，我们就必须容许一些噪声的存在。噪声可能是人们最终乐于接受的不完美过程的副产品，因为这个过程会让每个人（员工、顾客、求职者、学生、嫌犯等）有机会表达自己的观点，有机会影响“法官”行使自由裁量权，让每个人都有可能感受到被他人关注和倾听。

第四，噪声可能是容纳新的价值观乃至促进道德和政治的发展至关重要的事物。如果我们消除了噪声，当道德和政治承诺朝着新的、意想不到的方向发展时，我们做出回应的能力可能被削弱。无噪声的系统可能会导致价值观僵化。

第五，一些力图减少噪声的策略可能会促成投机取巧的行为，导致人们利用制度的漏洞，或规避禁令。容许一些噪声甚至很多噪声的存在，可能是防止恶行所必需的。

第六，存在噪声的系统可能有很好的威慑作用。如果人们知道自己受到的惩罚可能很严重也可能很轻微，那么他们有可能会尽量避免犯错，至少对于风险规避型的人来说是如此。所以说，系统应该保留一些噪声，让它们成为一种能产生额外威慑力的方式。

第七，人们不希望自己被当成一件物品或机器上的一个小齿轮。某些减少噪声的策略可能会限制人们的创造力，并影响团队士气。

虽然我们会尽最大努力本着同理心来回应以上反对意见，但这并不代表我们认可这些反对意见，至少我们不认可将其作为拒绝减少噪声这一总体性目标的理由。这里我们要提出一个随后会反复重申的观点：一个反对意见是否具有说服力，取决于具体的减少噪声策略的应用情境。例如，你可能会反对机械地遵循量刑指南，同时却认为汇总各种独立判断作为参考是个好主意。考虑到这些情况，我们得出的结论是：**减少噪声不仅很有意义，而且迫在眉睫，哪怕存在一些反对意见。**在第 28 章中，我们会对人们每天都需要面对但并非总能意识到的困境进行探讨，进而找出支持这一结论的证据。

第 26 章
减少噪声的成本

每当我们建议人们消除噪声时，他们可能会以成本过高为由进行反对，并认为在极端情况下，减少噪声根本不可能。我们已经在商业、教育、政府以及其他领域听到过这种反对意见，这种观点虽然有一定的合理性，但言过其实了，或者只不过是一个借口。

为了证明我们的这种反对意见更有说服力，举一个高中老师为文章评分的例子。有位高中老师每星期都要对学生撰写的 25 篇文章进行评分。如果这位老师在每篇文章上花费的时间不超过 15 分钟，那么评分会由于存在噪声而变得不准确和不公平。老师可能需要考虑使用一点决策卫生策略来减少噪声，比如可以邀请另一位老师给这些文章评分。这样一来，两位老师都需要把每篇论文阅读一遍。再比如，这位老师在阅读每篇文章时，可以多花一些时间，或者构建相对复杂的评估过程，也可以按不同的顺序多次阅读这些文章，这几种方法同样可以达到提升评分品质的效果。这位老师还可以制定一个详细的评分指南清单，这也能起到一定的作用。此外，每天在固定时间阅读学生的文章也可以减少情境噪声。

但是，如果这位老师以为自己的判断十分精准，不会受到任何噪声的干扰，那就完全没有必要做上述那些事了，因为根本没必要这么麻烦。这位老师可能会认为，没必要使用清单或请同事帮忙评阅。想要知道这是不是小题大做，就需要对以下问题进行严格的分析：教师评分的准确性会提高多少？更为准确的评分到底有多重要？减少噪声需要花费多少时间和金钱成本？我们很容易想象在减少噪声方面需要的投入的上限，我们也很清楚，如果这些文章是更低年级学生或者更高年级学生写的，那么投入的上限也应该有所不同。显而易见的是，离大学录取越近，噪声带来的风险就越大。

各种私人机构和公共部门也会在各种复杂的情境中进行这种基础性分析，因此拒绝采取某些减少噪声的策略。对于某些疾病，医院和医生可能很难制定出可以消除变异性的简单指南。在医疗诊断意见存在分歧的情况下，尽可能减少噪声显得尤为重要，因为这样可以挽救生命。但是，减少噪声的可行性和成本也需要考虑。某些检查可以消除诊断中的噪声，但是如果该检查是侵入式的、危险的且费用高昂，而诊断中的变异性很小且只会导致轻微的不良后果，那就没必要让所有医生都要求病人去做这项检查。

对员工的评估很少涉及生死，但噪声会导致员工之间的不平等，并使公司付出高昂的代价。我们已经看到，需要考虑减少噪声的可行性。减少噪声的努力值得吗？明显误判的案件可能会引起人们的关注，并造成令人尴尬、不体面甚至糟糕的后果。一个机构可能会认为事无巨细地纠正每一个步骤并不划算，因此有时候其结论是短视的、自私的、错误的，甚至可能会带来灾难性的后果。这样看来，某种形式的决策卫生策略的确值得一试。不过，“减少噪声代价太大以至于不值得这么做”的看法并非总是错误的。

简而言之，我们需要权衡减少噪声的成本与益处，这也是进行噪声审查如此重要的原因之一。在许多情况下，通过噪声审查我们发现，噪声造成了极大的不公平或者高昂的代价，甚至两种状况同时存在，这时，减少噪声就势在必行了。

噪声越少，错误越多？

另外一种反对意见是：某些减少噪声的措施本身可能会引发大到令人难以忍受的错误。如果减少噪声的工具不太灵敏，那么上述反对意见就更有说服力了，确实，有些减少噪声的措施甚至会增加偏差。如果像脸书（Facebook）或推特（Twitter）这样的社交媒体平台引入一种严格的指南，来删除所有包含粗俗言语的帖子，这样做确实减少了噪声，但也可能将大量原本并不违规的帖子一并删除了。这些假阳性的删除操作会导致有方向性的错误——偏差。

在现实生活中，有很多为了减少人们的自由裁量权和会产生噪声的做法而进行的改革。虽然其中一些改革举措出于良好的动机，但“治疗方法”却比“疾病”更糟糕。经济学家阿尔伯特·赫希曼（Albert Hirschman）在《反动的修辞》（*The Rhetoric of Reaction*）一书中指出了反对改革的三种常见观点。首先，在某种意义上说，这样的改革可能适得其反，使原本打算解决的问题变得更糟；其次，这样的改革可能是徒劳无功的，根本无济于事；最后，它们可能使其他重要的东西受到威胁。举例来说，有人认为保护工会的努力以及加入工会的权利妨碍了经济增长。适得其反、徒劳无功、构成威胁都可能成为减少噪声的反对意见，而在这三者之中，适得其反和构成威胁这两种说法可能是最有力的。有时候，这些反对意见只是一种说辞，其目的是破坏一项实际上会带来巨大好处的改革。但是，某些减少噪声的策略确实会损害一些重要的东西，也有一些策略可能存在适得其反的风险。

一些反对量刑指南的法官认可上述风险。他们很清楚马文·弗兰克尔法官所做的努力，也没有否认自由裁量权会产生噪声，但他们认为减少自由裁量权会引发更多错误，而不是减少错误。他们引用瓦茨拉夫·哈韦尔（Vaclav Havel）的话并坚称："我们必须摒弃一种自大的信念，即这个世界仅仅是一个有待解决的谜题、一部等待人们发明操作指令的机器，或是一堆等待输入计算机里的信息，因为这台计算机迟早会给出一个普适的解决方案。"拒绝普适性解决方案的一个原因在于，人们有这样一种坚定的信念——人类面对的状况千差万别，优秀的法官能够应对这些差异。这就意味着要忍受噪声，或至少拒绝某些减少噪声的策略。

在国际象棋游戏程序刚出现时，一家大型航空公司为国际航班乘客提供了国际象棋游戏程序，请乘客与计算机对战。这个游戏程序有几种不同的难度级别。在最低级别中，该游戏程序遵循一条简单的规则：只要有可能，就去将对手的军。这样的游戏程序自然不包含噪声，它每次都按相同的方式落子，并且始终遵循着这条简单的规则。

但这个规则会导致大量错误。事实上，这个游戏程序的棋艺很糟，甚至没有太多经验的国际象棋新手也可以击败它。这当然也很重要：乘客能够获胜，会很愉快。

接下来，我们一起来看一下美国某些州所采用的刑事量刑政策，即“三振出局”（three strikes and you're out）。意思就是，如果一个人犯下了三重重罪，那么他一定会被判终身监禁。这一政策减少了由于随机分配法官所导致的变异性。这项政策的一些拥护者主要是担心水平噪声的影响，以及某些法官可能对惯犯太过仁慈。消除噪声正是“三振出局”立法的核心。

然而，即使“三振出局”政策成功降低了噪声，我们也可以提出合理的反对意见——这一成功背后的代价过高。有些犯下三重重罪的人不应该被判终身监禁：也许他们不是暴力犯罪，也许是他们悲惨的生活处境迫使他们犯罪，也许他们能够改过自新。许多人认为，无视特定情境的终身监禁不仅过于苛刻，还异常死板，因此，持反对意见的人认为采用“三振出局”政策来减少噪声的成本太高。

以“伍德森诉北卡罗来纳州案”为例。在该案件中，美国最高法院裁定，强制性死刑有违美国宪法，不是因为死刑太残忍，而是因为法律就是这样规定的。强制判处死刑纯粹是为了确保判决免受噪声干扰。也就是说，在某些特定情境中，杀人犯必须被处死。美国最高法院说，“刑罚个别化”之所以有存在的必要性，是因为“不考虑罪犯的过往经历和生活习惯，就对同一法律范畴内的每项罪行都处以相同的惩罚，这样的观念已经不再盛行了”。美国最高法院还认为，强制性判处死刑存在一个严重的制度性缺陷：它“没有将被定罪的人视为独特的个体，而是将其视为无差别的群体中的一员，从而盲目地判处了死刑”。

当然，死刑涉及的风险极高，关于司法的分析可以应用于许多其他情境，尽管这些情境大多数与法律无关。评估学生的老师、评估患者的医生、评估雇员的雇主、确定保费的核估员、评估运动员的教练，如果这些人都采用过分刻板的减少噪声的规则，他们很可能会犯错。比如，如果雇主使用简单的规则来评估员工，对其做出提拔或解雇的决定，这些规则可能确实消除了噪声，却忽略了员工绩效的一些重要的考核内容。一个不能考虑各种重要因素、不存在噪声的系统做出的判断可能比依赖个体做出的有噪声的判断更糟糕。

在第 27 章，我们将以“每个人都是独特的个体，而不是毫无差别的群体中的一员”这一观点为例，来说明以上问题。目前，我们先重点探讨一个相对有些乏味的内容。一些减少噪声的策略会导致太多的错误，就像上文提到的愚蠢的国际象棋游戏程序。

尽管如此，这种反对意见似乎比实际更具说服力。如果一种减少噪声的策略容易导致错误，那么我们要做的不应该是轻易向高噪声水平妥协，而是尝试找到更好的减少噪声的策略。例如，我们可以采用汇总判断的方法，而不是采用愚蠢的法则，或者，我们可以制定明智的而不是愚蠢的指南或规则。从减少噪声的角度，一所大学应只录取考试分数最高的一批人。如果这一规则看起来过于简化，那么学校可以创造一个公式来综合考量高考成绩、在校成绩、年龄、运动表现、家庭背景等。复杂的规则可能更准确，因为它整合了所有的相关因素。同理，医生可以采用复杂的规则对某些疾病进行诊断。专业人士使用的指南和规则并不总是简单或粗糙的，其中一些有助于减少噪声，且不至于产生让人难以忍受的高昂代价（或偏差）。如果指南或规则行不通，也许我们可以引入其他适用于特定情境的决策卫生策略，比如汇总判断，或是像中介评估法那样的结构化的流程。

算法无噪声，但会导致偏差

人们通常在算法的背景下讨论减少噪声的潜在高额成本，因此人们越来越反对有偏差的算法。我们已经看到，算法消除了噪声，因此看起来很有吸引力。事实上，本书的大部分内容都可以算作支持使用算法的证据，因为算法没有噪声。但是，如果使用算法会增加种族或性别歧视，抑或不利于弱势群体，那么减少噪声将得不偿失。

人们普遍担心算法会导致歧视——这无疑是一个很严重的风险。数学家凯茜·奥尼尔（Cathy O'Neil）在《算法霸权》（*Weapons of Math Destruction*）一书中主张：依靠大数据和借助算法来做决策可能会产生偏见、加剧不平等，甚至威胁民主本身。另一种质疑的声音表示："存在潜在偏差的数学模型正在重塑我们的生活，而负责开发它们的公司和政府都无意去解决这一问题。"独立新闻调查机构 ProPublica 称，"替代性制裁的惩罚性罪犯管理分析"（Correctional Offender Management Profiling for Alternative Sanctions）这种广泛用于对惯犯进行风险评估的算法，对少数族裔成员有强烈的偏见。

没有人会怀疑，我们有可能甚至很容易创建出一种无噪声但带有种族主义、性别歧视或其他偏差的算法。如果一种算法直接根据被告的肤色决定是否准许他获得保释，那么其中就存在歧视，这在许多国家是不合法的。将求职者是否可能怀孕纳入算法，则是在歧视女性。在这些案例以及其他案例中，算法能够消除判断中不必要的变异，但也会引发令人难以接受的偏差。

原则上，我们应该能够设计出一种不考虑种族或性别的算法，实际上这也完全可以做到。但有一个更具挑战性且备受关注的问题，那就是即使一个算法并不直接使用性别或种族作为预测因素，也可能会产生歧视，进而导致偏差。

我们说过，算法存在偏差有两个主要原因。首先，无论我们是否有意设计，算法都可能使用与种族或性别高度相关的预测因素。例如，身高和体重与性别相关，人们成长和居住的地区与种族相关。

其次，不同的数据来源可能导致歧视。如果一个算法是基于存在偏差的数据集训练所得，那么它就会产生偏差。例如，用来预测犯罪的“预测性警务”算法，其目的是改善警力的配置。如果现有的犯罪数据反映了某些区域的警力过度部署，或对某些类型犯罪的报案量相对较高，那么由此产生的算法将加剧这种歧视或使其永久化。只要原有的训练数据有偏差，就有可能有意或无意地设计出一种存在歧视的算法。因此，即使算法没有直接考虑种族或性别，它也可能像人类一样存在偏差。事实上，就这一点而言，算法可能更糟：由于消除了噪声，它们可能比人类的判断包含更稳定的偏差。

对于许多人来说，要考虑的一个关键的现实因素是：**一种算法是否会对相同的群体产生不同的影响。**究竟如何测试这种不同的影响，以及如何确定算法中的歧视、偏差或公平性具体包含哪些因素，这些都是异常复杂难解的问题，也超出了本书的范围。

然而，我们之所以提出这个问题，是因为相对于人类判断，算法还是具有独特的优势的。对于新手而言，我们建议仔细对算法进行评估，以确保其中没有输入不被法律许可的变量，并检测是否存在令人反感的歧视。要让人类个体接受同样的审查非常困难，因为他们的判断往往是不透明的。人们有时会无意中以一种外部观察者（包括法律制度）无法轻易看穿的方式表现出歧视。因此，在某些方面，算法比人类更透明。

毫无疑问，我们需要关注无噪声但有偏差的算法的成本，就像我们需要考虑无噪声但有偏差的规则的成本一样。关键问题是，我们是否可以设计一种在多种重要指标上的表现都优于真实世界中的人类判断的算法，它更准确、噪声更少、没有歧视、非常公正。大量证据表明，在人类选出的多个判定标准组合方面，算法的表现都可以比人类更好。请注意，我们说的是可以，而不是一定。例如，正如第 10 章所述，在保释决策方面，算法可能比人类法官更准确，也更少产生种族歧视。同样，简历筛选算法可以比人类简历筛选者挑选出更好以及更多样化的人才。

基于这些例子和更多其他的例子，我们可以自然而然地得出一个结论：在充满不确定性的世界中，尽管预测性算法不太可能做到完美，但与通常充满噪声和偏差的人类判断相比，算法远没有那么不完美。算法的优势在于有效性（好的算法几乎总是可以做出更好的预测）和更少的歧视（好的算法比人类判断的偏差更小）。如果算法比人类专家更少犯错，而我们直觉上还是偏爱人类判断，这时候就应该仔细审视一下自己对直觉的执念了。

我们的总体性结论很简单，并且可以延伸至算法之外的主题。确实，减少噪声的策略可能对应高昂的成本，但是在很多情况下，高昂的成本只是一个借口，而不是忍受不公平和噪声的充分理由。当然，减少噪声的努力本身也可能产生误差，并以偏差的形式表现出来。如果是这样，我们就面临一个很严重的问题，但解决方案不应该是放弃减少噪声的努力，而应该是提出更好的方案。

消除噪声

要付出代价，但很值得

- 要消除教育中的噪声，必须花很多钱。当给学生评分时，教师本身存在噪声，但即便如此，我们也不可能让 5 位教师对同一篇论文进行评分。

- 如果不是依靠人类的判断而是交由社交网络来决定——“不管具体情境如何，任何人都不可以使用某些单词”，这样做确实可以消除噪声，但也会造成很多的错误。治疗方法可能比疾病本身更糟糕。

- 有些规则和算法的确存在偏差，但是人也有偏差。我们应该问的是：“我们可以设计出既无噪声，偏差又少的算法吗？”

- 消除噪声可能要付出高昂的代价，但这种代价是值得的。噪声可能会导致极端的不公平。如果减少噪声的方法过于粗糙，比如我们制定的指南或规则过于死板或在不经意间产生了偏差，我们也不应该放弃，而应该再试一次。

第 27 章

尊严，人之为人的重要价值观

设想如下三个场景：你申请房产抵押，但被拒绝，其原因并非有人实际考察了你的情况，而是因为银行有严格的规定，认为你这种信用等级的人不能申请房产抵押；你的条件很出色，而且一家公司的面试官也觉得你很不错，但你的求职申请被拒绝了，原因是 15 年前你曾被判刑，而该公司明令禁止录用任何有犯罪前科的人；你被判有罪，但不能被保释，这并非由于你在法官面前进行了个别化听证后被认为有问题，而是因为有一种算法认为具有你身上某种特征的人被保释后潜逃的风险超过了阈值。

在上述案例的情境中，许多人会提出抗议。他们希望自己被视为一个独特的个体，他们希望有一个真实的人可以看到自己的特殊处境。他们可能会也可能不会意识到，因人而异的处理方式会产生噪声。但是，如果这种方式要以噪声为代价，他们会坚持认为，这种代价是值得的。用美国最高法院法官的话说，只要法官“没有将被定罪的人视为独特的个体，而是将其视为无差别的群体中的一员，从而盲目地判处了死刑”，人们就会产生不满（见第26章）。

许多人坚持进行个别化听证，摆脱他们所谓的规则暴政，从而获得一种被区别对待和被尊重的感觉。正当的程序这个已经属于日常生活一部分的概念，似乎在要求与具有自由裁量权的人类审判者进行面对面的交流，这样他们才能考虑多种因素。

在许多文化中，这种对每个案子逐个进行审判的观点具有深厚的道德根基，这种道德根基可以在政治、法律、神学甚至文学作品中找到。很容易看出，莎士比亚的《威尼斯商人》（*Merchant of Venice*）反对无噪声的规则，书中呼吁法律和人类判断中通常应该存在慈悲。书中鲍西娅（Portia）的结束语[①]是：

慈悲不是出于勉强
它是像甘霖一样从天上降下尘世
它不但给幸福于受施的人，也同样给幸福于施与的人
……
它深藏于帝王的内心
是一种属于上帝的德性
执法的人倘能把慈悲调剂着公道
人间的权利就和上帝的神力没有差别

① 下面这段文字选自莎士比亚的《威尼斯商人》，朱生豪译，译林出版社2018年出版。——编者注

慈悲因为不受规则的约束，所以包含噪声。尽管如此，在许多情况下，在无数组织中都会出现类似鲍西娅的请求，并能引起人们的共鸣。一个员工可能正在寻求晋升，一个买房人可能正在申请贷款，一个学生可能正在申请大学。在这些案例中，决策者可能会拒绝采用减少噪声的策略，因为他们与鲍西娅一样企盼拥有受社会赞许的仁慈。他们可能知道，自己的做法充满噪声，但如果这么做可以让人们感受到被尊重和被理解，无论如何他们都会欣然接受。

某些减少噪声的策略没有遇到此类反对意见。如果做出决策的是三个人，而不只是一个人，那么人们仍然感觉自己获得了个别化听证的机会。指南也可以给决策者很大的自由裁量空间。另一些减少噪声的措施，比如刻板的规则，确实会缩减自由裁量的空间，也因此可能招致人们的反对，人们会认为，这些措施冒犯了他们的尊严。

他们是对的吗？当然，人们常常很在乎自己是否有机会申诉。有机会被人倾听无疑具有重要的人文价值，但是，如果申诉的机会会造成更多不公正、更高代价，那就不值得了。我们已经强调过，在招聘、大学录取和医疗等情境中，某些减少噪声的策略可能确实比较粗糙，却可以防止各种形式的区别对待，虽然存在噪声，但能从总体上减少误差。正如我们所主张的，如果减少噪声的策略比较粗糙，那么最好的办法就是尝试提出更好的策略——一种能更好地整合各种相关变量的策略。如果这种更好的策略能够消除噪声并减少误差，那么它显然比区别对待更有优势，即使它会减少或消除被倾听的机会。

我们并不是说区别对待无关紧要，只是，如果它会导致各种可怕的后果，例如明显的不公平，那么代价就太高了。

不断变化的新的价值观

想象一家公共机构成功地消除了噪声。比如，一所大学对“不当行为”进行了界定，每位教师和学生都知道它包含什么以及不包含什么。又比如，一家大公司精准地界定了什么是“腐败”，公司中的每个人都知道什么是被允许的，什么是被禁止的。再想象一下，一家私人机构可以通过明确指出只招收某些专业的毕业生等手段来降低噪声。然而，如果一个组织的价值观发生了变化，那会如何呢？某些减少噪声的策略似乎没有将这一因素考虑在内，因而它们的灵活性可能会成为一个大问题，而这一问题又与人们对区别对待和尊严的关注紧密相关。

美国宪法中有一项以令人费解著称的裁决，可以帮我们理解这一点。这项裁决发生于 1974 年，针对的是一项学校系统中的严格规定：学校要求怀孕的女教师在距预产期还有 5 个月的时候就开始无薪休假。教师乔·卡萝尔·拉弗勒（Jo Carol LaFleur）反对称，学校的规定具有歧视性，而且 5 个月无薪休假并不合理。这一反对意见获得美国最高法院认可，但是法院没有提到性别歧视，也没有说 5 个月时间不公平。相反，法院反对该规定的理由是，学校没有给予拉弗勒表明她不需要停止工作的机会。下面是法院的原话：

> 对于任何一位女教师是否有能力继续工作，校方没有根据医生或学校董事会的意见做出因人而异的决策。学校的规则包含一个不容反驳的“生理上无法胜任”的推定，而且即使医学证据表明有些女性的身体状况可能恰恰与其相反，该推定却仍被认为适用。

5 个月的强制性休假看起来很荒谬，但法院并没有强调这一点。相反，法院控诉的是“不容反驳的推定”，以及缺乏“因人而异的决策”。如此说来，法院显然在用鲍西娅的方式争辩：慈悲不是出于勉强，应该指定专门的人来研究拉弗勒的特殊情况。

由于没有使用任何决策卫生策略，这样的做法会产生噪声。那么，谁有权判定拉弗勒的案件？许多其他处境相似的女性，她们得到的判定结果与拉弗勒的一致吗？在任何案件中，许多规则都是不容反驳的推定。某个限速规定能否被接受？有权投票或饮酒的最低年龄应该是多少？严格禁止酒后驾驶的规定又如何呢？考虑到这些例子，批评者们反对说：反对“不容反驳的推定”的论点过于牵强了，但他们反对的理由至少不是“这些推定的目的和实际效果是减少噪声”。

当时有影响力的评论员为法院的裁决辩护，他们强调说：人们的道德观念会随着时间的推移而发生变化，因此应该避免使用刻板的规则。他们认为，考虑到女性在当今社会所起的作用，相关的社会规范也应该顺应时代的变化。因人而异的决策在这种情况下特别合适，因为它能将不断变化的道德规范纳入其中。有规则约束的系统可能可以消除噪声，这很好，但如果固化了现有的规范和价值观，那就不太好了。

总而言之，有些人可能会坚持认为：有噪声的系统，其优势在于帮助人们适应新的价值观。例如，随着价值观的改变，如果允许法官行使自由裁量权，他们就可以根据当时的价值观，对贩卖大麻的罪行处以较轻的刑罚，而对强奸罪处以较重的刑罚。我们想要强调的是，如果有些法官很宽容，而另一些法官并非如此，那么就会产生一定程度的不公平，即处境相似的人将受到不同的对待。但是，如果考虑新出现的社会价值观，那么不公平将更有可能被大众接受。

以上问题肯定不仅限于刑事司法制度或司法领域。一些公司可能允许判断和决策具有一定的灵活性，虽然这样会产生噪声，但可以确保公司政策能够随着新的观念和价值观的出现而做出相应改变。举一个我们亲身经历的例子：本书的一位合著者在几年前曾加入一家大型咨询公司，他所收到的不太具有时效性的“欢迎礼包”中，说明了他可以报销哪些旅行费用，包括安全抵达时给家人打电话的费用、熨西装的费用、服务生的小费等。这些规则是没有噪声的，但显然已经过时了，并且存在性别歧视。很快，这些过时的规则就被随着时代的发展而出现的新规则所取代。现在该公司对报销的要求是：必须“适当且合理”。

这一要求会产生噪声但依然得以采用的理由很简单，因为某些减少噪声的策略根本没有遇到反对意见。如果人们使用一个基于外部视角的通用量表，那么他们就可以随时对变化的价值观做出反应。在任何情况下，减少噪声既不需要也不应该是一劳永逸的。如果通过制定严格的规则来减少噪声，那么规则制定者应随时间的变化对规则做出改变。或许，他们可以每年对已有的规定进行一次重新审视。另外，随着新的价值观的出现，他们需要决定是否有必要制定新的规则。在刑事司法制度中，规则制定者需要降低对某些罪行的刑期要求，而增加对另一些罪行的刑期要求。他们甚至可能需要认定一些行为不再属于犯罪，而将一些在以往完全可被接受的行为认定为犯罪。

我们来一起回顾一下。有噪声的系统可以为新的道德观念留出余地，这可能是好事，但是在许多领域中，用这种观点来为高水平的噪声进行辩护就很荒谬。一些最重要的减少噪声的策略实际上已经融合了价值观的影响，比如聚合判断。而且，如果一家计算机公司对顾客投诉的笔记本故障问题予以差别对待，这种不一致性不太可能是新出现的价值观所导致的。如果患有相同疾病的人得到了不同的医学诊断，也同样不可能是新的道德观念所致。总之，我们可以采取很多策略来减少噪声，甚至消除噪声，与此同时，我们也可以通过设计一些程序来适应价值观的变化。

利用制度的漏洞，逃避规则

在充满噪声的系统中，判断者们可以根据情境的要求做出调整，并对意料之外的事件做出反应。通过消除这种适应性，某些减少噪声的策略可能会产生意料之外的后果——激励人们去寻找可乘之机。容忍噪声的一个潜在理由是，噪声可能是私人机构和公共机构用来防止人们寻找可乘之机的副产品。

免税代码是我们很熟悉的一个例子。一方面，税收制度不应该包含噪声，它应该是清晰和可预测的，同一类的纳税人不应被区别对待。但是，如果我们消除税收制度中的噪声，“聪明”的纳税人就可能会找到逃避规则的方法。是制定明确的规则来消除噪声好，还是留有一定程度的模糊性好？税务专家对此一定争论不休，后一种情况具有不可预测性，但可以减少明确的法规可能导致的投机取巧和自利行为。

一些公司和大学禁止人们做“坏事”，却没有说明“坏事”具体指什么。这样一来，噪声将难以避免，但如果有一个具体的清单明确列出了什么是坏事，那么那些没有明确包含在清单中的可怕行为就会被容忍。

规则具有明确的边界，因此人们可能会绕过规则去实行一些严格意义上说不违反规则但会造成相同或类似危害的行为。青少年的父母都清楚这一点！如果不能制定出能够禁止所有不良行为的规则，我们就只能容忍噪声，因为不这样做会招致反对。

在某些情况下，制定明确、没有噪声的规则确实会导致有人寻找可乘之机的风险，而这种风险可能成为采用其他减少噪声策略的理由，如汇总策略或容忍有噪声的方法等策略。关键在于：我们需要明确有多大的可乘之机，以及有多少噪声。如果可乘之机很小，但噪声很多，那么我们最好还是想办法减少噪声，第 28 章会继续讨论这个问题。

威慑与风险规避

假如我们的目标是对雇员、学生、普通市民的不良行为进行威慑，那么有一点不可预测性甚至很高的不可预测性，都可能并不会很糟。比如，雇主可能会想："如果做出不良行为的后果可能是被罚款、被停职，甚至是被解雇，那么员工可能就不会这么做了。"那些刑事司法制度的管理者可能会想："我们不用去管那些潜在的罪犯是否会猜测可能有什么样的惩罚。只要一想到存在各种不确定的、类似抽签的惩罚后果，人们就能够尽可能不越界，那么由此产生的噪声是可以容忍的。"

简而言之，这种论点难以反驳，但并不是很有说服力。乍一看，惩罚的预期值是最关键的。从预期值的角度来看，50%的概率受到5000 美元罚款与肯定会受到 2500 美元罚款是等价的。当然，有些人可能会关注最坏的情况，风险规避者可能会被有 50%的可能被处 5000 美元罚款所吓倒，但风险爱好者就没有那么容易被吓倒。想要知道一个存在噪声的系统能否产生威慑力，我们首先需要知道，潜在的违法者是风险规避者还是风险爱好者。而且，如果我们想增加威慑力，最好的办法难道不是同时增加罚金和消除噪声吗？这样做还可以消除不公平现象。

创造力、士气和新颖的创意

减少噪声的策略会抑制人们做某件事的动机或降低其参与度吗？它会影响人们的创造性或妨碍人们取得重大突破吗？许多组织认为是的。在某些情况下，他们可能是对的。要知道是否确实如此，我们需要先搞清楚这些减少噪声的策略面向的对象是什么。

回想一下，我们在前文中论述过的一些法官对量刑指南的强烈反对，正如一位法官所说：“我们需要再一次学习如何信任法庭做出的判决。”通常，身居要职的人不喜欢别人剥夺他们的自由裁量权，因为他们会觉得受到了限制和束缚，甚至羞辱。当采取措施减少自由裁量权时，一些人会反抗，他们重视甚至珍视自己做出判断的机会。如果剥夺了他们的自由裁量权，让他们去做任何人都能做的事，他们就会感觉自己像是机器中的齿轮。

简而言之，**有噪声的系统可能对保持士气有好处，但这并不是因为它包含噪声，而是因为它允许人们根据自己的意愿做出决定。**如果允许员工以自己的方式回应客户的投诉，以他们认为最好的方式评估下属，或者确定他们认为合适的保费，那么他们可能会更喜欢自己的工作。如果公司采取措施来消除噪声，员工可能会认为这样会降低自己的主观能动性，因为这样一来，他们就只能按照规则行事，而不是发挥自己的创造性，他们的工作看起来会更机械，他们感觉自己甚至像个机器人。谁会愿意在一个限制自己独立做决策的地方工作呢?

组织之所以会照顾员工的这种感受，不仅是因为尊重员工，更是希望给员工留出能够提出新想法的空间。如果制定了规则，就可能会限制员工的灵感和创造力。

在组织中，很多人会持这样的观点，但并非所有人都是如此。需要对不同的任务进行不同的评估，例如，对脓毒性咽喉炎和高血压的诊断就不适合发挥创造性。但是，如果可以使员工更快乐和更有灵感，我们就更愿意忍受噪声，因为士气低落本身就是代价，而士气低落又会导致其他代价，例如糟糕的绩效。当然，我们应该能够在减少噪声的同时乐于接受新想法。某些减少噪声的策略，例如对重复判断进行建构，就可以做到这一点。如果我们想要在减少噪声的同时保持团队的士气，就可以选择具有这种效果的决策卫生策略。公司负责人应该明白，如果公司有严格的制度和规则，就应存在质疑和重新思考这些规则的程序，而不是通过自由裁量权来破坏这些规则。

在一系列颇具影响力的作品中，杰出的律师和思想家菲利普·霍华德（Philip Howard）提出了类似的观点，他主张允许人们做出灵活的判断。霍华德希望不要将政策表述为法定规则的形式（这样可以消除噪声），而是将其表述为“要合理”“谨慎行事”“不会带来额外的风险”等一般性原则。

在霍华德看来，现代的政府管理制度已经很不明智了，因为它过于呆板。教师、农民、开发人员、护士、医生以及其他专家都为规则所累，这些规则告诉他们要做什么以及如何具体去做。霍华德认为，应该允许人们利用自己的创造性来思考如何达成目标，无论这个目标是达成更好的教育成果、减少交通事故、获得更干净的水，还是促进患者的健康。

霍华德提出了一些很有吸引力的观点，但重要的是要知道他所提倡的方法会带来怎样的后果，包括是否会增加潜在的噪声和偏差。大多数人不喜欢抽象且严格的规定，但这可能是减少噪声和偏差的最佳方法。如果只是一般性原则，那么在解读和执行这些原则的过程中难免会产生噪声。这种噪声可能令人难以忍受，甚至会让我们颜面扫地。至少，需要仔细考虑噪声的代价——通常很少有人真的会去考虑。一旦我们意识到噪声会产生普遍的不公平以及很高的代价，我们就会得出结论：噪声是难以接受的，我们需要找到不损害重要价值观的减少噪声的策略。

● 消除噪声

人的尊严是无价的

- 人们很重视面对面互动，同时也很需要这种互动。他们希望有一个真实的人能够倾听他们的担忧和抱怨，并有能力让事情变得更好。这些互动不可避免地会产生噪声，然而人的尊严是无价的。

- 道德观念在不断发展。如果锁定所有内容，我们就没有给不断变化的价值观留出余地。一些减少噪声的措施太严格了，它们会阻碍道德观念的发展。

- 想要防止不当行为，就要容忍一些噪声的存在。如果学生们不确定抄袭会受到什么样的惩罚，那是好事，因为这样一来他们会避免抄袭。少量的不确定性（以噪声的形式表现出来）会增加威慑力。

- 如果消除噪声，我们就不得不提出明确的规则，这样违法者就有机可乘。如果噪声是防止投机取巧行为而不得不付出的代价，那么它是值得的。

- 有创意的人是需要空间的。人类不是机器人，不管你从事什么工作，都需要一定的回旋余地。如果被规则束缚住，你可能不会产生噪声，但你也不会有太多的乐趣，同时也无法提出有创造性的想法。

- 到头来，大多数为噪声辩护的理由都难以令人信服。我们可以尊重人的尊严，为道德发展留出足够的空间，并让人类的创造性得以展现，且无须忍受噪声导致的不公平及其高昂的代价。

第 28 章

规则还是标准

如果我们的目标是减少噪声和了解如何减少噪声（或在多大程度上减少噪声），那么我们就有必要区分两种约束行为的方式：规则和标准。很多组织通常会选择其中的一种，或将两者结合起来使用。

在商业领域，某家公司可能会有以下要求：员工必须在指定的时间内工作；每个人的休假时间不能超过两个星期；如果有人将公司的秘密泄露给媒体，那么他就会被解雇。我们也可以换一种表达：公司要求员工必须在“合理的工作日内”工作；能否休假取决于“公司的需要，并且视个人情况而定”；泄露机密“将会受到相应的惩罚”。

在法律上，一个规则的内容可能是：任何人不得超速；不得让工人接触致癌物；所有处方药必须贴有警示标识。相比之下，标准的内容可能是：人们必须“谨慎驾驶”；雇主必须“在可行的范围内”提供安全的工作场所；公司必须“合理地”决定是否要给处方药贴上警示标识。

上述示例说明了规则和标准之间的主要区别。**规则旨在消除实施者的自由裁量权，而标准则会授予实施者一定的自由裁量权。**凡是规则，都要严格减少噪声。解释规则的人需要先回答一个事实问题：驾驶员开车的速度是多少？工人是否接触了致癌物？药物是否贴上了必要的提醒标志？

在规则的约束下，进行事实调查的企业可能本身就会涉及判断，因此会产生噪声，或者受到偏差的影响。从我们遇到过的一些案例来看，人们会通过制定规则来降低这些风险，并且当规则包含某个数字时，噪声就会减少，比如“18 岁之前，任何人都没有投票权”或“限速 105 千米 / 小时”。规则具有一个重要的特征：它们减少了判断的作用，从这一点来看，包括法官在内的所有应用规则的人，就都没有多少工作可做了，他们只需按规则办事。无论规则好坏，他们的回旋余地少了很多。

标准就完全不同了。当使用标准时，法官需要花大力气对一些开放性的法律条款进行解读，他们可能需要做出大量判断才能确定什么才算是“合理”和“可行”。除了查明事实以外，他们还需要对模糊的术语进行解读。也就是说，那些标准的制定者实际上将决策权转交给了他人，他们让渡了权力。

第 22 章中讨论的指南可能是规则，也可能是标准。如果是规则，它们会极大地限制判断，即使是标准，也不可能是完全开放的。阿普加分数是指南，而非规则，这样的指南并不禁止行使自由裁量权。当指南收紧到可以消除自由裁量权时，它们就会变成规则。**算法是规则，而不是标准。**

分裂与无知：标准引发噪声，而规则不会

我们一开始就需要明白，只要公司、组织、社会或群体内部存在巨大分歧，制定标准就比制定规则容易得多。在不了解某项禁令的具体含义时，公司领导大多会赞成“管理者不应滥用职权”。比如，在没有确定“调情”是否被允许的情况下，管理者会反对工作场所中的性骚扰；在没有明确“抄袭”一词的确切含义之前，大学会同意“禁止学生抄袭”；在没有明确是否应保护商业广告、威胁言论或猥亵言语的条件下，人们会同意“宪法应该保护言论自由”；在没有对“审慎”一词进行清楚界定之前，人们大多会赞成环境监管机构发布“审慎的规则”以减少温室气体排放。

制定标准但未明确细节就可能会产生噪声。这些噪声可以通过我们之前讨论过的一些策略进行控制，例如汇总判断和使用中介评估法。领导们可能想提出规则，但在实践过程中可能无法达成一致，于是就形成了标准。宪法本身也包括许多标准，如“保护宗教信仰自由”。《世界人权宣言》也是如此规定：“人人生而自由，在尊严和权利上一律平等。”

让不同的人就减少噪声的规则达成共识非常困难，而这恰恰是需要制定标准而非规则的原因之一。公司的领导者可能无法就员工应如何与客户打交道的具体措辞达成一致，此时，制定标准可能是领导们最好的选择。在公共部门也有类似的例子，立法者可能在标准上达成

妥协，并且如果容忍噪声是确保法律得以实施必须付出的代价，那么他们也能容忍由此导致的噪声。在医学上，医生可能会在疾病诊断标准上达成共识，而如果试图制定规则，则可能引起严重的分歧。

但是，社会和政治分歧并不是人们诉诸标准而非规则的唯一原因，有时，真正的问题在于人们缺乏能够制定合理规则的信息。比如，一所大学可能无法制定具体的规则来决定是否要提拔一名教师。雇主很难预见应该会导致留任或惩罚员工的所有可能情况。国家立法机关或许无法得知可悬浮颗粒物、臭氧、二氧化氮、铅等空气污染物的正常含量水平是多少。他们能做的就是发布某种标准，并依靠可信赖的专家来明确其具体含义，虽然这样做可能会产生噪声。

虽然规则可能导致多种偏差，但规则可以大大减少噪声，当然前提是每个人都遵守。如果某条规则规定年满 21 周岁的人可以购买酒精饮料，而不满 21 周岁则不能购买，那么只要人们遵守这一规则，几乎就不存在噪声。相反，标准却会引发噪声。

老板与被控制的下属

规则和标准之间的区别对于所有公共机构和包括各类企业在内的私人机构都非常重要，每当委托人试图控制代理人时，就需要在规则和标准之间做出选择。如第 2 章所述，保险公司核保员需要按“金发姑娘价格”收取不高也不低的保费，公司才能受益。老板会给这些核保员标准或规则来指导他们吗？公司的任何领导给出的指导意见可能很具体，也可能很笼统，比如“这是常识”或“做出最佳判断”。此外，医生也会使用这样或那样的方式要求患者遵医嘱，“早晚各一颗”是规则，“每当你感觉需要时就服药”则是标准。

我们已经注意到，脸书等社交媒体公司必然会关注噪声以及如何减少噪声。如果某位用户上传的内容违反了明确的规则（如禁止裸露）时，该公司可能会要求员工将其删除。该公司也可能要求员工执行某项标准（例如，禁止发布带有霸凌或明显攻击性的内容）。脸书的“社区标准”首次发布于 2018 年，是规则和标准的有趣结合，社区标准发布后，用户的投诉不计其数，他们说该公司的标准产生了太多的噪声，可想而知，也造成了误差和不公平。一个受到普遍关注的问题是，成千上万的脸书审阅者要做出判断，而他们做出的决策千差万别。在决定是否删除帖子时，审阅者对允许和禁止的内容做出了不同的决策。要了解这种变异性为何不可避免，可以看看脸书在 2020 年社区标准中规定的这些内容：

> 仇恨言论指依据种族、民族、祖籍国、宗教信仰、性取向、种姓、性别、性别认同以及严重疾病或残障等应受保护的特征进行人身攻击。我们也为移民身份提供一些保护。我们对攻击的定义包括暴力、非人化的言论、贬抑的言论、宣扬排斥或孤立的言论。

在应用这类定义时，审阅者必然会产生噪声。究竟什么才算是“暴力或非人化的言论”？脸书也意识到了这一问题，并针对这一问题制定了明确的规则，从而有效地减少了噪声。这些规则被编入名为“实施标准”的非公开性文件中，这份文件约含 12 000 个单词，被《纽约客》杂志收录。在公开的社区标准中，管理图片内容的说明以这样一条标准开头："我们会删除崇尚暴力的内容。"但确切地说，这是什么意思呢？相比之下，实施标准则列出了具体图片，并明确告知内容版主应该如何处理这些图片，例如"烧焦或正在燃烧的人体""肢解的人体部位"。说了这么多，我们来做个总结：社区标准看起来更像标准，而实施标准看起来更像规则。

同样，航空公司可能会要求飞行员遵守一系列规则或标准，如在停机坪上等候 90 分钟后是否要返回登机口，以及何时应打开安全带指示灯。航空公司可能喜欢规则，因为它们会通过限制飞行员的自由裁量权来减少失误，但在某些情况下，飞行员应该相信自己的判断。在这些情境中，即使标准会产生一些噪声，但它可能比规则更合适。

在上述案例以及更多其他案例中，在规则和标准之间做出决定的人必须考虑噪声问题、偏差问题或同时考虑这两个问题。对于企业来说，无论其规模大小，都经常需要做出这样的决策。有时，他们这样做完全是凭借直觉，而没有制定相应的框架。

标准有多种形式和尺度，但它们基本上不会包含这样的内容：在这种情况下，做出合适的行为。它们可以被表述得接近规则。例如，当明确界定了什么是"合适"以及限制了自由裁量权时，标准就类似于规则。规则和标准也可以相互配合使用，例如，人事部门可以在规则（"所有应聘者必须具有大学学历"）之后，附上标准（"在满足上述条件的情况下，选择最合适的人"）。

我们已经说过，规则应该减少甚至消除噪声，而标准通常会产生大量的噪声，除非采用某些减少噪声的策略。在私人组织和公共组织中，噪声通常是没有制定好规则的结果。如果噪声很大，比如每个人都可以看到处境相似的人没有得到同等的对待，此时就需要规则了。与刑事量刑一样，这一转变可能会引起强烈的抗议，而在强烈抗议之前通常先进行了噪声审查。

被“限制”的噪声

考虑一个重要的问题：什么样的人可以算作残疾人，有资格享受残疾人才能享受的经济福利？如果问题的描述是这样的，法官将做出充满噪声和不公平的临时决策。在美国，这种充满噪声且不公平的决策曾经是常态，其结果也是令人难以接受的。两个看似处于相同处境的人——都坐在轮椅上，或是同样遭受严重抑郁或慢性疼痛，却受到了不同的对待。作为回应，政府官员采用了更像规则的东西——残疾矩阵。该矩阵要求决策者根据受教育程度、地理位置、剩余的身体机能来做出相对机械性的判断，其目的是减少决策中的噪声。

在法学教授杰里·马肖（Jerry Mashaw）撰写的关于该问题的重要讨论文章中，他为这种消除噪声的判断起了一个名字：官僚正义（bereaucratic justice）。我们应该记住这个词。马肖非常支持创建这个矩阵，主要是因为这样有望消除噪声，实现最基本的公正。但在一些情况下，官僚正义的承诺可能难以实现。每当一个机构做出不受规则约束的决策时，噪声就有可能重新出现。

假如规则在特定情况下产生可怕的后果，法官可能会认为规则太苛刻，进而无视规则，因此，法官们可能会因为公民轻微的反抗而行使自由裁量权，这种情况很难被监督或发现。在私人企业，员工会忽略看似愚蠢的公司规则。同样，在法规过于严苛和过分形式化的情况下，负责保护公共安全和健康的行政机构也可能拒绝执行。在刑法中，陪审团否决权就是指，陪审团如果认为法律条文太过严格和苛刻，则可以拒绝遵守。

每当公共机构或私人机构试图通过制定严格的规则来控制噪声时，就需要随时警惕人们在背地里行使自由裁量权的可能。在实行“三振出局”政策时，为避免对已经有两项罪名成立的人进行重罪指控，检察官的惯常反应极难控制，甚至难以发现。

当这种情况发生时，就会有噪声，但是没人能够“听到”。我们需要监控规则的实施情况，以确保它们被按照预期的方式执行。如若不然，噪声的存在就是一种提示，也说明规则需要修改了。

确保规则“足够”准确

在企业和政府机构中，人们通常凭直觉对规则和标准进行选择，但这个选择的过程可以更科学一些。简单来说，这个选择仅取决于两个因素：决策成本和误差成本。

对于各类决策者来说，使用标准进行决策的成本可能非常高，因为他们必须努力制定准则的具体内容。有时候，进行判断可能很麻烦，比如，如果要求医生做出最好的判断，他们可能不得不花时间考虑每一种情况，并且这些判断可能充满噪声。如果给医生明确的指南，使其据此去诊断患者是否患有脓毒性咽喉炎，那么他们的判断可能快速而直接。如果限速每小时 105 千米，交通警察就不必费力去思考应该允许人们开多快。但是，如果标准的内容是人们“不得以不合理的速度行驶”，那么交通警察就不得不考虑很多了，几乎可以肯定的是，执法过程一定会出现噪声。使用规则，决策的成本通常会低得多。

不过，情况还是很复杂。规则一旦确定了就可以直接应用，但在规则实施之前，需要有人确定规则具体是什么。制定规则很困难。有时，它的成本很高。因此，法律体系和私人公司经常使用“合理”“审慎”“可行”这样的词。这也是为什么此类术语在医学和工程学等领域中也起着同等重要的作用。

误差成本是指错误的数量和严重性。一个普遍的问题是代理人是否知识渊博且可靠，以及他们是否应用了决策卫生策略。若的确如此，那么一个标准就可以完美地解决问题了，而且噪声可能很少。委托人有理由不信任代理人，此时委托人必须制定规则。如果代理人不称职或有偏误，并且他们无法切实执行决策卫生策略，那么他们应该受到规则的约束。明智的组织深知，他们授予自由裁量权的程度与其对代理人的信任程度密切相关。

当然，从完全信任到完全不信任是一个连续的过程。一个不可信的代理人可能会导致许多误差，但是如果产生的都是些小的误差，那么情况还是可以容忍的。一项规则可能只会导致很少的错误，但是如果这些错误是灾难性的，那么我们可能还需要一个标准。我们需要明白，没有普遍的理由认为，使用规则或标准会增加误差成本，当然，如果一条规则是完美的，它将不会产生任何误差，但是几乎没有哪条规则是完美的。

假设法律规定只有年满 21 岁的人才能购买酒精饮料是旨在保护年轻人免于承受与饮酒有关的各种风险，按照这种方式理解，法律将产生大量错误，比如，有些 20 岁、19 岁、18 岁，甚至 17 岁的人饮酒不会产生问题，而有些 22 岁、42 岁或 62 岁的人却不能饮酒。一项标准可能产生更少的误差——只要我们能够找到合适的措辞，并且人们能够准确地使用这些措辞。当然，这很难做到，这就是为什么我们总能在酒精饮料的包装上，看到根据年龄制定的一些简单规则。

这个例子说明了一个更大的问题。每当需要做出许多决策时，很多噪声就可能产生，此时尤其需要制定明确的规则。当看到多位皮疹发痒和长痣的患者时，如果医生能依据明确的规则来做诊断，就很少会出现误诊，而如果没有这种规则，并采用开放式标准，决策成本往往会高得离谱。对于重复决策，机械性规则往往比临时判断更具有真正的优势。行使自由裁量权会产生很重的负担，而且由此产生的噪声成本或不公平可能令人难以接受。

精明的组织机构敏锐地注意到两种行为调节方式都存在弊端，他们会制定规则或接近规则的标准来减少噪声和偏差。为了最大程度地减少错误成本，他们愿意提前投入大量时间和精力来确保规则足够准确。

每一个领域都要“禁止噪声”？

在一些情况下，允许噪声的存在是不光彩的。人们有时会忍受噪声的存在，但不应该如此。一个简单的解决办法就是将开放式的自由裁量权或模糊的标准转变为规则或接近规则的东西。我们现在能意识到，有时候简单的做法就是正确的做法。然而，即使规则不可行或不太合适，我们也已经找出了各种能减少噪声的策略来解决噪声问题。

这些情况引出了一个大问题：法律系统应该宣布存在噪声是不合法的吗？如果回答“是”，那答案就太过简单了，但是除了控制噪声，法律需要做的还有很多。这里有一种考虑问题的方法。德国社会学家马克斯·韦伯（Max Weber）控诉过“卡迪司法”（Kadi Justice），他将其理解为非正式的、临时的、不受一般规则约束的裁决。在韦伯看来，卡迪司法太过于就事论事了，它违反了法律规则。正如韦伯所说，法官“确实没有遵循正式的规则，也‘没有考虑人本身’就做出了判决，恰恰相反，法官应是根据每个人的性格和具体情况，或根据公正性和具体结果的适当性来评判人的”。

韦伯认为，这种方法“不是合理的决策规则”。我们很容易看出韦伯在控诉卡迪司法包含令人无法接受的噪声。韦伯认为，事前制定好的官僚主义的判断存在风险是好事。他将专门化的、专业的和有规则约束的方法看成是法律发展的最终阶段。但在韦伯提出以上论断之后的很长时间里，卡迪司法或类似的事物仍然无处不在。那么问题来了，我们应该如何处理这个问题呢？

我们并不是说减少噪声应该成为《世界人权宣言》的一部分，但是在某些情况下，噪声可以被视为侵犯人权的事物。从总体上说，全世界的法律体系都应该尽更大的努力来控制噪声，在刑事量刑、民事罚款，以及对庇护、教育援助、签证、建筑许可证或职业许可证的批准或拒绝中皆是如此。比如，一个大型政府机构正在招聘数百甚至数千人，但它的录用决定没有什么规律或理由可循，这其中就充斥着巨大的噪声。再比如，一个儿童监护机构是指派这名还是那名雇员来处理一起案件，可能使不同幼童得到的待遇存在天壤之别。孩子的未来乃至一生就如同买彩票一般，这能让人接受吗？

在许多情况下，此类决策中的变异性是由偏差导致的，包括可识别的认知偏差以及某些形式的歧视。此时，人们往往会觉得这种情况让人无法容忍，于是引用法律作为一种纠正措施，要求采取新的、不同的做法来解决这些问题。全世界的组织都将偏见视为不好的东西，他们是对的；但他们没有将噪声视为不好的东西，这样是不对的。

在许多地区，噪声水平已经过高，并造成了高昂的成本以及严重的不公平。目前我们所说的这些只是冰山一角。为了降低成本，与不公平做斗争，法律应该做到更多。

消除噪声

规则还是标准，需视情况而定

- 规则简化了生活，减少了噪声，而标准允许人们视具体情况而定。
- 是选择规则还是标准？首先，弄清楚哪个会导致更多的错误；然后，弄清楚用哪个更简单、用哪个更麻烦。
- 当我们应该采用规则时，我们经常使用标准——仅仅因为我们没有注意到噪声的存在。
- 减少噪声不应该成为《世界人权宣言》的一部分，至少现在还不是时候，然而，噪声可能造成可怕的不公平。在世界各地，法律体系都应考虑采取强有力的措施来减少噪声。

正视噪声问题

噪声是我们在做判断时不希望存在的变异，然而噪声实在太多了，本书的核心目标就在于解释为何会如此，以及我们应该如何应对噪声。本书涵盖的内容十分丰富，我们在这里仅从一个宽泛的视角来对书中的核心观点进行简要的回顾和总结。

判断不是计算，也无须遵循精确的规则

需要注意的是，不要把本书中的“判断”一词与“思考”一词混淆。判断是一个相对狭义的概念，指的是以人的大脑为工具的测量。与其他测量方式一样，判断需要为一个对象赋值，不过这个值未必是数字。例如“玛丽的肿瘤可能是良性的”是判断，“国民经济不稳定”“弗雷德是我们新任经理的最佳人选”“这种程度的风险所对应的保费应该是 12 000 美元”等，这些也都是判断。判断是将各种信息非正式地整合到总体评估中，但判断不是计算，也无须遵循精确的

规则。教师可以用判断来对论文进行评分，但不能用判断做多项选择题。

很多人以专业判断为生，每个人都可能在一些很重要的方面受到这些专业判断的影响，我们所说的专业判断者，包括足球教练、心脏病专家、律师、工程师、好莱坞高管和核保员等。专业判断是贯穿本书始终的重点，这不仅是因为它们已经被广泛研究，还因为这些判断的品质会对我们所有人产生巨大影响。此外，我们相信我们所学到的知识也同样适用于生活中其他方面的判断。

有些判断具有预测性，并且有些预测性判断是可验证的，即我们最终会知道它们是否准确，短期预测大都属于此类，例如药物的疗效、流行病的传播过程以及选举的结果等。但是，有些判断是无法验证的，如长时间跨度的预测和对虚拟问题的回答，对于这些判断，我们只能通过评估产生这些判断的思维过程来评估其品质。此外，还有一些判断并非可预测的，而是可评估的，举例来说，法官的判决或一幅画在有奖竞赛中的排名，就不太容易与其客观的公正判决或这幅画的真实价值进行比较。

然而，令人惊讶的是，无论是否存在真实值，判断者都会表现得像存在真实值一样，他们的思考及行为就像是要瞄准一个看不见的靶心，并且希望不要偏离靶心太多。“见仁见智的判断”一词表明，判断可能存在分歧，但分歧是有限度的。判断的一个重要特征是存在有限的分歧。判断介于计算和独特的个人品位之间，计算意味着不允许存在任何分歧，而个人品位则意味着，除非处在极端情况中，人们完全不期望能够达成一致。

人类判断的错误：偏差和噪声

当一组判断中的大部分错误都指向同一个方向时，我们就认为这组判断出现了偏差，偏差即平均误差。例如，整队射击手连续命中靶子的左下方；公司高管年复一年地对销售额做出过高的估计；公司对本该撤销的失败项目持续进行投资。这些都是偏差。

消除一系列判断中的偏差并不能消除所有误差，消除偏差后仍然残留的误差缺少共性[①]。它们是我们在做判断的过程中不希望存在的分歧，体现了我们将测量工具应用于实际时的不稳定性。这种变异就是噪声。噪声是本该相同的判断中出现的变异。我们用“系统噪声”这一术语来描述组织中具有同质性的专业人士，如急诊医生、量刑法官以及保险公司核保员在做决策时出现的噪声。本书的大部分内容都在讨论系统噪声的问题。

测量偏差和噪声

均方误差（MSE）是科学测量学中已经沿用了近 200 年的测量准确性的标准。均方误差的主要特征是：它将样本均值作为总体均值的无偏估计，同等对待正误差和负误差，并且不成比例地处理较大的误差，因此，均方误差不能反映判断误差的实际代价——误差的实际代价往往是非对称的。然而，专业决策往往需要做出准确的预测。对于一个即将面临飓风袭击的城市，低估和高估飓风威胁所需付出的代

① 此处的缺少共性意指残留的误差不像偏差那样指向同一方向。——译者注

价显然是非对称的，但你不希望这些代价影响气象学家对风暴速度和轨迹的预测。对于此类以追求客观准确性为目的的预测性判断来说，均方误差是合适的判断标准。

偏差和噪声都可以用均方误差来独立测量，而它们都是误差的来源。显然，偏差通常是有害的，减小偏差总是能提高判断的准确性；而噪声同样有害，减少噪声也同样总是能提升判断力。但是从直觉上说，这一事实却不那么容易被大家接受，人们通常希望，即使判断中存在明显偏差，离散度也最好为 0。当然，我们最终的目标是同时使偏差和噪声最小化。

一系列可验证的判断中的偏差指的是案例的平均判断与其真实值之间的差异。而对于无法验证的判断，则无法进行这种比较。例如，承保人为特定风险设定的保费，其真实值永远不可知。对于某项特定罪行来说，我们也无法轻易知道公正判决的真实值是什么。在缺乏真实值的情况下，一个最常用、最方便（虽然并非总是正确）的假设是：判断是不偏不倚的，多名法官的平均值就是对真实值的最佳估计。

我们可以通过噪声审查来评估系统中的噪声。在噪声审查过程中，几名专业人员对同一案例（真实的或虚构的）做出独立判断，我们可以在不知道真实值的情况下测量噪声，就像我们从靶子背面看到一堆弹孔的分布图一样。噪声审查可以衡量许多系统中判断的变异性，包括放射科和刑事司法制度，有时还会让人们关注到技能或训练的不足。此外，噪声审查还可以对系统噪声进行量化，例如同一团队中的核保员对风险的评估有所不同的情形。

偏差和噪声哪个问题更大呢？这要依据实际情况而定，答案很可能是噪声。当误差的平均值（偏差）与误差的标准差（噪声）相等时，偏差和噪声对总体误差的贡献相同。如果判断呈正态分布，即标准钟形曲线，那么只有当84%的判断都高于或低于真实值时，偏差和噪声的影响才相等。这其实是很大的偏差，这么大的偏差很容易就能被专业人员检测到。而当偏差小于一个标准差时，噪声就是总误差中更大的错误来源了。

噪声是个问题，远超我们的想象

分歧在某些判断场景中是没有问题的，甚至是有必要的。观点的多样性对于激发创意和产生多种设想必不可少，标新立异的思维对于创新也至关重要。比如，电影评论家多元化的观点是优势而非劣势；交易员之间的分歧促进了市场的繁荣；相互竞争的创业公司之间的战略差异使市场能够优胜劣汰。但是，在我们所讨论的判断问题上，系统噪声永远是一个问题，如果两位医生给你做出了不同的诊断，那么其中至少有一种诊断是错误的。

系统噪声的绝对数量及其造成的破坏程度之大令人震惊，这也正是我们撰写本书的动力所在。两者都远远超出了我们的预期。我们在本书中提及了商业、医学、刑事司法、指纹分析、天气预报、绩效考核和政治等许多领域的案例，并从中得出了结论：哪里有判断，哪里就有噪声，而且其数量之大远超我们的想象。

噪声在误差中的重大作用与人们普遍拥有的一种观念相悖，即

“随机误差不重要”，因为他们可以“相互抵消”。然而，这种观念是错误的，如果靶心周围散布着很多弹孔，那么说“平均下来射击手击中了靶心”是毫无意义的。如果一名应聘者的得分高于他的实际水平，而另一名应聘者的得分低于他的实际水平，则可能导致用人单位聘错人。如果一份保单的保费过高，而另一份保单的保费过低，这两种错误对保险公司而言都是代价高昂的：前一种情况可能会使公司丢了生意，后一种情况则会使公司赔钱。

简而言之，如果缺少正当的、导致判断差异性过大的理由，那么判断过程一定存在误差。而且，即使我们无法对判断进行验证以及对误差进行测量，噪声也是有害的。“同罪不同罚”是不公平的，在一个系统中，如果相关人员的专业判断缺乏一致性，那么这个系统就会失去公信力。

水平、模式、情境，噪声的 3 种类型

系统噪声可分为水平噪声和模式噪声。有些法官通常很严厉，而另一些法官则更宽容；一些股票预测者总是预测牛市，另一些则总是预测熊市；有些医生开的抗生素比其他医生多。水平噪声是不同个体平均判断上的变异性，判断量表的模糊性是水平噪声的来源之一。像“可能”这样的词或“0 ～ 6 分量表中的 4 分”这样的数字对不同的人来说含义是不同的。水平噪声是判断系统中的误差的重要来源，也是减少噪声过程中的一个重要干预对象。

系统噪声还包含另一种成分，这种成分通常占比更大。无论判决

的平均水平如何，不同的法官对于哪种罪行应受更严厉的刑罚的看法可能有所不同。法官们的不同判决会导致对不同案件的排序不同。我们称这种变异为模式噪声［统计术语为“统计交互作用”(statistical interaction)］。

模式噪声的主要来源是稳定的，如不同法官对同一案件所做出的个体化、特异性的反应。其中一些差异反映了个体（有意识或无意识）遵循的原则或价值观。例如，一位法官对偷盗者可能特别严厉，而对违反交通法规的人则较宽容；另一位法官可能刚好相反。某些潜在的原则或价值观可能非常复杂，而判断者可能对此毫无意识。例如，某位法官可能对年龄较大的偷盗者比较宽容，他自己却完全没有意识到这一点。同时，对特定案例高度个体化的反应也可能是稳定的，比如，某位法官由于觉得被告长得像自己的孩子，从而对被告产生了怜悯之情，并对被告予以宽大处理。这位法官在不同时间里遇到这种情况，他都会如此。

这种稳定的模式噪声反映了法官的独特性：他们对案件的反应与他们独一无二的人格特征一样。人与人之间的细微差异通常很微妙也很有趣，但是，在需要一致性判断的系统中，这种由专业人员做出的判断间的差异是有问题的。在我们所考察的研究中，这种因个体差异而产生的稳定的模式噪声通常是系统噪声的最大来源。

尽管如此，法官对特定案件的不同态度也不完全是稳定的，也就是说模式噪声也包含一个可变成分，我们称之为情境噪声。如果放射科医生在不同的日子里对同一张影像片子做出了不同的诊断，或是指纹鉴定师有时认为两个指纹是匹配的，有时则认为是不匹配的，我们就能在其中检测到情境噪声。正如上述例子所示，如果判断者没能识别出某个案例是他以前处理过的案例，我们很容易在他做判断的过程中测量出情境噪声。另一种证明存在情境噪声的方式是发现与判断无关的背景因素对判断产生了影响。例如，当法官最喜欢的足球队获胜后，他们变得较宽容；医生在下午通常会开出更多的阿片类药物。

判断与噪声的心理机制

判断者的认知缺陷并非预测性判断中存在误差的唯一原因，客观无知往往起着更大的作用。实际上，有些事确实是不可知的，例如，新生的婴儿中，有多少人会在 70 年后抱上孙子；明年开奖的彩票，其中奖号码是多少。还有一些信息也许是可知的，但判断者并不知道。人们往往会在做出预测性判断的过程中表现得过度自信，低估了他们的客观无知和偏差。

我们预测的准确性是有限的，而且这个限度通常很低，尽管如此，我们还是对自己的判断感到满意。这种令人满意的信心来自内部信号，即当事实和判断匹配成连贯的故事时自发产生的奖励，然而，我们对判断的主观信心未必与其客观准确度有关。

大多数人在得知自己的预测性判断准确度很低甚至不如公式时，都会很惊讶。然而事实上，即使是建立在有限数据上的简单线性模型或在信封背面就能写得下的简单规则，也常常胜过人类的判断，规则和模型的关键优势在于它们没有噪声。正如我们主观体验到的那样，判断是一个微妙而复杂的过程。这样说并非想要表明这种微妙之处大部分是噪声，而是说我们很难想象，盲目地遵守简单的规则都比人类自己做出判断更准确，但这的确是事实。

心理偏差显然是导致系统误差或统计偏差的来源之一，尽管没那么明显，心理偏差也是噪声的来源之一。如果并非所有判断者都共享同样的偏差，或他们产生偏差的程度各不相同，抑或偏差的影响取决于外部环境，那么此时心理偏差就会产生噪声。例如，如果一半的经理在做招聘决策时对女性存在歧视，而另一半经理又偏好录用女性，则整体上不会有偏差，但系统性噪声会导致许多招聘错误。另一个例子是第一印象效应，这是一种心理偏差，但如果证据的呈现顺序是随机的，这种偏差就可能产生情境噪声。

我们将判断过程描述为：非正式地对一系列线索进行整合，并在一个量尺上做出判断的过程。因此，消除系统性噪声需要判断者在线索的使用、给线索赋予权重以及使用量尺上保持一致。即使不考虑情境噪声的随机影响，这些要求也很难满足。

在单一维度的判断中，人们判断的一致性通常很高，比如两个候选人中哪个更具魅力或哪个更勤奋，不同的招聘者往往能在这类评价性问题上达成共识。人们共有的对不同维度进行匹配的直觉过程让人们足够产生相似的判断，如人们将高 GPA 与超前的阅读能力相匹配。如果一个判断中只有少量线索，并且这些线索基本都指向同一个方向，那么人们也容易在这样的判断上达成一致。

当判断需要对多个彼此冲突的线索赋予一定的权重时，巨大的个体差异就会产生。对于同一位候选人，有些面试官会更重视才华或个人魅力，有些面试官则可能更看重勤奋或抗压能力。当线索不一致并且不能构成连贯的故事时，不同的人在重视哪些线索和忽略哪些线索上必然会表现不同，这就会产生模式噪声。

不易觉察的噪声

噪声不容易被人觉察，也很少被讨论，而且显然比偏差更少受到关注，因此你可能没怎么考虑过它。不过，噪声如此重要，却不容易被人觉察，这本身也是一种非常有趣的现象。

认知偏差以及其他情感或动机对思维的扭曲，常被用来解释糟糕的判断。分析人士用过度自信、锚定效应、损失厌恶、可得性偏差（availability bias）以及其他种类的偏差来解释那些糟糕的决策。基于偏差的解释常常令人满意，因为人类思维渴望因果性解释。每当出现问题时，我们都会去寻找原因，通常情况下我们也确实能够找到原因。在一些情况下，偏差看起来就像是不良决策的成因。

偏差在解释性方面颇具魅力，噪声却缺乏这种魅力。如果试图事后解释为什么某个特定的决定是错误的，那么我们可能很容易发现偏差，但不会发现任何噪声。只有用统计思维来看待世界，我们才会看到噪声，但这种统计思维并非与生俱来，因为我们往往更喜欢因果性的故事。我们的直觉系统缺乏统计思维，这就是噪声比偏差更少受到关注的原因之一。

另一个原因在于，专业人士很少认为自己和同事的判断会有噪声。经过一段时间的培训后，他们通常会自行做出判断。指纹专家、经验丰富的核保员和资深专利审核员几乎不会去想其他同事会与自己的意见不一致，他们更不会去想，其他同事会如何质疑自己的意见。

大多数时候，专业人士会对自己的判断充满信心。他们总以为自己的同事会赞同自己的意见，却从来不会去弄清楚是否的确如此。在大多数领域，人们做出判断后永远不会将其与真实值进行比较，最多是让另一位尊重型专家对其判断进行审查。专业人士之间偶尔才会出现大到令人惊讶的分歧，而且一旦出现这种分歧，他们通常会找到理由来将其视为极端案例。组织程序也倾向于忽略或压制专家之间的分歧，这是可以理解的，毕竟站在组织的立场上，噪声是一种令人尴尬的存在。

决策卫生的 6 个原则

我们有理由相信，有些人的判断就是比其他人好。最佳判断者具有如下特征：拥有与任务相关的技能、智力以及特定的认知风格——用积极开放性思维来形容这种认知风格最为恰当。毫无疑问，优秀的判断者犯严重错误的情况很少。然而，鉴于导致个体差异的因素众多，即使是最好的判断者，我们也不应该奢望他们能够在复杂的判决任务中达成完美的一致性。背景、个性和经历的千差万别使得我们每个人都与众不同，这也是我们无法避免噪声的原因。

消除偏差是减少误差的一种策略。通常，人们要么在事前控制偏差的影响，要么在事后对偏差进行校正。我们提出第三种方案，它特别适用于团队决策：指定一位决策观察者来识别偏差出现的迹象，从而对偏差进行实时检测（参见附录 2）。

对于降低判断中的噪声，我们的主要建议是采取决策卫生策略。我们之所以选择“决策卫生”这个词，是因为减少噪声就像平常的卫生习惯一样，是为了预防未知的敌人。例如，洗手可防止未知病原体进入身体。同理，决策卫生可以防止未知的错误出现。决策卫生与它的名字一样乏味，远不如战胜可预测性偏差那样令人振奋，预防未知损害可能也得不到什么荣誉，但依然值得我们这么做。

组织中的减少噪声的工作也应该从噪声审查开始（参见附录 1）。噪声审查的一项重要功能是使组织由衷地认真对待噪声。这将有利于对不同类型的噪声进行评估。

在前文中，我们描述了不同领域中减少噪声工作的成效与局限。现在，我们简单总结一下决策卫生策略的 6 项原则，描述它们如何解决引发噪声的心理机制并展示它们如何与特定的决策卫生策略之间建立联系。

原则 1：判断的目的在于准确性，而不在于个性化表达。这是判断中必须遵循的首要决策卫生策略，它反映了本书对判断一词狭义、具体的定义。我们发现，稳定的模式噪声是系统噪声中很大的组成部分，它是个体差异以及“判断人格”的直接结果，判断人格会导致不同人在面对同一问题时持不同观点。基于这些发现，我们得出一个不受欢迎但又无法忽视的结论——做判断不是表达个性的场景。

需要明确的是，个人的价值观、个性和创造力在思考与决策的许多阶段都是重要的，甚至是必要的，包括目标选择、形成解决问题的新方案以及生成选项。但在对这些选项做出判断时，个性化的表达就成了一种噪声源。如果判断是为了达到准确性，且你希望其他人认同你的判断，那么你就需要换位思考：如果其他称职的判断者处于你的位置，他们会怎么想。

遵循这一原则的一种比较激进的方法是用规则或算法来代替判断。用算法做评估可以保证消除噪声——实际上，它是完全消除噪声的唯一方法。算法已在很多重要领域中得到应用，并且越来越受到重视，但是，在重要决策的最终阶段，算法不太可能取代人类判断——我们认为这是件好事情。但是，适当地使用算法或至少让决策不那么依赖于专业人士的个人喜好，可以改善判断。例如，我们已经看到了，决策指南可以有效地限制法官的自由裁量权、提升医生诊断的一致性，进而减少噪声和提升决策品质。

原则 2：使用统计思维，采用外部视角审视个案。当判断者将某个案例视为一系列相似案例中的一例而不是把它看作特例时，我们就说，这个判断者采用了外部视角。这种方法不同于常规思维模式，即只关注当前案例，并将其纳入因果性故事中。当人们基于自身独特的经历来形成对特定事件的独特看法时，其结果就是会产生模式噪声。外部视角可以解决这一问题：具有相同参照系的专业人员会有更少的噪声，此外，外部视角也有助于产生有价值的见解。

外部视角原则倾向于将预测锚定在一群类似案例的统计特征上。它也提示我们，预测应该是适中的——更技术性的术语是回归（参见附录 3）。关注到以往结果的广泛分布及其有限的可预测性，有助于决策者调整自己的判断信心。人们不能因为在不可预测的事情上做出了错误的预测而遭受责备，但如果错误是由于他们在预测时过度自信，那么他们就应该受到责备。

原则 3：对判断进行结构化，将其分解成几个独立的任务。这一“分而治之”的原则对于解决我们称之为过度一致性的心理机制所产生的影响是很有必要的。过度一致性会使人们曲解或忽略那些与已有结论或刚刚出现的故事不相符的信息。当同一案例的不同方面所产生的印象相互“污染”时，判断在总体上的准确性就会受到影响。比如，如果允许证人之间互相交流，你认为他们提供的证词还有多少价值呢？

人们可以通过将判断问题分解为一系列的小任务来减少过度一致性问题。这项技术与结构化访谈的原理类似。在结构化访谈中，访谈员一次只评估一个特征，即给前一个特征评完分之后，再对下一个特征进行评分。结构化原则对一些医学诊断指南具有启发意义，例如针对新生儿的阿普加评分，该原则也是我们提过的中介评估法的核心。中介评估法将一个复杂的判断分解为多个基于事实的评估，其目的在于保障每个评估都是独立进行的。因此，尽可能将每个评估分配给不同的团队，并尽量减少他们之间的沟通，这样能确保每个评估的独立性。

原则 4：抵制不成熟的直觉。我们介绍了完成判断时的内部信号，它赋予了决策者判断的信心。决策者不愿意放弃这种奖赏性的内部信号，这也是他们不愿意使用指南、算法或者其他束手束脚的规则的主要原因。显然，决策者需要对他们的最终决策感到满意，并从直觉的自信中获得回报感，但是他们不应该过早地给予自己这种回报感。通过对信息的权衡和仔细思考而得出的直觉决策远胜于快速判断，因此不必禁用直觉，但直觉应该建立在一定信息的基础上，且应该接受规则的约束与适当的延迟处理。

这一原则启发我们对信息进行排序：不应给做判断的专家呈现他们不需要的以及可能引发偏差的信息，即使这些信息是正确的。例如，在司法科学中，最好不要让检查员知道有关犯罪嫌疑人的其他信息。中介评估法的一个关键要素——控制讨论议程也是如此，一个有效的讨论议程将确保人们分别从不同的方面考虑问题，直到所有方面的评估都完成之后，人们再做出整体判断。

原则 5：获取多位判断者的独立判断，再考虑汇总这些判断。很多组织的常规流程违反了独立性原则，尤其是一些会议流程会导致参与者的意见受到他人的影响。由于信息级联和群体极化效应，群体讨论通常会放大噪声。在讨论之前收集参与者的判断，这样一个简单的流程既可以揭示噪声的程度，又有助于以建设性的方式解决分歧。

对所有的独立判断求均值可确保减少系统噪声，但不能减少偏差。单一判断是从所有可能判断的总体中抽取的一个样本，增加样本量可以提高估算的准确性。当判断者具有多样化的技能以及互补的判断模式时，求均值的优势会进一步增强。对一系列充满噪声的判断进行平均，其结果可能比全体一致的判断更为准确。

原则6：用相对判断和相对量表会更好。相对判断的噪声要比绝对判断的噪声小，因为我们在同一量表上对多个对象进行归类的能力是有限的，但是我们对众多对象进行两两比较的能力却更胜一筹。基于比较的判断量表要比需要绝对判断的量表噪声更少，例如，我们可以用每个人都熟悉的案例作为一把案例量表，判断者们只需要确定某起案件在量表上的相对位置即可。

我们刚刚列举的决策卫生原则不仅适用于重复性决策，也适用于单次的重大决策，即我们所谓的单一决策。单一决策中会存在噪声，这似乎与我们的直觉相悖：从定义上来看，如果你仅做一次决策，就没有可以测量的变异，也就是说不应存在噪声，但是噪声的确存在，而且会导致误差。如果我们只看到第一个射击手的射击情况，那么整个队伍的噪声是看不见的，但是当我们看到所有射击手的射击情况后，整个队伍的射击分布就变得清晰了。同样，考量单一决策的最佳方法是将其视为仅进行了一次的重复性决策。这就是决策卫生策略也能改善单一决策的原因。

强制采用决策卫生策略可能会费力不讨好。**噪声是隐形的敌人，战胜隐形的敌人也只能取得隐形的胜利，但是，就像保持身体健康需要讲卫生一样，决策卫生至关重要。**一位患者的手术成功后，你会相信这是外科医生的妙手回春挽救了患者的生命，但如果外科医生和手术室中的其他人员都没有洗手，这位患者可能已经一命呜呼了。做好杀菌消毒工作可能没有什么值得炫耀的，却会产生实实在在的好处。

噪声是隐形的敌人，我们应该重视这个敌人

当然，与噪声做斗争并不是决策者和组织要考虑的唯一因素。减少噪声的成本可能太高了：一所高中可以要求更多的老师来阅读每篇作文，从而消除评分中的噪声，但是这种额外的工作量是没必要的。实践中不可避免地会有一些噪声产生，这是给予每一个案例个别化考虑的系统必然产生的副产品，它使得人们不像机器的齿轮，并确保了决策者的主观能动性。有些噪声甚至是人们所期待的，前提是它产生的变异有利于系统适应时代的变化，比如噪声反映了社会不断变化的价值观和目标，以及引发了能导致实践或司法变革的讨论。

也许其中最值得重视的是，降噪策略导致了令人无法接受的不良后果。许多有关算法的担忧实际上是被夸大了，但有一些担忧是合理的。即使算法可以成功地避免人类会犯的很多错误，它们也可能会犯人类永远不会犯的愚蠢错误，并因此失去可信度。算法也可能会因为设计不当或训练数据选取不当而产生偏差。另外，算法的模糊性也可能会引起人们的不信任。决策卫生在实践中也有其弊端：如果管理不善，它就会产生决策官僚化的风险，专业人士也可能因为自己的自主权受损而士气低落。

所有这些风险和局限性都应该得到充分考虑。不过，拒绝减少噪声的理由是否合理，取决于你所考虑的减少噪声策略具体是什么。拒绝汇总判断的理由，如成本太高或许不适用于拒绝使用指南。可以肯定的是，一旦减少噪声的成本超过其收益，就不应该再执着于减少噪声了。一旦进行成本收益分析，或许就能找到一个非零的最佳噪声水平。问题在于，在没有进行噪声审查的情况下，人们意识不到判断中

包含了多少噪声，在这种情况下讨论减少噪声的难度，只不过是为不想测量噪声而找借口而已。

偏差会导致误差和不公，噪声也是如此，但我们在这方面所做的研究很少。相比于将判断误差归结为因果，当将判断误差归结为随机性因素时，人们对判断误差的容忍度更高，但这并不意味着随机性因素带来的判断错误的危害更小。若想在重大决策上做得更好，我们就应该认真对待减少噪声问题。

一个噪声很少的世界

请想象一下，经过重新设计并减少了噪声的组织会是什么样子。医院、招聘委员会、经济预测机构、政府机构、保险公司、公共卫生机构、刑事司法系统、律师事务所和大学，都会对噪声问题保持警觉，并努力减少这些问题。噪声审查将会成为惯例，或许每年都能进行一次。

未来，组织的领导者将会在更多领域中使用算法来代替人类判断，或将其作为人类判断的补充。人们会将复杂的判断分解为更简单的中介评估。他们将了解决策卫生策略，并遵循它的 6 大原则。人们会做出独立的判断，并对这些判断进行汇总。会议看起来也会非常不同，讨论将会更加具有结构性。人们会更系统地将外部视角整合到决策过程中。分歧会出现得更加频繁，但也将会得到更具建设性的解决方案。

这将创造一个噪声更少的世界。我们可节省大量资金，改善公共安全和卫生等状况，令人们得到更加公平的对待，并防止许多可以避免的错误。我们撰写本书，就是希望你能够关注这样的机遇，我们也希望你能够抓住这一机遇。

附录 1

如何进行噪声审查

附录 1 是一份关于如何进行噪声审查的实用指南。你可以以企业顾问的视角来阅读这部分内容，设想一下这家企业雇用你来对它的一个部门员工的专业决策进行噪声审查。

顾名思义，噪声审查的重点当然在于考察噪声的普遍性，然而，良好的噪声审查其实也能提供关于员工培训和工作监管中存在的偏差、盲点和缺陷的有价值信息。成功的审查有利于促进部门改革，包括改进专业人员的判断准则、他们接受的培训、支持他们判断的工具以及对工作的日常监管等。如果这项审查被认为是成功的，那么它就有可能被应用于组织中的其他部门。

噪声审查需要进行大量的工作，且要求高度关注细节，因为如果审查结果暴露出重大缺陷，审查的可信度肯定会遭到质疑。因此，对案件和程序的每一个细节都要深思熟虑，要经得起“充满敌意”的审查。我们所描述的这一过程，招募了很多可能对噪声审查提出严格批评的人来进行，以减少反对的声音。

顾问可以是企业外部人员，也可以是企业内部人员，除此之外，还包括以下相关主体：

- **项目团队**。项目团队对研究的所有阶段负责，如果项目顾问来自企业内部，他们将构成项目团队的核心；如果顾问来自企业外部，那么企业内部的项目团队需要与他们密切配合，这样才能确保公司内部人员将噪声审查视为自己的项目，并将顾问视为他们的支持者。除了对数据收集过程进行管理、分析结果和编写最终报告的顾问之外，项目团队还应包括相关领域的专家，并需要由他们来构建判断者要评估的案例。同时，项目团队的所有成员都应该有很好的职业信誉。

- **客户**。噪声审查只有在引发重大改变时才有用，这就需要项目的“客户”——企业的领导一开始就要介入进来。可以预见的是，客户最初会对噪声的普遍性持怀疑态度。如果秉承开放的态度、怀有对审查结果的好奇，并且承诺当顾问的悲观预期被证实时愿意力挽狂澜，那么这种最初的怀疑实际上是一种优势。

- **判断者**。客户可以指定一个或多个部门进行审查。选定的部门应包括大量的“判断者”，即为公司做出类似判断和决策的专业人士，而且判断者应该是可以有效替换的。例如，如果一个人不能处理一起案件，公司可以指派另一个人去处理，并认为他能够做出类似的判断。本书中介绍的这类例子包括美国联邦法官的量刑决策、保险公司对保费和理赔准备金的设定。对于噪声审查，最好选择类似这样的判断任务：可以以书面的形式完成，且可以以数字的形式，如货币、概率或评分来表示。

- **项目经理**。应指定一位行政部门的高级经理担任项目经理，这项任务不需要相关人员具有特定的专业知识。在组织中，高级职位对于克服行政方面的障碍具有实际意义，同时也表明了公司对该项目的重视。项目经理的职责是对项目实施的各阶段提供行政支持，包括编写最终报告以及将结论传达给公司领导层。

构想案例材料

项目团队中的领域专家应具有公认的专业知识，例如，设定风险保费或评估投资潜力的能力，他们将负责研发审查中使用的案例。有效模拟专业人士的判断是一项非常精细的任务，当审查暴露出严重问题并有可能受到详细审查时更是如此。因此，团队必须考虑以下问题：如果我们的模拟结果表明公司的决策存在很高水平的噪声，公司的相关人员会接受"实际判断中同样存在这样的噪声"的事实吗？只有在得到肯定答复的情况下，噪声审查才值得进行。

获得肯定答复的方法不止一种。本书第 1 章中介绍了对法官量刑的噪声审查，通过使用相关属性的简单列表来概括每个案例，并在 90 分钟内获得了对 16 个案例的评估。第 2 章介绍了保险公司的噪声审查，对复杂案例做了详细而真实的概括。这两种情况下的高水平噪声为噪声的存在提供了确凿的证据，因为，如果在简化的案例中都存在这么大的分歧，那么真实案例中的噪声只会更严重。

为了更好地理解每位判断者对案例做出判断的逻辑，我们可以为每个案例准备一份调查问卷，并要求判断者在对所有案例的判断都完成后才可以开始做问卷。问卷应包括：

- 一些开放性问题，以此考察导致参与者做出相应判断的核心因素。
- 一份与案例有关的事实列表，参与者可以在列表中对它们的重要性进行评估。
- 一些有利于促进“外部视角”的问题。例如，如果案例需要进行估价，那么参与者应该给出该案例与同类别案例的估价的对比，即结果是高于平均值还是低于平均值。

与高管们召开启动会

将用于审查的案例所需材料都准备好之后，应当安排一次会议，让项目团队向公司领导层汇报审查内容。会议讨论的内容应当涉及研究的可能结果，当然，该可能结果中也应包括发现了令人难以接受的系统噪声。会议的目的是听取对即将实施的研究计划的反对意见，并获取领导层愿意接受任何结果的承诺，如果没有这样的承诺，进行下一步是毫无意义的。如果有人提出了强烈的反对意见，那么项目团队可能就需要完善案例材料并再次尝试。

当高管们接受噪声审查的设计时，项目团队应当让他们陈述对研究结果的期望。他们应讨论与下面这些问题类似的问题：

- 对于每一个案例而言，如果随机选择一组答案，你们预期的分歧程度有多大？
- 从商业的角度来看，可接受的最大程度的分歧是多少？
- 如果出现一定程度的错误高估或低估（比如 15%），预计损失有多大？

应该详细记录上述问题的答案，以确保当审查的实际结果出来时大家仍记得且相信这些答案。

研究的管理

从一开始就应该告知被审查部门的经理，他们的部门被选择来做一项特殊的研究。有一点很重要，在描述项目时不能使用“噪声审查”这个词，尤其是在形容人的时候，应避免使用“噪声”和“充满噪声”这样的词，应使用“决策研究”这样的中性词。

部门经理要立即着手收集资料，并在项目经理和项目团队成员的参与下，向相关人员介绍任务，而且应当用概括性表述来介绍任务的目的，比如“企业对决策者如何得出结论感兴趣”。

其中很重要的一点是，需要向参与研究的专业人士确认，包括项目团队在内的企业中的任何人，都不会知道他们个人的答案。如果有必要，可以聘请外部公司匿名处理数据。另外，强调审查不会对该部门产生任何特殊影响也很重要，让他们了解他们只是被选为部门代表，代表企业完成判断任务。为了确保结果的可靠性，部门内所有有资格参与的专业人士都应参与到研究中。此外，还可以专门为这个任务安排半个工作日的时间，这样有助于使参与者认识到任务的重要性。

需要注意的是，所有参与者都要同时完成这个任务，但是在任务进行的过程中，他们应该身处彼此独立的空间，并且不能相互交流。项目团队可以在研究过程中回答问题。

分析和结论

项目团队将负责对每一位参与者评估的多个案例进行数据分析，包括对整体噪声的数量、噪声的成分、水平噪声和模式噪声的数量等进行分析。如果案例材料允许，进行数据分析时还可以识别出反应中的统计偏差。项目团队还有另一个重要的任务，即通过分析被试在问卷中的反馈来确定判断中变异的来源。在这些问卷反馈中，被试解释了他们做出某种反应的理由，并表明了哪些事实对他们的决策起到了决定性作用。通过聚焦分布于两端的极端反应，团队可以探寻数据中的模式，寻找在员工培训、企业流程以及企业为员工提供的信息中可能存在的缺陷。

顾问和内部项目团队将共同开发工具和流程，应用决策卫生策略和消除偏差的原则，以改善部门内的决策与判断，这一过程可能会延续数月。与此同时，顾问和专业团队还将编写一份项目报告提交给该组织的领导。

此时，企业已经在它的一个部门中做了噪声审查的尝试。如果这个尝试被认为是成功的，接下来管理团队可能会对企业内的判断与决策开展更广泛的评估以及品质方面的提升。

附录 2

决策观察者检查清单

本附录给出了一份决策观察者（见第 19 章）检查清单的通用示例。这里提供的清单大致遵循做重要决策的时间顺序。

清单中每一项之后的参考问题都对相应的项目做了进一步说明。决策观察者在审视决策过程时应该问自己这些问题。

决策观察者不应照搬照抄这个清单。我们希望它发挥的作用是为决策观察者提供灵感和基准，并使决策观察者能够据此设计出适合自己的偏差观察清单。

偏差观察清单

1. 判断方法

a. 替代

- 团队对证据的选择和讨论的焦点是否表明，他们用一个简单问题替代了分配给他们的困难问题？
- 团队是否忽视了一个重要因素或过度重视了一个无关因素？

b. 内部视角

- 团队是否采用了外部视角作为其决策考量的一部分，并认真尝试运用相对判断而非绝对判断？

c. 观点的多样性

- 是否有理由怀疑团队成员的判断存在共同的偏差？正是这种共同的偏差导致他们出现共性的错误。那么，你能否想到了这个团队没有提及的一个相关观点或专业知识？

2. 预判和过早下结论

a. 启动预判断

- 决策者中是否有人会因为得出某个结论而比得出其他结论的人获利更多？
- 是否已经有人认定了某个结论？有没有理由怀疑该结论存在偏见？
- 持不同意见的人表达他们的观点了吗？
- 是否存在对已然失败的行动仍固执坚持的风险？

b. 过早下结论和过度一致性

- 在选择先前讨论过的考虑因素时，是否存在偶然出现的偏差？
- 是否充分考虑了其他可能性并积极寻找过支持其他可能性的证据？
- 令人不安的数据或观点是否遭到忽视或压制？

3. 信息处理

a. 可用性和显著性

- 参与者是否因事件是近期发生的、颇具戏剧性且与个人相关而夸大了该事件的相关性，哪怕该事件并不具有判断价值？

b. 对信息品质不重视

- 判断是否严重依赖于传闻、故事或类比？有数据可以证实这样的判断吗？

c. 锚定

- 准确度或相关性不确定的数字是否在最终判断中起到了重要作用？

d. 非回归性预测

- 参与者是否进行了非回归性推断、估计或预测？

4. 决策

a. 计划谬误

- 当使用预测时，人们是否质疑过其来源和有效性？是否使用过外部视角来质疑这些预测？

- 不确定的数字是否有置信区间？置信区间够宽吗？

b. 损失厌恶

- 决策者的风险偏好是否与组织一致？决策团队是否过于谨慎？

c. 即时倾向

- 采用的计算方式（包括所使用的折现率）是否反映了企业对短期目标和长期目标之间优先性的权衡？

附录 3

对抗噪声，修正预测

匹配性预测是我们依赖直觉式匹配过程而产生的错误（参见第 14 章）。当我们基于现有信息做预测时，我们会进行匹配性预测，就好像我们能够依据这些信息对结果做出完美的或准确率非常高的预测一样。

让我们来回顾一下朱莉的例子，她 4 岁就能流利地阅读，那么她在大学时的 GPA 会是多少呢？如果你预测朱莉在大学时的 GPA 是 3.8，这就意味着你从直觉上判断朱莉 4 岁时的阅读水平处于其年龄组的前 10%（但不在前 3% ～ 5%）。然后，你心中有一个隐含的假定，即朱莉上大学时的 GPA 也应处于她所在班级的第 90 百分位数左右，那么与此相对应的 GPA 就是 3.7 或 3.8——这是很常见的答案。

然而，这种推理在统计学上是不正确的，因为它严重夸大了关于朱莉的已知信息的判断价值。一个早慧的 4 岁孩子不一定永远都是“学霸”，当然了，小时候有阅读障碍的孩子也不一定一直在班里学习成绩垫底。

在大多数情况下，很多人的出色表现不可能一直延续下去；反之，糟糕的表现也往往会得到改善。尽管我们很容易就能想到一些社会学、心理学甚至政治学的原因来对这种现象做出解释，但这根本没必要，这纯粹是一个统计学现象。因为过去的表现与未来的表现并非完全相关，在一个方向或另一个方向上出现的极端观测值往往会在后续的观察中变得不那么极端，这种趋势被称为均值回归。因此，就匹配性预测而言，我们使用的术语是非回归性，因为它没有考虑到均值回归这一现象。

从定量的角度来看，如果能流利阅读的年龄是未来 GPA 的完美预测指标，换句话说，如果这两个因素之间的相关系数为 1，那么你对朱莉的判断就是正确的。然而，显而易见的是，现实情况并非如此。

有一种统计方法可以帮助人们做出更准确的判断，但即使对于受过一些统计学训练的人来说，这种方法也不是很直观，并且很难觉察。接下来，我们以朱莉的情况为例来介绍这种方法的实施流程（见图 33-1）。

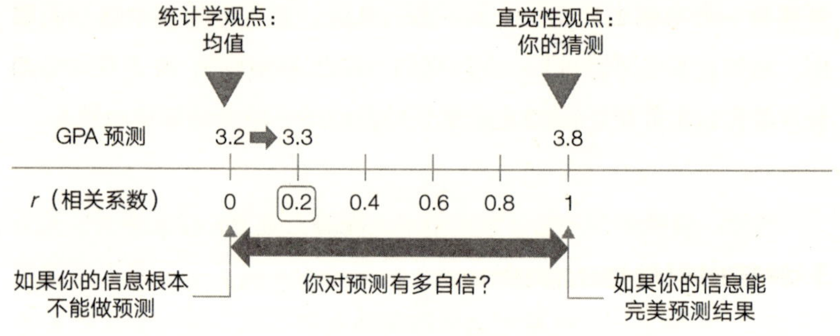

图 33-1　以均值回归调整直觉性预测的图示

1. 用直觉去猜测

你关于朱莉的直觉或关于任何你有所了解的事件的直觉都并非毫无价值。你的快速的系统 1 思维可以轻松地将你所拥有的信息置于相应的预测量尺上，并为朱莉的 GPA 猜测一个数值。如果你拥有的信息具有完美的预测性，你就应该按照你的猜测来进行预测。猜完后请写下你的结论。

2. 寻找均值

现在，请你后退一步，暂时忘记关于朱莉的一切信息。如果你对朱莉一无所知，你会如何预测她的 GPA 呢？答案很简单：在没有任何信息的情况下，你对朱莉的 GPA 的最佳估计应该是大学生群体的平均 GPA——3.2 左右。

以这种方式来看待朱莉问题遵循了我们在前文提到过的一种更广泛的原则，即外部视角。当我们采用外部视角时，我们将所考察的案例视为一类案例中的一则个案，然后从统计学角度去考察这一类案例。例如，请你回想一下，在迈克尔·甘巴迪问题中，外部视角是如何帮助我们思考新任 CEO 能否留任的基础概率的（参见第 4 章）。

3. 评估已有信息的诊断价值

这是很困难的一步，你需要问自己：“我目前拥有的信息的预测价值有多大？”这个问题很重要，而原因再清楚不过了。如果你只知道朱莉的鞋码，那么你会恰当地将此信息的权重设为 0，并坚持平均 GPA 的预测；而如果你有朱莉各科成绩的列表，据此信息将能完美地预测她的 GPA。这两个极端之间有许多灰色地带。如果你有朱莉高中时期优异的学业成绩的数据，那么这些信息将比她的阅读年龄更具诊断意义，但比起她的大学成绩，其诊断意义又会小得多。

你的任务是量化已知数据的诊断价值，你可以将这个诊断价值表示为已有数据与你所预测的结果之间的相关性。除极个别情况外，这一相关性肯定只是粗略估计。

想要合理地估计这一相关性，请你回忆我们在第 12 章中列举的一些例子。在社会科学领域，超过 0.5 的相关系数非常罕见。在多数情况下，相关系数达到 0.2 就已经十分难得了，而在朱莉的例子中，0.2 可能就是相关系数的上限了。

4. 基于外部视角来调整你基于直觉的猜测，从而尽最大可能体现已有信息的诊断价值

最后一步是将已有的三个数字进行简单的算术整合，即对平均值进行调整，让它向基于猜测的值的方向偏移，偏移的程度取决于你所估计的相关系数的大小。

这一步只是我们对刚刚所做观测的进一步扩展：如果相关系数为 0，那么你应该坚持平均值的估计；而如果相关系数是 1，那么你应

该忽略平均值并愉快地做出匹配性预测。因此，在朱莉的例子中，对其 GPA 的最佳预测应该是：由群体平均值向依据阅读年龄做出的直觉估计值的方向偏移，偏移的距离不超过平均值与直觉估计值距离的 20%。据此，我们可以算出最佳预测值大约是 3.3。

虽然这里我们只是举了朱莉的例子，但这种方法也可应用于本书讨论过的许多判断问题。例如，有一位销售副总裁需要招聘一名销售人员，他刚刚面试了一位十分优秀的候选人。根据对候选人的深刻印象，这位高管估计该候选人入职第一年的销售额能达到 100 万美元——相当于新入职员工第一年平均销售额的两倍。如何让副总裁的估计有回归性呢？需要注意的是，计算要取决于面试的诊断价值。在这个案例中，招聘面试能够在多大程度上预测出应聘者入职后的绩效呢？依据我们见过的研究证据，0.4 的预测相关系数是一个相当高的估计值。因此，对新员工第一年销售额的回归性估计至多是：50 万美元 +（100 万美元 - 50 万美元）× 0.4 ＝ 70 万美元。

这一过程并不是很直观。如上例所示，值得注意的是，校正后的预测总是比直觉性预测更保守，它们永远不会像直觉性预测那样极端，而是会更接近于平均值，通常情况下会非常接近平均值。如果你校正了你的预测，对于那些已经赢了 10 次大满贯的网球冠军，你就不会赌他们还能再赢得 10 次大满贯。同样，你也不会预测一家价值 10 亿美元的成功的创业公司将会发展成价值数千亿美元的行业巨头。总之，校正预测不会在极端值上下注。

从事后看，这意味着校正预测将不可避免地造成明显的失误，然而，预测并不是事后进行的。你应该记住，极端值是极其罕见的，与之相反的错误反而更为常见：我们往往以为自己预测的极端值在未来依然会是极端值，但由于存在均值回归，情况往往会发生变化。这就是当目标是最大限度地提高预测准确性（即均方误差最小化）时，校正预测会优于直觉匹配性预测的原因所在。

致 谢

我们要感谢很多人。林内亚·甘地（Linnea Gandhi）是我们的参谋长，她为我们提供了大量的指导和帮助，使我们的工作可以有条不紊地推进，让我们的工作充满欢声笑语。基本可以说，是她主持了本书的撰写。除此之外，她还为本书的初稿提出了许多宝贵建议，没有她，我们无法顺利完成本书。丹·罗瓦洛对成书也起到了非常重要的作用，本书的观点最初就源于他与人合著的一篇文章。我们的经纪人约翰·布罗克曼（John Brockman）在工作的每个阶段都热情洋溢、乐观、敏锐而又睿智，我们很感谢他。我们的主编，也是我们的引路人特蕾西·比哈（Tracy Behar）从诸多方面提升了本书的品质。阿拉贝拉·派克（Arabella Pike）和伊恩·斯特劳斯（Ian Straus）也从编辑角度提出了极好的建议。

同时也要特别感谢奥伦·巴－吉尔（Oren Bar-Gill）、马亚·巴－希勒尔（Maya Bar-Hillel）、马克斯·巴泽曼、汤姆·布莱泽（Tom Blaser）、戴维·布代斯库（David Budescu）、杰里米·克利夫顿（Jeremy Clifton）、安塞尔姆·丹内克尔（Anselm Dannecker）、维拉·德莱尼（Vera Delaney）、伊蒂尔·德鲁尔、安杰拉·达克沃思（Angela Duckworth）、安妮·杜克、丹·吉尔伯特（Dan Gilbert）、亚当·格兰特、阿努帕姆·杰纳（Anupam Jena）、路易斯·卡普洛（Louis Kaplow）、加里·克莱因（Gary Klein）、乔恩·克莱因伯格（Jon Kleinberg）、内森·昆塞尔、凯利·莱纳德（Kelly Leonard）、丹尼尔·莱文（Daniel Levin）、萨拉·麦克拉纳汉、芭芭拉·梅勒斯、乔西·米勒（Josh Miller）、塞德希尔·穆来纳森、斯科特·佩奇（Scott Page）、埃里克·波斯纳（Eric Posner）、露西亚·瑞奇（Lucia Reisch）、马修·萨尔加尼克、埃尔德·沙菲尔、塔利·沙罗特（Tali Sharot）、菲利普·泰特洛克、理查德·泰勒（Richard Thaler）、芭芭拉·特沃斯基（Barbara Tversky）、彼得·乌贝尔（Peter Ubel）、克里斯特尔·王（Crystal Wang）、邓肯·瓦茨（Duncan Watts）和卡罗琳·韦布（Caroline Webb），他们对书稿的部分章节乃至全文进行了阅读和评论，感谢他们的慷慨帮助。

我们很幸运能够从这么多优秀研究者的建议中受益。朱利安·帕里斯（Julian Parris）在许多统计问题上提供了极其宝贵的帮助。没有塞德希尔·穆来纳森、乔恩·克莱因伯格、詹斯·路德维希（Jens Ludwig）、格雷戈里·斯托达德（Gregory Stoddard）和常惠（Hye Chang），我们就不可能完成介绍机器学习成就的那几章。我们对判断一致性问题的讨论很大程度上要归功于亚历克斯·托多罗夫（Alex Todorov）和他普林斯顿大学的同事乔尔·马丁内斯（Joel Martinez）、布兰登·拉伯瑞（Brandon Labbree）、斯蒂芬·乌登伯格（Stefan Uddenberg）、斯科特·海浩斯（Scott Highhouse）以及艾莉森·布罗德富特（Alison Broadfoot）。这些了不起的研究者不仅热情分享了他们的见解，还非常友善地帮我们进行了一些特殊数据的分析。当然，如果书中出现了任何误解或错误，那一定是我们的责任。此外，我们还要感谢拉兹洛·博克、博·考吉尔、贾森·达纳（Jason Dana）、丹·戈德斯坦（Dan Goldstein）、哈罗德·戈德斯坦（Harold Goldstein）、布莱恩·霍夫曼（Brian Hoffman）、艾伦·克鲁格（Alan Krueger）、迈克尔·莫布森（Michael Mauboussin）、埃米丽·帕特南－霍斯坦（Emily Putnam-Horstein）、查尔斯·谢尔鲍姆（Charles Scherbaum）、安妮－劳尔·塞利耶（Anne-Laure Sellier）和昭田裕一（Yuichi Shoda）所提供的专业知识。

我们还要感谢一大批多年来给予我们支持的研究者们，包括莎瑞雅·巴德瓦杰（Shreya Bhardwaj）、乔西·菲舍尔（Josie Fisher）、罗希特·戈亚尔（Rohit Goyal）、妮科尔·格拉贝尔（Nicole Grabel）、安德鲁·海因里希（Andrew Heinrich）、梅根·约翰逊（Meghann Johnson）、索菲·梅塔（Sophie Mehta）、伊莱·纳克曼尼（Eli Nachmany）、威廉·瑞安（William Ryan）、伊夫琳·舒（Evelyn Shu）、马特·萨默斯（Matt Summers）和诺姆·齐夫－克里斯佩尔（Noam Ziv-Crispel）。在对许多我们不太擅长的专业领域进行讨论时，正是由于他们的出色表现，才使得本书的偏差更小、噪声更少。

最后，我们这个由跨越两大洲的三位作者组成的合作团队在创作的最佳时机下，还是与挑战不期而遇，因为2020年是非常特殊的一年。如果没有Dropbox和Zoom的技术加持，我们肯定无法完成本书，因此，我们也感谢在这些优秀产品背后默默付出的工作人员。

译者后记

汪祚军

中国科学院心理研究所博士，宁波大学教授

感谢编辑部独具慧眼，能够邀请中国科学院心理研究所李纾研究员领衔本书的翻译工作。李纾老师是国内最早从事行为决策研究的专家，在行为决策领域深耕数十年，其提出的“齐当别”决策模型在心理学界具有重要的影响力。作为行为决策领域的一名研究者、李纾老师曾经的博士生，能够参与本书的翻译工作，我深感荣幸。

在拿到本书的英文原书后，我越读越爱不释手，深深被本书的独创性（阐述了一个非常重要但被普遍忽视的问题）、系统性（介绍了体系化而非碎片化的知识）和可读性所折服。我相信，三位重磅作者的这部诚意之作《噪声》，必将成为行为决策领域一部里程碑式的作品。

偏差和噪声是决策误差的两种核心成分，因此我们会很自然地将两者进行对比。以往在读到其他书中关于“心理偏差”的研究时，我都会产生惊奇和茅塞顿开之感（原来我们有这么多偏差！），但在将这些研究理论应用于实践时，又感觉很零散，不知如何下手。《噪声》这本书则不同，它很集中，整本书只讲了一个概念——噪声，并且借助司法、医疗、商业等十分重要的领域中的众多真实案例和研究成果，深入剖析了噪声的存在情况以及减少噪声的手段。

如果把解决各种心理偏差的方法类比成“工具箱”里的各种工具，那么《噪声》就是一把多功能的“锤子”。有时候工具太多，我们难以取舍，但有了《噪声》这把“锤子”，我们能做的事情就有了很多，至少，我们可以先敲敲看——进行噪声审查。

三位作者讲故事的能力也让我受益良多。用统计术语来说，噪声即离散度或变异性，一个本来很抽象、晦涩甚至乏味的现象被三位作者用引人入胜的方式诠释出来，并用于解决现实生活中的各种重大问题，尤其是事关生命健康和社会公正的医疗和司法领域的问题。

作为这部皇皇巨著的主要译者之一，我一直承受着巨大的心理压力，很担心这样一部精品会毁在翻译这一步。我曾读过一些翻译较差的图书，并深受其苦。己所不欲，勿施于人。鉴于几次非常不愉快的阅读经历，我下定决心，宁愿多花数倍的时间来啃英文原著，也绝不交付语句不通的译文。我向翻译团队反复强调，我们的目标是“不要被人骂”。

本书由李纾老师精心组建的翻译团队共同完成。从第一部分到第六部分，主要译者分别为：黄元娜（博士，清华大学经济管理学院博士后）、汪祚军、刘洪志（博士，南开大学心理系讲师）、魏子晗（博士，天津师范大学心理学部讲师）、岳灵紫（硕士，友邦人寿销售经理）、郑党（博士，中国儿童中心助理研究员）。虽然本书的各个部分都有专人负责，但李纾老师和我对全书的译稿进行了细致的审校和修改。由于时间仓促，翻译工作中难免存在疏漏和不足，在此也敬请读者谅解。

多次修改和反复打磨，一直希望能达成“不要被人骂”的目标，然而，临近交稿，又觉得“有人骂才好”。鲁迅先生说的那种“连眼珠子也不转过去”的不骂，才是对作品的轻蔑和侮辱。只要有读者肯“转下眼珠”“找个茬”，便说明有人认真看了。若再有决策领域的同行能受本书启发，看出诸如“展望理论”（又译为“预期理论”）背后存在着的后续科学问题，那我们付出的时间和精力就是值得的。

注 释 Notes

引言　偏差与噪声，人类判断的两类错误

002[①]. 射击场只是一种隐喻：1778 年，瑞士数学家丹尼尔·伯努利（Daniel Bernoulli）在一篇关于评估问题的论文中使用弓和箭进行了相同的类比。Bernoulli, "The Most Probable Choice Between Several Discrepant Observations and the Formation Therefrom of the Most Likely Induction," *Biometrika* 48, no. 1–2 (June 1961): 3–18。

004. 儿童监护权决策：Joseph J. Doyle Jr., "Child Protection and Child Outcomes: Measuring the Effects of Foster Care," *American Economic Review* 95, no. 5 (December 2007): 1583–1610。

005. 预测中存在噪声：Stein Grimstad, Magne Jørgensen, "Inconsistency of Expert Judgment-Based Estimates of Software Development Effort," *Journal of Systems and Software* 80, no. 11 (2007): 1770–1777。

005. 庇护权决策：Andrew I. Schoenholtz, Jaya Ramji-Nogales, Philip G. Schrag, "Refugee Roulette: Disparities in Asylum Adjudication," *Stanford Law Review 60*, no. 2 (2007)。

006. 专利权授予决策：Mark A. Lemley, Bhaven Sampat, "Examiner Characteristics and Patent Office Outcomes," *Review of Economics and Statistics* 94, no. 3 (2012): 817–827; Iain Cockburn, Samuel Kortum, Scott Stern, "Are All Patent Examiners Equal? The Impact of Examiner Characteristics," working paper 8980, June 2002; Michael D. Frakes, Melissa F. Wasserman, "Is the Time Allocated to Review Patent Applications Inducing Examiners to Grant Invalid Patents? Evidence from Microlevel Application Data," *Review of Economics and Statistics* 99, no. 3 (July 2017): 550–563。

第一部分　寻找噪声

第 1 章　犯罪和充满噪声的判罚

014. 帮助创立该组织的初衷：Marvin Frankel, *Criminal Sentences: Law Without Order*, 25 Inst. for Sci. Info. Current Contents / Soc. & Behavioral Scis.: This Week's Citation Classic 14, 2A-6 (June 23, 1986)。

---

① 本书注释部分遵照原作标示方式，此处的数字为该注释所引用的词句在正文中的页码，后同。——编者注

015. 几乎完全不受制衡的权力：Marvin Frankel, *Criminal Sentences: Law Without Order* (New York: Hill and Wang, 1973), 5。

015. 每天都在发生残酷专断的行为：Frankel, *Criminal Sentences*, 103。

015. 法治而非人治的社会：Frankel, *Criminal Sentence*, 5。

015. 独断专行的产物：Frankel, *Criminal Sentences*, 11。

015. 某种形式的数字，或其他客观的评分：Frankel, *Criminal Sentence*, 114。

015. 使用计算机作为量刑中有序思考的辅助工具：Frankel, *Criminal Sentence*, 115。

015. 成立一个量刑委员会：Frankel, *Criminal Sentence*, 119。

016. 缺少共识是常态：Anthony Partridge, William B. Eldridge, *The Second Circuit Sentence Study: A Report to the Judges of the Second Circuit August 1974* (Washington, DC: Federal Judicial Center, August 1974): 9。

016. 各种量刑之间的差异“令人震惊”：US Senate, “Comprehensive Crime Control Act of 1983: Report of the Committee on the Judiciary, United States Senate, on S. 1762, Together with Additional and Minority Views” (Washington, DC: US Government Printing Office, 1983). Report No. 98–225。

016. 贩卖海洛因的毒品贩子：Anthony Partridge, Eldridge, *Second Circuit Sentence Study*, A-11。

016. 银行抢劫犯：Partridge, Eldridge, *Second Circuit Sentence Study*, A-9。

016. 敲诈勒索案：Partridge, Eldridge, A-5–A-7。

016. 对 47 名法官进行了一项调查：William Austin, Thomas A. Williams III, “A Survey of Judges’ Responses to Simulated Legal Cases: Research Note on Sentencing Disparity,” *Journal of Criminal Law & Criminology* 68 (1977): 306。

016. 一项更大规模的研究：John Bartolomeo et al., “Sentence Decisionmaking: The Logic of Sentence Decisions and the Extent and Sources of Sentence Disparity,” *Journal of Criminal Law and Criminology* 72, no. 2 (1981)。完整讨论见第 6 章，也见 Senate Report, 44。

017. 如果法官处于饥饿状态：Shai Danziger, Jonathan Levav, Liora Avnaim-Pesso, “Extraneous Factors in Judicial Decisions,” *Proceedings of the National Academy of Sciences of the United States of America* 108, no. 17 (2011): 6889–6892。

017. 青少年法庭判决：Ozkan Eren, Naci Mocan, “Emotional Judges and Unlucky Juveniles,” *American Economic Journal: Applied Economics* 10, no. 3(2018): 171–205。

017. 当本地足球队在周末输掉比赛后，法官在接下来的星期一会做出更严厉的判决：Daniel L. Chen, Markus Loecher, “Mood and the Malleability of Moral Reasoning: The Impact of Irrelevant Factors on Judicial Decisions,” *SSRN Electronic Journal* (September 21, 2019): 1–70。

017. 在自己的生日当天可能会更宽容：Daniel L. Chen, Arnaud Philippe, “Clash of Norms: Judicial Leniency on Defendant Birthdays,” (2020)。

018. 甚至像外界温度这种无关紧要的信息也会影响法官的决策：Anthony Heyes, Soodeh Saberian, “Temperature and Decisions: Evidence from 207 000 Court Cases,” *American Economic Journal: Applied Economics* 11, no. 2 (2018): 238–265。

018. 不受约束的自由裁量权：Senate Report, 38。

018. “过于悬殊”的量刑差异：Senate Report, 38。

019. 美国最高法院法官斯蒂芬·布雷耶试图通过指出委员会内部存在的棘手分歧来为过去的做法辩护：这句话出自杰弗里·罗森（Jeffrey Rosen）的作品，“Breyer Restraint,” *New Republic*, July 11, 1994, at 19, 25。

019. 必须向法院证明这样做的合理性：United States Sentencing Commission, Guidelines Manual (2018)。

019. 它减少了由于量刑法官身份的偶然性而导致的判决中出现的净差异：James M. Anderson, Jeffrey R. Kling, Kate Stith, “Measuring Interjudge Sentencing Disparity: Before and After the Federal Sentencing Guidelines,” *Journal of Law and Economics* 42, no. S1 (April 1999): 271–308。

019. 美国量刑委员会对量刑指南的效果进行了详尽的研究：US Sentencing Commission, *The Federal Sentencing Guidelines: A Report on the Operation of the Guidelines System and Short-Term Impacts on Disparity in Sentencing, Use of Incarceration, and Prosecutorial Discretion and Plea Bargaining*, vols. 1 & 2 (Washington, DC: US Sentencing Commission, 1991)。

020. 另一项研究表明，1986—1987 年，法官之间在刑期长短上的预期差异为 4.9 个月；而 1988—1993 年，这一数字下降至 3.9 个月：Anderson, Kling, Stith, “Interjudge Sentencing Disparity”。

020. 一项涵盖了不同时期数据的独立研究：Paul J. Hofer, Kevin R. Blackwell, R. Barry Ruback, “The Effect of the Federal Sentencing Guidelines on Inter-Judge Sentencing Disparity,” *Journal of Criminal Law and Criminology* 90 (1999): 239, 241。

020. 我们不能对案件的细节视而不见，而是要有洞察力：Kate Stith, José Cabranes, *Fear of Judging: Sentencing Guidelines in the Federal Courts,* Chicago: University of Chicago Press, 1998：79。

020. 直到 2005 年，美国最高法院才取消了该指南：543 U.S. 220 (2005)。

021. 75% 的法官更喜欢建议性制度：US Sentencing Commission, “Results of Survey of United States District Judges, January 2010 through March 2010” (June 2010) (question 19, table 19)。

021. 她的核心发现是，法官之间的差异在 2005 年后明显增加：Crystal Yang, “Have Interjudge Sentencing Disparities Increased in an Advisory Guidelines Regime? Evidence from Booker,” *New York University Law Review* 89 (2014): 1268–1342; p. 1278, 1334。

第 2 章　系统噪声，给人达成一致的错觉

026. 我们称这个实验为噪声审查：该公司的高管们认真构建了几个具有代表性的案例描述，这些案例与员工每天都要处理的风险和索赔案例类似。他们将 6 个案例分别交给财产和意外伤害部门的理赔员处理，并将另外 4 个案例交给专门从事金融风险的核保员进行处理。在正常工作日中，员工获得了半天的时间来评估其中的两三个案例，为了检查他们判断中存在的变异性，研究人员事先并没有告知这些员工本研究的目的，并且每个人的评估工作都是独立进行的。我们一共得到了来自 48 位核保员的 86 个判断和来自 68 位理赔员的 113 个判断。

034. 天真的现实主义：Dale W. Griffin, Lee Ross, “Subjective Construal, Social Inference, and Human Misunderstanding,” *Advances in Experimental Social Psychology* 24 (1991): 319–359; Robert J. Robinson, Dacher Keltner, Andrew Ward, Lee Ross, “Actual Versus Assumed Differences in Construal: ‘Naive Realism’ in Intergroup Perception and Conflict,” *Journal of Personality and Social Psychology* 68, no. 3 (1995): 404; Lee Ross, Andrew Ward, “Naive Realism in Everyday Life: Implications for Social Conflict and Misunderstanding,” *Values and Knowledge* (1997)。

第二部分　你的大脑是一种测量工具

048. 标准差是测量差异的最常见指标：一组数字的标准差是由另一个被称为“变异性”的统计量演化而来的。要想计算变异性，我们首先需要获得各个数字偏离平均数的值的分布情况，然后对这些偏离值进行取平方操作。变异性就是这一组数字偏离值的平方的平均数，而标准差是变异性的平方根。

第 4 章 什么是判断

052. 在葡萄酒比赛中，评委们对哪种葡萄酒应该获奖可能会分歧很大：R. T. Hodgson, “An Examination of Judge Reliability at a Major U.S. Wine Competition,” *Journal of Wine Economics* 3, no. 2 (2008): 105–113。

061. 这种权衡是通过评估性判断实现的：决策领域的学者将决策定义为从不同选项中进行选择的过程，而将定量的判断作为决策的特例，因为此类判断中包含一系列连续可选的选项。从这一角度来看，判断是决策的特例。我们这里的看法有所不同：我们将从不同选项中做出选择的过程看作对每一个选项进行评估性判断的过程。换言之，我们将决策作为判断的特例。

第 5 章 测量误差，噪声与偏差的代价一样大

069. 最小平方法是 1795 年由高斯发明的：最小平方法常被称作“最小二乘法”，由阿德里恩·玛里·埃·勒让德尔在 1805 年首次提出。高斯宣称，他自己早在 10 年前就首次使用过这个概念，随后他基于这一概念提出误差理论和以他自己的名字命名的正态误差曲线。关于是谁最早提出最小平方法，学界已经有大量讨论，历史学家们倾向于相信高斯的说法［Stephen M. Stigler, “Gauss and the Invention of Least Squares,” *Annals of Statistics* 9 (1981): 465–474; Stephen M. Stigler, *The History of Statistics: The Measurement of Uncertainty Before 1900* (Cambridge, MA: Belknap Press of Harvard University Press, 1986)］。

075. 用简单的数学公式表示：我们将噪声定义为误差的标准差，因此噪声的平方就是误差的变异性。变异性的定义是“平方的平均数减去平均数的平方”。既然偏差是平均误差，“平均数的平方”就是偏差的平方。因此：噪声 ^{2}=MSE－偏差 ^{2}。

078. 关于这一点人们的直觉恰恰相反：Berkeley J. Dietvorst, Soaham Bharti, “People Reject Algorithms in Uncertain Decision Domains Because They Have Diminishing Sensitivity to Forecasting Error,” *Psychological Science* 31, no. 10 (2020): 1302–1314。

第 6 章 噪声分析：所有判断都存在 3 类噪声

084. 非常详细的噪声审查：Kevin Clancy, John Bartolomeo, David Richardson, Charles Wellford, “Sentence Decisionmaking: The Logic of Sentence Decisions and the Extent and Sources of Sentence Disparity,” *Journal of Criminal Law and Criminology* 72, no. 2 (1981): 524–554; INSLAW, Inc. et al., “Federal Sentencing: Towards a More Explicit Policy of Criminal Sanctions III-4,” (1981)。

084. 研究人员向这些法官呈现 16 起案件的详细文件，并要求法官们做出判决：判刑可以包括监狱服刑时间、监视居住时间和罚款等的任意一种组合形式。简而言之，我们这里主要关注量刑的一种主要组成部分——入狱服刑时间，而不考察另外两个组成部分。

085. 这种差异经常被称为“偏差”：在多重案例、多个判断者的情境中，我们在第 5 章介绍的误差方程的扩展版中引入了一个概念，它反映了这种变异性。具体而言，如果我们将总体偏差（grand bias）定义为所有案例的平均误差，并且这种误差在不同案例中并不相同，则存在案例偏差的变异。这个方程就变成了：MSE= 总体偏差 ^{2}+ 案例偏差的变异性 + 系统噪声 ^{2}。

086. 平均刑期为 7 年：本章中所提及的数字来自原始研究中的如下部分。
首先，作者称，被告所犯罪行和被告的主要影响占总体变异性的 45%［John Bartolomeo et al., “Sentence Decisionmaking: The Logic of Sentence Decisions and the Extent and Sources of Sentence Disparity,” *Journal of Criminal Law and Criminology* 72, no. 2 (1981), table 6］。然而，我们这里更宽泛地关注每个案例的影响，包括向法官呈现的案例的所有特征，例如被告是否有

犯罪记录，在犯罪过程中是否使用武器。根据我们的定义，所有这些特征都是真实的案例变异，而不是噪声。相应地，我们将案例变异中不同案例特征之间的交互作用也进行了重新整合（这些解释了 11% 的总体变异性；见 Bartolomeo et al., table 10）。这样，案例变异占总体变异的 56%，法官的主要影响（水平噪声）为 21%，总体变异中的交互作用为 23%。因此，总体变异中有 44% 是系统噪声。

公正量刑的变异性可以通过表格（见 Bartolomeo et al., 89）里每一个案例的平均刑期来计算：变异性为 15。如果这占到总体变异的 56%，那么总体变异为 26.79，系统噪声为 11.79。变异的平方根即所呈现案例的标准差，为 3.4 年。

法官的主效应或称水平噪声占总体变异的 21%。这一变异的平方根是法官水平噪声的标准差，为 2.4 年。

089. 系统噪声是 3.4 年：这一数值是所有 16 起案件变异性的平均值的平方根。对它的计算见前一个注释。

090. 简单的相加逻辑：相加性假设认为，法官的严厉程度会在总体刑期上增加一个常数。这一假设不太可能是正确的：法官的严厉程度更有可能增加一个与平均刑期成比例的数值。这一问题在原始报告中被忽略了，因而无法评估它的重要性。

091. 审判中出现模式化的差别：Bartolomeo et al., "Sentence Decision-making," 23。

091. 模式噪声和水平噪声的贡献几乎相同：以下方程也成立：系统噪声 ^{2}= 水平噪声 ^{2}+ 模式噪声 ^{2}。图 6-1 显示，系统噪声是 3.4 年，水平噪声是 2.4 年。这意味着模式噪声也约为 2.4 年。这一计算只是作为一个例子——四舍五入产生的误差导致实际的值会略有不同。

第 7 章 情境噪声，无时无刻不在影响着我们的判断

099. 专家先后两次品尝了同一种葡萄酒：R. T. Hodgson, "An Examination of Judge Reliability at a Major U.S. Wine Competition," *Journal of Wine Economics* 3, no. 2 (2008): 105–113.

099. 经验丰富的软件顾问：Stein Grimstad, Magne Jorgensen, "Inconsistency of Expert Judgment-Based Estimates of Software Development Effort," *Journal of Systems and Software* 80, no. 11 (2007): 1770–1777。

100. 他们倾向于与自己保持一致：Robert H. Ashton, "A Review and Analysis of Research on the Test-Retest Reliability of Professional Judgment," *Journal of Behavioral Decision Making* 294, no. 3 (2000): 277–294。作者偶然注意到，这 41 项研究中，没有一项是被设计用于检测情境噪声的，"在所有研究中，关于稳定性的测量都是其他研究目标的副产品"（Ashton, 279）。这句话表明，直到近期人们才开始关注情境噪声。

101. 正确答案是约 32%：Central Intelligence Agency, *The World Factbook* (Washington, DC: Central Intelligence Agency, 2020)。这一数值包括所有能从空中识别的机场、铺设或未铺设的跑道、关闭或废弃的设施。

101. 爱德华 · 沃尔和哈罗德 · 帕什勒：Edward Vul, Harold Pashler, "Crowd Within: Probabilistic Representations Within Individuals"。

101. 第一次的答案比第二次的答案更接近真实值：James Surowiecki, *The Wisdom of Crowds: Why the Many Are Smarter Than the Few and How Collective Wisdom Shapes Business, Economies, Societies, and Nations* (New York: Doubleday, 2004)。

102. 但它会产生更少的噪声：平均判断的标准差（我们对噪声的测量）与判断者人数的平方根同比降低。

102. 你对同一个问题做出两次回答带来的好处，是向另一独立个体寻求建议时所获好处的 1/10：

Vul and Pashler, "Crowd Within," 646。

103. 斯蒂芬·赫佐格和拉尔夫·赫维格：Stefan M. Herzog, Ralph Hertwig, "Think Twice and Then: Combining or Choosing in Dialectical Bootstrapping?," *Journal of Experimental Psychology: Learning, Memory, and Cognition* 40, no. 1 (2014): 218–232。

104. 被试的反应是从一个内部的概率分布中抽取的：Vul, Pashler, "Measuring the Crowd Within," 647。

105. 约瑟夫·福加斯：Joseph P. Forgas, "Affective Influences on Interpersonal Behavior," *Psychological Inquiry* 13, no. 1 (2002): 1–28。

105. 对于同一个微笑，拥有积极情绪的人看到友好：Forgas, "Affective Influences," 10。

106. 谈判过程中从情绪良好转向愤怒的谈判者也可能会获得更好的结果：A. Filipowicz, S. Barsade, S. Melwani, "Understanding Emotional Transitions: The Interpersonal Consequences of Changing Emotions in Negotiations," *Journal of Personality and Social Psychology* 101, no. 3 (2011): 541–556。

106. 实验人员要求参与者阅读一篇简短的哲学论文：Joseph P. Forgas, "She Just Doesn't Look like a Philosopher...? Affective Influences on the Halo Effect in Impression Formation," *European Journal of Social Psychology* 41, no. 7 (2011): 812–817。

106. 戈登·彭尼库克及其同事开展了一系列研究，来考察人们对毫无意义、看似深奥实则虚假的陈述的反应：Gordon Pennycook, James Allan Cheyne, Nathaniel Barr, Derek J. Koehler, Jonathan A. Fugelsang, "On the Reception and Detection of Pseudo-Profound Bullshit," *Judgment and Decision Making* 10, no. 6 (2015): 549–563。

106. 自哈里·法兰克福之后，废话已经成为一个术语：Harry Frankfurt, *On Bullshit* (Princeton, NJ: Princeton University Press, 2005)。

106. 他们可能会被看似令人印象深刻的断言所打动：Pennycook et al., "Pseudo-Profound Bullshit," 549。

107. 诱发良好的情绪会让人们更容易接受废话，以及更容易上当受骗：Joseph P. Forgas, "Happy Believers and Sad Skeptics? Affective Influences on Gullibility," *Current Directions in Psychological Science* 28, no. 3 (2019): 306–313。

107. 处于不良情绪中的目击者在看到这些具有误导性的信息时，更有可能忽视它们，从而避免做出虚假指证：Joseph P. Forgas, "Mood Effects on Eyewitness Memory: Affective Influences on Susceptibility to Misinformation," *Journal of Experimental Social Psychology* 41, no. 6 (2005): 574–588。

107. 天桥难题：Piercarlo Valdesolo, David Desteno, "Manipulations of Emotional Context Shape Moral Judgment," *Psychological Science* 17, no. 6 (2006): 476–477。

108. 医生在漫长的一天结束时开阿片类药物的可能性显著增加：Hannah T. Neprash, Michael L. Barnett, "Association of Primary Care Clinic Appointment Time with Opioid Prescribing," *JAMA Network Open* 2, no. 8 (2019); Lindsey M. Philpot, Bushra A. Khokhar, Daniel L. Roellinger, Priya Ramar, Jon O. Ebbert, "Time of Day Is Associated with Opioid Prescribing for Low Back Pain in Primary Care," *Journal of General Internal Medicine* 33 (2018): 1828。

108. 在一天将要结束时，医生开抗生素的可能性更大：Jeffrey A. Linder, Jason N. Doctor, Mark W. Friedberg, Harry Reyes Nieva, Caroline Birks, Daniella Meeker, Craig R. Fox, "Time of Day and the Decision to Prescribe Antibiotics," *JAMA Internal Medicine* 174, no. 12 (2014): 2029–2031。

108. 开流感疫苗的可能性较小：Rebecca H. Kim, Susan C. Day, Dylan S. Small, Christopher K. Snider,

Charles A. L. Rareshide, Mitesh S. Patel, “Variations in Influenza Vaccination by Clinic Appointment Time and an Active Choice Intervention in the Electronic Health Record to Increase Influenza Vaccination,” *JAMA Network Open* 1, no. 5 (2018): 1–10。

108. 不好的天气与记忆力的增强有一定的相关性：Joseph P. Forgas, Liz Goldenberg, Christian Unkelbach, “Can Bad Weather Improve Your Memory? An Unobtrusive Field Study of Natural Mood Effects on Real-Life Memory,” *Journal of Experimental Social Psychology* 45, no. 1 (2008): 254–257。阳光明媚的天气会影响股市走向：David Hirshleifer, Tyler Shumway, “Good Day Sunshine: Stock Returns and the Weather,” *Journal of Finance* 58, no. 3 (2003): 1009–1032。

109. 云让书呆子看起来不错：Uri Simonsohn, “Clouds Make Nerds Look Good: Field Evidence of the Impact of Incidental Factors on Decision Making,” *Journal of Behavioral Decision Making* 20, no. 2 (2007): 143–152。

109. 赌徒谬误：Daniel Chen et al., “Decision Making Under the Gambler's Fallacy: Evidence from Asylum Judges, Loan Officers, and Baseball Umpires,” *Quarterly Journal of Economics* 131, no. 3 (2016): 1181–1242。

109. 在美国，当前面两起案件获得庇护法官的批准时，下一个庇护申请获得批准的可能性会降低19%：Jaya Ramji-Nogales, Andrew I. Schoenholtz, Philip Schrag, “Refugee Roulette: Disparities in Asylum Adjudication,” *Stanford Law Review* 60, no. 2 (2007)。

111. 迈克尔·卡哈纳及其同事研究了记忆的表现：Michael J. Kahana et al., “The Variability Puzzle in Human Memory,” *Journal of Experimental Psychology: Learning, Memory, and Cognition* 44, no. 12 (2018): 1857–1863。

第 8 章　群体是如何放大噪声的

116. 马修·萨尔加尼克和他的合作者开展了一项大型音乐下载的研究：Matthew J. Salganik, Peter Sheridan Dodds, Duncan J. Watts, “Experimental Study of Inequality and Unpredictability in an Artificial Cultural Market,” *Science* 311 (2006): 854–856。另见：Matthew Salganik, Duncan Watts, “Leading the Herd Astray: An Experimental Study of Self-Fulfilling Prophecies in an Artificial Cultural Market,” *Social Psychology Quarterly* 71 (2008): 338–355; Matthew Salganik, Duncan Watts, “Web-Based Experiments for the Study of Collective Social Dynamics in Cultural Markets,” *Topics in Cognitive Science* 1 (2009): 439–468。

117. 流行程度会自我强化：Salganik, Watts, “Leading the Herd Astray”。

118. 在其他领域也出现了类似的结果：Michael Macy et al., “Opinion Cascades and the Unpredictability of Partisan Polarization,” *Science Advances* (2019): 1–8。另见：Helen Margetts et al., *Political Turbulence* (Princeton: Princeton University Press, 2015)。

119. 社会学家迈克尔·梅西：Michael Macy et al., “Opinion Cascades”。

119. 人们在网上如何对各种评论做出判断：Lev Muchnik et al., “Social Influence Bias: A Randomized Experiment,” *Science* 341, no. 6146 (2013): 647–651。

121. 有些研究已经表明了这一点：Jan Lorenz et al., “How Social Influence Can Undermine the Wisdom of Crowd Effect,” *Proceedings of the National Academy of Sciences* 108, no. 22 (2011): 9020–9025。

126. 我们来看一个实验，该实验比较了现实世界中的陪审团和“统计中的陪审团”：Daniel Kahneman, David Schkade, Cass R. Sunstein, “Shared Outrage and Erratic Awards: The Psychology of Punitive Damages,” *Journal of Risk and Uncertainty* 16 (1998): 49–86.

126. 由他们组成 500 多个 6 人一组的陪审团：David Schkade, Cass R. Sunstein, Daniel Kahneman,

"Deliberating about Dollars: The Severity Shift," *Columbia Law Review* 100 (2000): 1139–1175.

第三部分 预测性判断中的噪声

132. 一致性比率（PC）：一致性比率与肯德尔和谐系数（Kendall's *W*）关联密切。

133. 成年男性脚的尺码与身高的 PC 值为 71%：Kanwal Kamboj et al., "A Study on the Correlation Between Foot Length and Height of an Individual and to Derive Regression Formulae to Estimate the Height from Foot Length of an Individual," *International Journal of Research in Medical Sciences* 6, no. 2 (2018): 528。

134. 相关系数和一致性比率（PC）的对应关系：一致性比率的计算基于这样的假设：联合分布（joint distribution）是二元正态分布。表 1 中的数值就是基于该假设的近似值。感谢朱利安·帕里斯绘制表格。

第 9 章 判断与模型，简单的模型普遍优于人类判断

136. 一项关于绩效预测的真实研究：Martin C. Yu, Nathan R. Kuncel, "Pushing the Limits for Judgmental Consistency: Comparing Random Weighting Schemes with Expert Judgments," *Personnel Assessment and Decisions* 6, no. 2 (2020): 1–10。本书所描述的专家们的相关系数 0.15 是指 3 个实验样本（总共 847 个样本）的相关系数的非加权平均值。真实实验中的相关系数与此处的这一简化的相关系数在某些方面有所不同。

137. 它是对各种预测因素的平均值进行加权后获得预测分数的方法：对平均值进行加权计算的先决条件是所有预测因素都必须用可比较的测量单位测量。我们介绍的这个例子是满足这个先决条件的，所有的预测因素都是用 0 到 10 分的量表测量的。但在一些情况下，这一先决条件可能无法满足。比如，绩效表现的预测因素包括面试官给的 0 到 10 分的评分、相关工作经验的时长，以及工作技能的笔试成绩。多元回归分析程序在整合这些变量之前，会把这些变量先转换为标准分。标准分测量的是一个观测值与群体平均值之间的距离，它以标准差为单位。例如，如果技能测试的平均分是 55 分，标准差是 8 分，那么标准分为 +1.5 就意味着技能测试为 67 分。需要注意的是，把每个个体数据标准化会消除所有平均值之间的误差痕迹，或者说会消除个体判断变异中的误差痕迹。

137. 你可能认为，与目标变量相关性越密切的预测因素，其权重也应该越大：多元回归最主要的特征是每个预测因素的最优权重都依赖于其他预测因素。如果一个预测因素与另一个预测因素高相关，两个预测因素的权重就不会都很大——这就跟变量被重复计算了一样。

137. 判断和决策研究的主力军：Robin M. Hogarth, Natalia Karelaia, "Heuristic and Linear Models of Judgment: Matching Rules and Environments," *Psychological Review* 114, no. 3 (2007): 734。

137. 二者都具有如下一些简单的结构：在这里的讨论主要基于透镜判断模型的研究框架，该模型被广泛用于人员测评的情境中。参见：Kenneth R. Hammond, "Probabilistic Functioning and the Clinical Method," *Psychological Review* 62, no. 4 (1955): 255–262; Natalia Karelaia, Robin M. Hogarth, "Determinants of Linear Judgment: A Meta-Analysis of Lens Model Studies," *Psychological Bulletin* 134, no. 3 (2008): 404–426。

138. 保罗·梅尔：Paul E. Meehl, *Clinical Versus Statistical Prediction: A Theoretical Analysis and a Review of the Evidence* (Minneapolis: University of Minnesota Press, 1954)。

141. 弗洛伊德的照片：Paul E. Meehl, *Clinical Versus Statistical Prediction: A Theoretical Analysis and a Review of the Evidence* (Northvale, NJ: Aronson, 1996) 序言部分。

141. 梅尔不仅是一位学术研究人员，还是一位有着丰富临床经验的精神分析学派的心理咨询师："Paul E. Meehl," in Ed Lindzey (Ed.), *A History of Psychology in Autobiography,* 1989。

141. “大量且一致”："Paul E. Meehl," in *A History of Psychology in Autobiography,* ed. Ed Lindzey (Washington, DC: American Psychological Association, 1989), 362。

141. 一项发表于 2000 年的对 136 项研究的综述：William M. Grove et al., "Clinical Versus Mechanical Prediction: A Meta-Analysis," *Psychological Assessment* 12, no. 1 (2000): 19–30。

141. 人类在判断时还具有不对等的优势，因为他们可以获取未提供给计算机模型的“私人”信息：William M. Grove, Paul E. Meehl, "Comparative Efficiency of Informal (Subjective, Impressionistic) and Formal (Mechanical, Algorithmic) Prediction Procedures: The Clinical-Statistical Controversy," *Psychology, Public Policy, and Law* 2, no. 2 (1996): 293–323。

142. 20 世纪 60 年代后期，戈德堡基于霍夫曼的早期工作，开始研究用于描述个体判断行为的统计模型：Lewis Goldberg, "Man Versus Model of Man: A Rationale, plus Some Evidence, for a Method of Improving on Clinical Inferences," *Psychological Bulletin* 73, no. 6 (1970): 422–432。

142. 台球专家们在描述某一杆如何进球时，表现得就好像他们解开了复杂的方程一样，然而实际上他们并未真的这样做：Milton Friedman, Leonard J. Savage, "The Utility Analysis of Choices Involving Risk," *Journal of Political Economy* 56, no. 4 (1948): 279–304。

143. 尽管不是完全相关，但这种相关性已经足以支持所谓的“假设”理论了：Karelaia, Hogarth, "Determinants of Linear Judgment," 411, table 1。

143. 早期一项关于预测学生毕业成绩的研究证实了戈德堡的结论：Nancy Wiggins, Eileen S. Kohen, "Man Versus Model of Man Revisited: The Forecasting of Graduate School Success," *Journal of Personality and Social Psychology* 19, no. 1 (1971): 100–106。

143. 一项对近 50 年研究成果的综述性研究也得出同样的结论：Karelaia, Hogarth, "Determinants of Linear Judgment"。

145. 从你的判断中消除噪声通常会提高你的预测准确性：可以对相关系数进行校正以解决预测因素信度不高的问题，即，衰减校正。公式是：校正的 $r_{xy} = r_{xy}/\sqrt{r_{xx}}$，其中 r_{xx} 是信度系数（预测因素的真实变异占其观测变异的比例）。

146. 马丁·于和内森·昆塞尔报告了一项比戈德堡更激进的研究：Yu, Kuncel, "Judgmental Consistency"。

146. 随机公式：我们将在下一章更详细地讨论等权模型与随机权重模型。权重会被限定在一定的数字范围内，并且会被限定使用相应的符号。

第 10 章　无噪声的规则

150. 这些均等权重模型的准确性与最合适的回归模型差不多，且远胜于诊断性判断：Robyn M. Dawes, Bernard Corrigan, "Linear Models in Decision Making," *Psychological Bulletin* 81, no. 2 (1974): 95–106。罗宾·道斯和伯纳德·科里根也提议使用随机权重。我们在第 9 章中介绍的管理绩效预测的研究也体现了这一思想。

151. “与统计直觉相悖”：Jason Dana, "What Makes Improper Linear Models Tick?," in *Rationality and Social Responsibility: Essays in Honor of Robyn M. Dawes,* ed. Joachim I. Krueger, 71–89 (New York: Psychology Press, 2008), 73。

152. 许多其他研究也得到了相似的结果：Jason Dana, Robyn M. Dawes, "The Superiority of Simple Alternatives to Regression for Social Sciences Prediction," *Journal of Educational and Behavior Statistics* 29 (2004): 317–331; Dana, "What Makes Improper Linear Models Tick?"。

152. 它并不重要：Howard Wainer, "Estimating Coefficients in Linear Models: It Don't Make No Nevermind," *Psychological Bulletin* 83, no. 2 (1976): 213–217。

152. 我们不需要比我们的测量更精确的模型：Dana, "What Makes Improper Linear Models Tick?," 72。

152. 它与结果的相关系数将为 0.25（PC = 58%）：Martin C. Yu, Nathan R. Kuncel, "Pushing the Limits for Judgmental Consistency: Comparing Random Weighting Schemes with Expert Judgments," *Personnel Assessment and Decisions* 6, no. 2 (2020): 1–10。与前一章一样，这里报告的相关系数是 3 个实验样本的相关系数的非加权平均值。在 3 个实验样本中，这一比较关系依然成立，临床专家判断的效度分别是0.17、0.16和0.13，而等权模型的效度分别是0.19、0.33和 0.22。

153. 稳定之美：Robyn M. Dawes, "The Robust Beauty of Improper Linear Models in Decision Making," *American Psychologist* 34, no. 7 (1979): 571–582。

153. 应用均等权重模型所需的全部技巧是决定要关注哪些变量，并知道如何将这些变量进行叠加：Dawes, Corrigan, "Linear Models in Decision Making," 105。

154. 一个研究团队于 2020 年发表了一项研究成果。他们将简约模型应用于一系列现实问题：Jongbin Jung, Conner Concannon, Ravi Shroff, Sharad Goel, Daniel G. Goldstein, "Simple Rules to Guide Expert Classifications," *Journal of the Royal Statistical Society, Statistics in Society,* no. 183 (2020): 771–800。

154. 另外一个研究小组研究了一个与上述案例相似但有所不同的司法问题：Julia Dressel, Hany Farid, "The Accuracy, Fairness, and Limits of Predicting Recidivism," *Science Advances* 4, no. 1 (2018): 1–6。

154. 使用仅两个输入变量的模型就可以达到与使用 137 个变量的模型相同的预测效度：这两个例子都是基于极小的一组变量的线性模型（并且，在保释金的模型中，线性模型权重系数的近似值是基于舍入法求得的，它将模型转换成了一种粗略的运算）。另一个"并非最合适的模型"是单变量法则，它只考虑一个预测因素，而忽略所有其他预测因素。详见：Peter M. Todd, Gerd Gigerenzer, "Précis of Simple Heuristics That Make Us Smart," *Behavioral and Brain Sciences* 23, no. 5 (2000): 727–741。

155. 而大量证据表明，它们与犯罪行为也是紧密相关的：P. Gendreau, T. Little, C. Goggin, "A Meta-Analysis of the Predictors of Adult Offender Recidivism: What Works!," *Criminology* 34 (1996)。

155. 海量数据集：这里的"量"，应该理解为观测样本量与预测因素的比值。要实现罗宾·道斯所说的"稳定之美"，意味着这一比例应该至少高于 15：1，或者是 20：1，才能使最优权重在交叉验证时表现得比单位权重好。通过对多个案例进行研究，罗宾·道斯和贾森·达纳认为，要"体现简单方案的优势"，这一比值应该要高于 100：1。

156. 由塞德希尔·穆来纳森领导的另一个团队：J. Kleinberg, H. Lakkaraju, J. Leskovec, J. Ludwig, S. Mullainathan, "Human Decisions and Machine Predictions," *Quarterly Journal of Economics* 133 (2018): 237–293.

157. 研究人员利用这一数据来训练一个机器学习算法：利用一部分训练数据训练该算法，然后用该算法去预测一个随机选定的新数据集的结果，以评估该算法的性能。

157. 机器学习算法在变量组合中，发现了一些会被线性模型遗漏的重要信息：Kleinberg et al., "Human Decisions," 16。

158. 系统噪声包括一些水平噪声，即平均严厉程度之间的差异，但其中大多数（79%）是模式噪声：Gregory Stoddard、Jens Ludwig 和 Sendhil Mullainathan 于 2020 年 6 月至 7 月与本书作者通过电子邮件进行过交流。

159. 哥伦比亚商学院教授博·考吉尔考察了一家大型科技公司招聘软件工程师的情况：B. Cowgill, "Bias and Productivity in Humans and Algorithms: Theory and Evidence from Résumé Screening," Smith Entrepreneurship Research Conference, College Park, MD, April 21, 2018。

161. 1996 年的一篇论文：William M. Grove, Paul E. Meehl, "Comparative Efficiency of Informal (Subjective, Impressionistic) and Formal (Mechanical, Algorithmic) Prediction Procedures: The Clinical-Statistical Controversy," *Psychology, Public Policy, and Law* 2, no. 2 (1996): 293–323。

161. 当从人类的建议和算法的建议之间进行选择时，人们通常会选择后者：Jennifer M. Logg, Julia A. Minson, Don A. Moore, "Algorithm Appreciation: People Prefer Algorithmic to Human Judgment," *Organizational Behavior and Human Decision Processes* 151 (April 2018): 90–103。

162. 而一旦发现它会犯错误，就不会再信任它：B. J. Dietvorst, J. P. Simmons, C. Massey, "Algorithm Aversion: People Erroneously Avoid Algorithms After Seeing Them Err," *Journal of Experimental Psychology General* 144 (2015): 114–126。另见：A. Prahl, L. Van Swol, "Understanding Algorithm Aversion: When Is Advice from Automation Discounted?," *Journal of Forecasting* 36 (2017): 691–702。

162. 我们希望机器是完美的，如果机器不完美，那就丢弃它：M. T. Dzindolet, L. G. Pierce, H. P. Beck, L. A. Dawe, "The Perceived Utility of Human and Automated Aids in a Visual Detection Task," *Human Factors: The Journal of the Human Factors and Ergonomics Society* 44, no. 1 (2002): 79–94; K. A. Hoff, M. Bashir, "Trust in Automation: Integrating Empirical Evidence on Factors That Influence Trust," *Human Factors: The Journal of the Human Factors and Ergonomics Society* 57, no. 3 (2015): 407–434; P. Madhavan, D. A. Wiegmann, "Similarities and Differences Between Human–Human and Human–Automation Trust: An Integrative Review," *Theoretical Issues in Ergonomics Science* 8, no. 4 (2007): 277–301。

第 11 章　哪里有预测，哪里就有客观无知

165. 有关管理决策的研究：E. Dane, M. G. Pratt, "Exploring Intuition and Its Role in Managerial Decision Making," *Academy of Management Review* 32, no. 1 (2007): 33–54; Cinla Akinci, Eugene Sadler-Smith, "Intuition in Management Research: A Historical Review," *International Journal of Management Reviews* 14 (2012): 104–122; Gerard P. Hodgkinson et al., "Intuition in Organizations: Implications for Strategic Management," *Long Range Planning* 42 (2009): 277–297。

166. 管理决策中的直觉的综述性文章，将直觉定义为对给定行动方案的一种判断：Hodgkinson et al., "Intuition in Organizations," 279。

167. 近期一篇有关人才选拔的报告：Nathan Kuncel et al., "Mechanical Versus Clinical Data Combination in Selection and Admissions Decisions: A Meta-Analysis," *Journal of Applied Psychology* 98, no. 6 (2013): 1060–1072。有关个人决策的更多内容，参见第 24 章。

169. 过分自信是已经被大量研究证明了的一种认知偏差：Don A. Moore, *Perfectly Confident: How to Calibrate Your Decisions Wisely* (New York: HarperCollins, 2020)。

169. 对政治和经济趋势发表评论或提供建议：Philip E. Tetlock, *Expert Political Judgment: How Good Is It? How Can We Know?* (Princeton, NJ: Princeton University Press, 2005), 239, 233。

171. 对 136 项研究进行了回顾：William M. Grove et al., "Clinical Versus Mechanical Prediction: A Meta-Analysis," *Psychological Assessment* 12, no. 1 (2000): 19–30。

172. 由塞德希尔·穆来纳森和齐亚德·欧博迈亚完成的另一项研究对心脏病诊断进行了建模：Sendhil Mullainathan, Ziad Obermeyer, "Who Is Tested for Heart Attack and Who Should Be: Pre-

dicting Patient Risk and Physician Error," 2019. NBER Working Paper 26168, National Bureau of Economic Research。

174. 在充满无知的情况下，否认无知就显得更加诱人：Weston Agor, "The Logic of Intuition: How Top Executives Make Important Decisions," *Organizational Dynamics* 14, no. 3 (1986): 5–18; Lisa A. Burke, Monica K. Miller, "Taking the Mystery Out of Intuitive Decision Making," *Academy of Management Perspectives* 13, no. 4 (1999): 91–99。

175. 当算法能够获得更高的准确性时，人们会更愿意相信算法：Poornima Madhavan, Douglas A. Wiegmann, "Effects of Information Source, Pedigree, and Reliability on Operator Interaction with Decision Support Systems," *Human Factors: The Journal of the Human Factors and Ergonomics Society* 49, no. 5 (2007)。

第 12 章　常态谷：事情虽无法预测，但可以被理解

178. 一篇非同寻常的论文：Matthew J. Salganik et al., "Measuring the Predictability of Life Outcomes with a Scientific Mass Collaboration," *Proceedings of the National Academy of Sciences* 117, no. 15 (2020): 8398–8403。

179. 在比赛的第一阶段，参赛团队可以使用一半样本对应的所有数据，其中也包括 6 个结果：这项研究只使用了 4242 个家庭的数据。由于隐私问题，有些脆弱家庭研究的家庭数据在分析时被删除了。

179. 在预测"流离失所"这一事件时，最佳模型的相关系数仅为 0.22（PC=57%）：为了确保分数的准确性，这场比赛的举办方用了均方误差（MSE）进行测量，这和我们在第一部分使用的指标是一样的。为了更好地进行对比，该研究还设定了一个基准模型。其他每个模型的 MSE 都可以与基准模型进行对比，基准模型是一种"无用的"预测策略：单一值拟合所有数据的预测策略，也就是说，每个样本的预测结果都是训练数据的平均数。为方便起见，我们将它的结果转换成了相关性。MSE 和相关性之间的关系是：$r^2 = (\mathrm{Var}\,(Y) - \mathrm{MSE}) / \mathrm{Var}\,(Y)$，其中，Var ($Y$) 是结果变量的方差，(Var ($Y$) - MSE) 是可以预测的结果的方差。

180. 一项社会心理学方面的回顾性研究：F. D. Richard et al., "One Hundred Years of Social Psychology Quantitatively Described," *Review of General Psychology* 7, no. 4 (2003): 331–663。

180. 对行为和认知科学的 708 项研究进行的回顾性研究发现，只有 3% 的研究所报告的相关系数大于 0.5：Gilles E. Gignac, Eva T. Szodorai, "Effect Size Guidelines for Individual Differences Researchers," *Personality and Individual Differences* 102 (2016): 74–78。

181. "研究人员必须认识到，虽然他们了解了脆弱家庭的生活轨迹，但每一项预测都不够准确"：注意，该研究刻意使用了一个已有的描述性大数据集，该数据集虽然很大，但它并不是为了预测特定结果而产生的。这一点与泰特洛克的研究不同，泰特洛克的研究数据使用了所有看起来可能会有预测力的变量。它可能会找到一些不在已有数据集里但能想到的预测因素。因此，基于已有数据集，该研究无法证明无家可归在本质上是不可预测的，也无法证明其他结果是不可预测的。

182. 理解就是描述因果关系，而预测能力就是衡量这一因果关系是否成立的指标：Jake M. Hofman et al., "Prediction and Explanation in Social Systems," *Science* 355 (2017): 486–488; Duncan J. Watts et al., "Explanation, Prediction, and Causality: Three Sides of the Same Coin?," October 2018: 1–14。

183. 有一种思维模式会自发地出现在我们的脑海里：与之对应的是外延性思维（extensional thinking）或非外延性思维，后者也叫意向性思维（intentional thinking）。Amos Tversky, Dan-

iel Kahneman, "Extensional Versus Intuitive Reasoning: The Conjunction Fallacy in Probability Judgment," *Psychological Review* 4 (1983): 293–315。

185. 这是因为理解现实的过程是回溯性的：Daniel Kahneman, Dale T. Miller, "Norm Theory: Comparing Reality to Its Alternatives," *Psychological Review* 93, no. 2 (1986): 136–153。

186. "后见之明"经典的研究：Baruch Fischhoff, "An Early History of Hindsight Research," *Social Cognition* 25, no. 1 (2007): 10–13; Baruch Fischhoff, "Hindsight Is Not Equal to Foresight: The Effect of Outcome Knowledge on Judgment Under Uncertainty," *Journal of Experimental Psychology: Human Perception and Performance* 1, no. 3 (1975): 288。

187. 与因果思维不同，统计思维通常是费力的，它需要的注意力资源只有当系统 2 思维（缓慢而审慎的思维模式）发挥作用时才能满足：Daniel Kahneman, *Thinking, Fast and Slow*. New York: Farrar, Straus and Giroux, 2011。

第四部分　噪声是如何产生的

第 13 章　启发式、偏差与噪声

195. 《思考，快与慢》一书对该研究项目前 40 年的研究内容进行了回顾，探讨了能够解释"直觉思维的奇妙与缺陷"的心性机制：Daniel Kahneman, *Thinking, Fast and Slow* (New York: Farrar, Straus and Giroux, 2011)。

197. 证据表明，两组人所估计的概率相差很小，小到可以忽略不计：我们在这里提醒一下，研究判断偏差的心理学家所做的实验中，每个实验组不会只有 5 个被试（见图 6-2），因为判断是有噪声的，不同实验组的结果并不都像图 10-1 那样聚集。人们对每种偏差所持的怀疑态度也是不同的，他们并不会彻底忽视掉重要的变量。比如，你可以确定，有很多被试会出现范围不敏感偏差，人们估计甘巴迪 3 年内仍能继续留任的可能性只比两年内仍能继续留任的可能性高一点点。将这一现象描述为范围不敏感是合适的，因为两者的差异远远小于它应有的水平。

199. 已经有许多实验表明，人们在这两类问题上会给出相同的答案：Daniel Kahneman et al., eds., *Judgment Under Uncertainty: Heuristics and Biases* (New York: Cambridge University Press, 1982) 第 6 章；Daniel Kahneman, Amos Tversky, "On the Psychology of Prediction," *Psychological Review* 80, no. 4 (1973): 237–251。

201. 美国企业的 CEO 离职率大约为每年 15%，详见：Steven N. Kaplan, Bernadette A. Minton, "How Has CEO Turnover Changed?," *International Review of Finance* 12, no. 1 (2012): 57–87; Dirk Jenter, Katharina Lewellen, "Performance-Induced CEO Turnover," Harvard Law School Forum on Corporate Governance, September 2, 2020。

203. 在写《星球大战》第三部的电影剧本《绝地归来》的关键时期，该系列电影的制作人乔治·卢卡斯与他出色的合作者劳伦斯·卡斯丹展开了激烈辩论：J. W. Rinzler, *The Making of Star Wars Return of the Jedi: The Definitive Story* (New York: Del Rey, 2013), 64。

204. 这个例子说明了另一种类型的偏差，我们称之为结论偏差或者预判：Cass Sunstein, *The World According to Star Wars* (New York: HarperCollins, 2016)。

204. 在这种情况下，证据就是有选择性且失真的：我们这里所介绍的是一个简单的、有预判的例子，实际上，即使没有预判，随着证据的累积，也可能会在某一个结论上产生偏差，因为我们总是偏好简洁性和连贯性。当一个暂时性的结论生成后，证实偏差就会使我们更倾向于搜

集或解释那些支持该结论的新证据。

205. 你总会倾向于接受任何看起来支持该信念的论点，即使推理是错误的：这一现象也被称作信念偏差。详见：J. St. B. T. Evans, Julie L. Barson, Paul Pollard, "On the Conflict between Logic and Belief in Syllogistic Reasoning," *Memory & Cognition* 11, no. 3 (1983): 295–306。

205. 在一个典型的演示实验中，你可能会看到许多不容易猜出价格的物品：Dan Ariely, George Loewenstein, Drazen Prelec, "'Coherent Arbitrariness': Stable Demand Curves Without Stable Preferences," *Quarterly Journal of Economics* 118, no. 1 (2003): 73–105。

206. 锚定效应是一种非常强大的效应，谈判中会经常被刻意用到：Adam D. Galinsky, T. Mussweiler, "First Offers as Anchors: The Role of Perspective-Taking and Negotiator Focus," *Journal of Personality and Social Psychology* 81, no. 4 (2001): 657–669。

207. 这个实验说明了过度一致性偏差：Solomon E. Asch, "Forming Impressions of Personality," *Journal of Abnormal and Social Psychology* 41, no. 3 (1946): 258–290，这篇论文最早使用一系列排列顺序不同的形容词来说明这个现象。

208. 有一项研究能给我们一些启示：Steven K. Dallas et al., "Don't Count Calorie Labeling Out: Calorie Counts on the Left Side of Menu Items Lead to Lower Calorie Food Choices," *Journal of Consumer Psychology* 29, no. 1 (2019): 60–69。

第 14 章　匹配，找到与你的预测最精准匹配的共识

216. 将两个完全无关维度的强度相匹配：S. S. Stevens, "On the Operation Known as Judgment," *American Scientist* 54, no. 4 (December 1966): 385–401。我们这里使用的匹配一词，其含义比史蒂文斯这篇研究中该词的含义更广泛，后者只是用来指代等比量表。我们将在 15 章讨论等比量表。

216. 系统性判断错误：这个例子首次出现于丹尼尔·卡尼曼的《思考，快与慢》一书中。

218. 你得到的答案都会是完全相同的两个数字：Daniel Kahneman, Amos Tversky, "On the Psychology of Prediction," *Psychological Review* 80 (1973): 237–251。

221. 《神奇的数字 7，加 2 或减 2》：G. A. Miller, "The Magical Number Seven, Plus or Minus Two: Some Limits on Our Capacity for Processing Information," *Psychological Review* (1956): 63–97.

224. 即便如此，强制进行比较判断还是可能减少噪声：R. D. Goffin, J. M. Olson, "Is It All Relative? Comparative Judgments and the Possible Improvement of Self-Ratings and Ratings of Others," *Perspectives on Psychological Science* 6 (2011): 48–60。

第 15 章　选取精确的量表，并多用相对判断

229. 在 1998 年报告过的一项研究：Daniel Kahneman, David Schkade, Cass Sunstein, "Shared Outrage and Erratic Awards: The Psychology of Punitive Damages," *Journal of Risk and Uncertainty* 16 (1998): 49–86; Cass Sunstein, Daniel Kahneman, David Schkade, "Assessing Punitive Damages (with Notes on Cognition and Valuation in Law)," *Yale Law Journal* 107, no. 7 (May 1998): 2071–2153。该研究的费用由 Exxon 公司一次性承担。不过 Exxon 公司并未对研究者支付报酬，也未控制研究数据、研究结果或文章发表等流程。

229. 高度怀疑：A. Keane, P. McKeown, *The Modern Law of Evidence* (New York: Oxford University Press, 2014)。

229. 不太可能发生：Andrew Mauboussin, Michael J. Mauboussin, "If You Say Something Is 'Likely,' How Likely Do People Think It Is?," *Harvard Business Review*, July 3, 2018。

230. 一家汽车经销商被处以 400 万美元的惩罚性损害赔偿，理由是该公司未告知原告，他们售卖的新宝马车是重新喷过漆的：*BMW vs. Gore*, 517 U.S. 559 (1996)。

231. 这种高相关性支持了愤怒假设，即愤怒情绪是惩罚倾向的主要决定因素。要进一步了解情绪在道德判断中的作用，参见：J. Haidt, "The Emotional Dog and Its Rational Tail: A Social Intuitionist Approach to Moral Judgment," *Psychological Review* 108, no. 4 (2001): 814–834; Joshua Greene, *Moral Tribes: Emotion, Reason, and the Gap Between Us and Them* (New York: Penguin Press, 2014)。

233. 图 15-1 显示了分析结果：愤怒程度和惩罚倾向之间的高相关性（相关系数为 0.98）支持了愤怒假设，这可能会让你感到很困惑，因为评分中存在大量的噪声。不过，当你想起来相关系数计算的是判断的平均分时，你就不会那么困惑了。如果是 100 个人判断的平均值，其噪声（判断的标准差）就会变为原来的 1/10。如果许多判断被整合在一起，噪声就不会产生很大的影响了，详见第 21 章。

237. 人们对许多主观体验和态度的强度比例都有着强烈的直觉：S. S. Stevens, *Psychophysics: Introduction to Its Perceptual, Neural and Social Prospects* (New York: John Wiley & Sons, 1975)。

238. 任意连贯性：Dan Ariely, George Loewenstein, Drazen Prelec, "'Coherent Arbitrariness': Stable Demand Curves Without Stable Preferences," *Quarterly Journal of Economics* 118, no. 1 (2003): 73–106, 197。

240. 将赔偿金额转换为排序：转换成排序的同时必然会损失信息，因为判断间的距离信息并未被保留。假设只有 3 个案件，一位陪审员建议 3 个案件的损害赔偿金额分别为 1000 万美元、200 万美元和 100 万美元。很显然，这位陪审员计划中对第一个案件和第二个案件的赔偿金额之间的差异要远远高于第二个和第三个案件赔偿金额之间的差异。但是一旦被转换成排名，上述差异就变得一样了——两者都只差一名。如果是将判断转换成标准分，就可以解决这一问题。

第 16 章　模式噪声的构成

246. 大量证据已经证明，确实存在这样一种知觉过程：R. Blake, N. K. Logothetis, "Visual competition," *Nature Reviews Neuroscience* 3 (2002): 13–21; M. A. Gernsbacher, M. E. Faust, "The Mechanism of Suppression: A Component of General Comprehension Skill," *Journal of Experimental Psychology: Learning, Memory, and Cognition* 17 (March 1991): 245–262; M. C. Stites, K. D. Federmeier, "Subsequent to Suppression: Downstream Comprehension Consequences of Noun/Verb Ambiguity in Natural Reading," *Journal of Experimental Psychology: Learning, Memory, and Cognition* 41 (September 2015): 1497–1515。

246. 但大多数时候我们的信心都高于应有的程度：D. A. Moore, D. Schatz, "The three faces of overconfidence," *Social and Personality Psychology Compass* 11, no. 8 (2017), e12331。

251. 不同的专业人士将会考虑不同方面并相互补充：S. Highhouse, A. Broadfoot, J. E. Yugo, S. A. Devendorf, "Examining Corporate Reputation Judgments with Generalizability Theory," *Journal of Applied Psychology* 94 (2009): 782–789。我们要感谢斯科特·海浩斯和艾莉森·布罗德福特，他们为我们提供了原始数据，还要感谢朱利安·帕里斯帮我们做了进一步分析。

253. 早期研究尝试在字典中搜寻能够描述一个人的词语：阿尔波特和奥德贝特（1963）有关人格特质的英文词典的研究，引用于 Oliver P. John, Sanjay Strivastava, "The Big-Five Trait Taxonomy: History, Measurement, and Theoretical Perspectives," *Handbook of Personality: Theory and Research*, 2nd ed., ed. L. Pervin, Oliver P. John (New York: Guilford, 1999)。

253. 已经很高了：Ian W. Eisenberg, Patrick G. Bissett, A. Zeynep Enkavi et al., "Uncovering the structure of self-regulation through data-driven ontology discovery," *Nature Communications* 10 (2019): 2319。

253. 在身体受到威胁时：Walter Mischel, "Toward an Integrative Science of the Person," *Annual Review of Psychology* 55 (2004): 1–22。

第 17 章　噪声源，偏差是引人注目的图形，而噪声是不受我们关注的背景

258. 现在，你可以看到均方误差如何被分解为偏差以及我们曾讨论过的 3 种噪声成分的平方：如何分解偏差和噪声没有一个固定的原则，图 17-1 粗略地展示了某些我们讨论过的真实案例或虚拟案例的分解成分。具体而言，在该图中，偏差和噪声是等量的，就像 GoodSell 对销售量的预测那样。水平噪声的平方是系统噪声平方的 37%，就像在惩罚性损害赔偿案例中那样。如图 17-1 所示，情境噪声的平方约为模式噪声平方的 35%。

260. 针对专利局的研究发现：参见引言中的参考文献，Mark A. Lemley, Bhaven Sampat, "Examiner Characteristics and Patent Office Outcomes," *Review of Economics and Statistics* 94, no. 3 (2012): 817–827。也可参见：Iain Cockburn, Samuel Kortum, Scott Stern, "Are All Patent Examiners Equal? The Impact of Examiner Characteristics," Working paper 8980, June 2002; Michael D. Frakes, Melissa F. Wasserman, "Is the Time Allocated to Review Patent Applications Inducing Examiners to Grant Invalid Patents? Evidence from Microlevel Application Data," *Review of Economics and Statistics* 99, no. 3 (July 2017): 550–563。

260. 儿童保护部门的官员决定将儿童送到寄养家庭或寄养机构的倾向性也不同：Joseph J. Doyle Jr., "Child Protection and Child Outcomes: Measuring the Effects of Foster Care," *American Economic Review* 95, no. 5 (December 2007): 1583–1610。

260. 法官在是否提供庇护的裁决中出现的令人震惊的巨大变异：Andrew I. Schoenholtz, Jaya Ramji-Nogales, Philip G. Schrag, "Refugee Roulette: Disparities in Asylum Adjudication," *Stanford Law Review* 60, no. 2 (2007)。

261. 同一法官在不同情境中对同一案件量刑的平均差异达到 2.8 年左右：在第 6 章中，我们估计的交互项的方差占总方差的 23%，据此估计出了这一判刑时间。因为，假设判刑时间服从正态分布，两个随机选择出来的观测值之间的绝对差异应该是 1.128 个标准差。

261. 亚历山大·托多罗夫带领普林斯顿大学的一组研究人员设计了一个巧妙的实验范式：J. E. Martinez, B. Labbree, S. Uddenberg, A. Todorov, "Meaningful 'Noise': Comparative Judgments Contain Stable Idiosyncratic Contributions"（未发表的手稿）。

262. 噪声的最主要成分还是稳定的模式噪声：Gregory Stoddard, Jens Ludwig, Sendhil Mullainathan，他们在 2020 年 6 月至 7 月与本书作者有邮件往来。

263. 对保释法官的大规模研究：J. Kleinberg, H. Lakkaraju, J. Leskovec, J. Ludwig, S. Mullainathan, "Human Decisions and Machine Predictions," *Quarterly Journal of Economics* 133 (2018): 237–293。

263. 运用这些模型来模拟法官对 141 833 个案例做出的判决：该模型不仅生成了每一位法官对 141 833 个案件判决的排序，还生成了每一位法官是否判决保释的一个阈值。水平噪声就是这个阈值的变异性，而模式噪声就是案件排序的变异性。

266. 菲尔·罗森茨威格坚定地认为：Phil Rosenzweig. *Left Brain, Right Stuff: How Leaders Make Winning Decisions* (New York: Public Affairs, 2014)。

第五部分 决策卫生，提升五大人类判断力

第 18 章 卓越的判断者，卓越的判断力

275. 该群体由高能力个体组成：Albert E. Mannes et al., “The Wisdom of Select Crowds,” *Journal of Personality and Social Psychology* 107, no. 2 (2014): 276–299; Jason Dana et al., “The Composition of Optimally Wise Crowds,” *Decision Analysis* 12, no. 3 (2015): 130–143。

278. 自信启发式：Briony D. Pulford, Andrew M. Colmna, Eike K. Buabang, Eva M. Krockow, “The Persuasive Power of Knowledge: Testing the Confidence Heuristic,” *Journal of Experimental Psychology: General* 147, no. 10 (2018): 1431–1444。

279. 也与更好的工作绩效相关：Nathan R. Kuncel, Sarah A. Hezlett, “Fact and Fiction in Cognitive Ability Testing for Admissions and Hiring Decisions,” *Current Directions in Psychological Science* 19, no. 6 (2010): 339–345。

279. 人们对智力的本质也一直存在误解：Kuncel, Hezlett, “Fact and Fiction”。

280. 就像一篇评论文章所指出的：Frank L. Schmidt, John Hunter, “General Mental Ability in the World of Work: Occupational Attainment and Job Performance,” *Journal of Personality and Social Psychology* 86, no. 1 (2004): 162。

280. 责任心和毅力：Angela L. Duckworth, David Weir, Eli Tsukayama, David Kwok, “Who Does Well in Life? Conscientious Adults Excel in Both Objective and Subjective Success,” *Frontiers in Psychology* 3(September 2012)。关于毅力，请参阅：Angela L. Duckworth, Christopher Peterson, Michael D. Matthews, Dennis Kelly, “Grit:Perseverance and Passion for Long-Term Goals,” *Journal of Personality and Social Psychology* 92, no. 6 (2007): 1087–1101。

280. 流体智力：Richard E. Nisbett et al., “Intelligence: New Findings and Theoretical Developments,” *American Psychologist* 67, no. 2 (2012): 130–159, 229。

280 GMA 的预测效力比心理学研究中的大部分测量方法都好：Schmidt and Hunter, “Occupational Attainment”, 162。

280. 标准化测验分数与工作绩效之间的相关系数达到 0.5（PC = 67%）：Kuncel, Hezlett, “Fact and Fiction”。

280. 按照社会科学的标准，相关系数达到 0.5 代表非常强的预测力：这些相关性来自元分析（meta-analyses），修正了在一般和受限情况下观测到的测量误差的相关性。对于这些修正是否夸大了 GMA 的预测价值，研究者之间存在一些争论。然而，由于这些方法论上的争论也适用于其他预测因素，因此专家们普遍同意 GMA（连同工作样本测试，见第 24 章）是衡量工作成功与否的最佳预测指标。参见 Kuncel, Hezlett, “Fact and Fiction”。

281. 在律师、化学家或工程师这些职业中，几乎没有 GMA 低于平均水平的人：Schmidt, Hunter, “Occupational Attainment,” 162。

281. 即使认知能力的测试成绩处于前 1% 的群体，他们能获得的突出成就也与 GMA 高度相关：David Lubinski, “Exceptional Cognitive Ability：The Phenotype,” *Behavior Genetics* 39, no. 4 (2009): 350–358。

281. 2013 年的一项研究重点调查了《财富》500 强企业的 CEO：Jonathan Wai, “Investigating America’s Elite: Cognitive Ability, Education, and Sex Differences,” *Intelligence* 41, no. 4 (2013): 203–211。

283. 研究人员建议使用的其他测量问题包括：Keela S. Thomson, Daniel M. Oppenheimer, “Investigating

an Alternate Form of the Cognitive Reflection Test," *Judgment and Decision Making* 11, no. 1 (2016): 99–113。

283. 低 CRT 得分与现实生活中的一些判断和信念有关：Gordon Pennycook et al., "Everyday Consequences of Analytic Thinking," *Current Directions in Psychological Science* 24, no. 6 (2015): 425–432。

283. CRT 得分还可以预测人们是否会因为明显不准确的"假信息"而上当：Gordon Pennycook, David G. Rand, "Lazy, Not Biased:Susceptibility to Partisan Fake News Is Better Explained by Lack of Reasoning than by Motivated Reasoning," *Cognition* 188 (June 2018): 39–50。

283. 该测试的得分甚至与人们使用智能手机的程度有关：Nathaniel Barr et al., "The Brain in Your Pocket: Evidence That Smartphones Are Used to Supplant Thinking," *Computers in Human Behavior* 48 (2015): 473–480。

283. 人们是否会习惯性地运用反射性或冲动性思维过程：Niraj Patel, S. Glenn Baker, Laura D. Scherer, "Evaluating the Cognitive Reflection Test as a Measure of Intuition/Reflection, Numeracy, and Insight Problem Solving, and the Implications for Understanding Real-World Judgments and Beliefs," *Journal of Experimental Psychology: General* 148, no. 12 (2019): 2129–2153。

283. 认知需求量表：John T. Cacioppo, Richard E. Petty, "The Need for Cognition," *Journal of Personality and Social Psychology* 42, no. 1 (1982): 116–131。

284. 认知需求高的人不太容易出现已知的认知偏差：Stephen M. Smith, Irwin P. Levin, "Need for Cognition and Choice Framing Effects," *Journal of Behavioral Decision Making* 9, no. 4 (1996): 283–290。

284. 那些在认知需求量表上得分低的人，更偏爱剧透：Judith E. Rosenbaum, Benjamin K. Johnson, "Who's Afraid of Spoilers? Need for Cognition, Need for Affect, and Narrative Selection and Enjoyment," *Psychology of Popular Media Culture* 5, no. 3 (2016): 273–289。

284. 成人决策能力量表：Wandi Bruine De Bruin et al., "Individual Differences in Adult Decision–Making Competence," *Journal of Personality and Social Psychology* 92, no. 5 (2007): 938–956。

284. 哈尔彭批判性思维测试：Heather A. Butler, "Halpern Critical Thinking Assessment Predicts Real-World Outcomes of Critical Thinking," *Applied Cognitive Psychology* 26, no. 5 (2012): 721–729。

285. 可以作为人的预测能力指标的认知风格：Uriel Haran, Ilana Ritov, Barbara Mellers, "The Role of Actively Open-Minded Thinking in Information Acquisition, Accuracy, and Calibration," *Judgment and Decision Making* 8, no. 3 (2013): 188–201。

285. 积极开放性思维：Haran, Ritov, Mellers, "Role of Actively Open-Minded Thinking"。

285. 开放性思维是一种可习得的技能：J. Baron, "Why Teach Thinking? An Essay," *Applied Psychology: An International Review* 42 (1993): 191–214；J. Baron, *The Teaching of Thinking: Thinking and Deciding,*2nd ed. (New York: Cambridge University Press, 1994), 127–148。

第 19 章　消除偏差与决策卫生

289. 他们的核心发现：Jack B. Soll et al., "A User's Guide to Debiasing," in *The Wiley Blackwell Handbook of Judgment and Decision Making,* ed. Gideon Keren, George Wu, vol. 2 (New York: John Wiley & Sons, 2015), 684。

290. 《绿皮书》：HM Treasury, *The Green Book: Central Government Guidance on Appraisal and Evaluation* (London: UK Crown, 2018)。

290. 助推：Richard H. Thaler，Cass R. Sunstein, *Nudge: Improving Decisions about Health, Wealth, and Happi-*

ness (New Haven, CT: Yale University Press, 2008)。

291. 助力：Ralph Hertwig，Till Grüne-Yanoff, "Nudging and Boosting:Steering or Empowering Good Decisions," *Perspectives on Psychological Science* 12, no. 6 (2017)。

291. 教育人们克服偏差是一项崇高的事业，而且很有用：Geoffrey T. Fong et al., "The Effects of Statistical Training on Thinking About Everyday Problems", *Cognitive Psychology* 18, no. 3 (1986): 253–292。

291. 当被问及常识性问题时，他们可能和其他人一样过分自信：Willem A. Wagenaar and Gideon B. Keren, "Does the Expert Know? The Reliability of Predictions and Confidence Ratings of Experts," *Intelligent Decision Support in Process Environments* (1986): 87–103。

292. 这些游戏都使得参与者被问及类似问题时的犯错次数降低：Carey K. Morewedge et al., "Debiasing Decisions: Improved Decision Making with a Single Training Intervention," *Policy Insights from the Behavioral and Brain Sciences* 2, no. 1 (2015): 129–140。

292. 应用学到的知识来解决商业问题：Anne-Laure Sellier et al., "Debiasing Training Transfers to Improve Decision Making in the Field," *Psychological Science* 30, no. 9 (2019): 1371–1379。

294. 偏差盲点：Emily Pronin et al., "The Bias Blind Spot: Perceptions of Bias in Self Versus Others," *Personality and Social Psychology Bulletin* 28, no. 3 (2002): 369–381。

295. 可能影响提案产生过程的偏差：Daniel Kahneman, Dan Lovallo, Olivier Sibony, "Before You Make That Big Decision...," *Harvard Business Review* 89, no. 6 (June 2011): 50–60。

295. 该清单对于提升高风险环境中的决策有悠久的历史：Atul Gawande, *Checklist Manifesto: How to Get Things Right* (New York: Metropolitan Books, 2010)。

295. 一份简单的检查清单：Office of Information and Regulatory Affairs, "Agency Checklist: Regulatory Impact Analysis," no date。

296. 我们在附录 2 中展示了一个偏差检查清单：该清单部分改编自丹尼尔·卡尼曼等人，"Before You Make That Big Decision", *Harvard Business Review*。

296. 便于应用：Gawande, *Checklist Manifesto*。

第 20 章 司法科学，信息排序是最大的噪声

300. 错误是人为所致：R. Stacey, "A Report on the Erroneous Fingerprint Individualisation in the Madrid Train Bombing Case," *Journal of Forensic Identification* 54 (2004): 707–718。

302. 当时的 FBI 网站就坚称：Michael Specter, "Do Fingerprints Lie?," *The New Yorker,* May 27, 2002。

303. 正如德鲁尔所说：I. E. Dror, R. Rosenthal, "Meta–analytically Quantifying the Reliability and Biasability of Forensic Experts," *Journal of Forensic Science* 53 (2008): 900–903。

304. 在第一项研究中：I. E. Dror, D. Charlton, A. E. Péron, "Contextual Information Renders Experts Vulnerable to Making Erroneous Identifications," *Forensic Science International* 156 (2006): 74–78。

304. 在第二项研究中：I. E. Dror, D. Charlton, "Why Experts Make Errors," *Journal of Forensic Identification* 56 (2006): 600–616。

305. 指纹鉴定专家往往是根据背景环境做出决策的：I. E. Dror, S. A. Cole, "The Vision in 'Blind' Justice: Expert Perception, Judgment, and Visual Cognition in Forensic Pattern Recognition," *Psychonomic Bulletin and Review* 17 (2010): 161–167,165. See also I. E. Dror, "A Hierarchy of Expert Performance(HEP)," *Journal of Applied Research in Memory and Cognition* (2016): 1–6。

305. 在另一项独立研究中：I. E. Dror et al., "Cognitive Issues in Fingerprint Analysis: Inter–and

Intra-Expert Consistency and the Effect of a ‘Target’ Comparison,” *Forensic Science International* 208 (2011): 10–17。

305. 随后的一项独立研究：B. T. Ulery, R. A. Hicklin, M. A. Roberts, J. A. Buscaglia, “Changes in Latent Fingerprint Examiners’ Markup Between Analysis and Comparison,” *Forensic Science International* 247 (2015): 54–61。

305. 即使是被普遍视为司法科学新黄金标准的 DNA 分析，也容易受到证实性偏差的影响：I. E. Dror, G. Hampikian, “Subjectivity and Bias in Forensic DNA Mixture Interpretation,” *Science and Justice* 51 (2011): 204–208。

305. 鉴定人员经常会在随证据一起提交给他们的传送信函中收到此类信息：M. J. Saks, D. M. Risinger, R. Rosenthal, W. C. Thompson, “Context Effects in Forensic Science: A Review and Application of the Science of Science to Crime Laboratory Practice in the United States,” *Science Justice Journal of Forensic Science Society* 43 (2003): 77–90。

306. 执行核实工作的鉴定人员知道最初的结论：President’s Council of Advisors on Science and Technology (PCAST), *Report to the President: Forensic Science in Criminal Courts:Ensuring Scientific Validity of Feature-Comparison Methods* (Washington, DC: Executive Office of the President, PCAST, 2016)。

306. 针对这一错误展开的调查：Stacey, “Erroneous Fingerprint”。

306. 即使是一位备受尊敬的独立专家：Dror, Cole, “Vision in ‘Blind’ Justice”。

306. 一系列偏差：I. E. Dror, “Biases in Forensic Experts,” *Science* 360 (2018): 243。

307. 他们有时也会对自己先前见过的一组指纹改变看法：Dror, Charlton, “Why Experts Make Errors”。

307. 2012 年，FBI 委托进行的一项研究：B. T. Ulery, R. A. Hicklin, J. A. Buscaglia, M. A. Roberts, “Repeatability and Reproducibility of Decisions by Latent Fingerprint Examiners,” *PLoS One* 7 (2012)。

308. 无辜者计划：Innocence Project, “Overturning Wrongful Convictions Involving Misapplied Forensics,” *Misapplication of Forensic Science* (2018): 1–7。还可参见 S. M. Kassin, I. E. Dror, J. Kukucka, L. Butt, “The Forensic Confirmation Bias: Problems, Perspectives, and Proposed Solutions,” *Journal of Applied Research in Memory and Cognition* 2 (2013): 42–52。

308. 对刑事法庭中的司法鉴定进行了全面回顾：PCAST, *Report to the President*。

308. 大规模指纹识别准确性研究：B. T. Ulery, R. A. Hicklin, J. Buscaglia, M. A. Roberts, “Accuracy and Reliability of Forensic Latent Fingerprint Decisions,” *Proceedings of the National Academy of Sciences* 108 (2011): 7733–7738。

308. 这一比例要比普通公众乃至大部分陪审员认为的高很多：(PCAST), *Report to the President*, p. 95。

309. 在佛罗里达州进行的一项后续研究：Igor Pacheco, Brian Cerchiai, Stephanie Stoiloff, “Miami-Dade Research Study for the Reliability of the ACE-V Process:Accuracy & Precision in Latent Fingerprint Examinations,” final report, Miami-Dade Police Department Forensic Services Bureau, 2014。

309. 在大多数案件中，“排除”与“无法确认”对案件本身产生的影响是一样的：B. T. Ulery, R. A. Hicklin, M. A. Roberts, J. A. Buscaglia, “Factors Associated with Latent Fingerprint Exclusion Determinations,” *Forensic Science International* 275 (2017): 65–75。

309. 鉴定人员做出的假阳性判断（错误识别）也要少得多：R. N. Haber, I. Haber, “Experimental Results of Fingerprint Comparison Validity and Reliability: A Review and Critical Analysis,” *Sci-*

ence & Justice 54 (2014): 375–389。

309. 他们容易受到偏差的影响：Dror, "Hierarchy of Expert Performance," 3。

310. 他应该去迪士尼工作：M. Leadbetter, letter to the editor, *Fingerprint World* 33 (2007): 231。

310. 而不会真正改变他们的判断：L. Butt, "The Forensic Confirmation Bias: Problems, Perspectives and Proposed Solutions—Commentary by a Forensic Examiner," *Journal of Applied Research in Memory and Cognition* 2 (2013): 59–60。

310. 就连 FBI 在梅菲尔德案的内部调查中都强调：Stacey, "Erroneous Fingerprint," 713。

311. 一项对 21 个国家 400 名鉴定专家展开的调查：J. Kukucka, S. M. Kassin, P. A. Zapf, I. E. Dror, "Cognitive Bias and Blindness: A Global Survey of Forensic Science Examiners," *Journal of Applied Research in Memory and Cognition* 6 (2017)。

311. 线性序列揭露：I. E. Dror et al., letter to the editor: "Context Management Toolbox: A Linear Sequential Unmasking (LSU) Approach for Minimizing Cognitive Bias in Forensic Decision Making," *Journal of Forensic Science* 60 (2015): 1111–1112。

第 21 章　甄选与汇总，超级预测的两大策略

315. 官方机构在对预算进行预测时，会表现出不切实际的乐观：Jeffrey A. Frankel, "Over-optimism in Forecasts by Official Budget Agencies and Its Implications," working paper 17239, National Bureau of Economic Research, December 2011。

316. 预测者往往过于自信：H. R. Arkes, "Overconfidence in Judgmental Forecasting," in *Principles of Forecasting: A Handbook for Researchers and Practitioners,* ed. Jon Scott Armstrong, vol. 30, International Series in Operations Research & Management Science (Boston: Springer, 2001)。

316. 一项正在进行的季度调查：Itzhak Ben-David, John Graham, Campell Harvey, "Managerial Miscalibration," *The Quarterly Journal of Economics* 128, no. 4 (November 2013): 1547–1584。

316. 不可靠性也是判断预测的误差来源之一：T. R. Stewart, "Improving Reliability of Judgmental Forecasts," in *Principles of Forecasting: A Handbook for Researchers and Practitioners,* ed. Jon Scott Armstrong, vol. 30, International Series in Operations Research & Management Science (Boston: Springer, 2001) (以下简称 *Principles of Forecasting*), 82。

316. 让法学教授预测最高法院的裁决：Theodore W. Ruger, Pauline T. Kim, Andrew D. Martin, Kevin M. Quinn, "The Supreme Court Forecasting Project: Legal and Political Science Approaches to Predicting Supreme Court Decision-Making," *Columbia Law Review* 104 (2004): 1150–1209。

316. 空气污染管理制度：Cass Sunstein, "Maximin," *Yale Journal of Regulation* (草稿 ; May 3, 2020)。

316. 许多存在噪声的关于预测的例子：Armstrong, *Principles of Forecasting*。

317. 对多次预测取平均值会大大提高预测的准确性：Jon Scott Armstrong, "Combining Forecasts," in *Principles of Forecasting,* 417–439。

317. 一组预测者的未加权平均值优于大多数个体及至所有个体的预测：T. R. Stewart, "Improving Reliability of Judgmental Forecasts," in *Principles of Forecasting*, 95。

317. 综合预测平均减少了 12.5% 的误差：Armstrong, "Combining Forecasts"。

317. 根据近期判断的准确性来选择最好的判断者：Albert E. Mannes et al., "The Wisdom of Select Crowds," *Journal of Personality and Social Psychology* 107, no.2 (2014): 276–299。

318. 预测市场的表现非常好：Justin Wolfers, Eric Zitzewitz, "Prediction Markets," *Journal of Economic Perspectives* 18 (2004): 107–126。

318. 利用预测市场来汇总不同的观点：Cass R. Sunstein, Reid Hastie, *Wiser: Getting Beyond Group-*

think to Make Groups Smarter (Boston: Harvard Business Review Press, 2014)。

318. 德尔菲法：Gene Rowe, George Wright, "The Delphi Technique as a Forecasting Tool: Issues and Analysis," *International Journal of Forecasting* 15 (1999): 353–375。另参见 Dan Bang, Chris D. Frith, "Making Better Decisions in Groups," *Royal Society Open Science* 4, no. 8 (2017)。

318. 实施起来却有一定的挑战性：R. Hastie, "Review Essay: Experimental Evidence on Group Accuracy," in B. Grofman & G. Guillermo, eds., *Information Pooling and Group Decision Making* (Greenwich, CT: JAI Press, 1986), 129–157。

318. 迷你德尔菲法：Andrew H. Van De Ven, André L. Delbecq, "The Effectiveness of Nominal, Delphi, and Interacting Group Decision Making Processes," *Academy of Management Journal* 17, no. 4 (2017)。

322. 好于能够阅读情报和其他秘密数据的情报界分析师的平均水平：*Superforecasting,* 95。

324. 超级预测者 : *Superforecasting,* 231。

324. 尝试，失败，分析：*Superforecasting,* 273。

325. 一种复杂的统计技术：Ville A. Satopää, Marat Salikhov, Philip E. Tetlock, Barb Mellers, "Bias, Information, Noise: The BIN Model of Forecasting," February 19, 2020, 23。

326. 干预措施提高准确性：Satopää et al., "Bias,Information,Noise," 23.

327. 与培训方式不同的是，通过团队合作……预测者可以利用这些信息：Satopää et al., 22。

327. "超级预测者"的成功主要归功于他们在控制测量误差方面出色的能力：Satopää et al., 24。

328. 通过汇总既独立又互补的判断，我们可以获得准确度上的进一步提高：Clintin P. Davis-Stober, David V. Budescu, Stephen B. Broomell, Jason Dana. "The composition of optimally wise crowds." *Decision Analysis* 12, no. 3 (2015): 130–143。

第 22 章　医疗决策，用科学的诊断指南减少噪声

332. 量化肌腱退化的程度时，医生的诊断产生的噪声就很小：Laura Horton et al., "Development and Assessment of Inter- and Intra-Rater Reliability of a Novel Ultrasound Tool for Scoring Tendon and Sheath Disease: A Pilot Study," *Ultrasound* 24, no. 3 (2016): 134。

332. 当病理学家评估乳腺病灶的穿刺活检结果时：Laura C. Collins et al., "Diagnostic Agreement in the Evaluation of Image-guided Breast Core Needle Biopsies," *American Journal of Surgical Pathology* 28 (2004): 126。

332. 即便有快速抗原检测结果：Julie L. Fierro et al., "Variability in the Diagnosis, Treatment of Group A Streptococcal Pharyngitis by Primary Care Pediatricians," *Infection Control and Hospital Epidemiology* 35, no. S3 (2014): S79。

332. 就会被诊断为患有糖尿病：Diabetes Tests, Centers for Disease Control and Prevention。

333. 在有些医院里，第二诊疗意见是必须给出的：Joseph D. Kronz et al., "Mandatory Second Opinion Surgical Pathology at a Large Referral Hospital," *Cancer* 86 (1999): 2426。

333. 达特茅斯 · 阿特拉斯项目：大部分相关材料可以在网上找到。达特茅斯医学院有像一本书那样长的大纲，*The Quality of Medical Care in the United States: A Report on the Medicare Program*；*the Dartmouth Atlas of Health Care 1999* (American Hospital Publishers, 1999)。

333. 许多国家也存在医疗资源分配不均的情况：OECD, *Geographic Variations in Health Care: What Do We Know and What Can Be Done to Improve Health System Performance?* (Paris: OECD Publishing, 2014), 137–169; Michael P. Hurley et al., "Geographic Variation in Surgical Outcomes and Cost Between the United States and Japan," *American Journal of Managed Care* 22 (2016): 600;

John Appleby, Veena Raleigh, Francesca Frosini, Gwyn Bevan, Haiyan Gao, Tom Lyscom, *Variations in Health Care: The Good, the Bad and the Inexplicable* (London: The King's Fund, 2011)。

334. 一项针对放射科医生做出肺炎诊断的研究发现：David C. Chan Jr. et al., "Selection with Variation in Diagnostic Skill:Evidence from Radiologists," National Bureau of Economic Research,NBER Working Paper No. 26467, November 2019。

334. 在医疗领域也是如此：P. J. Robinson, "Radiology's Achilles'Heel:Error and Variation in the Interpretation of the Röntgen Image," *British Journal of Radiology* 70 (1997): 1085。与之相关的一个研究是 Yusuke Tsugawa et al., "Physician Age and Outcomes in Elderly Patients in Hospital in the US: Observational Study," *BMJ* 357 (2017)。研究结果发现，医生们越不训练，表现就越糟糕，因此，对于医生来说，在积累实践经验和熟悉最新的证据和指南之间存在一种权衡。这项研究发现，结束住院医师训练后头几年的医生表现最好，因为他们还记得这些证据。

334. 如放射学和病理学：Robinson, "Radiology's Achilles' Heel"。

334. kappa 统计量：与相关系数类似，kappa 值可以是负的，不过在实践中很少出现。以下是不同 kappa 统计量的一个特征：轻度吻合（$\kappa = 0 \sim 0.2$），一般吻合（$\kappa = 0.21 \sim 0.4$），中等吻合（$\kappa = 0.41 \sim 0.6$），高度吻合（$\kappa = 0.61 \sim 0.8$），近乎完全吻合（$\kappa > 0.8$）。参见 Ron Wald, Chaim M. Bell, Rosane Nisenbaum, Samuel Perrone, Orfeas Liangos, Andreas Laupacis, Bertrand L. Jaber, "Interobserver Reliability of Urine Sediment Interpretation," *Clinical Journal of the American Society of Nephrology* 4, no. 3 (March 2009): 567–571。

335. 药物之间的相互作用：Howard R.Strasberg et al., "Inter-Rater Agreement Among Physicians on the Clinical Significance of Drug-Drug Interactions," *AMIA Annual Symposium Proceedings* (2013): 1325。

335. 肾病专家们在基于肾病患者的标准化检测结果做出诊断时：Wald et al., "Interobserver Reliability of Urine Sediment Interpretation"。

335. 乳腺病变是否为癌变：Juan P. Palazzo et al., "Hyperplastic Ductal and Lobular Lesions and Carcinomas in Situ of the Breast: Reproducibility of Current Diagnostic Criteria Among Community-and Academic-Based Pathologists," *Breast Journal* 4 (2003): 230。

335. 在诊断乳腺增生病变时：Rohit K. Jain et al., "Atypical Ductal Hyperplasia: Interobserver and Intraobserver Variability," *Modern Pathology* 24 (2011): 917。

335. 判断椎管的狭窄程度：Alex C. Speciale et al., "Observer Variability in Assessing Lumbar Spinal Stenosis Severity on Magnetic Resonance Imaging and Its Relation to Cross-Sectional Spinal Canal Area," *Spine* 27 (2002): 1082。

335. 在美国，心脏病是男性和女性的主要致死原因：Centers for Disease Control and Prevention, "Heart Disease Facts," accessed June 16, 2020。

336. 这种情况发生的可能性为 31%：Timothy A. DeRouen et al., "Variability in the Analysis of Coronary Arteriograms," *Circulation* 55 (1977): 324。

336. 这些医生在判断子宫内膜异位病灶的数量和位置时，产生了很大分歧：Olaf Buchweltz et al., "Interobserver Variability in the Diagnosis of Minimal and Mild Endometriosis," *European Journal of Obstetrics & Gynecology and Reproductive Biology* 122 (2005): 213。

336. 肺结核诊断中依然存在显著的变异性：Jean-Pierre Zellweger et al., "Intra-observer and Overall Agreement in the Radiological Assessment of Tuberculosis," *International Journal of Tuberculosis & Lung Disease* 10 (2006): 1123。关于"一般"诊断一致性的内容，参见 Yanina Balabanova et al., "Variability in Interpretation of Chest Radiographs Among Russian Clinicians and Implica-

tions for Screening Programmes:Observational Study," *BMJ* 331 (2005): 379。

336. 不同国家的放射科医生在肺结核的诊断上也存在差异：Shinsaku Sakurada et al., "Inter-Rater Agreement in the Assessment of Abnormal Chest X-Ray Findings for Tuberculosis Between Two Asian Countries," *BMC Infectious Diseases* 12, article 31 (2012)。

337. 研究人员要求 8 位病理学家对每个病例进行诊断：Evan R. Farmer et al., "Discordance in the Histopathologic Diagnosis of Melanoma and Melanocytic Nevi Between Expert Pathologists," *Human Pathology* 27 (1996): 528。

337. 还有一项研究发现：Alfred W. Kopf, M. Mintzis, and R. S. Bart, "Diagnostic Accuracy in Malignant Melanoma," *Archives of Dermatology* 111 (1975): 1291。

337. 这项研究的作者总结道：Maria Miller, A. Bernard Ackerman, "How Accurate Are Dermatologists in the Diagnosis of Melanoma? Degree of Accuracy and Implications," *Archives of Dermatology* 128 (1992): 559。

337. 假阳性率也为 1% ～ 64%：Craig A. Beam et al., "Variability in the Interpretation of Screening Mammograms by US Radiologists," *Archives of Internal Medicine* 156 (1996): 209。

337. 有时候，放射科医生两次评估同一张影像片子时会给出不同的意见：P. J. Robinson et al., "Variation Between Experienced Observers in the Interpretation of Accident and Emergency Radiographs," *British Journal of Radiology* 72 (1999): 323。

337. 血管造影显示的血管阻塞程度：Katherine M. Detre et al., "Observer Agreement in Evaluating Coronary Angiograms," *Circulation* 52 (1975): 979。

337. 在那些标准模糊和判断情境复杂的领域中：Horton et al., "Inter- and Intra-Rater Reliability";and Megan Banky et al., "Inter- and Intra-Rater Variability of Testing Velocity When Assessing Lower Limb Spasticity," *Journal of Rehabilitation Medicine* 51 (2019)。

338. 另一项不涉及诊断的研究：Esther Y. Hsiang et al., "Association of Primary Care Clinic Appointment Time with Clinician Ordering and Patient Completion of Breast and Colorectal Cancer Screening," *JAMA Network Open* 51 (2019)。

338. 还有一个例子也能说明临床医生会受到疲劳的影响：Hengchen Dai et al., "The Impact of Time at Work and Time Off from Work on Rule Compliance: The Case of Hand Hygiene in Health Care," *Journal of Applied Psychology* 100 (2015): 846。

338. 对医学领域意义重大：Ali S. Raja, "The HEART Score Has Substantial Interrater Reliability," *NEJM J Watch*, December 5, 2018 [reviewing Colin A. Gershon et al., "Inter-rater Reliability of the HEART Score," *Academic Emergency Medicine* 26 (2019): 552]。

339. 我们在前面提到，培训可以提高医生的技能：Jean-Pierre Zellweger et al., "Intra-observer and Overall Agreement in the Radiological Assessment of Tuberculosis," *International Journal of Tuberculosis & Lung Disease* 10 (2006): 1123；Ibrahim Abubakar et al., "Diagnostic Accuracy of Digital Chest Radiography for Pulmonary Tuberculosis in a UK Urban Population," *European Respiratory Journal* 35 (2010): 689。

339. 汇总多个专家的判断也能减少噪声：Michael L. Barnett et al., "Comparative Accuracy of Diagnosis by Collective Intelligence of Multiple Physicians vs Individual Physicians," *JAMA Network Open* 2 (2019): e19009；Kimberly H. Allison et al., "Understanding Diagnostic Variability in Breast Pathology: Lessons Learned from an Expert Consensus Review Panel," *Histopathology* 65 (2014): 240。

339. 最好的算法：Babak Ehteshami Bejnordi et al., "Diagnostic Assessment of Deep Learning Algorithms for Detection of Lymph Node Metastases in Women with Breast Cancer," *JAMA* 318 (2017): 2199。

339. 深度学习算法：Varun Gulshan et al., “Development and Validation of a Deep Learning Algorithm for Detection of Diabetic Retinopathy in Retinal Fundus Photographs,” *JAMA* 316 (2016): 2402。

339. 几乎和放射科医生一样出色：Mary Beth Massat, “A Promising Future for AI in Breast Cancer Screening”, *Applied Radiology* 47 (2018): 22；Alejandro Rodriguez-Ruiz et al., “Stand-Alone Artificial Intelligence for Breast Cancer Detection in Mammography: Comparison with 101 Radiologists,” *Journal of the National Cancer Institute* 111 (2019): 916。

340. 表 22-1，阿普加评分指南：Medline Plus (last accessed February 4, 2020)。

341. 阿普加评分产生的噪声很小：L. R. Foster et al., “The Interrater Reliability of Apgar Scores at 1 and 5 Minutes,” *Journal of Investigative Medicine* 54, no. 1 (2006): 293。

342. 使用该量表进行评估和评分相对直接：Warren J. McIsaac et al., “Empirical Validation of Guidelines for the Management of Pharyngitis in Children and Adults,” *JAMA* 291 (2004): 1587。

342. 一项研究发现，BI-RADS 提升了乳房 X 线片的评估者之间的一致性：Emilie A. Ooms et al., “Mammography: Interobserver Variability in Breast Density Assessment,” *Breast* 16 (2007): 568。

342. 在病理学领域：Frances P. O’Malley et al., “Interobserver Reproducibility in the Diagnosis of Flat Epithelial Atypia of the Breast,” *Modern Pathology* 19 (2006): 172。

342. 至少从 20 世纪 40 年代起，减少噪声就成为精神病学界的头等大事：Ahmed Aboraya et al., “The Reliability of Psychiatric Diagnosis Revisited,” *Psychiatry (Edgmont)* 3 (2006): 41。有关概述，详见 N. Kreitman, “The Reliability of Psychiatric Diagnosis,” *Journal of Mental Science* 107 (1961): 876–886。

342. 1964 年，一项针对 91 名患者和 10 名有经验的精神科医生的研究：Aboraya et al., “Reliability of Psychiatric Diagnosis Revisited,” 43。

343. 为了初步揭示其中的原因：C. H. Ward et al., “The Psychiatric Nomenclature:Reasons for Diagnostic Disagreement,” *Archives of General Psychiatry* 7 (1962): 198。

343. 具有生物医学背景的另外一位临床医生：Aboraya et al., “Reliability of Psychiatric Diagnosis Revisited”。

344. *DSM III* 促使大量的研究关注诊断是否存在噪声：Samuel M. Lieblich, David J. Castle, Christos Pantelis, Malcolm Hopwood, Allan Hunter Young, and Ian P. Everall, “High Heterogeneity and Low Reliability in the Diagnosis of Major Depression Will Impair the Development of New Drugs,” *British Journal of Psychiatry Open* 1 (2015): e5–e7。

344. 但这本手册远没有达到完美：Lieblich et al., “High Heterogeneity”。

344. 即使在 2000 年对第 4 版——*DSM IV* 进行了重大修订之后：Elie Cheniaux et al., “The Diagnoses of Schizophrenia, Schizoaffective Disorder, Bipolar Disorder and Unipolar Depression: Interrater Reliability and Congruence Between DSM IV and ICD 10,” *Psychopathology* 42(2009): 296–298, 特别是 293 页；and Michael Chmielewski et al., “Method Matters:Understanding Diagnostic Reliability in DSM IV and DSM V,” *Journal of Abnormal Psychology* 124 (2015): 764, 768–769。

344. 提高精神疾病诊断的可靠性：Aboraya et al., “Reliability of Psychiatric Diagnosis Revisited,” 47。

344. 存在着一个严重的风险：Aboraya et al., 47。

344. 该手册的第 5 版：Chmielewski et al., “Method Matters”。

344. 美国精神病学学会：Helena Chmura Kraemer et al., “DSM–5: How Reliable Is Reliable Enough?,” *American Journal of Psychiatry* 169 (2012): 13–15。

344. 精神科医生的诊断仍然表现出明显的噪声：Lieblich et al., “High Heterogeneity”。

344. 精神科医生就患者是否患有重度抑郁症很难达成一致：Lieblich et al., “High Heterogeneity,” e–5。

344. *DSM V* 的现场试验发现：Lieblich et al.,e–5。

344. 另外一些现场试验表明：Lieblich et al.,e–6。

344. 使用指南之所以很难取得成功：Aboraya et al., "Reliability of Psychiatric Diagnosis Revisited," 47。

345. 明确诊断标准，舍弃模糊标准：Aboraya et al。

345. 一位观察者曾说：Aboraya et al。

345. 医学界需要更多的指南：一些有价值的注意事项参见 Christopher Worsham, Anupam B. Jena, "The Art of Evidence-Based Medicine," *Harvard Business Review,* January 30, 2019。

第 23 章　绩效评估，用基于外部视角的共识框架做出量化判断

348. 正如有家报纸的标题所示：Jena McGregor, "Study Finds That Basically Every Single Person Hates Performance Reviews," *Washington Post,* January 27, 2014。

349. 以判断为基础的绩效评估无处不在：许多组织正在经历的数字化转型，在这个过程中，以判断为基础的绩效评估或许能够帮助创造新的可能性。从理论上讲，公司现在可以收集大量的关于每位员工绩效的详细的、实时的信息，基于这些数据，完全依据算法对一些职位进行绩效评估将成为可能。然而，我们此处关注的职位是那些不能完全从对其进行绩效评估的过程中排除判断的类型。E. D. Pulakos, R. Mueller-Hanson, S. Arad, "The Evolution of Performance Management: Searching for Value," *Annual Review of Organizational Psychology and Organizational Behavior* 6 (2018): 249–271。

349. 其中大多数人都发现这些评估充满了噪声：S. E. Scullen, M. K. Mount, M. Goff, "Understanding the Latent Structure of Job Performance Ratings," *Journal of Applied Psychology* 85 (2000): 956–970。

349. 其余 70% ～ 80% 的差异是系统噪声：有一小部分（在有些研究中占总方差的 10%）是来自研究者所说的评估者视角或者层级效应（level effect），指在组织中等级的意义上，而不是我们在这里定义的水平噪声。评估者视角反映了：在对同一个人进行评价时，老板和同事有系统性的差异，同事和下属也是如此。从善意的角度来解读 360 度评级系统的结果，人们可能会认为这不是噪声。如果组织中不同层级的人在看待同一个人的绩效表现时，普遍会看到不同的方面，他们对此人的判断应该有系统性的差异，而且他们的评估也应该表明这一点。

349. 多项关于工作绩效评估变异性的研究：Scullen, Mount, Goff, "Latent Structure"；C. Viswesvaran, D. S. Ones, F. L. Schmidt, "Comparative Analysis of the Reliability of Job Performance Ratings," *Journal of Applied Psychology* 81 (1996): 557–574；G. J. Greguras, C. Robie, "A New Look at Within-Source Interrater Reliability of 360-Degree Feedback Ratings," *Journal of Applied Psychology* 83 (1998): 960–968；G. J. Greguras, C. Robie, D. J. Schleicher, M. A. Goff, "A Field Study of the Effects of Rating Purpose on the Quality of Multisource Ratings," *Personnel Psychology* 56 (2003): 1–21；C. Viswesvaran, F. L. Schmidt, D. S. Ones, "Is There a General Factor in Ratings of Job Performance? A Meta-Analytic Framework for Disentangling Substantive and Error Influences," *Journal of Applied Psychology* 90 (2005): 108–131; B. Hoffman, C. E. Lance, B. Bynum, W. A. Gentry, "Rater Source Effects Are Alive and Well After All," *Personnel Psychology* 63 (2010): 119–151。

350. 员工真实的工作绩效和对工作绩效进行的评估之间的关系：K. R. Murphy, "Explaining the Weak Relationship Between Job Performance and Ratings of Job Performance," *Industrial and Organizational Psychology* 1 (2008): 148–160 尤其是 151 页。

350. 员工的真实绩效：在讨论噪声的来源时，我们忽略了评价某些员工或员工类别的系统性偏差所引起案例噪声（case noise）的可能性。我们能够找到的关于绩效评估变异性的研究，没有一项与外部评估的“真实”绩效进行过比较。

350. “策略性地”对员工进行评估：E. D. Pulakos, R. S. O'Leary, “Why Is Performance Management Broken?,” *Industrial and Organizational Psychology* 4 (2011): 146–164；M. M. Harris, “Rater Motivation in the Performance Appraisal Context: A Theoretical Framework,” *Journal of Management* 20(1994): 737–756; K. R. Murphy, J. N. Cleveland, *Understanding Performance Appraisal: Social, Organizational, and Goal-Based Perspectives* (Thousand Oaks, CA: Sage, 1995)。

351. 为了帮助一个一直在寻求晋升机会的人：Greguras et al., “Field Study”。

352. 它可以对客观、可量化的绩效做出预测：P. W. Atkins, R. E. Wood, “Self-Versus Others' Ratings as Predictors of Assessment Center Ratings:Validation Evidence for 360-Degree Feedback Programs,” *Personnel Psychology* (2002)。

352. 过度设计的调查问卷：Atkins, Wood, “Self-Versus Others' Ratings”。

353. 98% 的管理者：Olson, Davis, cited in Peter G. Dominick, “Forced Ranking:Pros, Cons and Practices,” in *Performance Management:Putting Research into Action,* ed. James W. Smither, Manuel London (San Francisco: Jossey-Bass, 2009), 411–443。

353. 强制排名：Dominick, “Forced Ranking”。

353. 这种关系也被证明适用于绩效评估：Barry R. Nathan, Ralph A. Alexander, “A Comparison of Criteria for Test Validation: A Meta-Analytic Investigation,” *Personnel Psychology* 41, no. 3 (1988): 517–535。

354. 图 23-1：Adapted from Richard D. Goffin, James M. Olson, “Is It All Relative? Comparative Judgments and the Possible Improvement of Self-Ratings and Ratings of Others,” *Perspectives on Psychological Science* 6, no. 1 (2011): 48–60。

357. 德勤经过计算发现：M. Buckingham, A. Goodall, “Reinventing Performance Management,” *Harvard Business Review,* April 1, 2015, 1–16, doi: ISSN: 0017-8012。

357. 一项研究发现：Corporate Leadership Council, cited in S. Adler et al., “Getting Rid of Performance Ratings: Genius or Folly? A Debate,” *Industrial and Organizational Psychology* 9 (2016): 219–252。

358. 正如一篇评论文章中总结的那样：Pulakos, Mueller-Hanson, and Arad, “Evolution of Performance Management”, 250。

358. 绩效管理革命：A. Tavis, P. Cappelli, “The Performance Management Revolution,” *Harvard Business Review,* October 2016, 1–17。

359. 有证据表明，行为锚定评估量表不足以消除噪声：Frank J. Landy, James L. Farr. “Performance Rating,” *Psychological Bulletin* 87, no. 1 (1980): 72–107。

359. 通过视频中的案例来练习进行绩效评估：D. J. Woehr and A.I.Huffcutt, “Rater Training for Performance Appraisal:A Quantitative Review,” *Journal of Occupational and Organizational Psychology* 67 (1994): 189–205；S. G. Roch, D. J. Woehr,V. Mishra, U. Kieszczynska, “Rater Training Revisited:An Updated Meta-Analytic Review of Frame-of-Reference Training,” *Journal of Occupational and Organizational Psychology* 85 (2012): 370–395; M. H. Tsai, S. Wee, B. Koh, “Restructured Frame-of-Reference Training Improves Rating Accuracy,” *Journal of Organizational Behavior* (2019): 1–18。

359. 图 23-2：图左改编自 Richard Goffin, James M. Olson, “Is It All Relative? Comparative Judg-

ments and the Possible Improvement of Self-Ratings and Ratings of Others," *Perspectives on Psychological Science* 6, no. 1 (2011): 48–60。

360. 大多数关于参照框架培训的研究：Roch et al., "Rater Training Revisited"。

360. 超级人才：Ernest O'Boyle, Herman Aguinis, "The Best and the Rest:Revisiting the Norm of Normality of Individual Performance," *Personnel Psychology* 65, no. 1 (2012): 79–119；以及 Herman Aguinis, Ernest O'Boyle, "Star Performers in Twenty-First Century Organizations," *Personnel Psychology* 67, no. 2 (2014): 313–350。

第 24 章　人员招聘，以结构化指标衡量人才

364. 很少有人可以不经过面试就被录用：A. I. Huffcutt, S. S. Culbertson, "Interviews," in S. Zedeck, ed., *APA Handbook of Industrial and Organizational Psychology* (Washington, DC: American Psychological Association, 2010), 185–203。

364. 在某种程度上依赖直觉性判断：N. R. Kuncel, D. M. Klieger, D. S. Ones, "In Hiring, Algorithms Beat Instinct," *Harvard Business Review* 92, no. 5 (2014): 32。

364. 首要问题：R. E. Ployhart, N. Schmitt, N. T. Tippins, "Solving the Supreme Problem: 100 Years of Selection and Recruitment at the *Journal of Applied Psychology,*" *Journal of Applied Psychology* 102 (2017): 291–304。

365. 其他研究报告的相关系数为 0.2 ～ 0.33：M. McDaniel, D. Whetzel, F. L. Schmidt, S. Maurer, "Meta Analysis of the Validity of Employment Interviews," *Journal of Applied Psychology* 79 (1994): 599–616；A. Huffcutt, W. Arthur, "Hunter and Hunter (1984) Revisited:Interview Validity for Entry-Level Jobs," *Journal of Applied Psychology* 79 (1994): 2；F. L. Schmidt, J. E. Hunter, "The Validity and Utility of Selection Methods in Personnel Psychology: Practical and Theoretical Implications of 85 Years of Research Findings," *Psychology Bulletin* 124 (1998): 262–274; F. L. Schmidt, R. D. Zimmerman, "A Counterintuitive Hypothesis About Employment Interview Validity and Some Supporting Evidence," *Journal of Applied Psychology* 89 (2004): 553–561。请注意，当考虑某些研究的子集时有效性更高，如果研究使用专门为此目的创建的绩效评估，而不是现有的管理评估，结论更是如此。

366. 客观无知：S. Highhouse, "Stubborn Reliance on Intuition and Subjectivity in Employee Selection," *Industrial and Organizational Psychology* 1 (2008): 333–342；D. A. Moore, "How to Improve the Accuracy and Reduce the Cost of Personnel Selection," *California Management Review* 60 (2017): 8–17。

366. 有相似的文化背景或共同之处：L. A. Rivera, "Hiring as Cultural Matching:The Case of Elite Professional Service Firms," *American Sociology Review* 77 (2012): 999–1022。

366. 两位面试官对同一位应聘者的评分的相关系数：Schmidt, Zimmerman, "Counterintuitive Hypothesis"；Timothy A. Judge, Chad A. Higgins, Daniel M. Cable, "The Employment Interview: A Review of Recent Research and Recommendations for Future Research," *Human Resource Management Review* 10 (2000): 383–406；以及 A. I. Huffcutt, S. S. Culbertson, W. S. Weyhrauch, "Employment Interview Reliability: New Meta-Analytic Estimates by Structure and Format," *International Journal of Selection and Assessment* 21 (2013): 264–276。

367. 第一印象非常重要：M. R. Barrick et al., "Candidate Characteristics Driving Initial Impressions During Rapport Building: Implications for Employment Interview Validity", *Journal of Occupational and Organizational Psychology* 85 (2012): 330–352；M. R. Barrick, B. W. Swider, G. L. Stewart, "Initial Evaluations in the Interview: Relationships with Subsequent Interviewer Evaluations and

Employment Offers," *Journal of Applied Psychology* 95 (2010): 1163。

367. 握手的感觉：G. L. Stewart, S. L. Dustin, M. R. Barrick, T. C. Darnold, "Exploring the Handshake in Employment Interviews," *Journal of Applied Psychology* 93, (2008): 1139–1146。

368. 积极的第一印象：T. W. Dougherty, D. B. Turban, J. C. Callender, "Confirming First Impressions in the Employment Interview: A Field Study of Interviewer Behavior," *Journal of Applied Psychology* 79 (1994): 659–665。

368. 一个让人难以置信的实验：J. Dana, R. Dawes, N. Peterson, "Belief in the Unstructured Interview: The Persistence of an Illusion," *Judgment and Decision Making* 8 (2013): 512–520。

370. 绝大多数人力资源专业人士都更赞成使用诊断性汇总：Nathan R. Kuncel et al., "Mechanical versus Clinical Data Combination in Selection and Admissions Decisions:A Meta-Analysis," *Journal of Applied Psychology* 98, no. 6 (2013): 1060–1072。

370. 相关度为 0：Laszlo Bock, interview with Adam Bryant, *The New York Times*, June 19, 2013。另见 Laszlo Bock, *Work Rules!: Insights from Inside Google That Will Transform How You Live and Lead* (New York: Hachette, 2015)。

372. 一位知名的猎头：C. Fernández-Aráoz, "Hiring Without Firing," *Harvard Business Review,* July 1, 1999。

373. 结构化的行为面试：有关结构化内面试的指南，参见 Michael A. Campion, David K. Palmer, James E. Campion, "Structuring Employment Interviews to Improve Reliability, Validity and Users' Reactions," *Current Directions in Psychological Science* 7, no. 3 (1998): 77–82。

373. 究竟什么样的面试才算得上是结构化面试：J. Levashina, C. J. Hartwell, F. P. Morgeson, M. A. Campion, "The Structured Employment Interview: Narrative and Quantitative Review of the Research Literature," *Personnel Psychology* 67 (2014): 241–293。

373. 结构化面试比传统的非结构化面试更能预测应聘者未来的表现：McDaniel et al., "Meta Analysis"; Huffcutt, Arthur, "Hunter and Hunter (1984) Revisited"；Schmidt, Hunter, "Validity and Utility"；Schmidt, Zimmerman, "Counterintuitive Hypothesis"。

373. 工作样本测试：Schmidt, Hunter, "Validity and Utility"。

374. 以色列军队：Kahneman*, Thinking, Fast and Slow,* 229。

375. 实用性的建议和指导：Kuncel, Klieger, Ones, "Algorithms Beat Instinct"。另见 Campion, Palmer, and Campion, "Structuring Employment Interviews"。

375. 错觉的持续：Dana, Dawes, Peterson, "Belief in the Unstructured Interview"。

第 25 章　中介评估法，做出明智决策的核心方法

377. 中介评估法：Daniel Kahneman, Dan Lovallo, Olivier Sibony, "A Structured Approach to Strategic Decisions: Reducing Errors in Judgment Requires a Disciplined Process," *MIT Sloan Management Review* 60 (2019): 67–73.

385. 评估 - 讨论 - 评估法：Andrew H.Van De Ven and André Delbecq, "The Effectiveness of Nominal, Delphi, and Interacting Group Decision Making Processes," *Academy of Management Journal* 17, no. 4 (1974): 605–621。另见本书第 21 章。

第六部分　最佳的噪声水平

395. 在他们看来，没有任何机械性的解决方案可以满足司法要求：Kate Stith, José A. Cabranes,

Fear of Judging: Sentencing Guidelines in the Federal Courts (Chicago: University of Chicago Press, 1998), 177。

第 26 章　减少噪声的成本

402. 这样的改革可能适得其反：Albert O. Hirschman, *The Rhetoric of Reaction: Perversity, Futility, Jeopardy* (Cambridge, MA: Belknap Press, 1991)。

402. 瓦茨拉夫・哈韦尔：Stith, Cabranes, *Fear of Judging*。

403. 三振出局：见斯坦福大学法学院三振出局的基本要素。

403. 伍德森诉北卡罗来纳州案：428 U. S. 280 (1976)。

405. 依靠大数据和借助算法来做决策可能会产生偏见：Cathy O'Neil, *Weapons of Math Destruction: How Big Data Increases Inequality and Threatens Democracy* (New York: Crown, 2016)。

405. 存在潜在偏差的数学模型正在重塑我们的生活：Will Knight, "Biased Algorithms Are Everywhere, and No One Seems to Care," *MIT Technology Review*, July 12, 2017。

405. ProPublica：Jeff Larson, Surya Mattu, Lauren Kirchner, Julia Angwin, "How We Analyzed the COMPAS Recidivism Algorithm," ProPublica, May 23, 2016。这个例子中的偏见主张是有争议的，对偏见的不同定义可能会导致相反的结论。有关此案例的观点以及与算法偏差的定义和测量相关的讨论，请参阅下文的注释"究竟如何测试"。

406. 预测性警务：Aaron Shapiro, "Reform Predictive Policing," *Nature* 541, no. 7638 (2017): 458–460。

406. 事实上，就这一点而言，算法可能更糟：虽然这种担忧重新引起人们的注意是在基于人工智能模型的领域中，但它并不限于人工智能领域。早在 1972 年，保罗・斯洛维奇就指出对直觉进行建模会保留、加强甚至可能会放大现有的认知偏见。Paul Slovic, "Psychological Study of Human Judgment: Implications for Investment Decision Making," *Journal of Finance* 27 (1972): 779。

406. 究竟如何测试：关于在 COMPAS 惯犯预测算法存在争议的背景下对这场辩论的介绍，参见 Larson et al., "COMPAS Recidivism Algorithm"；William Dieterich et al., "COMPAS Risk Scales: Demonstrating Accuracy Equity and Predictive Parity," Northpointe, Inc., July 8, 2016；Julia Dressel, Hany Farid, "The Accuracy, Fairness,and Limits of Predicting Recidivism," *Science Advances* 4, no. 1 (2018): 1–6；Sam Corbett-Davies et al., "A Computer Program Used for Bail and Sentencing Decisions Was Labeled Biased Against Blacks. It's Actually Not That Clear," *Washington Post*, October 17, 2016；Alexandra Chouldechova, "Fair Prediction with Disparate Impact:A Study of Bias in Recidivism Prediction Instruments," *Big Data* 153 (2017): 5；Jon Kleinberg, Sendhil Mullainathan, Manish Raghavan, "Inherent Trade-Offs in the Fair Determination of Risk Scores," Leibniz International Proceedings in Informatics, January 2017。

第 27 章　尊严，人之为人的重要价值观

413. 他们可能知道，自己的做法充满噪声：Tom R. Tyler, *Why People Obey the Law*, 2nd ed. (New Haven, CT: Yale University Press, 2020)。

414. 美国宪法中有一项以令人费解著称的裁决，可以帮我们理解这一点：*Cleveland Bd. of Educ. v. LaFleur*, 414 U. S. 632 (1974)。

415. 当时有影响力的评论员为法院的裁决辩护：Laurence H. Tribe, "Structural Due Process," *Harvard Civil Rights-Civil Liberties Law Review* 10, no. 2 (spring 1975): 269。

419. 回想一下，我们在前文中论述过的一些法官对量刑指南的强烈反对：Stith, Cabranes, *Fear of*

Judging, 177。

420. 一系列颇具影响力的作品：请参阅 Philip K. Howard, *The Death of Common Sense: How Law Is Suffocating America* (New York:Random House, 1995)；以及 Philip K. Howard, *Try Common Sense: Replacing the Failed Ideologies of Right and Left* (New York: W. W. Norton & Company, 2019)。

第 28 章　规则还是标准

429. 脸书在 2020 年社区标准中规定的这些内容：Hate Speech, Facebook: Community Standards。

430. 《纽约客》杂志：Andrew Marantz, "Why Facebook Can't Fix Itself," *The New Yorker*, October 12, 2020。

431. 官僚正义：Jerry L. Mashaw, *Bureaucratic Justice*, New Haven, CT: Yale University Press (1983)。

435. 恰恰相反，法官应是根据每个人的性格和具体情况，或根据公正性和具体结果的适当性来进行评判的：David M. Trubek, "Max Weber on Law and the Rise of Capitalism," *Wisconsin Law Review* 720 (1972): 733, n. 22［引自 Max Weber, *The Religion of China* (1951), 149］。

未来，属于终身学习者

我这辈子遇到的聪明人（来自各行各业的聪明人）没有不每天阅读的——没有，一个都没有。巴菲特读书之多，我读书之多，可能会让你感到吃惊。孩子们都笑话我。他们觉得我是一本长了两条腿的书。

——查理·芒格

互联网改变了信息连接的方式；指数型技术在迅速颠覆着现有的商业世界；人工智能已经开始抢占人类的工作岗位……

未来，到底需要什么样的人才？

改变命运唯一的策略是你要变成终身学习者。未来世界将不再需要单一的技能型人才，而是需要具备完善的知识结构、极强逻辑思考力和高感知力的复合型人才。优秀的人往往通过阅读建立足够强大的抽象思维能力，获得异于众人的思考和整合能力。未来，将属于终身学习者！而阅读必定和终身学习形影不离。

很多人读书，追求的是干货，寻求的是立刻行之有效的解决方案。其实这是一种留在舒适区的阅读方法。在这个充满不确定性的年代，答案不会简单地出现在书里，因为生活根本就没有标准确切的答案，你也不能期望过去的经验能解决未来的问题。

而真正的阅读，应该在书中与智者同行思考，借他们的视角看到世界的多元性，提出比答案更重要的好问题，在不确定的时代中领先起跑。

湛庐阅读 App：与最聪明的人共同进化

有人常常把成本支出的焦点放在书价上，把读完一本书当作阅读的终结。其实不然。

时间是读者付出的最大阅读成本

怎么读是读者面临的最大阅读障碍

“读书破万卷”不仅仅在“万”，更重要的是在“破”！

现在，我们构建了全新的“湛庐阅读”App。它将成为你“破万卷”的新居所。在这里：

- 不用考虑读什么，你可以便捷找到纸书、电子书、有声书和各种声音产品；
- 你可以学会怎么读，你将发现集泛读、通读、精读于一体的阅读解决方案；
- 你会与作者、译者、专家、推荐人和阅读教练相遇，他们是优质思想的发源地；
- 你会与优秀的读者和终身学习者为伍，他们对阅读和学习有着持久的热情和源源不绝的内驱力。

从单一到复合，从知道到精通，从理解到创造，湛庐希望建立一个“与最聪明的人共同进化”的社区，成为人类先进思想交汇的聚集地，与你共同迎接未来。

与此同时，我们希望能够重新定义你的学习场景，让你随时随地收获有内容、有价值的思想，通过阅读实现终身学习。这是我们的使命和价值。

图书在版编目（CIP）数据

浙江省版权局
著作权合同登记号
图字:11-2021-112号

噪声 / (以) 丹尼尔·卡尼曼 (Daniel Kahneman) , (法) 奥利维耶·西博尼 (Olivier Sibony) , (美) 卡斯·R. 桑斯坦 (Cass R. Sunstein) 著 ; 李纾等译. -- 杭州 : 浙江教育出版社, 2021.9
书名原文: Noise
ISBN 978-7-5722-2135-4

Ⅰ. ①噪… Ⅱ. ①丹… ②奥… ③卡… ④李… Ⅲ. ①决策行为一研究 Ⅳ. ①C934

中国版本图书馆CIP数据核字(2021)第145071号

上架指导：经济管理 / 行为决策

噪声
ZAOSHENG
[以色列] 丹尼尔·卡尼曼（Daniel Kahneman） [法] 奥利维耶·西博尼（Olivier Sibony）
[美] 卡斯·R. 桑斯坦（Cass R. Sunstein） 著
李 纾 汪祚军 魏子晗 等译

责任编辑：刘晋苏
美术编辑：韩 波
封面设计：湛庐文化
责任校对：余理阳
责任印务：沈久凌
出版发行：浙江教育出版社（杭州市天目山路 40 号 电话：0571-85170300-80928）
印 刷：北京盛通印刷股份有限公司
开 本：880mm ×1230mm 1/32
印 张：17.5 **字 数**：545 千字
版 次：2021 年 9 月第 1 版 **印 次**：2021 年 9 月第 1 次印刷
书 号：ISBN 978-7-5722-2135-4 **定 价**：139.90 元

如发现印装质量问题，影响阅读，请致电 010-56676359 联系调换。

CONTENTS

NOISE

前言
远离噪声，做聪明的决策者

在这本小册子中，我要介绍的是诺贝尔经济学奖得主丹尼尔·卡尼曼的最新著作《噪声》。

卡尼曼认为，人生充满了随机和变化，你往往意识不到它们在左右着你的每一次决定，并且让你付出了沉重的代价。但是，所有的干扰其实就只有两类：一类是偏差，他在10年前出版的著作《思考，快与慢》就是解决这个问题的；另一类是噪声，这本新书的目的就是要来给你的决策减少噪声的。

换句话说，错误 = 偏差 + 噪声。如果你能在决策中解决掉这两大障碍，你就能避免人类判断中最大的缺陷，成为聪明的决策者。

01 ｜噪声是什么，有什么危害？

你一定很好奇，到底什么是噪声呢？

卡尼曼在书里介绍了一个小实验，可以让你直观地感受一下噪声。现在请你打开手机里的“秒表”功能，你的目标是启动秒表之后，闭上眼不去看它，然后在到了 10 秒的时候按下暂停。你可以多试几次，但是，最后你一定会发现，结果总是会存在误差，有时候少几秒，有时候多几秒，没有明显的规律。

这其实就是噪声在影响你。用卡尼曼的话来说，**噪声会让**

人们的判断出现随机的误差，而且这种影响是不能预测的。

在上面的“测量 10 秒钟”的实验里，你估计错了时间也没有关系。但是，在实际的工作和生活当中，噪声却可能造成严重的后果。

举个例子，假设你是一个成绩非常优秀的高三学霸。现在你要去参加清华大学的招生面试。面试当天，天气非常好，你的心情不错，面试表现也很好，你非常有自信能拿到一份录取通知书。

你们年级的另一位学霸也去参加了清华大学的面试，他的成绩和各方面表现都和你不相伯仲。他去面试的那天赶上了一个坏天气，阴云密布。你们俩遇到的是同一位面试官，他的面试过程也很顺利。

不久之后，录取结果公布了，非常遗憾，你落榜了，而他被录取了。这是怎么回事呢？

针对这个问题，行为科学家尤里 · 西蒙松曾经专门写过一篇有趣的论文，名叫《云让书呆子看起来不错》（*Clouds Make Nerds Look Good*）。他说：阴天的时候，面试官会更关注学生的成绩指标；而在晴天的时候，面试官则更关注学生的性格、情商、亲切度等成绩指标以外的特质。

所以，晴天放大了你的性格劣势，缩小了你的成绩优势；而阴天放大了你同学的成绩优势，缩小了他的性格劣势。这其实就是噪声在发挥作用。

噪声的影响是巨大的，而且它很常见。比如：两名罪犯的犯罪性质相同，一个被判了 15 年，另一个只被判了半年；再比如，对于两位病情相似的患者，医生会让上午就诊的那位去做一个全面检查，而会给下午就诊的那位开口服药；又比如，一位鉴定专家前后两次对于同一枚指纹，给出了完全不同的鉴定结果。

你可以看到，这些判断可能造成非常严重的后果，但更糟糕的是，法官、医生和专家其实不知道自己的判断受到了噪声的干扰，所以，还会不断犯同样的错误。

好，现在你已经对什么是噪声有了一个初步的认识了，而且知道了偏差和噪声都会导致人们做出错误的决策，那么，偏差和噪声有什么不同呢？这就是我接下来要介绍的内容。

02 | 偏差和噪声同样会让人犯错，区别是什么？

在上一章中，我解释了噪声是什么，以及它会产生哪些影响。

本章我想介绍的是：偏差和噪声有什么不同。

卡尼曼之前出版的《思考，快与慢》是专门研究偏差的，他在书里面列举了很多种偏差。它们虽然表现形式各不相同，但是都有一个共同点，那就是都有“方向性”，对不同的人会产生相同的影响。**用卡尼曼的话来说，偏差就是“可预测的判断误差”。**

比如，你是一名招聘专员，你的面前有两份简历，对应的两位候选人的履历没有什么不同。但是，其中一位候选人的简历用纸更精致、更光滑。仅仅这一点差异，就能提高你对这位候选人的评价。而且这个现象是全世界通用的，正常情况下，很少有招聘者会对用纸粗糙的简历更有好感。

噪声带来的影响，却是随机且无法预测的。举个例子，你是一位股票交易员，要根据最新消息决定买入还是卖出股票。当你看到特斯拉新推出的廉价车型大受欢迎，你可能就认为特斯拉已经找到了新的业务增长点，应该买入特斯拉的股票。但是，你没有意识到，自己的判断其实受到了某种噪声的影响。如果换个时间再看到这条消息，你很可能会做出完全相反的判断，比如，你可能会认为廉价车型会分流高端用户，降低公司利润，所以应该卖出特斯拉的股票。

关于噪声和偏差，还有一个更生动的例子，能帮你直观地理解它们的区别。假设你和张三、李四、王五一起去打靶，大家都用自己的枪，每个人射击 5 次，看谁打得更准。你们射击的结果如下：

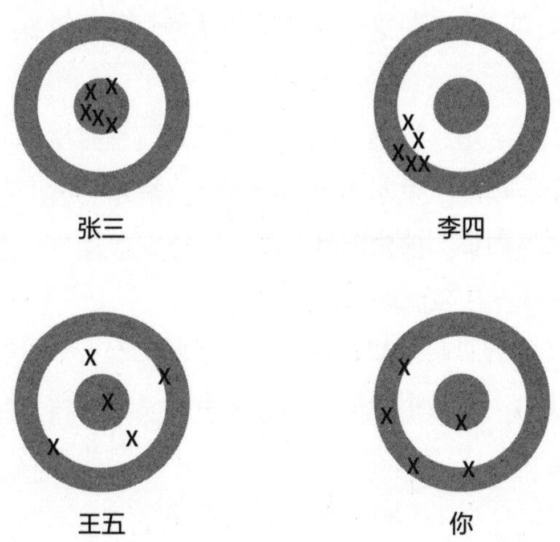

张三的子弹落点非常集中，全部落在了靶心上，可以看出他的枪很准，他的手也很稳，这个时候我们就说张三既没有偏差也没有噪声。

而李四全部打在了靶子的左下角，子弹落点偏了，但是很集中，所以李四的枪可能瞄准器歪了，但是他的手很稳，这个时候我们就说李四有偏差，但是没有噪声。

再看看王五，他的子弹落点非常分散，但是基本上是围绕着靶心分布的，所以王五的枪没有问题，但是他的手抖，这个时候我们就说王五没有偏差，但是有噪声。

你的子弹落点很分散，而且整体偏向了左下角，可以看出你的枪也不准，手也不稳，这个时候我们就说你既有偏差，又有噪声。

在这个例子里：枪准不准，体现了有没有偏差；手稳不稳，体现了有没有噪声。枪不准，子弹落点会偏向一边；手不稳，子弹会飞得到处都是。**换句话说，偏差会让误差往一个方向偏，而噪声则会让误差往不同的方向偏。**

说到这里，我要提醒你，**偏差不仅和噪声不同，而且偏差还会制造噪声。**

举个例子，你是一家大公司的人力资源总监，管理着许多负责招聘的人力专员，那么这些人力专员的偏差，合起来就会成为整个招聘系统里的噪声。

比如，人力专员可能把“候选人的专业水平怎么样”这个比较困难的问题，在心里用“在相关行业的从业年限”这个比较简单的问题来替代，并且把简单问题的答案当成困难问题的答案。

再比如，人力专员可能会先有结论，再去寻找支持这个结论的证据，同时忽略那些不支持该结论的证据。也许有一位候选人比较胖，那么人力专员就可能会先入为主地认为“这个人自律能力比较差”，然后他就会专门问和自律能力有关的问题，并且把发现的蛛丝马迹当作支持自己观点的证据，同时更有可能对候选人身上的闪光点视而不见。

又比如，人力专员看到信息的顺序也会影响他的判断。如果他在简历上先看到的是候选人“名校毕业”“工作业绩出色”，后看到“前两份工作都没干满一年”，那么他就更可能会判断候选人是“精明能干”；反过来，如果人力专员先看到的是候选人“前两份工作都没干满一年”，后看到候选人“名校毕业”“工作业绩出色”，那么他就很可能会判断候选人“好高骛远”。虽然这些信息只是被看到的顺序不一样，但是它们给人留下的印象却是截然相反的。

所以，人力专员个体的偏差，从整个系统的角度来看就会形成巨大的噪声，让招聘工作出现更多的错误。

当然，除了偏差会导致噪声，还有很多原因会带来噪声。具体来说，噪声一共分为 3 大类，它们都会干扰你的判断。那么，这 3 类噪声分别是什么？它们又是怎么让你做出错误决策的呢？这就是下一章要介绍的内容。

03 | 噪声有三种，组合起来会产生难以预测的误差

上一章中，我介绍了偏差和噪声有什么不同。

本章，我想谈一谈噪声具体分为哪 3 类，以及它们是怎么让你做出错误决策的。

人类判断中的错误是由偏差和噪声造成的，过去几十年，行为科学家对偏差的研究已经比较充分了，总结出了超过 200 种偏差。但是，对于噪声，我们很难预估它究竟有多少种，因为每个人遇到的噪声，都受他的背景、生活经历和价值观等因素的影响，甚至有的是完全随机、毫无来由的。这就产生了无穷无尽的噪声。

不过，卡尼曼把所有的“噪声”分成了 3 大类，分别说明了它们会怎样影响你的判断。

假设你购买了一家公司的股票，目前这家公司的 CEO 被指控滥用职权，该公司的股价因此而大幅下跌。那么问题来了，你是及时清盘降低损失呢？还是继续持有等待反弹呢？你决定先看看这个案件可能的判决结果再做打算，于是就去研究了以往的类似案件。

但是，即使你已经充分掌握了类似案件的判决情况，仍然会有很多噪声干扰你的判断。

首先，不同法官对同类案件的判决结果可能相差巨大。认为服刑是为了“惩罚”的法官往往判得更重，而认为服刑是为了“改造”的法官则判得更轻。所以，这起案件的判决结果，在很大程度上取决于负责审理的是哪位法官。这种审理法官和所有法官平均值之间的差异，就是“水平噪声”。

其次，审理法官的某种特定的倾向，也会显著影响判决的结果。比如，一位法官虽然总体来说比其他法官更严格，但是可能对白领罪犯却更宽容；或者一位法官整体上总是从轻处罚，但是对于经济犯罪却很严格；又或者这位法官整体不宽不严，但是如果受害者当中有老年人，就会判得更重。这些特定的倾向，就是“稳定的模式噪声”，它会严重干扰你的预测。

那么，如果你提前知道了是哪位法官负责审理此案，还了解了他以往的判案倾向，是不是就能准确预测这次判决的结果了呢？很遗憾，答案是不能。因为，还有很多偶然的随机误差会影响这位法官的临场判断。

比如，心情的好坏会影响判决，如果这位法官支持的球队昨天刚刚输了，他心情不好，那么他就会更仔细地分析 CEO 的证词，找出其中的问题和漏洞。再比如，法官审理案件的顺序也会产生干扰，如果他之前刚刚对另外两起案件的嫌疑人做出了无罪判决，那么就更可能对这起案件做出有罪判决。此外，天气、压力和疲劳等因素也会产生噪声。而且就算没有这些外部干扰，人类大脑神经元的运作方式也会随机波动，这就导致大脑的思考效率忽高忽低，会造成一些不可解释的误差。上面这些干扰因素就是“情境噪声”，它们会让判决结果拥有更大的不确定性。

更复杂的是，这3类“噪声”是同时存在的，会共同产生作用。如果用一个公式来表达，那就是：

系统噪声

=

水平噪声 + 稳定的模式噪声 + 情境噪声

这就意味着，你不可能准确预测到时候会有哪些噪声，也不知道它们会怎样干扰法官，更不可能准确地预测案件的判决结果。

也难怪卡尼曼会感叹：法官的判决结果就像抽签一样难以预料。

那么，既然噪声的影响这么大，为什么我们过去从来没有意识到它的存在呢？这就是我在下一章要介绍的内容。

04 | 噪声容易被忽略，是因为人都偏爱“因果思维”

上一章中，我介绍了噪声的 3 种类型，以及它们是怎么让你做出错误决策的。

本章，我想揭示一个真相，噪声之所以容易被忽略，是因为人们都偏爱“因果思维”。

让我来给你举个例子，你就容易理解了。

比如，你是一个公司的中层管理者，工作还算稳定，但是有时也会对未来感到迷茫。现在，你的眼前有一个机会。

你的一位好友，毕业于常春藤名校，在国外某知名互联网公司工作过几年，然后回国创业。他先后创建的两家公司，都被互联网大厂收购了。现在，他打算继续创业，想邀请你加入。资金已经到位，团队也基本搭建好了。

你认真考虑了一下，感觉这件事的成功率很高。于是，你从原来的公司辞职，开始创业。

果然，几年之后，这家新公司成功登陆了科创板，你也获得了丰厚的回报，实现了财富自由。现在回想起来，你真的非常佩服自己，正是自己当初判断准确，决策果敢，才赢得了这个绝佳的机会。

但是，故事很可能还有另一个版本。

当时，你认真考虑后，觉得创业的风险太大，于是，决定继续留在原来的公司。

果然，几年之后，这位朋友创业失败了。现在回想起来，你觉得实在是太惊险了。如果当时辞职加入创业，自己现在已经血本无归了。幸亏你当时没有一时冲动酿下大错。

你会发现，在故事的两种结局里，你看上去都做出了正确的选择，因果关系非常明确，成功或失败的结局似乎都是必然的。

这就是你的“因果思维”造成的，无论是什么现实结局，它都会帮你自动地“脑补”出故事里人、事、物之间的相互影响，在没有联系的地方创造联系，在没有规律的地方发现规律。一旦一件事已成定局，无论结果如何，因果思维都可以给出合理的解释。

正是因为如此，**我们非常容易忽略噪声的存在。**你在思考自己为什么会做出错误决策的时候，很容易就能找到无数个自圆其说的解释。然后，你就不再继续深入思考，不会意识到受到了哪些噪声的干扰，结果就会一而再再而三地犯同样的错误。

就像卡尼曼在书里说的：**“噪声就像地下室漏水，它之所以能被容忍，不是因为人们认为它是可接受的，而是因为它一直未被发现。”**

那么，噪声这么可怕，还这么“狡猾”，我们该怎么应对它呢？这就是我在下一章要介绍的内容。

05 | 减少噪声，取平均值是个好方法

在上一章中，我介绍了噪声之所以容易被忽略，是因为人们都偏爱“因果思维”。

本章，我会带你了解，要想减少噪声，取平均值是一个好方法。

卡尼曼认为：**噪声本质上是一种统计学上的概念，每个人都会往不同的方向偏。所以，要减少噪声的干扰，有一个很简单的方法，那就是多找一些独立的外部观点，然后取平均值，**

让噪声之间互相抵消，这样就能做出更好的判断。

这种方法其实就是所谓的“群体智慧”，它是被达尔文的表弟，著名统计学家弗朗西斯·高尔顿发现的。1906 年，高尔顿来到一个乡村集市，看到有人宰杀了一头公牛，所有人都可以花 6 便士去竞猜这头牛有多重，答案最接近实际重量的人能获得全部牛肉。

这场竞猜吸引了 787 个人参与，不过他们当中没有一个人猜中正确答案，也就是 1198 磅。但是，他们猜测的平均值是 1197 磅，距离正确答案只有 1 磅！

后续的研究者在成百上千的场景里重复了这个实验，结果都发现了同样的规律，也就是把很多人的独立判断加起来算出平均值，可以有效提高预测的准确性。比如，让许多人猜一个透明罐子里有多少颗糖果，又比如，预测未来一周的温度，再比如，估计两个城市之间的距离，所有这些实验的结果都表明，把大家猜测的结果加起来算出平均值，与正确答案最接近。

但是，你可能会问：如果没有条件去找很多人来帮忙做判断，该怎么办呢？

比如，你看好茅台股票的未来走势，但是觉得当前的茅台股价太高了，想要等股价回调的时候再买。那么，具体回调到什么价位买入才合适呢？如果你认识几个非常懂投资的高手，而且你很相信他们，那么你就可以采纳他们意见的平均值。但是，如果身边没有这样的投资高手，你也可以使用下面的这些方法。

第一种方法是，你可以给出两个你认为合适的买入价，然后取平均值。研究显示，这样做的结果比你单独用任何一个价位买入股票要好。当然，这样做的好处很有限，如果你采纳投资高手的意见，效果会比取自己意见的平均值好上 10 倍。

第二种方法是，你先给出一个自己认为合适的买入价，然后等一段时间，比如 3 个星期，再给出另一个自己认为合适的买入价，然后取两个价格的平均值。这样做的效果是采纳投资高手意见时的 2/3。这种等待一段时间的方法，就好像是你给自己创造了一个内部参谋，或者叫作“内部群体”。你对自己和内部参谋的意见，取了平均值。这就要比只对自己的意见取平均值效果好很多。

如果你没办法等 3 个星期那么长的时间，也可以用第三种方法，那就是“自我重复抽样法”。具体来说，你要给出一个自己认为合适的买入价，然后假设这个选择是错误的，逼自己去思考为什么错了，忽略了什么因素等。接着，根据你的思考结果，再给出另一个自己认为合适的买入价，然后取两个价格的平均值。这种强迫自己复盘的方法，效果是采纳投资高手意见时的 1/2。

此外，还有很多种进阶方法。不过，卡尼曼提醒我们，减少噪声也是有成本的，虽然更复杂的决策模型可以进一步提高判断的准确性，但是这种好处从结果上来看并不明显。所以你应该根据自己的情况进行选择，大部分时候，简单地取平均值就已经足够好了。

当然，上面说的所有这些方法，都要求所有参与者独立做出判断，这在现实当中是很困难的，因为人们很容易退化成“乌合之众”，结果非但没有发挥群体智慧，反倒制造了更多的噪声。那么该怎么做才能避免这种情况呢？这就是我在下一章要介绍的内容。

06 | 决策也要讲卫生，3步法让你远离噪声

在上一章中，我说明了“减少噪声，取平均值是个好方法”。

本章，我想介绍的是，怎么避免人和人之间相互影响，制造出更多的噪声，导致决策更容易出错。

卡尼曼认为：哪里有判断，哪里就有噪声。更糟糕的是，人们可能在合作中，加重噪声的影响。

我可以以开会为例，有两种情况非常容易让人们做出错误的决策。

第一种情况是，先发言的人会影响后面的人，让后发言的人更难做出独立判断，更有可能附和前面人的意见。比如，公司现在要给新项目选一位负责人，有李雷和韩梅梅两位候选人。在会议上，先发言的老王力挺李雷，而你本来觉得韩梅梅要好一点，但是不太确定。由于你非常信任老王，现在听老王这么一说，也就跟着支持李雷了。后面的人一看你们俩都这么看好李雷，也就跟着支持李雷了。这就是所谓的“信息级联”。

第二种情况是，人们会互相加强彼此的观点，最后做出一个非常极端的决定。比如，一家饮料公司开会讨论要不要推出一款新口味饮料。第一个人只是客观地说市场上从来没有厂家出过这个口味，第二个人可能就会加码，说消费者一定很喜欢这个口味，第三个人就会继续加码，说市场份额这下子一定能扩大 10%，第四个人接着说如果错过这个机会就会被竞争对手抢先，等等。大家越说越激动，越说越兴奋，结果呢，一个可能只是普通水平的产品，会被大家认为是极好的。这就是所谓的“群体极化”。

很明显，这样做出的决策包含了大量噪声，结果肯定不会好。那么，我们该怎么提高决策的品质呢？卡尼曼认为，在做决策的时候，人们很难意识到噪声的存在，所以，减少噪声干扰的关键，其实在于预防。其中的道理和预防疾病是一样的。

你一定知道，保持健康需要我们讲卫生，同样的道理，决策判断也要讲卫生。我们洗手的时候要遵循“洗手 7 步法”，它能帮我们消灭掉绝大多数细菌和病毒，保护我们的健康。而在决策的时候，也有很多方法和技巧，可以帮我们消除大量的噪声，这就是卡尼曼所说的“决策卫生”策略。

下面，我就为你介绍一种保持“决策卫生”的好方法——“决策 3 步法”。

假设你们公司的业务是生产电动汽车的电池，现在正考虑要不要批量生产一种新材料电池，那么，你就可以把决策过程分成三步：

第一步，是“分解指标”。你要列出一张清单，写清楚哪些指标对于这种新材料电池是最重要的。这些指标要少，但是也要全面，而且要互不包含。比如这种电池的能量密度比老产品提高了多少？目标客户群体的规模有多大？研发时间需要多久？生产成本是多少？等等。

第二步，是“独立打分”。你要把这些指标，分给不同的人去调查研究，这些人可以是公司内部的，也可以是外聘的，但是，他们必须独立地进行研究，不能互相讨论，避免互相影响。而且在给出的调查报告里，这些人要给自己负责的指标打一个分数，代表这个指标在多大程度上支持这种新材料电池的推出。打分必须是基于事实的，而且最好能采用外部视角。比如，你要评估这种新材料电池的研发难度，就不能只说“工程人员预计研发需要 1 年半”，还要指出“竞争对手研发类似产品已经用了 1 年，但是进度只有 50% 左右”，这样才充分。

第三步，是做出“整体判断”。简单来说，就是把直觉推迟到这个时候再用。参加决策会议的人要逐个评估所有指标，先听研究人员的报告，然后匿名对指标打分，再对公布的分数进行讨论，接下来重新打分。每一项指标都要按照这个流程，得出一个平均分。最后，大家要根据这些指标的平均分，再结合自己的经验和直觉，投票得出最终的结论。

这种“决策 3 步法”的好处是，既能参考很多人的独立判断，又能利用自己过去积累的经验，所以能减少噪声的干扰，更好地发挥群体智慧的力量。

其实，这种方法在很多情况下都是适用的，无论你是要帮孩子选择大学专业，还是要给自己制定投资规划，都可以使用“决策 3 步法”：先“分解指标”，再“独立打分”，最后做出“整体判断”。这种方法可以减少噪声的影响，提高决策的品质。

NOISE

结语
| 进入一个噪声更少的世界

卡尼曼通过《噪声》这本书，为我们推开了一扇全新的大门，指出了噪声这个非常严重，但是一直被忽视的问题。同时，他还为我们指明了降低噪声影响的方法，帮助我们进入一个噪声更少的世界。

相信未来会有越来越多的人意识到噪声的危害，所有的组织和个人都会把噪声看作决策中最大的陷阱，认真研究和对待。

《噪声》这本书我就为你介绍到这里。欢迎你把本书内容分享给更多的朋友，大家一起学会对抗噪声，成为更聪明的决策者。